JEAN DE LERY
UNTER MENSCHENFRESSERN
AM AMAZONAS

JEAN DE LERY

UNTER MENSCHENFRESSERN AM AMAZONAS

BRASILIANISCHES TAGEBUCH

1556–1558

ALBATROS

Histoire d'un voyage fait en la terre du Brésil,
autrement dite Amérique (dt.)
1. Aufl. u. d. T.: Lery, Jean de: Brasilianisches Tagebuch 1557

Die deutsche Ausgabe erschien unter dem Titel
Unter Menschenfressern am Amazonas,
Brasilianisches Tagebuch 1556–1558
© 1967 Horst Erdmann Verlag, Tübingen und Basel

Die Deutsche Bibliothek – CIP-Einheitsaufnahme
Ein Titeldatensatz für diese Publikation ist bei
Der Deutschen Bibliothek erhältlich.

© 2001 Patmos Verlag GmbH & Co. KG
Albatros Verlag, Düsseldorf
ISBN 3-491-96031-2

INHALT

HISTOIRE
D'VN VOYAGE
FAIT EN LA TERRE
DV BRESIL, AVTRE-
ment dite Ame-
rique.

Contenant la nauigation, & choses remar-
quables veuës sur mer par l'aucteur: Le compor
tement de Villegagnon, en ce païs là. Les meurs
& façons de viure estranges des Sauuages A-
meriquains : auec vn colloque de leur langage.
Ensemble la description de plusieurs Auimaux,
Arbres, Herbes, & autres choses singulieres,
& du tout inconues par deca, dont on verra les
sommaires des chapitres au commencement du
liure.

Non encores mis en lumiere, pour les causes
contenues en la preface.

Le tout recueilli sur les lieux par IEAN DE
LERY natif de la Margelle, terre
de suinct Sene au Duché de
Bourgongne.

Seigneur, ie te celebreray entre les peu-
ples, & te diray Pseaumes entre les na-
tions. PSEAV. CVIII.

Pour Antoine Chuppin.

M. D. LXXVIII.

VORWORT

von M.-R. Mayeux

Das Reisetagebuch eines freiwilligen Exils umfaßt den Zeitraum vom *19. November 1556 bis zum 26. Mai 1558.* Über rund zwanzig Monate erstreckt es sich, von denen nur ungefähr zehn auf festem Boden verbracht wurden. Das etwa ist die Bilanz der *»Voyage fait en la terre du Brésil, autrement dite Amérique«* von *Jean de Léry.*

Léry ist kein Entdecker. Ihm fehlt der ins Mystische gehende Elan eines *Christoph Columbus.* Auch hat er nichts von einem Abenteurer an sich, weniger noch von einem Piraten. Kein begeisterter Seefahrer ist er, und undenkbar wäre er als Kapitän auf großer Fahrt. Léry ist vielmehr ein tüchtiger junger Mann von zweiundzwanzig Jahren, den die Vorstellung einer »fremden« Welt außerordentlich lockt und der entschlossen ist, die mit einer Überfahrt verbundenen Gefahren auf sich zu nehmen, um schließlich im Lande Brasilien »frei Gott dienen« zu können.

Diese Reise war nur eine außergewöhnliche, zeitlich sehr beschränkte Episode im Leben Lérys, der 1534 zu *Lamargelle* in Burgund geboren wurde. Seine Familie gehörte vielleicht nicht zu den vornehmsten; manche Leute — vermutlich stützen sie sich auf irrige Gerüchte — behaupten, daß er Schuster war. Immerhin befand sich Léry 1555 in Genf, um dort Theologie zu studieren. Bei seiner Rückkehr nach Frankreich erhielt er das Genfer Bürgerrecht und setzte sein Theologiestudium fort.

»Glücklich ist, wer wie Odysseus...« Diesem jungen Zeitgenossen von *Joachim Du Bellay* war aber der Friede nicht im Überfluß gegeben. Konnte es denn auch anders sein in diesen Zeitläuften, in denen man Menschen zur Rettung ihrer Seelen verbrannte?

Als Hugenottenpfarrer lernte Léry die überstürzte Flucht in der Nacht und die Schrecken einer zweiten Hungersnot kennen. Die erste war die, von der man in der vorliegenden Reiseschilderung lesen wird. Die zweite Hungersnot erlebte er in Sancerre, wo er mit religiös Gleichgesinnten eine lange Belagerung zu bestehen hatte.

Er überlebte diese Ereignisse und brachte sein zwanzig Jahre früher begonnenes Reisebuch-Manuskript heraus. Er hat einen flüssigen Stil, der oft sarkastisch wird. Hinzu kommen eine gute Beobachtungsgabe und ein unbezweifelbares Erzählertalent. Léry versteht es auch durch seine Gutmütigkeit, seine Unparteilichkeit und durch die Sympathie, die er seinem Nächsten entgegenbringt, zu bezaubern. Durch den Fehlschlag der ersten protestantischen Mission auf heidnischem Gebiet, durch die verdrießlichen Erfahrungen in der Bucht von Rio de Janeiro leuchtet das Leid des freien, ungebundenen Lebens dieser Pioniere ebenso wie die Sehnsucht nach der tropischen Pracht hindurch: Das erste Auftauchen einer exotischen Strömung ist es, die den großen Literaturen des 18. und 19. Jahrhunderts ihren Glanz gab.

Um den Text besser verstehen zu können ist es angebracht, sich gewisser Ereignisse zu erinnern, die sich einige Monate vor Lérys Reise zugetragen haben.

Am 12. Juli 1555 brach der Vizeadmiral *Nicolas Durand de Villegagnon* von Le Havre de Grâce (heute Le Havre) auf, um im vierten Erdteil, der Amerika genannt wird, eine französische Niederlassung zu gründen.

Für diese Expedition gab es eine ganze Reihe von Beweggründen. *Villegagnon* war Ritter des Malteserordens; vor Algier hatte er im Krieg gestanden. Im Jahr 1554 war Villegagnon bei Cérisoles an der Seite von *Heinrich II.* Vier Jahre später gelang es ihm, trotz der englischen Geschwader, *Maria Stuart* von Schottland nach Frankreich zu bringen. Damals erhielt der Malteserritter den Titel eines Vizeadmirals der Bretagne. Nach einigen Kreuzfahrten gegen Malta und Tripolis wurde er mit der Leitung der Hafenarbeiten in Brest betraut. Bei dieser Gelegenheit traten die »Verdrießlichkeiten« auf, von denen Léry in seinem »Nachwort« spricht. Geleitet von dem Bedürfnis nach Abenteuern und getrieben durch seinen auf Selbständigkeit gerichteten Charakter, der draußen ein seinem Ehrgeiz entsprechendes Tätigkeitsfeld zu finden hoffte, zog Villegagnon es vor, in die Fremde zu gehen. König *Heinrich II.* bewilligte ihm »zwei gut ausgerüstete und mit Artillerie be- stückte schöne Schiffe«, das erforderliche Material, eine Sub- vention von zehntausend Francs und die Ermächtigung, sich die Gefängnisse von Paris öffnen zu lassen, um dort »Frei- willige« anwerben zu können (die das Risiko, im Meer zu er- trinken, dem ihnen beim Verbleib in Frankreich sicheren Strang wohl oder übel vorziehen würden). Einige Edelleute schlossen sich ihm und den bekannten Hugenotten an: *Nicolas Barré,* sein Stellvertreter, und die Herren *de La Chapelle* und *de Boissi.* Insgesamt waren es sechshundert Personen.

Die Expedition lief aus unter dem Patronat des Admirals *Gaspard de Coligny,* der noch in der Gunst des Hofes stand. Coligny war damals kein strenger Calvinist, denn er »band sich, vor seiner Gefangenschaft auf dem Château de l'Ecluse und dann in Gent, noch nicht von 1557 bis 1559 an den Pro- testantismus« (vgl. *Ch.-André Julien, »Les voyages de décou- verte et les premiers établissements«* [P. U. F., 1948]. Allgemein kann auf unsere »Bibliographie« verwiesen werden). Wohl aber sympathisierte er mit den neuen Ideen und hatte die Mög- lichkeit ins Auge gefaßt, in Amerika ein Asyl für Häretiker zu schaffen, die nach dem Edikt von Chateaubriand (1551), nah- men sie ihr Wort nicht zurück, gefangengesetzt und getötet wurden. »Das, was er (Coligny) zunächst für Brasilien im Auge gehabt zu haben scheint, war nicht ein Land, in dem die Cal- vinisten das Monopol innehatten, sondern vielmehr eine Zu- fluchtsstätte, an der die unter ihnen, die auswandern wollten, frei — neben den Katholiken — ihren Kult ausüben konnten. Im Jahre 1556 nahmen seine Absichten einen bestimmteren konfessionellen Charakter an, als ihn die Anfrage Villegagnons an eine Begeisterung in der neuen Kolonie für die Reformation glauben ließ« (Julien). Wir werden auf diese Angelegenheit noch zurückkommen.

Immerhin hätte der König wohl kaum seine Ermächtigung gegeben, wenn Coligny ihm nicht die Vorteile einer solchen Niederlassung vor Augen geführt hätte. Seit langem gab es ja Feindseligkeiten zwischen Portugal, Spanien und Frankreich.

Franz I. hatte sich den Ansprüchen des portugiesischen Königs *Johann III.* und des Kaisers *Karl V.* (als spanischer König: *Karl I.*) strikt widersetzt. Er focht die Bulle des Papstes *Alexander VI.* an, mit der dieser 1493 den Erdkreis, soweit er bekannt oder noch zu entdecken war, nur zwischen Spanien und Portugal aufgeteilt hatte. Für die iberischen Herrscher verlieh allein die Tatsache der Entdeckung — oder auch nur das Sichten einer Insel von Bord eines Schiffes aus — das Recht auf den Besitz des neuen Landes. Der König von Frankreich dagegen maß diesen Argumentationen, nach den Aussagen des Kardinals von Toledo, ebensowenig Wert bei wie der päpstlichen Bulle. So antwortete Franz I. dem Gesandten Karls V.: »Die Päpste haben eine geistliche Rechtsprechung, aber ... es kommt ihnen nicht zu, die Länder unter die Könige zu verteilen, und ... die Könige von Frankreich und andere Christen wurden, als die Aufteilung erfolgte, nicht zu Rate gezogen.« Im Bericht an Kaiser Karl V. fügte der Kardinal noch hinzu: »Er (Franz I.) antwortete, daß ... die Sonne ebenso für ihn wie für die anderen leuchte und er gern einmal Adams Testament sehen würde, wie er die Erde und andere derartige Dinge verteilt habe. Aus dem Testament müsse ja klar und deutlich seine Bestimmung und sein Wille hervorgehen.«

Der Theorie seiner »Vettern« setzte Franz I. die der ständigen Besetzung entgegen: nur die Erforschung und Fühlungsnahme mit den Eingeborenen »auf dem Weg der Freundschaft oder freundschaftlicher Abkommen, sofern sie zu erlangen sind«, oder »durch Waffengewalt, Beistandsleistung und alle sonstigen Feindseligkeiten«, schließlich die Ausbeutung durch feste Unternehmungen könnten ein Besitzrecht rechtfertigen. In diesem Geist wurden auch die französischen Seereisen von *Jacques Cartier* und von *François de la Roque Sieur de Roberval* nach Kanada vorbereitet und unternommen.

Heinrich II., der die Thesen seines Vaters übernahm, fühlte sich demnach ganz im Recht, wenn er die Portugiesen, die sich in Brasilien niedergelassen hatten, im Schach hielt. (Der Name Brasilien kommt von *»braise«* [Glut], denn dort wächst ein Baum — über ihn hat auch Léry berichtet —, der wegen seiner flammenden Farbe sehr geschätzt war und von Färbereien benutzt wurde.)

Das Land Brasilien war übrigens schon den französischen Seeleuten gut bekannt. »Die aus der Normandie und der Bretagne kommenden Schiffe suchten Rotholz in dieser Region, die besonders reich daran war. Während die Stapelware herangeholt wurde, unternahm man längs der Küste Piratenfahrten. Diese Schiffe waren an der Mündung des Rio São Francisco so zahlreich, daß man zwei der dortigen Häfen ›Porto velho dos Fransceses‹ und ›Porto novo dos Fransceses‹ nannte« (Julien).

Lérys Schilderung beweist, daß die Seeleute aus der Normandie ausgezeichnete Beziehungen zu den Eingeborenen unterhielten. Im Jahre 1550, beim Einzug in ihre schöne Stadt Rouen, hatten *Heinrich II.* und *Katharina von Medici* einem einmaligen Schauspiel beigewohnt, das höchst eindrucksvoll für die damalige Epoche war. »Fünfzig Indianer«, die zweifellos aus der Region von Bahia stammten und »natürlich wild und frisch aus dem Lande herbeigeschafft« worden waren, zu denen sich zweihundertfünfzig Matrosen gesellten, die das Land gut kannten, erschienen mit schwarz oder rot bemalten Körpern »ganz nackt, braun gebrannt und mit Federn bedeckt, ohne irgendwie den Körperteil zu bedecken, der es von Natur aus fordert«. Sie gingen den normalen Beschäftigungen eines Eingeborenenstammes nach. Auf der Seine lag ein Schiff am Kai, dessen Besatzung »kurze Jacken und weite Hosen, zur Hälfte in Weiß und zur anderen in Schwarz, trug, während andere blau und grün waren«. Man errichtete ein Indianerdorf, »dessen Unterkünfte oder Häuser ganz aus Baumstämmen bestanden«. Das Dorf lag inmitten von Bäumen, »in denen — genau wie drüben — Papageien herumflatterten und lärmten«. Auch andere seltene Vögel gab es zu sehen, ferner »Meerkatzen« und Affen verschiedener Art, die man aus den Sammlungen der Stadtbewohner geliehen hatte. Im Rahmen dieses Milieus vergnügten sich nach Herzenslust die Tupinambas — echte und unechte. »Die einen ergötzten sich damit, daß sie mit dem Bogen auf Vögel schossen, während andere den Meerkatzen nachliefen, in ihren Hängematten schaukelten, Holz spalteten, Rotholz transportierten und es gegen Eisenwerkzeuge eintauschten, wirres Zeug redeten oder — lebhaft gestikulierend — die Reden ihres Häuptlings anhörten. Den Höhepunkt der Vorstellung bildete die Darstellung eines fingierten Kampfes zwischen Tupinambas und Tobajaras, bei dem die letzteren unter Pfeilen, Keulen- und Stockschlägen unterlagen. Der Kampf endete mit dem Niederbrennen der Festung der Tobajaras. Den Hof ›ergötzte‹ dieses bunte folklorische Schauspiel sehr, und ›das Auge des Königs leuchtete außergewöhnlich erfreut und zufrieden‹« (Julien).

Man wollte nicht so recht glauben, daß »Indes Occidentales« — Westindien — einen besonderen Kontinent bildete. *Giovanni de Verrazzano* versicherte in seinem an Franz I. gesandten Bericht vom 8. Juli 1524: »Dieses Land oder die ›Neue Welt‹, von der wir oben gesprochen haben, bildet ein Ganzes. Es hängt weder mit Asien noch mit Afrika zusammen (dessen sind wir ganz sicher) ...« Das geheimnisvolle Westindien wird in den Vorstellungen der Zeitgenossen noch mit »Cathay« — China und Indien — verwechselt, mit einem Land des Goldes und der Edelsteine. Man braucht nur das Buch »*Relation de deux voyages aux Indes australes*« des Franziskanermönches *André Thevet* zu lesen, um zu begreifen, in welchem Maße der Goldhunger damals von den Menschen, die dorthin gingen, Besitz ergriffen hatte. Das zweite Kapitel ist der Beschreibung der Berge gewidmet, in denen es Gold im Überfluß gibt: »Besonders wegen des Überflusses an Gold nahm ich mir die Mühe, die Gefangenen weiter zu verhören«, heißt es da (S. 257). Unter dem Vorwand, den Wilden das Evangelium zu bringen, gaben die christlichen Könige dem Locken des »fabelhaften Metalls« nach und schickten ihre Caravellen nach Westen. Die französischen Seefahrer haben nie ein Hehl aus ihrer kaufmännischen Gier gemacht. Jedermann wußte, daß die Bekehrungsabsicht nur ein Vorwand war, um sich auf offiziellem Wege die benötigten Expeditionsmittel zu verschaffen.

Beweggründe persönlicher Art, das religiöse Ziel, politische und kaufmännische Erwägungen, anfänglich günstige Erfolge (denn die Franzosen hatten am Kap Frio und in Rio schon festen Fuß gefaßt; dort hatte ein französischer Kapitän ein portugiesisches Schiff zwei und einen halben Monat lang blockiert): all das schien zum Erfolg der Pläne Villegagnons beizutragen.

Nach einer bewegten Überfahrt landete man am 10. November 1555 am Ufer des Flusses *Ganabara*. Léry berichtet über die verschiedenen Phasen der Niederlassung auf der »*Franzosen-Insel*« in der Bucht von Rio de Janeiro. Villegagnon hatte, als Militär, sehr wohl die ausgezeichnete Lage dieser schmalen, länglichen Insel, an deren beiden Enden sich Bergspitzen erheben, für die Verteidigung erkannt. Er beschloß, dort ein Fort, das man *Coligny* nannte, zu errichten, von dem aus er sowohl die Eingeborenen als auch die Portugiesen, deren Statthalterschaften an der ganzen brasilianischen Küste verstreut lagen, im Schach halten konnte.

Alle machten sich also ans Werk, einschließlich der normannischen »Dolmetscher«, die vor Jahren nach einem Schiffbruch an der Küste gelandet waren und sich unter den Eingeborenen niedergelassen hatten. Sie lebten auf vertrautem Fuß mit den Tuupinambaúlts (Tupis), deren Sympathien sie sich erworben hatten und mit deren Frauen sie verkehrten; manche hatten sogar Kinder von ihnen.

Villegagnon war sehr ungehalten darüber, daß Männer, die sich Christen nannten, mit diesen »unvernünftigen Bestien« verkehrten. Ihnen und seinen eigenen Kolonisten wollte er jeden Verkehr mit den »barbarischen Frauen« wenigstens so-

17

lange untersagen, bis deren mögliche Bekehrung vielleicht doch eines Tages eine Verbindung nach christlichem Ritus zulassen würde. Er hielt seine Leute auf der Insel fest, was von sehr geringer Kenntnis der menschlichen Natur zeugt. Außerdem war das ein schwerer Fehler, denn die Versorgung des Eilandes mit Lebensmitteln hing ganz vom Wohlwollen der Tupis ab; der Landbau war nur auf ein Gebiet von etwa einer Meile Umfang beschränkt.

Es dauerte nicht lange, bis die Unzufriedenheit offen zu Tage trat. Eine Revolte und ein Anschlag auf sein Leben wurden Villegagnon verraten (Thevet rühmt sich, wie er das stets zu tun pflegt, der Tatsache, daß auch er in die Pläne der Mörder einbezogen war). Die Maßnahmen, die er traf, waren furchtbar, und der Expeditionsleiter schien angesichts dieser Feindseligkeit kaum in der Lage zu sein, seine Aufgabe zu erfüllen. Davon zeugt auch der Brief, den er an *Jean Calvin* schickte und den Léry in seinem »Nachwort« wiedergibt.

Vielleicht bedrückt durch das Klima, das seine Laune sehr stark beeinflußt zu haben scheint — wahrscheinlich auch durch die Hugenotten seiner Umgebung gedrängt —, hat Villegagnon höchstwahrscheinlich Botschaften an Coligny, Calvin und an die Prediger in Genf gerichtet, in denen er um Verstärkungen bat. Sicher ist, daß er die Calvinisten aufgefordert hat, die fraglichen Briefe aufzusetzen, und daß sie im 16. Jahrhundert verlorengingen. Immerhin läßt Colignys Verhalten darauf schließen, daß er die Reise des Jahres 1556 vorbereitet oder doch wohl vorgeschlagen hat. Dadurch kam er den Wünschen und den Anregungen seines Untergebenen nach. Léry zufolge hat der Admiral den Herrn *du Pont* veranlassen wollen, die Führung der Expedition zu übernehmen. Andererseits gingen die Reisenden vor ihrer Einschiffung nach Châtillon-sur-Loing, um Messire *Gaspard de Coligny* aufzusuchen, und *Pierre Richier* schrieb über Brasilien: »Coligny hat, soweit ihm das möglich war, durch seine Autorität, seine Ratschläge und sogar durch sein Geld dazu beigetragen, die Grundfesten unserer Kirche zu sichern. Er ist der Leiter, der Chef unseres Unter-

18

nehmens« (*Opera Calvini*, Briefwechsel, Brief Nr. 2613). Was die Geistlichen von Genf und Calvin selbst betrifft, der Ville-gagnons Mitschüler war — man weiß nicht, ob es auf dem Collège von la Marche, in Montaigu oder auf dem Collège Fortet war (und das würde den Antrag des letzteren rechtfertigen) —, so griffen sie mit Eifer — immer laut Léry — die Ankündigung einer Ausbreitung des Evangeliums im »fremden Lande« auf. Im übrigen legen die »*Opera Calvini*« (Briefe Nr. 2609, 2612, 2613) Zeugnis davon ab, daß der Vizekönig des »Antarktischen Frankreich« — abgesehen von dem positiven Antrag — außerordentlich glücklich darüber war, daß er neue Rekruten erhalten sollte.

Vermutlich auf Grund der Briefe Villegagnons verließen elf Calvinisten, angeführt von *Philippe du Pont de Corguilleray* und den zwei Predigern *Pierre Richier* und *Guillaume Chartier*, am 8. und 9. September 1556 Genf. Obgleich Léry den Aufbruch auf den 10. September verlegt, scheint sein 1563 geschriebener und 1578 veröffentlichter Bericht weniger exakt zu sein als ein Brief von *des Galards* an *Calvin*, in dem er — mit Datum vom 16. September 1556 — versichert: »Richier und Chartier haben sich am 8. dieses Monats auf den Weg gemacht.« Am 19. November 1556 schiffte man sich in Honfleur ein, um über »jenes große und ungebändigte ozeanische Meer« zu fahren.

Die Reise von 1556 bis 1558 ist im doppelten Sinn ein missionarisches Abenteuer gewesen. Zunächst, weil sich die Reformierte Kirche zum erstenmal dem Problem der Mission im heidnischen Land gegenübergestellt sah.

Dieses Problem wurde von Calvin und den Genfer Predigern auf positive Weise gelöst. »Wenn man die Unternehmung in ihrem historischen und religiösen Zusammenhang betrachtet, so ist sie einzigartig und des Nachdenkens wert. Während Rom im 16. und 17. Jahrhundert — durch die Weltgeistlichen, die Jesuiten, Franziskaner und die anderen Orden — auf dem ganzen Erdkreis eine intensive Missionstätigkeit entfaltete, beschränkten die von der Reformation geschaffenen Kirchen ihre Tätigkeit im wesentlichen auf Europa, also in bescheidenem Maß auf Gebiete, in denen bis dahin nur die Autorität des Papstes galt.

»Die Genfer Mission von 1556 in Brasilien und diejenige, die drei Jahre später von *Gustav Wasa* zur Bekehrung der Lappen in die Wege geleitet wurde, blieben Einzelerscheinungen, denen keine Fortsetzung folgte. Es bedurfte erst der kolonialen Eroberungen Englands und der Vereinigten Niederlande, bis die protestantischen Kirchen — zunächst zögernd im 17., dann tatkräftiger seit dem 18. Jahrhundert — sich ihrer missionarischen Berufung bewußt wurden« (Reverdin, S. 8 f).

Trotz des von Léry und dem Prediger Richier entwickelten Eifers und obgleich das Werk Lérys den Geist der unmittelbaren Schüler Calvins wiederspiegelt, könnte man versucht sein anzunehmen, daß das Wort des Evangeliums: »Gehet hin in alle Welt und lehret allen Völkern« von den Calvinisten nicht in seiner zwingenden Aktualität für jede Generation gedeutet wurde. Ohne die bestimmte Behauptung zu wagen, scheint Léry anzunehmen, daß die Apostel die Botschaft Christi selber »in alle Welt« getragen haben. Deshalb stützt er sich auf die Lebensgeschichte des heiligen *Matthäus* von *Nikephorus* sowie auf *Paulus* und dessen anerkannte Kommentatoren: »Da es feststeht, daß sie in viele ferne und uns noch unbekannte Länder gegangen sind, ist wohl nichts dagegen einzuwenden, wenn ich glaube, daß einer von ihnen oder mehrere (Apostel) auch im Lande dieser Barbaren waren.« Somit wäre also die Weisung des Heilands erfüllt gewesen. Verständigerweise scheint er — Léry hatte zuviel gesunden Menschenverstand, um allzu feine Unterschiede zu machen — die Ausdehnung der Weisung nur auf die apostolische Generation zu beschränken, und diese These, so sagt Reverdin, »wurde von den protestantischen Doktoren gestützt, besonders durch die der Schule von Wittenberg im 17. Jahrhundert« (Reverdin, S. 10).

Nach einer Überfahrt, die recht stürmisch war, beschreibt die Landratte Léry mit Entsetzen die Abgründe, die ihn beinahe verschlungen hätten: wer sie kennt, der kennt schon den Tod. Am 10. März 1557 trafen die »Grande Roberge«, die »Petite Roberge« und die »Rosée« auf dem Ganabara-Fluß ein.

Damit ist das Missionsabenteuer in seine zweite Phase eingetreten: in die der Gestaltung. In Amerika muß aber aus Gründen, die wir bereits früher erwähnt haben, alles improvisiert werden.

Die Genfer Missionare (d. h. die Calvinisten) hatten jedoch längst einen Vorgänger in der Person eines Franziskanermönches *André Thevet*, von dem wir schon gesprochen haben und der Kosmograph des Königs war. Er hatte Villegagnon 1555 begleitet. Sein Aufenthalt aber war nur recht kurz, und Léry hat in seinem »Nachwort« auf die Widersprüche und Schnitzer dieses Geistlichen hingewiesen. In der Tat verdienen es *»Les Singularités de la France antarctique, autrement nommée Amérique«* und *»La Cosmographie universelle«* ernst genommen zu werden. »Als Autodidakt und nicht besonders kultivierter Mensch ist Thevet weder Historiker noch Geograph. Recht anmaßend ist er und brandmarkt die Unwissenheit aller Schriftsteller, die nicht ganz in seinem Sinne schreiben oder seine Behauptungen bestreiten. Dabei widerspricht er sich hinsichtlich der Daten und behauptet, Länder zu kennen, die sein Fuß niemals betreten hat ... Freilich versucht er nicht, absichtlich zu betrügen, denn lediglich ist er eifriger darauf aus, Dokumente zu sammeln, als deren Wert zu überprüfen. In Massen liefert·er Angaben, die ihm Reisende, Seeleute, Kolonisten oder Eingeborene gemacht haben, ohne all diese Dinge, die er übrigens gar nicht zu beurteilen vermag, einer Kritik zu unterziehen« (Julien, S. 381). Immerhin liefern uns die beiden erwähnten Bücher Thevets interessantes Vergleichsmaterial zum Werk Lérys, besonders soweit es sich um die »Missionstechniken« handelt.

Aus dem 17. Kapitel, das Léry der Religion der Tupis widmet, aus Anmerkungen, die beide Bände der Reisebeschreibungen ergänzen, und aus dem Werk des Franziskaners kann man entnehmen, daß es bei den »Wilden« gewisse missionarische

Ansatzpunkte gab. Zunächst ist da der Glaube an die Unsterblichkeit der Seele und an eine Abrechnung über die irdischen Taten: Die Seelen der Gerechten (d. h. — wie Léry es präzisiert — derjenigen, die ihre im Krieg gefallenen Väter gut gerächt haben, indem sie ihre Feinde verzehrten) werden sich mit ihren Vorfahren vereinigen und sich jenseits der Berge mit ihnen vergnügen. Die Seelen »der Trägen, Verweichlichten und Nichtswürdigen« dagegen fallen in die Hände *Aygnans*, der große Ähnlichkeit mit dem Teufel hat. Dieser Aygnan spielt zudem auch den Lebenden üble Streiche: Thevet und Léry schildern Fälle des Besessenseins von ihm.

Zumindest bei gewissen Völkern Perus kann sich die Predigt des Evangeliums sogar auf den Glauben an die Auferstehung des Fleisches stützen. »Als die Indianer sahen, daß die Spanier die Gräber öffneten, um das darin enthaltene Gold und sonstige Schätze herauszuholen, während sie die Gebeine hierhin und dorthin verstreuten, baten sie darum, man möge die Knochen nicht auf diese Art verstreuen, damit die Toten nicht bei ihrer Auferstehung gehindert würden« (Kapitel 17).

Die Tupis haben eine — ziemlich unbestimmte — Furcht vor einer höheren Macht, vor der sie zittern, besonders wenn sie sich im Donner äußert oder sie in ihnen »die Ansicht von etwas Göttlichem erweckt . . ., jene Schönheit, die nur von jemandem gemacht sein kann, der größer ist als die Menschen«. (Thevet, S. 37).

Ebenso wie für die Pracht der Natur sind die »Wilden« auch für die Schönheit von Liedern oder gewissen Gesten empfänglich. Eines Tages bot ein Indianer Léry ein kleineres Tier mit folgenden Worten an: »Du hast aber wirklich bezaubernd schön gesungen. Dein wunderbarer Gesang hat mich an das Lied eines mit uns verbündeten Nachbarvolkes erinnert, und hoch erfreut war ich, es zu hören.«

Zu dieser Andacht vor dem Großartigen gesellt sich eine Neugier, die man für die Zwecke der Bekehrung verwerten kann. Léry berichtet, daß ein Greis, der einer Mahlzeit der Franzosen beigewohnt und bemerkt hatte, daß diese vor- und nachher den Kopf entblößten, während ein einziger von ihnen sprach, fragte: »Zu wem hat er eben gesprochen? Zu euch oder zu anderen, die nicht hier sind?« In der »*Relation authentique*« berichtet *Gonneville*, daß die Christen, die ein Zeugnis von ihrem Aufenthalt bei den Carijos (im Süden von Brasilien) hinterlassen wollten, am Ostertage 1504 ein großes Kreuz errichteten, »das gut 35 Fuß hoch und schön bemalt war«. Dabei halfen ihnen der »erwähnte Herr *Arosca* und dessen Kinder sowie andere indianische Männer, die man durch eine Einladung hierzu ehrte. Sie waren darüber sehr erfreut... Man gab ihnen durch Zeichen und auf ähnliche Weise, so gut es eben gehen wollte, zu verstehen, daß sie dieses Kreuz bewahren und ehren müßten..., und zur Zeit der Abfahrt machte das ganze Volk viel Lärm und gab zu verstehen, daß es das Kreuz gut erhalten würde. Dabei machten sie das Zeichen des Kreuzes, indem sie zwei Finger über Kreuz legten« (*Paul Gaffarel*, Les Français, S. 37 f.).

Das erinnert an die Ausführungen Thevets (S. 93). »*Quoniambec*, der Häuptling der Tamoio«, berichtet er, »betrachtete uns mit so großem Vergnügen, während wir unsere Gebete verrichteten, daß er sich auf beide Knie niederließ und die Arme zum Himmel erhob, so wie er uns das hatte tun sehen: Er war sehr neugierig zu wissen, was wir dabei sagten, so daß er mich bat, ihm einige unserer Gebete beizubringen.«

Die Weißen haben mit dieser Neugier und solchen Gebärden Mißbrauch getrieben. Das erklärt ihre relative Unschlüssigkeit und den tödlichen Haß, den ihnen die einfachen, aber nicht unintelligenten Menschen entgegenbrachten.

Die Europäer mißbrauchten auch die Leichtgläubigkeit der »Wilden«. Alle Reisenden haben über den Zauber der Schrift berichtet. Léry sagt, daß die Umschrift der Tupi-Laute einen Eingeborenen zu folgender Überlegung brachte: »Ist es nicht wunderbar, daß jener, der noch gestern nicht ein Wort in unserer Sprache sagen konnte, jetzt mit Hilfe dieser Papiere in der Hand so sprechen kann, daß er von uns verstanden wird?« Er fügt hinzu, daß man die Spanier, als sie auf den Antillen

landeten, wegen der Briefe, die sie fortschickten und emp-
fingen, für Zauberer gehalten hat: Die Indianer fürchteten,
bei einer Missetat überführt oder ertappt zu werden. Sie wurden »durch dieses Mittel sehr gut bei ihren Pflichten gehalten«,
so daß sie die Spanier weder zu belügen noch zu bestehlen
wagten. Aus unseren Tagen berichtet *Claude Lévi-Strauss*
1948 in »*La vie familiale et sociale des Indiens Nambikwara*«
die amüsante Geschichte vom Häuptling *Nambikwara*, der sein
Ansehen dadurch steigert, daß er sich den Anschein gibt, ein Papier lesen zu können, auf dem er Wellenlinien gezeichnet hat.

Wenn sie auch etwas lang ist, so lohnt es sich doch, diese
Stelle zu zitieren: »Nur er (der Häuptling) hatte begriffen,
wie die Schrift funktionierte. Wenn wir zusammen arbeiteten,
bat er mich um einen Notizblock; wir waren somit gleich-
artig ausgerüstet. Er teilte mir mündlich die Informationen
mit, um die ich ihn bat. Dabei zeichnete er Wellenlinien auf
sein Papier, die er mir vorzeigte, als fordere er mich auf, seine
Antwort zu lesen. Mit dieser Komödie täuschte er sich selbst.
Jedesmal, wenn seine Hand eine Linie vollendet hatte, prüfte
er die Schrift sorgfältig, als müßte die Bedeutung daraus her-
vorspringen, und dann zeigte sich auf seinem Gesicht immer
wieder die gleiche Enttäuschung. Das gab er aber nicht zu, und
es war eine stille Vereinbarung zwischen uns, daß seine
Schriftzeichen eine Bedeutung hatten, die ich zu entziffern
vortäuschte. Sein mündlicher Kommentar folgte immer so
prompt, daß er es nicht nötig hatte, um nähere Erläuterungen
zu bitten.

»Kaum hatte er dann alle seine Leute versammelt, holte er
aus einem Sack ein Papier mit verschnörkelten Linien hervor.
Er tat so, als lese er die Schrift, und trug dann, scheinbar
langsam die Schrift entziffernd, die Seite der ›Gegenstände‹
vor, die ich im Austausch gegen die angebotenen Geschenke
geben sollte: gegen einen Bogen mit Pfeilen einen Schlacht-
degen ... Was versprach er sich davon? Vielleicht wollte er
sich selbst täuschen. Vor allem aber wollte er seinen Stammesgenossen imponieren; er wollte sie davon überzeugen, daß die

Waren durch seine Vermittlung gingen. Er wollte zeigen, daß er bei den Weißen gut angeschrieben stand und daß er in deren Geheimnisse eingeweiht war.«

Die Weißen hatten auch noch andere Dinge, die ihnen Prestige verliehen: die Hakenbüchsen (der Häuptling *Arosca* schickte seinen Sohn *Essomericq* nach Frankreich, damit er die erstaunlichen Gewerbezweige der Weißen kennenlernen sollte). Es hat nicht den Anschein, daß sie darauf aus waren, die »Wilden« zu bekehren, sondern sie zu vernichten. Ein weiterer Punkt war das völlige Fehlen der Angst vor dem Donner bei den Weißen. Die Tupis fürchten ihn; sie nennen mit »*Tupan*« die Macht, die den Donner und den Regen verursacht. Die Missionare haben diesen Namen benutzt, um Gott damit zu bezeichnen. Das taten sie schon vor der Zeit, zu der Thevet nach Brasilien kam. Dieser Versuch hatte verschiedene Ergebnisse: Entweder erwiderten die »Wilden«, daß Tupan sie bestrafen würde, weil sie so üble Leute unter sich duldeten, die sie daran hindern wollten, ihre Gefangenen zu verspeisen, oder die Weißen bekamen zu hören, daß ihr Gott nichts tauge, da er ihnen solche Furcht einjage.

Die Bücher des 16. Jahrhunderts sind mit Teufeln illustriert, die die armen Indianer schlagen und töten. Die Christen waren von den Qualen befreit, die *Aygnan* bereitete, und das hielt man für ein Verdienst ihres allmächtigen Gottes. Unter den Schlägen des Schmerzes oder des Terrors versprachen die »Wilden«, zu »glauben wie wir«, sich ebenso zu kleiden wie Thevet und Bärte zu tragen. Diese Beschlüsse jedoch wurden nie gehalten, und unsere Autoren stellten fest: »Sobald man ihnen freie Hand ließ, entsannen sie sich ihrer Versprechen nicht mehr.« Die Unbeständigkeit dieser noch recht kindlichen Seelen war eine der Hauptschwierigkeiten, denen sich die Missionare gegenüber sahen.

Ihre Worte hatten um so weniger Einfluß, als sie von den Zauberern wieder aufgehoben wurden, z. B. durch die *Caraïben* und *Pajäs*. Léry berichtet, daß die Caraïben während der zehn Monate, die er mit seinen Gefährten in Brasilien weilte, gelernt hatten, die Weißen zu fürchten. Niemals kamen sie zu ihnen und versteckten sich sogar, sobald die Mairs (d. h. die Franzosen) erschienen. Tatsächlich waren die Calvinisten bemüht, den Tuupinambaúlts den Beweis zu erbringen, daß sie von ihren Caraïben getäuscht wurden, besonders wenn diese sie glauben machen wollten, daß Aygnan die Speisen verzehrte, die in der Nähe der Gräber niedergesetzt wurden. In Wahrheit waren es die Caraïben oder die Dolmetscher, die sich diese ausgewählten Speisen zu Gemüte führten: »Obgleich wir ihnen aufgrund unserer Erfahrungen zeigten, daß das, was sie am Abend hinstellten, am Morgen immer noch da war, konnten wir manche von ihnen nur schwer davon überzeugen.«

Léry ist nicht in das Wesen der Tupi-Religion eingedrungen. Er behauptet, sie hätten keinerlei Form einer Religion, da sie keinen äußerlichen Kult der Anbetung kennen. In Wahrheit hat aber alles seinen religiösen Wert, einschließlich des Kannibalismus, auf den sie nicht verzichten wollen. Das ist der letzte Punkt, bei dem sie sich der Überredungskunst der Missionare widersetzen. Ausführlich und unter verschiedenen Formen beschreibt Thevet die rituellen Zeremonien, denen er bestimmt nicht beigewohnt hat, da er nur drei Monate auf der Franzosen-Insel weilte und seine zweite Reise der Phantasie entsprungen ist. In diesem Punkt jedoch ist sein Bericht besser als der des Protestanten Léry. Man findet in ihm die wesentlichen Themen über die beiden mythischen Zwillinge, über die Abenteuer des Bürgermeisters *Pochy* usw., die von den modernen Ethnographen noch unter den heute überlebenden Indianerstämmen entdeckt wurden. Dagegen berichtet Léry mit seiner naiven Lebhaftigkeit über die Schreckensnacht, in der er glaubte, seine letzte Stunde sei gekommen, bis zu dem Moment, in dem er es wagte, in den verschlossenen Raum der Menschen, die bestimmte Gebete tanzten, einzudringen. Er beschreibt ihre Gesten, ihre Posen und ist entzückt über die Schönheit der Chöre: »Ich war geradezu hingerissen ... Immer, wenn ich daran zurückdenke, krampft sich mein Herz zusammen, und ich glaube noch, ihre Stimmen zu hören.«

Diese Gesänge — Léry ließ sie sich durch den ihn begleitenden Dolmetscher erklären — erinnerten an die große Sintflut, aus der nur die Vorfahren der Tuupinambaúlts gerettet wurden. Die Greise entsannen sich auch eines Mairs (hier hat es den Sinn von: »weißer Mann« oder »Fremder«). Dieser hatte vormals eine Geschichte erzählt, die der von der Erschaffung der Welt, die der Protestant gerade erläutert hatte, ähnelte. Die Missionare ergriffen nämlich jede Gelegenheit, um ihre Nachbarn zu bekehren, und Léry hatte die wohlwollende Aufmerksamkeit der Indianer und die bereits erwähnte Tatsache bei einem Essen ausgenutzt, um diese gutmütigen »Wilden« zu belehren. Man antwortete ihm, daß er wohl ebenso weise sein könnte, und man versprach ihm eine Massenbekehrung unter gleichzeitigem Verzicht auf den Kannibalismus. Nachdem sie sich auf die Knie niedergelassen hatten, dankten die Eingeborenen Gott gemeinsam mit den Franzosen. Es schien, als habe man das Ziel erreicht. In der gleichen Nacht noch hörte man sie aber singen, »daß sie sich an ihren Feinden rächen wollten. Sie müßten noch mehr von ihnen gefangennehmen und verzehren als bisher«.

Sehr schwach scheint Thevet (er selber gibt das zu, indem er die Schuld auf Calvin und sein »blutiges Evangelium« schiebt; Léry stellt diese Lüge in seinem »Nachwort« richtig) mit ziemlich zweifelhaften Verfahren versucht zu haben, die Hilfe seines Gottes zu versprechen: indem er die Hände auflegte und sein Gewand berühren ließ. In seiner Eitelkeit brüstete er sich sogar mit einer tatsächlichen oder vermeintlichen Heilung (S. 85). Sicher ist, daß die Prediger ihre Hände auch auf junge Indianer legten, ehe sie an Bord gingen, um nach Frankreich zu fahren; sie nützten die Furcht vor Tupan aus und versprachen den Schutz ihres eigenen Gottes gegen Aygnan und seine Übeltaten. Nach Léry scheint es indessen, daß sie ihre doktrinäre Ausbildung veranlaßte, ihre Predigt auf die Erschaffung der Welt und auf die Vollkommenheit des Schöpfers der Naturschönheiten zu stützen.

Richier weist schon am 31. März 155,7 darauf hin, daß die Hauptschwierigkeit bei den missionarischen Bemühungen in der Verschiedenheit der Sprache zu suchen ist: »Diese Schwierigkeiten sind um so größer, als wir keine Dolmetscher haben, die dem Herrn treu ergeben sind« (Reverdin, S. 53). Im übrigen scheinen die Calvinisten einen langfristigen Plan vorgesehen zu haben, denn unter den Passagieren der »La Rosée«, so heißt es, befanden sich »sechs junge Burschen, die wir mitführten, damit sie die Sprache der Wilden erlernen sollten.« Diese Jugendlichen verteilte man auf die Dörfer der Tupis, damit sie das Leben der Eingeborenen teilten.

Es darf nicht unterlassen werden zu erwähnen, daß die Missionare — damals übrigens wie heute — es sich besonders angelegen sein ließen, den »Wilden« und deren Frauen Kleider zu liefern, die etwas mehr Stoff aufwiesen als nur die Penishülse oder das Brusthalsband. Léry berichtet, daß die Frauen der Margajas, die Villegagnons Gefangene waren, nur durch Peitschenhiebe zum Tragen der Kleidung veranlaßt werden konnten. Sie beeilten sich, die Kleider beim Hereinbrechen der Nacht abzuwerfen, um dann hüllenlos wenigstens einen Mondscheinspaziergang unternehmen zu können.

Die ersten Versuche auf der Suche nach einer Missionierungsmethode sind tastend. Diesen Pionieren fehlt das Vermögen, die Struktur der primitiven indianischen Seele und der Stammesbeziehungen zu ergründen. Die modernen Priester des heiligen *Franz von Sales* haben sehr wohl begriffen, daß das beste Mittel zur Bekehrung der Indianer darin besteht, daß man die Verbindungen des Stammes zerbricht und sie zwingt, »ihr Dorf gegen ein anderes einzutauschen, in dem die Häuser in parallelen Reihen angeordnet sind. Wenn die Eingeborenen auf diese Weise hinsichtlich der Himmelsrichtungen die Orientierung verloren haben, wenn sie des (kreisförmigen) Planes beraubt sind, der ein Argument ihres Wissens darstellt, verlieren sie den Sinn für die Traditionen und ihre sozialen und religiösen Systeme..., die zu kompliziert waren, um das Schema entbehren zu können, das durch den Plan des Dorfes offenkundig wurde und dessen Konturen ständig durch ihre Gesten aufgefrischt wurden« (Claude Lévi-Strauss, S. 228 f.).

Was soll nun aus diesen kurzen Bemerkungen geschlossen werden? Gewisse »Wilde« wurden »christianisiert«. Ein Zeuge dafür ist jener von den Portugiesen getaufte *Antoni*. Sein Fall bleibt aber eine Ausnahme, jedenfalls soweit es die in Brasilien verbliebenen Indianer betrifft, denn die nach Europa transportierten erhielten größtenteils die Taufe, z. B. *Essomericq*, der durch Heirat Eingang in eine Familie der Normandie fand. Trotz des Staunens oder sogar der Bewunderung der Tupis für die Schönheit der Psalmengesänge, für die Kenntnisse ihrer Besucher, trotz ihres Glückes darüber, daß sie jetzt nicht mehr von Aygnan gequält wurden, muß man vielleicht mit Richier schließen: »Wir sind um unsere Hoffnung, ihnen Christus zu offenbaren, gebracht worden.« Léry, der nicht ganz so pessimistisch ist, stimmt etwa mit Thevet überein, wenn er sagt: »Ich bin der Ansicht, daß es uns ... wären wir länger in diesem Land geblieben, geglückt wäre, einige von ihnen für Jesum Christum zu gewinnen.«

Waren nun die Ergebnisse der protestantischen »Mission« wirklich so mittelmäßig, wie das die Klagen unseres Autors vermuten lassen? Als sich *Mem de Sâ* 1560 nach erbittertem Kampf zum Herrn der »Franzosen-Insel« machte — er rechtfertigte diesen Angriff mit der Tatsache, die »Franzosen-Insel« sei »Häresie, gepaart mit Wildheit« —, zog man die Bilanz. Nach den Worten der portugiesischen Jesuiten »bestätigte sich, daß man hier eine reformierte Kolonie vor sich hatte. Man entdeckte dort viele häretische Bücher und ein einziges Meßbuch mit ungemein strengem Text. Weder ein Kruzifix, noch Heiligenbilder, noch irgendeine Spur katholischen Kults. Man könnte glauben, daß sich nach Villegagnons Abzug eine protestantische Gegenrevolution vollzogen hatte« (Julien, S. 209 f.).

Warum blieben die Calvinisten nicht länger am Rio? Léry schiebt die ganze Schuld Villegagnon zu, der »gegen die Reformierte Kirche revoltierte«. Die Katholiken ihrerseits, Thevet und auch Villegagnon nach seiner Rückkehr, die wahrscheinlich gegen Ende 1558 erfolgte — seine Anwesenheit in Frankreich wird im März 1559 gemeldet —, klagten die Calvinisten der Aufsässigkeit und der Ketzerei an. Das Missionsunternehmen war in religiöser Polemik entartet.

In Wahrheit ist es vermutlich so gewesen, daß Villegagnon bei seiner Abreise aus Frankreich sowohl die Katholiken als auch die Protestanten entlohnen mußte. Der König, der durch seinen Kampf gegen die »Häresie« im Königreich in Anspruch genommen war, würde die Errichtung einer rein calvinistischen Kolonie kaum zugelassen haben. Léry beschuldigt den Malteserritter, in Rio dem Einfluß des Kardinals von Lothringen verfallen zu sein. Das mag sein, zweifellos aber bestand schon vor der Ausreise ein gutes Einvernehmen. Die Genfer beurteilten den Vizeadmiral sehr günstig: »Auf der Insel Coligny haben wir gefunden, daß Nicolas Villegagnon wie ein Vater und Bruder war, den der Himmel zu unserer Hilfe geschickt hatte. Vater deshalb, weil er uns in die Arme geschlossen hat, als wären wir seine Söhne, die er ernährte und erwärmte. Bruder, weil er mit uns gemeinsam Gott, unseren himmlischen Vater, anrief«, schrieb Richier an Calvin (Reverdin, S. 39). Diese Aufnahme war wohl nur recht warm in Worten, denn Léry erwähnt, daß das Ankunftsmahl ziemlich frugal war und die Unterbringung im Massenquartier sie ebenso erschöpfte wie die Arbeit.

Während die erste Gruppe, wie schon erwähnt, zum größten Teil aus Abenteurern, ja sogar aus Banditen bestand, waren die vierzehn Calvinisten, die am 10. März 1557 landeten, ausgezeichnete Menschen und überzeugte Christen, die entschlossen waren, »Gott frei zu dienen«. Es ist schwer festzustellen, in welchem Maße Villegagnon, der an sich mystisches Temperament besaß, durch den konzentrierten Eifer seiner »neuen« Kinder erschüttert war. Es dürfte jedoch kaum zweifelhaft sein, daß er sie belohnt hat. Die Prediger, die an Calvin schrieben, lobten sehr die Orthodoxie seines Glaubens (Julien, S. 198). Léry berichtet, daß Villegagnon zu Beginn des Aufenthaltes

selbst die alle zwei Tage stattfindenden Gebete, die Abendmahlsfeier oder die gemeinsame Kommunion der beiden Rich-
tungen festsetzte, nachdem er zwei Gebete gesprochen hatte,
die — Léry zufolge — rein calvinistischer Inspiration waren.
Um gerecht zu sein, muß man anerkennen, daß die beiden Gebete und der von Léry im »Nachwort« gebrachte Brief Villegagnons die schlimmsten Passagen des ganzen Werkes sind.
Bedeuten sie eine wirkliche Schwierigkeit im Stil des Malteser-
ritters? Handelt es sich um eine Bosheit Lérys oder um eine
ungeschickte Übertragung? Ich weiß es nicht: der Stil ist schwer
und behindert, die Sätze sind schlecht konstruiert.

Die Lektüre dieser Dokumente und des Kommentars, den
Léry dazu gibt, würde uns kaum berühren, wenn wir in unserer Zeit der Atomforschung und der Ökumenizität nicht vergessen, daß das, was uns als reine Schuldiskussion vorkommt,
im 16. Jahrhundert große Bedeutung hatte: damals entflammte
es ganz Europa. Hier ist nicht der Platz, die Orthodoxie dieser
beiden Gebete zu studieren. Sie sind lang und auch — geben
wir es ruhig zu — langweilig. Wir wollen ebenfalls nicht die
»Alltags-Theologie« der Ausführungen Villegagnons über die
für die Abendmahlsfeier erforderliche Mischung von Wasser
und Wein, über die Transsubstantiation, die Konsubstantiation
oder über die zweite Heirat der Bischöfe näher untersuchen —
alles Beschwerden, die Léry vorbringt, um zu beweisen, daß
sein Vorgesetzter »revoltiert« hat.

Villegagnon war ein ungestümer, leidenschaftlicher, eigen-
williger und intransigenter Charakter; somit besaß er die
Eigenschaften eines Kriegers, nicht aber die eines Organisators
und Vermittlers. Nun hätte die delikate Lage der »Franzosen-
Insel« jedoch viel Fingerspitzengefühl und diplomatisches Geschick erfordert. Villegagnon hatte eine durchaus solide theo-
logische Ausbildung, und laut Léry studierte er in Fort Coligny
ausführlich die Werke des heiligen *Cyprianus* und des heiligen
Clemens. Bei dieser Tätigkeit unterstützte ihn eine seltsame
Persönlichkeit: *Jean Cointa,* der zugleich mit Léry angekommen war und die Atmosphäre heißer Polemik und spitzfindiger

Auslegung der Sorbonne, die er aber verleugnete, nach Brasilien gebracht zu haben scheint.

Die Herzlichkeit des Anfangs wich übrigens sehr bald auf beiden Seiten dem Mißtrauen und der Bitterkeit. Die Bekehrung der Eingeborenen scheint in der Bucht von Rio für einige Zeit in den Hintergrund gedrängt worden zu sein. Statt dessen wurde dort ein neues Frankreich errichtet, das ebenfalls durch Religionsstreitigkeiten zerrissen war. Die Laune Villegagnons verschlechterte sich zusehends: Léry berichtet, daß er verschiedenfarbige Kleidungsstücke besaß, die er — seiner jeweiligen Stimmung entsprechend — anzog: »Wenn wir in Brasilien den grünen oder gelben Anzug sahen, konnten wir ohne weiteres sagen, daß nichts Gutes bevorstand.« Seine Unduldsamkeit wuchs ständig. Er wollte die Calvinisten zwingen, sich zu bekehren; da sie sich weigerten, verjagte er sie von seiner Insel. Sie ließen sich auf dem Festland bei der »Ziegelei« nieder, wo sie auf ein Schiff warteten, das sie nach Frankreich zurückbringen sollte.

Die »Jacques«, ein schwimmendes Grab, hätte sie mehrere Male beinahe auf den Meeresgrund geschickt. Nach einer ersten Havarie auf der Höhe von Rio zogen es fünf Calvinisten vor, auf die Insel zurückzukehren. Das bekam ihnen schlecht, denn Villegagnon ließ drei von ihnen als Häretiker ertränken. Léry berichtet, daß der Vizekönig dem Kapitän der »Jacques« eine Kassette anvertraut hatte, in der der Prozeß lag, der all denen gemacht werden sollte, die nach Frankreich zurückkehrten und die durch ihn der Ketzerei beschuldigt worden waren (ohne daß sie selbst etwas von dem Prozeß ahnten). Durch den ersten Richter, in dessen Händen die Kassette gelangte, sollten sie lebendig verbrannt werden.

Anstatt den Streit durch die Abreise zu beschwichtigen, verschlimmerte sie ihn: In Rio, da man die Herrschaft Villegagnons dort immer weniger duldete, in Frankreich, da die Berichte des Predigers Richier und anderer das Vertrauen, das Calvin in seinen alten Mitschüler gesetzt hatte, erschütterten. Das hatten die Vorschläge Chartiers durchaus nicht getan. Er war am 4. Juni 1557 an Bord der »La Rosée« in See gegangen und hatte einen Brief Villegagnons an Calvin überbracht, in dem ihn der Vizeadmiral bat, die Differenzen wegen des Abendmahls zu entscheiden. Chartier war ziemlich ungeschickt, und Calvin zweifelte an seiner Ehrlichkeit, als er von den Schwierigkeiten sprach, die Villegagnon aufgeworfen hatte.

Die Geretteten der »Jacques« griffen, nach der Rückkehr von Landsleuten, die noch vier Monate in Rio geblieben waren und ihnen vom Martyrium der drei Calvinisten berichteten, Villegagnon heftig an. Léry schrieb damals einen kurzen Bericht über die Verräterei des »Kains von Amerika« (nämlich Villegagnons, der dort als erster christliches und französisches Blut vergossen hatte). Diese Notiz wurde im Jahre 1558 von *Jean Crespin* in den »*Märtyrer-Akten*« veröffentlicht. Villegagnon seinerseits war ein zu fürchtender Polemiker und Pamphletist. Als er angegriffen und diffamiert wurde, schrieb er an Calvin und schlug diesem ein Gespräch vor, zu dem sich jeder »mit zwei Männern seiner Religion« begeben sollte (Reverdin, S. 68 f.). Diese Unterredung fand nie statt. Die Protestanten aber parierten die beiden Schmähschriften Villegagnons mit den Titeln: »*Die zwischen dem Ritter de Villegagnon und Magister Johann Calvin strittigen Lehren über die Wahrheit der Eucharistie*« und »*Die Erläuterung des Ritters de Villegagnon zur Entscheidung über die Sakramente des Magisters Johann Calvin*«. Thevet mischte sich in die Angelegenheit ein. Schmähschriften und Beleidigungen kamen von beiden Seiten. Die Titel schon kennzeichnen die Schriften, und zwei seien nachstehend angeführt: »*Die Prügel des Nicolas Durand*«, »*Die Sauberung des Wappens von Villegagnon*«. Wenn überhaupt, dann haben alle Argumente nur sehr geringen Wert, so daß es kaum lohnend ist, sich lange bei ihnen aufzuhalten. Man hat ein Beispiel davon in den sarkastischen Äußerungen, die Léry jedesmal gegen die Katholiken losläßt, sobald sich eine Gelegenheit dazu bietet. Es gibt hier nichts Originelles, und beide Parteien begegnen sich in diesem Verhalten. Immerhin hatte die Polemik den Vorteil, daß sie die Aufmerksamkeit der Zeitgenossen auf die Kolonialfrage lenkte.

Es wurde schon gesagt, daß Franz I. und Heinrich II. sich sehr für die Expansion nach Westen interessierten. Man darf jedoch in den Antworten an den Kardinal von Toledo, in den Forschungsreisen *de Verrazzanos* nach la Francesca, von *Gonneville* nach Brasilien und selbst in dem Geheimnis, das die Reisen von *Jacques Cartier* und *Roberval* nach Kanada umgibt, nicht mehr sehen, als sie darstellten. In Wahrheit war für die Könige Frankreichs die koloniale Rivalität nichts weiter als eine Phase des kontinental-europäischen Kampfes, ein Mittel, die spanisch-portugiesischen Streitkräfte vom Kriegsschauplatz Europa abzuziehen. Sicher: die Reisen hatten offiziell den Zweck der Bekehrung; man rückte ihn in den Vordergrund, um sich das päpstliche Wohlwollen zu verschaffen. Tatsächlich hatten der König und die Kreise, die die Unternehmen finanzierten, ein gewinnbringendes Ziel im Auge. Auf ganz »Westindien« bezog man das, was vornehmlich Peru nachgerühmt wurde: ein Land der Edelsteine und des Goldes; nannte man doch Peru einen »silbernen Tisch mit Füßen aus Gold«.

Der erste, Admiral Coligny, war ein großer Organisator und verfügte über einen klaren, vorausschauenden Verstand. Villegagnons Unternehmung brachte ihn auf einen völlig neuen Gedanken: man sollte Rio de Janeiro zu einer Kolonie der Auswanderer und der wirtschaftlichen Ausbeutung machen. Darin folgte Coligny nur dem Beispiel der Portugiesen, die »seit 1530 die Aufwertung des Landes mit Hilfe der Eingeborenenarbeit betrieben, indem sie Maniok und Zuckerrohr anbauten und Brasilholz abtransportierten. Ein liberales Zoll- und Finanzwesen begünstigte die Ausdehnung des Tauschhandels« (Julien, S. 178).

Die im Jahre 1555 hinübergebrachten sechshundert französischen Kolonisten sollten für die Ausbeutung die Grundlagen legen. Unter den »Genfer« Verstärkungen befanden sich dann recht geschickte Handwerker. Außerdem waren auf der »Petite

Roberge« fünf junge Mädchen hinübergekommen, die von einer alten Dame überwacht wurden. Sie brachten den Kolonisten das weibliche Element, das Villegagnon seinen Männern bei den Tupis untersagt hatte. Sehr bald fanden dann auch Hochzeiten statt, die von den Predigern gefeiert wurden. Léry hebt — nicht ohne versteckte Ironie — hervor, daß der frühere Doktor der Sorbonne sich verheiratete, nämlich mit dem reichsten dieser Mädchen. Aus solchen Verbindungen hätte ein franco-brasilianisches Volk hervorgehen können. Wenn man Léry Glauben schenken darf, so waren das nur erste Versuche einer für das Jahr 1558 vorgesehenen Massenverpflanzung. Léry versichert, daß sich tatsächlich sieben- oder achthundert Menschen für die Überfahrt bereit hielten, »um auf großen flandrischen Hurken herüberzukommen und den Ort, an dem wir uns befanden, zu besiedeln«. Dann fügt Léry hinzu, nachdem er sich über die schlechte Verwaltung durch Villegagnon, über dessen plötzliche Rückkehr nach Frankreich und über die Eroberung des Forts Coligny, das uneinnehmbar hätte sein können, wenn die Nachlässigkeit der nach der Abreise des Vizeadmirals zurückgebliebenen Franzosen dem Feind nicht gleichsam die Tore geöffnet hätte, beklagt hat: »Ich glaube tatsächlich fest daran, daß drüben jetzt . . . mehr als zehntausend Franzosen sein würden.«

Als Auswandererkolonie — Gonneville und auch Léry haben ihr ausgezeichnetes Klima gelobt — hätte das »Antarktische Frankreich« systematisch seinen Wert steigern können. Schon die Teilnehmer der zweiten Expedition hatten Weizen, Gerste, Roggen und Weinreben mitgebracht. Und Léry berichtet über den Anbauversuch: bei Weizen und Roggen ergab er eine mittlere Ernte. Man findet auch bei unserem Burgunder — wohl zum erstenmal in den Reiseberichten — ein sorgsames Studium über die Möglichkeiten der Anpassung europäischer Kulturpflanzen in Brasilien. Er schlägt vor, die »jungfräuliche Erde mürbe« zu machen und zu »entfetten«, damit die importierten Pflanzen sich ihr anpassen können. Zu diesem Zweck regt er eine intensive Bodenbearbeitung an. Außerdem hat er bei seiner Rückkehr nach Frankreich bei Fachleuten Erkundigungen eingeholt; er sagt: »Später allerdings habe ich von erfahrenen Winzern gehört, daß Neuanpflanzungen (von Wein) während der ersten ein bis zwei Jahre nur Ranken und wilden Wein hervorbringen.« Als guter Landmann, der er zweifellos ist, hat Léry begriffen, daß die wahre Zukunft Brasiliens in der Auswertung seiner landwirtschaftlichen Reichtümer, nicht aber in der fieberhaften Suche nach Gold liegt.

Er hat das sorglose und freie Leben gefeiert, das den Kolonisten in Brasilien hätte blühen können: »Bestimmt ist das Land unserer Tuupinambaúlts in der Lage, zehnmal soviel Menschen zu ernähren, wie jetzt dort wohnen. Als ich mich in ihm aufhielt, konnte ich mich rühmen, mehr als tausend Arpents Land zu meiner Verfügung zu haben. Es war besserer Boden als in der ganzen Beauce.«

Am Rande soll noch erwähnt werden, daß das legitime Recht, soeben erst entdeckte Länder zu kolonisieren, nie von den Seefahrern des 16. Jahrhunderts bezweifelt wurde. Nur ein *Bartolomé de Las Casas* plädierte für die ausgebeuteten und malträtierten Indianer. Es bedurfte aber erst eines *Michel de Montaigne*, um das Kolonisationsrecht anzuzweifeln und das Eindringen der Weißen zu bedauern.

Im folgenden Jahrhundert legte *William Penn* dann eine Probe der Ehrbarkeit ab, die ebensogut vielleicht als Naivität bezeichnet werden könnte, indem er den Indianern einen Teil ihres Landes abkaufte, um in Nordamerika seine Quäkerkolonie zu errichten.

Als Léry die Vorteile der Eingeborenenarbeit sah — die Einheimischen kannten kein Geld und arbeiteten für allerlei Tand —, protestierte er gegen das kolonialistische Regime und gegen die unmenschliche Behandlung, mit der die Unglücklichen unterdrückt wurden. Dem Halbirrsinn de Villegagnons schrieb er es zu, daß er den Franzosen, die sich gegen ihn aufgelehnt hatten, schwere Züchtigungen auferlegte, und fügte hinzu: »Einige von ihnen zogen es vor, ihn zu verlassen und sich lieber auf das Festland zu den Wilden zu begeben (die

sie übrigens viel humaner behandelten).« Und diese Grausamkeit gegen seine eigenen Landsleute wurde von der gegen die
Tupis weit übertroffen. Außer den empörenden Züchtigungen
zwang Villegagnon diese Männer und Frauen auch zu Arbeiten, die sie bei dem dortigen Klima zu Tode erschöpften. Die
Portugiesen freilich waren ihm in dieser Hinsicht noch um einiges überlegen, und das war wohl einer der Gründe, daß sich
ihre Ansiedlung so blutig und so langsam vollzogen hat.
Thevet berichtet, daß die Portugiesen die Tuupinambaúlts
»quälten«, und zwar »mehr quälten, als angebracht war, und
sich ihrer bei den eigenen Angelegenheiten und häuslichen
Verrichtungen bedienten, als wären sie wilde Tiere«. Die Calvinisten, als sie in Brasilien ankamen, wurden übrigens ähnlich
behandelt; mit einer Knickerigkeit wurden sie ernährt, die
schon an Geiz grenzte. Über das dortige bescheidene Leben
hat man geschrieben: »Dadurch, daß er (Villegagnon) aus der
›Franzosen-Insel‹ ein brasilianisches Malta machen wollte und
die Kolonisten zwang, wie Ritter zu leben, erstickte er seinen
kolonialen Versuch im Keime« (Julien, S. 191).

Die Dolmetscher und andere Kolonisten dagegen scheinen
die Tupis mit der bei den Franzosen üblichen Freundlichkeit
behandelt zu haben, was ihnen — im allgemeinen — das Wohlwollen der Eingeborenen einbrachte. »Hätte uns Villegagnon
nicht jenen bösen Streich gespielt, so würden viele dort die
Möglichkeit gefunden haben, Gott zu dienen, wie es unser
Wunsch war. Sie hätten wohl auch Freude gehabt an der
Schönheit und Fruchtbarkeit des Landes. Deshalb wollten wir
nicht freiwillig nach Frankreich zurückkehren, wo die Schwierigkeiten damals — und auch heute noch — unvergleichlich größer sind, und zwar im Hinblick auf die Religion wie auch auf
die allgemeinen Lebensbedingungen . . . Oft bedauerte ich es,
nicht mehr unter den Wilden zu sein . . . Bei den Wilden habe
ich . . . viel mehr Offenheit und Freimütigkeit erlebt als bei
vielen Menschen hierzulande, die sich dann zum Hohn noch
als Christen bezeichnen.«

Durch den Bericht, den man lesen wird, zieht sich in der Tat ein wahres Idyll zwischen dem jungen Studenten der Theologie und den liebenswerten Kannibalen, die ihren Freunden gegenüber außerordentlich zartfühlend sind. Allem aber, was sie beleidigend finden, treten sie grausam entgegen, auch dem Stein am Wege, an dem sie sich gestoßen haben und den sie dann, um sich zu rächen, kräftig beißen.

Lérys »Reise nach Brasilien« unterscheidet sich von den früheren Berichten und von denen seiner Zeitgenossen durch den Geist, der sie belebt. Während der Reisebericht des St. *Brandan* einer mystischen Rhapsodie, während das *»Buch der Wunder«* von *Marco Polo* einem Abschnitt aus *»Tausendundeiner Nacht«* gleicht, während die Erzählungen von *Gonneville, Verrazzano* und von *Jacques Cartier* einfache offizielle Berichte sind, in denen sich wahre Beschreibungen mit phantasievollen Ausschmückungen eines neuen Cathay-Symbols und der Quelle fabelhafter Reichtümer abwechseln, während die Werke Thevets dazu führten, daß man den Franziskaner als »verspäteten Autor des Mittelalters« bezeichnete (Julien, S. 380), bemüht sich Léry in seinem Bericht, die Unterschiede zwischen dem asiatischen Indien und der »Neuen Welt« darzulegen. Er besteht auf der Originalität der brasilianischen Flora und Fauna, auf ihrem Reichtum und ihrer Andersartigkeit.

Seine Beschreibungen sind so lebendig und genau, sie schildern die Seltsamkeiten der Neuen Welt mit so konturierten Strichen, daß uns sowohl die Pflanzen als auch die Tiere klar vor Augen treten. Als Beispiel soll das Lama angeführt werden. Und wer je Bananenbäume gesehen hat, der wird sie in Lérys Beschreibung wiedererkennen (14. Kapitel). Dasselbe gilt für wilde Ananas, die »im Mund zerschmelzen« und einen Geruch von Erdbeeren haben, was unser Anthropologe und Ethnologe *Claude Lévi-Strauss*, Professor am *Collège de France*, der 1935 nach Brasilien ging, 1955 folgendermaßen beschreibt: »Kleine Früchte mit brauner Farbe, die an Orangen erinnern. Ihr Fleisch ist mit großen schwarzen Obstkernen durchsetzt, deren Geschmack zwischen dem der gezüchteten Banane und

dem der köstlichsten Erdbeeren liegt« (Lévi-Strauss, S. 344).
Der gleiche Autor fand seinen Ledergürtel »ganz weiß und be-
schlagen« wie Jean de Léry den seinen schon vor vierhundert
Jahren. Auch Lévi-Strauss mußte sich gegen Parasiten verteidigen, die Léry »Nigua« oder »Tu« nennt. Die Riesenfleder-
mäuse, die sogenannten »Morcegos«, haben zudem ebenso an
den Zehen der Franzosen von 1557 gesaugt, wie sie das auch
heute noch bei den Reisenden tun, die sich zu den Caduveos
wagen.

Léry beschreibt die primitive Art des Feuermachens durch
»Gegeneinanderreiben und Rotation zweier Stücke weichen
Palmito-Holzes« (Lévi-Strauss, S. 158), die runden Hütten, den
Putz der Männer »mit breiten Schultern wie Lastträger«, die
sich »mit dem Eifer von Schneiderinnen gegenseitig in Küken
verwandeln, nämlich mit Hilfe von Flaumfedern, die sie unmittelbar auf die Haut aufkleben« (S. 238). Die Federn dienen
auch denen, die sich sorgfältig die üppigen und vielfarbigen
Bärte auszupfen. Die Regeln über die Ehen von Blutsverwand-
ten, die schon im 16. Jahrhundert beobachtet wurden, haben
sich übrigens bis heute unverändert erhalten.

Léry brachte demnach wesentliche Eigenschaften mit, die einen
Ethnologen auszeichnen: eine gute Beobachtungsgabe und einen
objektiven Stil der Beschreibung. Dadurch ist das schöne Kom-
pliment gerechtfertigt, das ihm *Claude Lévi-Strauss 1955* in
dem Buch »*Tristes tropiques*« (deutsch: »*Traurige Tropen*«,
1960) als moderner Gelehrter zollt: »Ich trage in meiner Tasche
Jean de Léry, das Brevier der Ethnologie« (Lévi-Strauss, S. 74).

Lérys Berichte besitzen jedoch keineswegs die Trockenheit
eines Lehrbuches. Denn alles findet seinen Widerhall in der
bereitwilligen Empfänglichkeit des jungen Mannes: die Schönheit der Landschaften, der Überfluß an Wild, Fischen und
Vögeln in tausenderlei verschiedenen Farben, vor allem aber
auch die außerordentliche Fruchtbarkeit der Erde — jener vio-
lette Boden Brasiliens gehört wohl zu den ergiebigsten der
Welt —, die Milde des Klimas, das zu allen Jahreszeiten gleich
bleibt und bei dem Léry mit seinen Gefährten sogar am Weih-

nachtstag ein erfrischendes Bad nahm (dabei darf nicht vergessen werden, daß man im 16. Jahrhundert noch so gut wie nichts von Geographie wußte), schließlich die Üppigkeit des tropischen Waldes und die Pracht der Flora. Lérys zuweilen etwas schwerfälliger Stil, der mit Latinismen durchsetzt ist, nimmt fast lyrische Form an, wenn er das Loblied auf die gute Erde singt, die für religiös Verfolgte der ideale Zufluchtsort hätte sein können.

Der poetische Ton der Psalmen klingt naturgemäß oft aus Lérys Zeilen; gewisse Passagen können als »wahrhaft erhebend« bezeichnet werden. »Leider verfügt er nur über das alte Vokabular des 16. Jahrhunderts, um seinen Gefühlen Ausdruck zu geben. Es eignet sich schlecht zu lyrischen Ergüssen, aber es ist doch rührend, wenn man zuweilen aus der Feder dieses armen Predigers und Zeitgenossen Calvins etwas von der Bewegung spürt, die späterhin Chateaubriand in den riesigen Urwäldern der Neuen Welt ergriffen hat« (Gilbert Chinart, S. 133).

In der anmutigen brasilianischen Landschaft existieren Menschenwesen, die mit und in der Natur leben. Es scheint so, daß alle Reisenden des 16. Jahrhunderts über die plastische Schönheit der eingeborenen Männer und Frauen höchst erstaunt waren; das Mittelalter pflegte sie — mehr aus der Phantasie als aus der wirklichen Anschauung — als scheußlich, gigantisch oder übermäßig behaart zu beschreiben. Die Menschen der Renaissance dagegen stellten erstaunt fest, daß ihr antikes Ideal dort in Übersee seine Verwirklichung gefunden hatte. Thevet hat erheblich dazu beigetragen, daß die Schönheit dieser Menschen durch die Illustrationen seiner Werke populär wurde. Im übrigen verachtet er sie aber ebenso wie *Nicolas Barré*, der die Indianerinnen »diese Hündinnen der Wilden« nennt (Reverdin, S. 16). Andere — Léry ist unter ihnen einer der ersten — haben bei den Eingeborenen die Einfachheit ihrer Sitten und ihre natürlichen Tugenden bewundert: ihre Liebe zu den Kindern, ihre Freigebigkeit und Freundlichkeit. Ferner werden hervorgehoben: Gastfreundschaft, Unparteilichkeit, das fast völlige Fehlen der Rivalität untereinander, die würdige Haltung und schließlich ihre reizende Anmut und Liebenswürdigkeit. Léry gehört zu denen, die in den »Wilden« von Natur aus gute Wesen sehen, die noch nicht verdorben sind von der Gesellschaft.

Wie die schon angeführten Reiseberichte bezeugen, waren die ersten Kontakte mit den Indianern — sowohl im Norden als auch im Süden — gut. Die Seefahrer wurden mit Neugier, Gunstbezeugungen, ja mit Wohlwollen immer dann aufgenommen, wenn vorher noch keine Begegnung mit den Weißen die Beziehungen getrübt hatte. Geht man demnach etwa zu weit, wenn man daraus schließt, daß die Treulosigkeit der Europäer und ihre kränkenden Maßnahmen die naiven Menschen — diese großen Kinder — verstimmt haben und sie in grausame Feinde verwandelten? Zudem scheint es so zu sein, daß auch heute noch (bei den Indianern und auch bei anderen Völkerstämmen) die gleichen Schwierigkeiten der gegenseitigen Anpassung bestehen. Claude Lévi-Strauss wieder berichtet z. B. über die Ungeschicklichkeit der Missionare, die sich 1933 unweit der Rondon-Linie niederließen. Sie wurden massakriert, da sie zu knauserig bei der Entlohnung der ihnen geleisteten Dienste gewesen waren und sie einem der Indianer zwei Pillen gegeben hatten. Er war gestorben, und man glaubte, er sei vergiftet worden. An anderer Stelle schreibt der gleiche Autor: »Die protestantischen Missionen der US-Amerikaner, die gegen 1930 das zentrale Mato-Grosso-Gebiet zu durchdringen suchten, gehörten aber einer ganz besonderen Gruppe an: Ihre Mitglieder entstammten ländlichen Familien aus Nebraska und Dakota, wo die Heranwachsenden im buchstäblichen Glauben an die Hölle und die dort kochenden Ölkessel erzogen wurden. Manche von ihnen wurden etwa so zu Missionaren, wie man eine Versicherung abschließt. Mit diesem Abschluß waren sie wegen ihres Seelenheils beruhigt; sie glaubten, nichts weiter dafür tun zu müssen. Bei der Ausübung ihres Berufes legten sie große Härte und empörende Unmenschlichkeit an den Tag« (S. 307 f.).

Mit solchen Verhaltensweisen erhebt sich eine neue Frage: Sollte nicht das Glück dieses friedlichen Lebens, das nur Glück ohne unnötige Sorgen kennt, seinen Ursprung im Gemeinschaftsleben haben, das überall von den Indianern gepflegt wird? Persönliches Eigentum existiert nicht. Alles ist gemeinsam: Besitztum, Frauen und Kinder. »Sie leben im goldenen Zeitalter. Weder umgeben sie ihren Besitz mit Gräben, noch schließen sie ihn durch Hecken ein. Ohne Gesetz, ohne Bücher, ohne Richter lassen sie ihre Gärten offen. Sie folgen ihrer Natur, um zu sagen, was recht ist, und sie halten für schlecht, wer Vergnügen daran findet, anderen Unrecht zu tun«, so kann man in der französischen Übersetzung des Buches von *Peter Martyr d'Angleria* lesen, die 1532 erschienen ist.

Das Gespräch über das Absurde einer Erbschaft und die Zwecklosigkeit des Anhäufens von Reichtümern, das Léry einem Tupi-Greis in den Mund legt, mag vielleicht ein literarisches Verfahren sein, das mehr oder weniger auf den Einfluß der lateinischen Klassiker zurückzuführen ist. Es gibt aber sehr gut das tiefgründige Verhalten wieder, das die amerikanischen Völker gegenüber den materiellen Gütern einnehmen. Wir befinden uns hier am Zusammenfluß zweier Legenden: der Legende vom »Goldenen Zeitalter«, die das Glück der Menschheit in die Vergangenheit verlegt, in eine ferne Vergangenheit, und der Legende vom »Guten Wilden«, die es in räumliche Ferne verlegt. *René Gonnard* hat 1946 in seinem Werk *»La légende du Bon Sauvage«* gezeigt, wie diese beiden Themen, die man mit der Romanliteratur zu verbinden versucht hat, tatsächlich ins Gebiet der philosophischen und sozialen Gedankenwelt gehören.

Léry befindet sich demnach am Ausgangspunkt einer doppelten Strömung: des Exotismus einerseits, der sich in den Werken von *Bernardin de Saint-Pierre* entfaltet und seinen großartigsten Ausdruck in *François René de Chateaubriand* findet, und der philosophischen und sozialen Tendenzen andererseits, die *Jean Jacques Rousseau* in *»Le Contrat social«* kristallisiert und die dann der utopische Sozialismus des 19.

Jahrhunderts in den auf Gütergemeinschaft gegründeten Kolonien zu verwirklichen sucht. Gewisse Passagen bei Jean de Léry lassen ihn mit denen verwandt erscheinen, die, übel von ihrem Milieu behandelt, angeekelt von der Sittenverderbnis oder der überragenden Rolle des Goldes im alten Europa, von einer Rückkehr in die Vergangenheit träumen oder von einem neuen Beginn — mit neuen Kosten — in Übersee, auf dem zauberhaften Kontinent dieser »Neuen Welt«.

Bewundert man die Amerikaner wegen ihres Vertrauens auf die brasilianische Erde — sie sind im Unrecht, wird der protestantische Prediger sagen, wenn sie dieses Vertrauen nicht auf Gott übertragen —, so benützt Léry die Gelegenheit, um die Atheisten Europas zu brandmarken und auch die Wucherer zu geißeln, die Blut und Mark der Witwen und armen Leute saugen. In dieser Hinsicht sind sie schlimmere Kannibalen als die »Wilden«, die nur die von ihnen getöteten Feinde verzehren. Im übrigen haben die Religionskriege greulichere Schrekken gekannt, wenn man Léry Glauben schenken will, der — im 16. Kapitel — die Ungeheuerlichkeiten aufzählt, die in Frankreich begangen wurden und über die er schon teilweise in seiner »Histoire du Siège de Sancerre« berichtet hatte.

Ganz sicher widerspricht der gemeinsame Besitz der Frauen dem christlichen Gebot. Trotzdem kann man nicht umhin, die Frauen der »Wilden« zu bewundern, wenn sie die Wirtschaft ihres gemeinsamen Gatten in Ordnung halten und dabei »in vorbildlichem Frieden miteinander leben. Ich überlasse es meinen Lesern, sich auszumalen, ob eine solche Eintracht bei uns möglich wäre, wenn Gott nicht verboten hätte, mehr als eine Frau zu heiraten. Sicher würde ein Mann sich lieber ins Zuchthaus schicken lassen, als inmitten solcher Keiferei und lärmenden Streiterei zu leben..., zumal oft schon die einzige Frau, die dem Mann von Gott gegeben wurde, um ihm zu helfen und ihn zu erfreuen, in seinem Hause statt dessen wie ein Hausdrachen wütet«.

Die Nacktheit der Indianer versetzt Léry, wie sie alle Europäer schockiert hat, einen Schock, aber letztlich reizt sie nicht mehr zur »Unzucht« als alle Koketterie unserer Frauen mit ihrer Tändelei und all dem, was das »Verbergen eines Kleidungsstückes unter dem anderen« bezwecken soll, daß es nämlich den Wunsch nach dem erweckt, was es verbirgt. Besonders werden die gescholten, die in Europa vorgeben, daß man »zur Nacktheit zurückkehren muß, um dadurch die Unschuld der ersten Zeit der Menschheit zurückzugewinnen«. Léry nennt zwar die Sekte der Adamiten nicht, wahrscheinlich aber beziehen sich diese Zeilen auf sie.

Wenn demnach die Europäer gern, stolz auf ihre Überlegenheit, die »Wilden« tadeln, dann nimmt der Moralist, der in Jean de Léry immer wach ist, stets die Gelegenheit wahr, um die zu schelten, die gleiche oder noch schlimmere Fehler begehen, ohne doch die Entschuldigung vorbringen zu können, die man diesen nacktlebenden Amerikanern nicht verweigern kann, daß ihnen nämlich jede Belehrung und Religion fehlt.

In mancherlei Hinsicht könnten sich die »Zivilisierten« sogar Unterricht von den »Wilden« geben lassen. Léry rühmt das mütterliche Stillen und die Arbeit, die sich die brasilianischen Mütter mit ihren Kindern machen, während unsere Zierpuppen ihnen zu essen geben und sich im übrigen nur zum »Zeitvertreib« mit ihnen beschäftigen. Er lobt auch die Bewegungsfreiheit der Säuglinge und wünscht, daß der Gebrauch des Wickelbandes nachgiebiger gehandhabt wird. Wenn Léry übrigens von den Kindern spricht, so packt er uns am meisten: Man kann ihn sich gut vorstellen, lächelnd und belustigt unter der kleinen, völlig nackten Horde, die wie die Wildkaninchen auf dem Boden herumtrippelte und scharrte.

Dieser staunende Reisende, dieser unparteiische Beobachter — Léry ist für seine Epoche ganz erstaunlich unparteiisch — ist somit genötigt, das Glück derer anzuerkennen, deren protestantischer Prediger (und das ist er auch) die Unzucht und die Armut anprangert, weil sie ihren Schöpfer nicht kennen, entgegen seinem Gesetz leben und sich nicht bekehren lassen wollen.

Dieser intime Konflikt ist vielleicht einer der größten Reize dieses Werkes, da er vom Menschen und seinen persönlichen Wagnissen berichtet. Trotz des Charmes, der von der etwas altertümlichen Sprache ausgeht, des frischen Stils, der Wildheit und trotz der neuen Ansichten und Probleme, die man seinetwegen aufwirft, ist es nicht das Exotische der Brasilienreise, das uns am meisten berührt, sondern vielmehr der Autor. Er ist ein Landmann mit solidem, gutem Menschenverstand, der an die Wesen und Dinge unvoreingenommen und ohne aus Büchern entnommene Besorgnisse herantritt. Er liegt ganz auf der Linie von *Michel de Montaigne,* und daher nennt man Léry auch den »reisenden Montaigne«. Es fragt sich nur, in welchem Maße sich Montaigne hätte von Léry inspirieren lassen. Die Gegenüberstellung der beiden Texte wurde schon vorgenommen.

Léry selber hat von seiner »Neugier« berichtet, und wir haben bereits gesagt, in welch hohem Maß er diese für den Ethnologen so wichtige Eigenschaft besaß. Intelligente Neugier war es, frei von Vorurteilen, denn Léry hat nie von vornherein schon, wie viele seiner Vorgänger und Nachfolger, die Ansicht vertreten, ihm wären die »fremden« Menschen unterlegen.

Sein Edelmut und seine humanitären Sorgen zeigen sich bei jeder Gelegenheit: So beklagt er die Behandlung, die dem gekaperten spanischen Schiff zuteil wird, ebenso wie die von Villegagnon praktizierten Mißhandlungen.

Wenn ihn sein Groll als getäuschter und geprellter Protestant dazu treibt, den Vizeadmiral in mancher Hinsicht schwer zu beschuldigen, so verwahrt sich doch seine Ehrlichkeit gegen die dem Admiral unterschobenen Straftaten: Villegagnon hat niemals gegen die Regeln verstoßen, die er den Kolonisten auferlegte. Vornehmlich für die Enthaltsamkeitsvorschriften trifft das zu.

Thevet hat die Protestanten beschuldigt, nur aus Gründen der Habsucht nach Brasilien gegangen zu sein; Léry replizierte darauf schlagfertig. In der Tat ist Jean de Léry in seiner Epoche wohl der einzige Reisende gewesen, von dem authentisch feststeht, daß bei ihm die Suche nach Gold erst in zweiter Linie.

kam. Er preist in Brasilien nur die Fruchtbarkeit der Erde, die Pracht der Wesen und Dinge; immer enden seine Beschreibungen im Lobgesang Gottes. Denn Léry ist sehr fromm; von einer Frömmigkeit ist er durchdrungen, die durch das eifrige Studium der ins Französische übersetzten Bibel stets aufs neue genährt wird und deren Psalmen so prachtvoll in den endlosen Wäldern Brasiliens widerhallten — vor vier Jahrhunderten.

BIBLIOGRAPHIE

DE BRY, THEODOR: *Narratio profectionis joanis Lerii, Americae Tertiae pars*, 1592.

CRESPIN, JEAN: *Histoire des martyrs persécutés et mis à mort pour la vérité de l'Evangile, depuis le temps des apôtres jusqu'à nos jours*, 1617.

GOSSOIN OU GOSSUIN: *Le livre de clergie, nommé l'Ymage du Monde, translaté du latin en français*.

DE LÉRY, JEAN: *Histoire d'un voyage fait en la terre du Brésil*, 1578.
— *Historia navigationis in Brasiliam*, 1586.

THEVET, ANDRÉ: *Les Singularités de la France antarctique, autrement nommée Amérique*, 1578.

CHINART, GILBERT: *L'exotisme américain dans la littérature française au XVIe siècle*, 1911.

GAFFAREL, PAUL: *Histoire du Brésil français au XVIe siècle*, 1878.
— *Les Français au-delà des mers. Les découvreurs du XIVe au XVIe siècle; côtes de Guinée, du Brésil et de l'Amérique du Nord*, 1888.

GIMENEZ, FERNANDEZ: *Nuevas consideraciones sobre la historia*, 1944.

GONNARD, RENÉ: *La légende du Bon Sauvage*, 1946.

HATON: *Mémoires contenant le récit des événements accomplis de 1553 à 1583*, 1837, 2 vol.

Heulhard: *Villegagnon, roi d'Amérique, un homme de mer au XVIe siècle, 1510—1572*, 1897.

Julien, Ch.-André. *Les voyages de découverte et les premiers établissements*, 1948.

Lévi=Strauss, Claude: *Tristes Tropiques*, 1955.

Reverdin: *Quatorze Calvinistes au pays des Toupinambaoults*, 1957.

Thevet, André: *La cosmographie universelle. Deux voyages* (publiés dans le second tome des *Français en Amérique*), 1953.

— *La cosmographie universelle*, tome II., 1875.

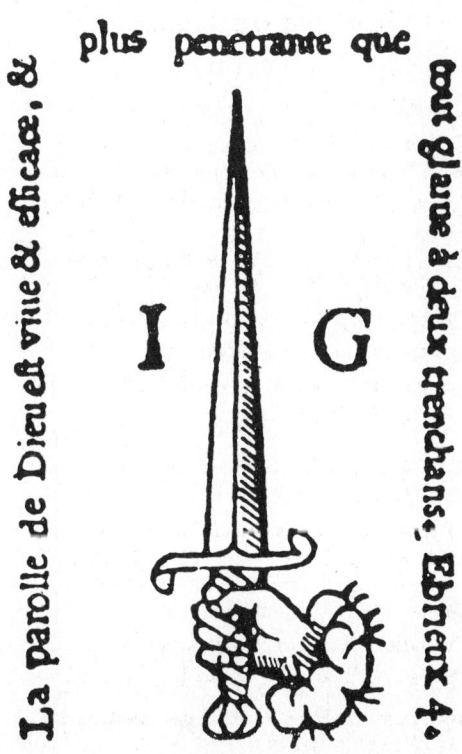

JEAN DE LERY

Die Übersetzung des Brasilienbuches von *Jean de Léry*, das 1578 zuerst als »HISTOIRE D'UN VOYAGE FAIT EN LA TERRE DU BRÉSIL, AUTREMENT DITE AMÉRIQUE« erschien, fußt auf der zweiten, ver= änderten Ausgabe von 1586 mit dem Titel: »HISTORIA NAVIGATIONIS IN BRASILIAM, QUAE ET AMERICA DICITUR«

HISTORIA
NAVIGATIONIS
IN BRASILIAM,
QVÆ ET AMERICA
DICITVR.

QVA DESCRIBITVR AVTORIS
nauigatio, quæque in mari vidit memoriæ pro-
denda : Villagagnonis in America gesta : Brasi-
liensium victus & mores, à nostris admodum a-
lieni, cum eorum linguæ dialogo : animalia etiam,
arbores, atque herbæ, reliquáque singularia & no-
bis penitùs incognita.

A IOANNE LERIO BVRGVNDO
Gallicè scripta. Nunc verò primum Latinitate
donata, & variis figuris illustrata.

EXCVDEBAT
E. VSTATHIVS. VIGNON.
ANNO CIƆ IƆ LXXXVI

BRASILIANISCHES TAGEBUCH
1556—1558

EINIGE KOSMOGRAPHEN UND HISTORIKER haben in unseren
Zeitläuften schon über die Länge, Breite, Schönheit und Fruchtbarkeit des vierten Erdteils, den man Amerika oder das Land
Brasilien nennt, geschrieben; das gleiche gilt für die benachbarten Inseln und die angrenzenden Länder. All diese Regionen
waren unseren Vorfahren gänzlich unbekannt. Man hat auch die
Schilderungen mehrerer Reisen veröffentlicht, die in den letzten
achtzig Jahren seit der Entdeckung dieser Länder unternommen wurden. Ich werde mich deshalb nicht unnötig lange bei
diesem Punkt und bei allgemeinen Erörterungen aufhalten.
Absicht und Sinn des vorliegenden Tagebuches ist es nämlich,
das zu beschreiben, was ich getan, gehört oder beobachtet habe,
und zwar sowohl auf See — während der Hin- und Rückfahrt — als auch unter den Wilden Amerikas, unter denen ich
etwa ein Jahr zugebracht habe. Damit nun alles genau bekannt
wird und es auch jedermann recht verständlich ist, werde ich
mit den Beweggründen beginnen, die uns eine so anstrengende
und lange Reise unternehmen ließen, und ferner will ich kurz
noch mitteilen, was den Anlaß zu ihr gegeben hat.

Im Jahre 1555 hatte ein gewisser *Villegagnon*, Malteserritter oder Angehöriger des Johanniterordens, in Frankreich
viel Ärger. Es gab in seinem Regierungsbereich — in der Bretagne — eine Reihe unzufriedener Untertanen. An verschiedenen Orten des Königreiches Frankreich setzte er einige hoch-
gestellte Persönlichkeiten der mannigfachsten Kreise davon in
Kenntnis, daß er seit langem schon mit dem Plan umgehe, sich

in irgendein fernes Land zurückzuziehen, in dem er Gott frei und reinen Herzens dienen könne — gemäß dem Evangelium des reformierten Glaubens. Ferner versicherte er, daß es sein Wunsch sei, einen Zufluchtsort für die zu schaffen, die sich den Verfolgungen in Frankreich entziehen wollten. Damals kam es überall in Frankreich vor, daß Menschen, ohne Rücksicht auf ihr Geschlecht oder ihren Stand, aufgrund königlicher Edikte oder Parlamentsbeschlüsse lebendig verbrannt wurden, während man wegen ihrer Religionszugehörigkeit ihren Besitz einzog.

Villegagnon erklärte sowohl mündlich als auch in Briefen, die er an die oben erwähnten Persönlichkeiten schickte, daß er sehr viel Gutes über die Schönheit und Fruchtbarkeit des Teiles von Amerika gehört habe, der Brasilien genannt wird. Deshalb wolle er die Reise gern auf sich nehmen; er habe den Entschluß gefaßt, sich dort niederzulassen, um seine Pläne zu verwirklichen.

Unter diesem Vorwand — eine gute Tarnung übrigens — gewann Villegagnon die Herzen verschiedener angesehener Herren der Reformierten Kirche, die vom gleichen Eifer beseelt waren, den er zu besitzen vorgab, und die deshalb Ausschau nach einem solchen Zufluchtsort gehalten hatten. Unter ihnen befand sich der inzwischen verstorbene Messire *Gaspard de Coligny*, Admiral seligen Andenkens, der bei dem damals regierenden König *Heinrich II.* sehr in Gunst stand. Er sagte dem König, daß Villegagnon, falls er die Reise durchführte, viele Reichtümer und sonstige Vorteile für das Königreich ausfindig machen würde. Der König bewilligte ihm jedenfalls zwei gutausgerüstete, mit Artillerie bestückte schöne Schiffe sowie zehntausend Francs für seine Fahrt.

Nachdem Villegagnon die Reise gesichert sah, versprach er mehreren Personen, die ihn begleiteten, auf Ehrenwort, daß er an dem Ort, an dem er sich niederlassen würde, den wahren Gottesdienst einführen werde. Er heuerte Seeleute und Handwerker an, die er mit hinübernehmen wollte. Im Monat Mai des Jahres 1555 ging er in See. Unterwegs hatte er mehrere Stürme und mancherlei Unannehmlichkeiten zu überstehen.

Trotz aller Schwierigkeiten erreichte er schließlich im November des gleichen Jahres das Land Amerika.

Sogleich nach seiner Ankunft ging er an Land. Anfangs wollte er sich vor der Mündung eines salzhaltigen Flusses auf einem Felsen niederlassen, der in der Meeresbucht vor der Mündung gelegen war. Der Fluß wurde von den Wilden »*Ganabara*« genannt. Er befindet sich (wie ich noch erwähnen werde) etwa auf dem dreiundzwanzigsten Breitengrad südlich des Äquators, dicht am Wendekreis des Steinbocks. Die Wogen des Meeres vertrieben Villegagnon aber bald wieder aus dieser Gegend.

Als er sich zurückziehen mußte, fuhr er noch etwa eine Meile weiter in Richtung auf das Festland zu und richtete sich auf einer bisher unbewohnten Insel ein. Dort ließ er seine gesamte Artillerie und alles sonstige Gerät ausladen. Um besser gesichert zu sein — sowohl gegen die Wilden als auch gegen die Portugiesen, die viel zur See fahren und zudem in diesem Lande schon viele Festungen haben —, begann er mit der Errichtung eines Forts.

Stets gab er vor, eifrig die Ausbreitung des Königreiches Jesu Christi zu fördern, was er nach Möglichkeit immer wieder auch seinen Leuten einhämmerte. Als seine Schiffe dann ihre Ladung übernommen hatten, um die Rückreise nach

Frankreich anzutreten, schickte er mit dem einen Fahrzeug einen Boten mit einem Brief, in dem er um alle Hilfe und Unterstützung bat, die ihm die Kirche und die Prediger zu Genf für sein so heiliges Unternehmen zu gewähren in der Lage waren. Vor allem aber bat er inständig darum, daß man ihm Prediger des Wortes Gottes schicken möge, damit er das begonnene Werk fortsetzen und schnell vorantreiben könne, das er — wie er sagte — mit allen seinen Kräften fördern wollte. Diese Prediger sollten auf ihrer Überfahrt von möglichst vielen weiteren Personen begleitet werden, die gut in der christlichen Religion unterrichtet waren.

Als die Kirche in Genf den Brief erhielt und die Nachrichten von drüben hörte, dankte sie zunächst Gott für die Ausbreitung des Reiches Jesu Christi in einem so fernen und noch völlig unbekannten Land und unter einem Volk, dem bisher jede Kenntnis des wahren Gottes fehlte.

Villegagnon hatte auch an den später verstorbenen Admiral geschrieben. Um seinem Ersuchen nachzukommen, bat dieser brieflich darum, daß man *Philippe de Corguilleray Sieur du Pont* (der sich in der Nähe von Genf niedergelassen hatte und der in Frankreich sein Nachbar nahe bei Châtillon-sur-Loing gewesen war) beauftragen solle, die Fahrt zu unternehmen, damit er diejenigen führe, die bereit waren, nach Brasilien zu fahren, um sich dort mit Villegagnon zu vereinigen. Sowohl die Kirche als auch die Geistlichen zu Genf baten daraufhin Sieur du Pont, diese Aufgabe zu übernehmen. Er war schon alt und gebrechlich. Dennoch begeisterte er sich für ein so gutes Werk und stellte alle anderen Angelegenheiten zurück. Obwohl er Familie hatte, wollte er die weite Reise riskieren und willigte ein, das an ihn gestellte Ersuchen zu erfüllen.

Es tauchte sogleich auch die Frage auf, woher man die Prediger des Wortes Gottes nehmen sollte. In der Folgezeit sprachen du Pont und einige seiner Freunde von diesen Plänen zu mehreren Schülern, die damals Theologiestudenten waren. Von diesen versicherten Magister *Pierre Richier*, der schon über fünfzig Jahre alt war, und Magister *Guillaume Chartier*, daß

sie bereit wären, sich mit der Angelegenheit zu befassen, sofern man sie, auf dem üblichen kirchlichen Weg, für geeignet halten sollte, diese Aufgabe zu übernehmen. Die beiden Studenten wurden den Predigern von Genf vorgeschlagen, die sie über die Auslegung gewisser Stellen der Heiligen Schrift sprechen ließen und sie im übrigen an ihre Pflicht ermahnten. Sie erklärten sich aus freien Stücken bereit, unter du Ponts Führung das Meer zu überqueren, um Villegagnon aufzusuchen und in Amerika das Evangelium zu verkünden.

Nun mußte man noch weitere Personen ausfindig machen, die über die wichtigsten Punkte des Glaubens unterrichtet waren, und ferner, wie Villegagnon es wünschte, Handwerker, die über gute Erfahrungen auf ihren Gebieten verfügten. Damit sich niemand Täuschungen hingeben sollte, machte du Pont kein Geheimnis aus der langen, anstrengenden Fahrt, die man zu bewältigen hatte: etwa hundertfünfzig Meilen auf dem Landwege und mehr als zweitausend Meilen auf dem Seewege. Er erwähnte auch, daß man sich damit abfinden müsse, anstelle von Brot ein gewisses aus Wurzeln gewonnenes Mehl zu essen. Was den Wein betrifft, so gibt es hierüber nichts zu berichten, da dort drüben kein Wein wächst. Kurz: in der Neuen Welt würde man (wie das Villegagnons Brief verkündete) ganz andere Lebensgewohnheiten annehmen und auch anderes Fleisch als in unserem Europa essen müssen. All die also, denen die Theorie mehr gilt als die Praxis solcher Dinge, oder die nicht gewillt sind, den Klimawechsel auf sich zu nehmen, die Unbilden der See und die Glut der heißen Zone zu ertragen oder gegen den Südpol vorzudringen, alle diejenigen, sage ich, sollten sich besser nicht beteiligen und für eine solche Fahrt sich nicht anheuern oder einschiffen lassen.

Nach verschiedenen Anzeigen und Nachfragen, die man an alle Seiten richtete, meldeten sich die, die offenbar über genügend Mut verfügten, um du Pont, Richier und Chartier zu begleiten. Es waren dies: *Pierre Bordon, Mathieu Verneuil, Jean du Bordel, André Lafon, Nicolas Denis, Jean Gardien, Martin David, Nicolas Raviquet, Nicolas Carmeau, Jacques Rousseau* und ich, *Jean de Léry*. Ich schloß mich an, weil ich den mir von Gott gegebenen guten Willen hatte, Seinem Ruhme zu dienen, und weil ich begierig war, die Neue Welt zu sehen. Wir waren insgesamt also vierzehn Männer, die sich entschlossen hatten, die Fahrt zu unternehmen. Am 10. September des Jahres 1556 brachen wir von Genf auf*.

Wir machten uns auf den Weg und sprachen in Châtillon-sur-Loing vor, wo wir den Herrn Admiral trafen. Er ermutigte uns immer aufs neue, unser Unternehmen weiter durchzuführen, wobei er uns — soweit es die Marine betraf — seine volle Unterstützung zusagte. Er trug uns auch noch viele Gründe vor, um uns Hoffnung zu machen, daß wir schließlich einmal

---

* Das Datum vom 10. September wird durch einen Brief von *des Galards* an *Calvin* widerlegt, in dem gesagt wird, daß *Chartier* und *Richier* Genf *am 8. und 9. September* verlassen haben.

die Früchte unserer Arbeit erleben würden. Von dort begaben wir uns nach Paris, wo sich während des Monats, den wir dort verweilten, noch einige Edelleute und andere Herren, die man über den Zweck unserer Reise unterrichtet hatte, unserem Unternehmen anschlossen. Dann fuhren wir weiter nach Rouen, und von dort suchten wir den Seehafen Honfleur in der Normandie auf, den man uns als Abfahrtshafen genannt hatte. Dort verbrachten wir etwa einen Monat mit unseren persönlichen Vorbereitungen und warteten, bis die Schiffe seeklar waren.

ERSTES KAPITEL

Von unserer Einschiffung im Hafen Honfleur in der Normandie. Bericht über Stürme, Begegnungen, gekaperte Schiffe und über die ersten Länder und Inseln, die wir zu sehen bekamen

19. *November 1556.* — Der *Sieur de Bois le Comte*, ein Neffe Villegagnons, der schon vor uns in Honfleur war, ließ dort auf Kosten des Königs drei schöne Schiffe kriegsmäßig ausrüsten, die er außerdem mit Lebensmitteln und anderen für die Fahrt notwendigen Dingen versehen ließ. Am 19. November schifften wir uns dort ein. Der schon erwähnte Sieur de Bois le Comte wurde zu unserem Vizeadmiral gewählt. Er befand sich mit etwa achtzig Personen — Soldaten und Matrosen — an Bord eines der Schiffe, das den Namen »La Petite Roberge« trug. Ich ging an Bord eines anderen Schiffes, das »La Grande Roberge« hieß. Insgesamt waren wir hier hundertundzwanzig Menschen. Unser Kapitän war der *Sieur de Sainte-Marie dit l'Epine,* und als Steuermann hatten wir einen gewissen *Jean Humbert* aus Honfleur, einen ausgezeichneten Piloten. Dieser sollte sich als außerordentlich erfahrener Navigator erweisen. Das dritte Schiff hieß »La Rosée« nach dem Namen seines

59

Kommandanten. Es hatte etwa neunzig Menschen an Bord, unter denen sich sechs junge Männer befanden, die wir mitnahmen, damit sie die Sprache der Wilden erlernten, und fünf junge Mädchen, die von einer Gouvernante begleitet wurden. Sie waren die ersten französischen Frauen in Brasilien. Die Wilden des Landes waren bei ihrem Eintreffen höchst verdutzt, denn bisher hatten sie, wie wir später erfahren werden, noch nie bekleidete Frauen gesehen.

So gingen wir denn noch am gleichen Tage, gegen Mittag, unter Segel. Beim Auslaufen aus Honfleur fehlte es nicht an den üblichen Salutschüssen, an Trompetenstößen und Trommelwirbel, Pfeifen und sonstigen Ehrenbezeugungen, die man Kriegsschiffen, die auf große Fahrt gehen, zuteil werden läßt. Wir gingen zunächst auf der Reede von Caux, die etwa eine Meile von Le Havre de Grâce seewärts liegt, vor Anker. Dort hielten, wie das bei auf große Fahrt gehenden Schiffen üblich ist, die Kapitäne und Steuerleute eine Musterung ab, um die wirkliche Anzahl der Soldaten und Matrosen festzustellen. Dann wurden die Anker gelichtet; gegen Abend hätten wir in See gehen können. Da aber das Ankerseil des Schiffes, auf dem ich mich befand, riß, mußte der Anker zunächst unter großen Schwierigkeiten wieder aufgefischt werden. Erst am folgenden Tage konnten wir endgültig in See gehen.

20. November 1556. — Nachdem wir also am 20. November das Festland hinter uns gelassen hatten, begannen wir unsere Fahrt über den großen und stürmischen Ozean. Die Küste Englands kam in Sicht. die wir, als wir an ihr entlang fuhren, an Steuerbord liegen ließen. Dann packte uns ein böses Wetter, das zwölf Tage lang andauerte. Wir hatten alle unter der üblichen Krankheit zu leiden, die einen zu befallen pflegt, wenn man zur See fährt. Im übrigen waren wir alle entsetzt darüber, wie wir von der rauhen See hin und her geworfen wurden. Tatsächlich glaubten diejenigen, die zuvor noch nie auf See waren und daher einen solchen Tanz noch niemals mitgemacht hatten, als sie das aufgewühlte Meer und die hohen Wellen sahen, bei jeder neuen See, daß uns die Wogen auf den Meeresgrund schicken würden. Es ist wirklich eine bewundernswerte Sache, wenn man sieht, wie ein solches Holzschiff — so groß und stark es auch sein mag — der Wut der rasenden Elemente standhalten kann. Obwohl die Schiffe aus recht starkem, gut verbundenem und geteertem Holz gebaut sind — das Schiff, auf dem ich mich befand, war etwa achtzehn Klafter lang und dreieinhalb Klafter breit — scheinen sie im Vergleich zu so langen und hohen Wogen, wie sie das Westmeer aufweist, doch recht klein und schwach zu sein. Ohne hier näher auf diese Angelegenheit einzugehen, möchte ich doch am Rande bemerken, daß man die hohe Entwicklungsstufe der Navigation im allgemeinen und die Erfindung der Kompaßnadel, mit deren Hilfe man sich orientiert, gar nicht hoch genug einschätzen kann. Sie ist — jedenfalls nach den Aussagen mancher Leute — erst seit etwa zweihundertfünfzig Jahren in Gebrauch. So wurden wir also recht kräftig durchgeschüttelt, während wir unter großen Schwierigkeiten weiterfuhren. Am dreizehnten Tag nach unserer Einschiffung gefiel es dem Allmächtigen, die Wogen und den Sturm zu beruhigen.

3. Dezember 1556. — Am folgenden Sonntag begegneten wir zwei englischen Handelsschiffen, die von Spanien kamen. Unsere Matrosen gingen längsseits und stellten fest, daß die Schiffe Waren an Bord hatten, deren Mitnahme sich lohnte. Es hätte nicht viel gefehlt, sie hätten die Schiffe geplündert. Unsere Fahrzeuge waren nämlich, wie ich schon erwähnt habe, gut mit Artillerie und sonstigem Kriegsmaterial ausgerüstet, so daß sich unsere Seeleute stolz und stark fühlten. Deshalb waren die viel schwächeren Schiffe, die sie hier vor sich hatten, in einer recht mißlichen Lage.

Zu dieser ersten Begegnung mit Schiffen, die ich auf offener See erlebt habe, muß ich sagen, daß man hier genauso verfährt, wie in den meisten Fällen auf dem Lande: Wer die Waffe in Händen hat und der Stärkere ist, der trägt den Sieg davon und schreibt dem anderen das Gesetz vor. Es stimmt schon: Wenn die Seeleute die Segel wegfieren und bei den armen Handelsschiffen längsseits gehen, behaupten sie im allgemeinen: »Seit langer Zeit haben wir — durch Stürme oder Flauten — keinen Hafen anlaufen können. Deshalb fehlt es uns an Lebensmitteln.« Sie bitten darum, daß man ihnen solche gegen Geld geben möge. Wenn sie auf diese Weise die Erlaubnis bekommen, an Bord zu gehen, dann entladen sie das Schiff unverzüglich — angeblich, um zu verhindern, daß es sinkt — und holen alles heraus, was ihnen gut und nützlich erscheint. Wenn man ihnen (wie wir das jedesmal taten) Vorwürfe macht und sagt, daß der Raub doch eigentlich etwas Ungehöriges sei, ganz gleich, ob man Freunde oder Feinde beraubt, antworten sie mit dem, was in solchen Fällen auch unsere Landsoldaten zu sagen pflegen, nämlich: »C'est la guerre et la coutume« — »Krieg ist Krieg, und das ist nun einmal so üblich.«

Noch etwas möchte ich, gleichsam als Vorwort zu mehreren Beispielen, die wir später hören werden, erwähnen, nämlich die Tatsache, daß sich die Spanier, und mehr noch die Portugiesen, rühmen, als erste das Land Brasilien entdeckt zu haben, und zwar von der Magalhães-Straße aus, die auf etwa fünfzig Grad südlicher Breite gelegen ist, bis nach Peru und noch über den Äquator hinaus. Infolgedessen behaupten sie, die Herren dieser Länder zu sein. Ihrer Meinung nach sind die Franzosen, die in diesen Gebieten reisen, Räuber. Wenn sie ihnen auf See begegnen und selbst in der Übermacht sind, beginnen sie eine blutige Auseinandersetzung, wobei es schon vorgekommen ist, daß man den Franzosen bei lebendigem Leibe die Haut vom Körper zog oder sie auf ähnliche grausame Weise in den Tod beförderte. Die Franzosen vertreten einen gegensätzlichen Standpunkt; sie haben ihren Anteil an diesen neu entdeckten Ländern. Sie lassen sich auch nicht freiwillig von den Spaniern — noch weniger von den Portugiesen — schlagen, sondern verteidigen sich tapfer und üben Vergeltung an ihren Feinden. Man kann ohne Übertreibung sagen, daß man, wenn man sich nicht für erheblich stärker hielt und über eine größere Anzahl von Schiffen verfügte, es weder wagte, bei französischen Schiffen längsseits zu gehen noch sie anzugreifen.

Um nun auf unsere Fahrt zurückzukommen, so hatten wir während der folgenden sechs oder sieben Tage wieder eine sehr grobe See. Ich habe nicht nur mehrere Male gesehen, daß die Wogen das Oberdeck unseres Schiffes überspülten, sondern das Schiff wurde auch so sehr hin und her geworfen, daß kein Matrose — und wäre er noch so geschickt gewesen — sich auf den Beinen halten konnte. Wir alle aber machten jetzt das durch, was der Psalm 107 besagt: »Wir waren schwach und torkelten wie die Betrunkenen«, so heftig war die Wucht der Wogen. Während eines Sturmes auf dem Meer wird man ganz plötzlich so hoch von den unheimlichen Wasserbergen in die Höhe geschleudert, daß man bis in den Himmel emporzusteigen meint. Unmittelbar darauf wird man so tief hinabgedrückt, daß man auf dem Boden des tiefsten aller Abgründe zu landen glaubt. Wer so inmitten einer Million möglicher Grabstätten überlebt, sieht der nicht (wie es im gleichen Psalm heißt) die großen Wunder des Ewigen? Das dürfte wohl ganz bestimmt der Fall sein! Inmitten solch wild bewegter Wogen ist die Gefahr den Seefahrern viel näher, als es die Dicke der Planken, aus denen die Schiffe gezimmert sind, vermuten läßt. Meiner Ansicht nach ist es sogar noch übertrieben, wenn der Dichter sagt, daß die, die zur See fahren, fünf Finger breit vom Tode entfernt sind. In Wahrheit sind sie ihm viel näher. Ich habe deshalb zur näheren Erläuterung für die Seefahrer die betreffenden Verse wie folgt übersetzt und erweitert:

Obgleich die brausende Woge der See
Den mit Furcht erfüllt, der auf ihr fährt,
Vertraut sich der Mensch den Planken an,
Deren Stärke fünf Finger kaum übersteigt.
Denn daraus ist das Schiff gezimmert, das ihn trägt.
Er sieht nicht den Tod, der fünf Finger neben ihm steht:
Wer zur See fährt, ohne auf Gott zu vertrauen,
Ist bar jeder Vernunft.
Gott allein ist es, der sein Leben retten kann!

5. Dezember 1556. — Als der Sturm sich gelegt hatte, schickte uns Der, Der das Wetter still und ruhig macht, wenn es Ihm gefällt, einen günstigen Wind, der uns in das spanische Meer trug. Am fünften Tage des Dezember befanden wir uns auf der Höhe von Kap St. Vincent. In diesen Gewässern begegneten wir einem Schiff aus Irland. Unsere Matrosen holten unter dem erwähnten Vorwand, daß es uns an Lebensmitteln fehlte, sechs oder sieben Schläuche voll spanischen Weins sowie Feigen, Orangen und andere Dinge, die das Schiff geladen hatte, von Bord.

12. Dezember 1556. — Sieben Tage später erreichten wir drei Inseln, die von den Seefahrern der Normandie »La Gracieuse«, »Lancelote« und »Forte Aventure« genannt wurden. Es sind dies die Glücksinseln. Insgesamt sind es sieben Inseln, die zur Zeit bewohnt sind, und zwar meines Wissens von Spaniern. Manche Leute haben Karten gezeichnet und in ihren Büchern gelehrt, daß diese Glücksinseln auf elf Grad diesseits des Äquators und somit, wie sie meinen, in der heißen Zone liegen. Ich aber habe gesehen, wie der genaue Ort mit Hilfe des Astrolabiums bestimmt wurde; ich habe festgestellt, daß sie auf achtundzwanzig Grad auf der nördlichen Halbkugel liegen. Man muß also bei den erwähnten Autoren einen Fehler von siebzehn Grad feststellen, mit dem sie sich selbst und andere täuschen, indem sie die Inseln mehr von uns fort verlegen.

In diesem Seegebiet ließen wir die Boote zu Wasser, und zwanzig unserer Leute — Soldaten und Matrosen — nahmen mit Musketen und sonstigen Waffen darin Platz. Sie dachten, daß sie hier auf den Glücksinseln gute Beute machen könnten. Die Spanier aber, die das bemerkt hatten, schlugen sie so kräftig zurück, daß sie, anstatt an Land zu gehen, schleunigst wieder auf See hinausfuhren. Sie kehrten jedoch nicht gleich an Bord zurück, sondern ruderten solange umher, bis sie eine Fischer-Caravelle trafen. Als man dort bemerkte, daß die Unsrigen Kurs auf sie nahmen, rettete sich die Besatzung an Land und ließ das Schiff im Stich. Unsere Leute nutzten die

Gelegenheit und erbeuteten eine große Menge getrockneter Haifische, einen Navigationskompaß und was sich sonst noch vorfand. Da sie den Spaniern weiter nichts anhaben konnten — sie brannten darauf, sich an ihnen zu rächen —, zerstörten sie mit schweren Axthieben ein Boot und ein Schiff, die sie am Strand fanden.

Während der drei Tage, die wir in der Nähe der Glücks-inseln verbrachten, war das Meer ziemlich ruhig; wir fingen eine große Menge Fische mit Fischernetzen, die wir an Bord hatten, sowie mit der Angel. Nachdem wir uns nach Herzens-lust satt gegessen hatten, mußten wir mehr als die Hälfte der Fische wieder ins Meer werfen. Wir fürchteten — wir besaßen nicht genügend Süßwasser —, daß sie uns allzu schnell verder-ben würden. Es handelte sich um Dorados, kleine Haifische, und verschiedene andere Sorten, deren Namen wir nicht ken-nen. Jedenfalls waren auch Fische darunter, die die Seeleute Sardinen nennen. Diese Fischart hat einen so kleinen Körper, daß der Kopf und der — übrigens ziemlich große — Schwanz zusammenzuhängen scheinen. Der Kopf ähnelt einer mit Kamm versehenen Pickelhaube. Im übrigen hat der Fisch eine recht seltsame Form.

16. Dezember 1556. — Am Mittwoch frühmorgens, dem 16. Dezember, wurde die See wieder unruhiger. Die Wogen füllten das seit der Rückkehr von den Glücksinseln ins Schlepp genommene Boot so schnell, daß es sank und verlorenging. Zwei Matrosen, die im Boot saßen, schwebten in großer Gefahr. Wir warfen ihnen schnell Leinen zu, hatten aber große Mühe, sie zu retten und an Bord zu ziehen. Übrigens hat sich noch folgender bemerkenswerte Vorgang ereignet: Während des Sturmes, der vier Tage dauerte, legte unser Koch eines Morgens Speck in eine große Holzschale, um ihn zu wässern. Eine Woge sprang mit großer Wucht auf das Oberdeck und trug die Schale eine ganze Strecke vom Schiff weg. Eine andere Woge, die ganz plötzlich von der entgegengesetzten Seite kam, stürzte die Schale nicht um, sondern warf sie mitsamt ihrem Inhalt mit großem Lärm wieder auf das Oberdeck. So wurde uns unsere Mahlzeit zurückgesandt, die — wie man zu sagen pflegt — zu Wasser geworden schien.

18. Dezember 1556. — Seit Freitag, dem 18. Dezember, bekamen wir Gran Canaria in Sicht. Am folgenden Sonntag fuhren wir ziemlich dicht heran. Wegen des starken Gegenwindes war es uns nicht möglich, an Land zu gehen, obgleich wir eigentlich die Absicht gehabt hatten, dort Erfrischungen an Bord zu nehmen.

20. Dezember 1556. — Es ist eine schöne Insel, die zur Zeit von Spaniern bewohnt ist. Dort wächst viel Zuckerrohr und guter Wein. Sie ist übrigens so hoch, daß man sie aus einer Entfernung von fünfundzwanzig bis dreißig Meilen sehen kann. Manche nennen sie auch »Pic de Teneriffa« und glauben, daß man im Altertum den Berg Atlas so nannte, nach dem dann auch der Atlantik bezeichnet wurde. Andere dagegen behaupten, daß Gran Canaria und Pic de Teneriffa zwei verschiedene Inseln sind. Ich aber halte mich an das, was wirklich ist.

Am gleichen Sonntag sichteten wir eine portugiesische Caravelle. Sie befand sich in Lee von uns. Die Leute an Bord erkannten wohl, daß sie nicht entfliehen konnten. Sie zogen das Segel ein und wollten sich unserem Vizeadmiral ergeben. Unsere Kapitäne hatten sich — schon lange vorher — darüber geeinigt, daß sie den Spaniern oder den Portugiesen ein Schiff fortnehmen wollten. Um es zu bekommen, hatten sie unsere Leute darauf begierig gemacht. Sie hatten aber irgendwelche Gründe, aus denen sie auf die Besitzer dieses Schiffes Rücksicht nehmen wollten. Jedenfalls ließen sie den Kapitän wissen, daß man, wenn er recht bald im gleichen Seegebiet eine andere Caravelle ausfindig machen und kapern würde, ihm die seine zurückgeben würde. Der Kapitän wollte lieber seinem Nächsten als sich selbst den Verlust zufügen. Auf sein Ersuchen gab man ihm eines unserer Schiffe, das mit Musketen ausgerüstet war, mit zwanzig unserer Soldaten und einem Teil seiner eigenen Leute. Er fuhr damit weit vor unseren Schiffen her wie ein wirklicher Pirat — der er meiner Ansicht nach auch war —, um seine Rolle besser spielen zu können und nicht entdeckt zu werden.

Wir fuhren zu diesem Zeitpunkt an der von Mauren bewohnten Küste der Berberei entlang. Mehrere von uns beobachteten aufmerksam die Küste: es ist ein flaches Land, und zwar so niedrig, daß unser Blick sehr weit reichte, ohne irgendwelche Berge oder sonstige Dinge zu sehen. Wir hatten das Gefühl, daß wir selbst uns höher befanden als das Land, so daß wir darüber hätten hinwegfahren können, wenn es überflutet gewesen wäre. Verläßt man sich auf das Auge, so scheinen die gleichen Verhältnisse an allen Meeresküsten zu herrschen, hier aber fallen sie ganz besonders auf. Das Meer dagegen, das damals nicht besonders erregt war, erscheint im Vergleich wie ein großes und gewaltiges Gebirge. Wenn ich an das denke, was die Heilige Schrift hierüber sagt, so betrachte ich dieses Werk Gottes mit großer Bewunderung.

25. Dezember 1556. — Um auf unsere »Seeräuber« zurückzukommen, so waren diese, wie ich bereits erwähnte, mit ihrem
Schiff vorausgefahren. Am Weihnachtstag — am 25. Dezember — trafen sie auf eine spanische Caravelle, auf die sie einige
Musketenschüsse abfeuerten. Sie bemächtigten sich des Schiffes, das sie dann in die Nähe unserer Fahrzeuge brachten. Es
handelte sich um ein wirklich schönes Schiff, das mit weißem
Salz beladen war. Das nun gefiel unseren Kapitänen sehr. Sie
waren sich schon lange darüber einig, daß sie eine Schiffs-
ladung unter sich verteilen wollten. Davon habe ich ja schon
gesprochen: sie wollten das Schiff mit nach Brasilien zu Villegagnon bringen. Man hielt tatsächlich das dem Portugiesen
gegebene Versprechen und gab ihm seine Caravelle zurück.
Unsere Matrosen aber, die in dieser Hinsicht geradezu grausam waren, setzten die ihres Schiffes beraubten Spanier gemeinsam mit den Portugiesen an Bord des portugiesischen
Schiffes und ließen den bedauernswerten Menschen nicht ein
einziges Stück Schiffszwieback. Was noch schlimmer war: Sie
zerrissen ihnen die Segel und nahmen ihnen sogar ihr kleines
Beiboot fort, ohne das sie kaum hoffen konnten, Land zu
erreichen oder an einem anderen Schiff längsseits zu gehen.
Meiner Ansicht nach wäre es wahrscheinlich besser gewesen,
das Schiff mitsamt seiner Besatzung zu versenken, anstatt die
Leute in einem solchen Zustand sich selbst zu überlassen. So
waren sie tatsächlich ganz den Launen der See ausgesetzt.
Wenn ihnen nicht irgendein anderes Schiff zu Hilfe gekommen ist, so dürften sie wohl sicher ertrunken oder vor Hunger
gestorben sein.

Sonnabend, den 26. und Dienstag, den 29. Dezember 1556. —
Nachdem nun dieses Meisterwerk, zum großen Bedauern vieler,
geglückt war, trieb uns der aus Ost-Süd-Ost wehende günstige
Wind; bald waren wir wieder auf hoher See. Ich möchte nun
den Leser nicht langweilen, indem ich ihm ausführlich be-
schreibe, wie weitere Caravellen, denen wir auf der Hinfahrt
begegneten, gekapert wurden: Gleich schon am folgenden Tage,

und dann am 29. Dezember, kaperten wir zwei weitere Caravellen; sie leisteten keinerlei Widerstand. Die erste war portugiesisch. Unsere Seeleute — vor allem die, welche sich an Bord der spanischen Caravelle befanden, die wir jetzt unserem Schiffsverband angeschlossen hatten — brannten darauf, das Schiff zu plündern. Sie gaben einige Schüsse aus kleinen Kanonen ab. Unsere Steuerleute und Kapitäne sprachen aber mit den an Bord Befindlichen, und aus irgendwelchen Gründen ließ man das Schiff weiterfahren, ohne irgend etwas fortzunehmen. Die andere Caravelle gehörte einem Spanier. Man holte von ihr Wein, Zwieback und sonstige Lebensmittel. Am meisten aber jammerte der Kapitän des Schiffes über ein Huhn, das man ihm fortnahm. Er sagte, daß es ihm, auch bei sehr stürmischem Wetter, jeden Tag ein frisches Ei gelegt habe.

Sonntag, den 3. Januar 1557. — Am folgenden Sonntag rief der Ausguckposten, der oben im Mastkorb unseres Schiffes saß: »Segel in Sicht! Segel in Sicht!« Es waren fünf Caravellen oder sonstige große Schiffe. Wir konnten zunächst nicht genau ausmachen, um welche Art von Fahrzeugen es sich handelte. Unsere Matrosen — vielleicht werden sie wenig davon erfreut sein, wenn ich hier ihre Gedanken verrate — waren nur darauf aus, recht gute Beute zu machen. Wenn sie aber glaubten, die anderen schon zu haben, dann hatten sie sich zu früh gefreut. Die fremden Schiffe standen nämlich in Luv, während wir Gegenwind hatten. Sie setzten alle Segel und flohen, so schnell sie nur konnten. Obgleich man aus unseren Schiffen, die alle Segel gesetzt hatten, herauszuholen versuchte, was herauszuholen war — die Beute lockte so sehr, daß man es darauf ankommen ließ, unterzugehen oder zu kentern —, gelang es uns nicht, die Schiffe zu erreichen oder sie gar zu kapern.

So kämpften wir uns auf unserer ganzen Fahrt nach Brasilien über das Meer. Alle flohen vor uns oder strichen die Segel. Damit sich nun niemand über das, was ich hier mitteile, wundert, sage ich noch folgendes: Wir hatten zwar nur drei Schiffe, aber diese waren so gut mit Artillerie ausgerüstet, daß

wir über achtzehn Bronze-Geschütze und über mehr als dreißig Musketen und sonstige eiserne Waffen verfügten — ganz
abgesehen von dem Kriegsmaterial, das das Schiff, an Bord
dessen ich mich befand, geladen hatte. Im übrigen stammten
unsere Kapitäne, Steuerleute, Soldaten und Matrosen zum
größten Teil aus der Normandie. Diese Nation ist auf See
ebenso tapfer und kriegerisch wie alle anderen, die zur Zeit
den Ozean befahren. Sie waren ebenso entschlossen, jeden
Schiffsverband anzugreifen wie sie den Kampf mit der ganzen
Kriegsmarine des Königs von Portugal aufgenommen hätten.
Jedenfalls waren sie fest davon überzeugt, daß sie gesiegt
hätten, wenn sie ihr begegnet wären.

ZWEITES KAPITEL

*Von den Boniten, Albacores, Dorados, fliegenden Fischen und
den anderen Fischarten, die wir in der heißen Zone antrafen
und fingen*

Seitdem hatten wir glatte See und einen so günstigen Wind,
daß wir von ihm bis zum 3. oder 4. Grad diesseits des Äquators getrieben wurden. In diesem Seegebiet fingen wir große
Mengen von Meerschweinen, Dorados, Albacores, Bonites und
sehr viele andere Fischarten. Wenn die Matrosen von gewissen
Sorten fliegender Fische sprachen, so hatte ich das immer für
»Seemannsgarn« gehalten. Jetzt aber lernte ich diese Fische aus
eigener Erfahrung kennen.

Wir bekamen große Schwärme dieser fliegenden Fische zu
sehen, die sich aus dem Meer erhoben. Sie flogen über das
Wasser (so wie man auf dem Lande oft Lerchen oder Stare
sieht) etwa in der Höhe einer Lanze und oft sogar in einer
Entfernung von nur hundert Schritten. Häufig flogen sie gegen
die Masten unserer Schiffe und fielen dann an Deck. Dort

konnten wir sie bequem mit der Hand aufheben. Diesen Fisch, den ich in riesigen Mengen sowohl auf der Fahrt nach Brasilien als auch von dort zurück gesehen habe, möchte ich wie folgt beschreiben: In der Form ähnelt er sehr dem Hering, obwohl er etwas länger und etwas runder ist. Unter der Kehle hat er kleine Barthaare. Die Flügel ähneln denen einer Fledermaus und sind fast so lang wie der ganze Körper. Das Fleisch ist nicht nur sehr gut, sondern auch recht schmackhaft. Da ich diese Fische niemals diesseits des Wendekreises des Krebses gesehen habe, nehme ich übrigens an (ohne es jedoch behaupten zu wollen), daß sie die Hitze lieben und sich deshalb in der heißen Zone halten, die sie nie in Richtung auf einen der Pole verlassen. Und noch etwas konnte ich beobachten: Diese armen fliegenden Fische haben niemals Ruhe, ganz gleich, ob sie sich in der See oder in der Luft befinden. Wenn sie im Meer sind, werden sie dort von den Albacores und anderen großen Fischen verfolgt, die sich von ihnen ernähren und ihnen ständig nachstellen. Wenn sie das vermeiden wollen und im Flug Rettung suchen, so werden sie leicht die Beute gewisser Seevögel, die sich gern an ihnen mästen.

Um noch etwas über die Seevögel zu sagen, die von der Beute *über* dem Meer leben, möchte ich darauf hinweisen, daß sie offenbar gar nicht so wild sind. Es kam oft vor, daß sie sich auf die Decks, das Takelwerk oder die Masten unserer Schiffe setzten. Dort ließen sie sich mit der Hand greifen. Da ich sie auch gegessen und somit von innen und außen besehen habe, möchte ich sie nachstehend beschreiben: Sie haben ein graues Gefieder, etwa wie die Sperber. Äußerlich haben sie wohl die Größe von Krähen. Da sie aber ein sehr starkes Federkleid tragen, findet man bei ihnen kaum mehr Fleisch vor als bei einem Sperling. Es ist fast unglaublich, daß sie einen so kleinen Körper haben und trotzdem Fische verzehren können, die größer als sie selbst sind.

Doch sprechen wir nun von den anderen Fischen, die ich oben kurz erwähnt habe. Die Bonite gehört zu den am besten schmeckenden Fischen, die man finden kann. Sie ähnelt fast

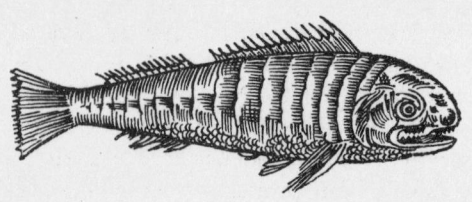

unserem Karpfen, hat aber keine Schuppen. Während unserer etwa sechs Wochen dauernden Fahrt entfernten sich die Boniten nie von unseren Fahrzeugen. Das ist wahrscheinlich auf den Teeranstrich zurückzuführen, mit dem die Schiffe versehen waren.

Was die Albacores betrifft, so sind sie den Boniten ziemlich ähnlich. Jedoch habe ich Exemplare dieser Fische gesehen und auch von ihnen gegessen, die etwa fünf Fuß lang waren und deren Umfang denen eines menschlichen Körpers glich. Was die Größe betrifft, so kann man sie nicht miteinander vergleichen. Außerdem ist die Albacore durchaus nicht klebrig, sondern, im Gegenteil, sie zerbröckelt; ihr Fleisch ist ebenso bröcklig wie das der Forelle. Sie hat im ganzen Körper nur eine Gräte und sehr wenig Innereien. Deshalb muß man sie zu den besten Seefischen zählen. Leider hatten wir an Bord nicht alle Zutaten zur Hand, die wir benötigt hätten, um sie gut zuzubereiten. In dieser Beziehung ging es uns genauso wie allen anderen, die auf große Fahrt gehen. Wir ließen sie nur in ansehnlichen Scheiben mit Salz über einem Kohlenfeuer rotieren. So zubereitet, fanden wir den Fisch vorzüglich und äußerst schmackhaft. Wenn die Herren Feinschmecker sich nicht aufs Meer hinauswagen und trotzdem — ohne pudelnaß zu werden — gern diesen Fisch essen würden, wenn diese Herren, sage ich, ihn ebenso leicht wie andere Seefische bekommen würden, und wenn sie ihn mit deutscher Soße oder auf sonstige Art zubereiten ließen, so kann man wohl kaum daran zweifeln, daß sie sich alle Finger danach lecken würden. Ich habe gesagt: *Wenn* man ihn an Land verfügbar hätte. Ich glaube aber, daß sich die Albacores — ebenso wie die fliegenden Fische — nur zwischen den beiden Wendekreisen und auf hoher See aufhalten und daß sie daher nie so nahe an die Küste herankommen, daß sie von den Fischern gefangen und, ohne zu verderben, gelandet werden können. Dies sage ich indessen nur wegen unseres Klimas in Frankreich. Die Afrikaner dagegen, die an den Ostgestaden leben — ferner die Menschen Perus, die an der Westküste leben —, könnten sich diesen Fisch wahrscheinlich leicht beschaffen.

Der Doradofisch hat meiner Ansicht nach seinen Namen bekommen, weil er braun aussieht und wie feines Gold leuchtet. Seine Form ähnelt ungefähr der des Lachses, von dem er sich indes dadurch unterscheidet, daß er gleichsam eine Senkung auf dem Rücken hat. Im übrigen aber muß ich sagen, nachdem ich ihn gekostet habe, daß dieser Fisch meiner Ansicht nach besser ist als alle Fische, die ich hier schon erwähnt habe: Weder im Seewasser noch im Süßwasser gibt es irgendeinen Fisch, der delikater wäre.

Was nun das Meerschwein oder den Tümmler betrifft, so gibt es zwei Sorten dieser Fischart. Die eine hat eine fast wie ein Gänseschnabel zugespitzte Schweineschnauze, während das Maul der anderen rund und abgestumpft ist. Wenn sie das Maul aus dem Wasser heben, so sieht es wie eine Kugel aus. Dann haben sie große Ähnlichkeit mit Mönchskapuzen. Deshalb nannten wir sie »Mönchsköpfe«, wenn wir sie auf See bemerkten. Was die sonstigen Formen der beiden Tümmler betrifft, so habe ich Tiere gesehen, die fünf bis sechs Fuß lang waren und einen sehr langen, gabelförmigen Schwanz hatten. Alle haben eine Öffnung auf dem Kopfe, durch die sie die Luft ein- und ausatmen. Außerdem stoßen sie, wenn sie in der See sind, durch diese Öffnung auch Wasser aus. Immer wenn die See gröber zu werden beginnt, erscheinen die Schweinsfische plötzlich über Wasser. Nachts lassen sie das Meer inmitten der Wogen, von denen sie hin und her geworfen werden, grün erscheinen; auch sie selbst scheinen dann grün zu sein. Es macht Freude, sie schnaufen und grunzen zu hören. Man kann dann wirklich glauben, es handele sich um normale Landschweine. Wenn die Seeleute sie so schwimmen und sich quälen sehen, behaupten sie, daß ein Sturm bevorsteht. Ich habe oft erlebt, daß sich das bestätigt hat. Bei ruhigem Wetter oder auch bei leichtem Seegang sahen wir die Meerschweine zuweilen in so riesigen Mengen, daß das Meer, so weit wir blicken konnten, nur aus Meerschweinen zu bestehen schien. Diese Tiere lassen sich aber nicht so einfach fangen wie viele andere Fischarten, so daß wir sie nicht immer erbeuten konnten, wenn wir sie gern gehabt hätten. Um das Interesse der Leser aber zu befriedigen, will ich gern noch das Mittel verraten, das unsere Matrosen anzuwenden pflegten, wenn sie Meerschweine fangen wollten: Einer von ihnen, der mit dieser Art des Fischfanges am besten vertraut und darin auch sehr geschickt war, legte sich auf der Back nahe am Vormast auf die Lauer. In der Hand hielt er eine Harpune aus Eisen, die an einem Stiel etwa von der Länge einer halben Lanze befestigt ist, woran etwa vier bis fünf Faden Leine sitzen. Wenn er eine Gruppe herankommen sieht, sucht er sich ein möglichst schönes Tier aus, auf das er das Gerät mit solcher Wucht schleudert, daß es, sofern es sein Ziel erreicht, das Tier durchbohrt. Sobald der Schütze getroffen hat, läßt er die Leine los, deren Ende er jedoch in der Hand behält. Der Schweinsfisch, der sich heftig sträubt, wird immer weiter durchbohrt. Dabei verliert er viel Blut im Wasser. Sobald sich dann Zeichen der Ermattung einstellen, helfen die anderen Matrosen ihrem Kameraden. Sie kommen mit einem eisernen Haken, den sie Bootshaken nennen (der ebenfalls an einer langen Holzstange befestigt ist). So ziehen sie den Fisch an Bord. Auf der Hinfahrt haben wir auf diese Weise etwa fünfundzwanzig Meerschweine gefangen.

Ich mache hier noch einige Bemerkungen über die Innenteile des Meerschweines: Wie beim Schwein entfernt man zunächst die Teile, die den vier Keulen entsprechen. Nachdem man den Fisch aufgeschlitzt hat, entfernt man die Kaldaunen (das Rückgrat, wenn man so sagen will) und die Seitenrippen. Wenn der Fisch so geöffnet und aufgehängt ist, könnte man wirklich meinen, es handele sich um ein normales Land-schwein. Die Leber hat tatsächlich den gleichen Geschmack. Es stimmt schon, daß das Fleisch, das etwas süßlich riecht, nicht besonders gut ist. Was den Speck betrifft, so hatten alle Fi-sche, die ich gesehen habe, nur etwa einen Zoll Fett; ich glaube nicht, daß es solche gibt, die mehr als zwei Finger Fett haben. Man lasse sich also nicht täuschen, wenn die Kaufleute und Fischhändler in Paris und an anderen Orten ihren »Meer-schweinspeck« für die Erbsen in der Fastenzeit verkaufen, der mehr als vier Finger dick ist; dann nämlich stammt dieser in Wahrheit vom Walfisch. Übrigens haben wir im Bauch einiger der von uns gefangenen Fische Junge gefunden, die wir wie Spanferkel zubereitet haben. Ohne mich bei dem aufzuhalten, was andere Gegenteiliges geschrieben haben, glaube ich, daß die Meerschweine ihre Jungen genauso wie die Sauen aus-tragen und sich nicht — wie fast alle anderen Fische — durch Eier vermehren. Davon lasse ich mich höchstens durch jemand abbringen, der praktische Erfahrung hat, nicht aber durch jemand, dessen Weisheit aus Büchern stammt. Einstweilen lasse ich mich also nicht davon abhalten, das zu glauben, was ich selbst gesehen habe.

Ferner fingen wir sehr viele Haifische. Wenn sie im Wasser sind und die See glatt ist, scheinen sie ganz grün zu sein. Zu-weilen sieht man Haie, die mehr als vier Fuß lang und ent-sprechend dick sind. Ihr Fleisch ist jedoch keineswegs gut, und die Seeleute essen es nur in Notfällen, das heißt wenn kein besserer Fisch verfügbar ist. Die Haut der Haie ist übrigens fast so grob und rauh wie eine Feile, und der flache, große Kopf ähnelt dem eines Wolfes oder einer englischen Bull-dogge; er sieht ebenso grausig aus. Die Haie sind sehr gefähr-lich, weil sie sehr spitze und scharfe Zähne haben. Beißen sie einen Menschen ins Bein oder in einen anderen Körperteil, so reißen sie das betreffende Glied einfach ab oder ziehen den ganzen Menschen in die Tiefe. Wenn die Matrosen während einer Flaute im Meer baden, fürchten sie diese Ungeheuer sehr. Hatten wir Haifische gefangen — was wir oft mit eisernen, daumendicken Haken taten — und lagen die Tiere dann auf dem Oberdeck des Schiffes, so mußten wir ebenso auf der Hut sein wie vor gefährlichen, bissigen Hunden. Die Haifische haben nicht nur einen schlechten Geschmack, sondern richten — gefangen oder im Wasser — nichts als Unheil an. So haben wir sie denn auch wie schädliche Tiere gestochen und gequält, als handele es sich um wütende Köter. Wir schlugen sie mit eisernen Keulen halb tot und warfen sie, nachdem wir ihnen die Flossen abgeschnitten und einen Faßreifen an den Schwanz gebunden hatten, wieder in die See zurück. Ehe sie versanken, kämpften sie noch lange an der Wasseroberfläche, wo sie sich verzweifelt wehrten. Wir aber hatten einen sehr willkommenen Zeitvertreib.

Zum Überfluß gibt es auch noch sehr viele Meeresschildkröten, die in der heißen Zone ungewöhnlich groß sind und grauenvoll aussehen. Sie haben einen so großen Schild, daß man mit einem einzigen ein bewohnbares Haus bedecken oder ein fahrbares Schiff herstellen könnte (*Plinius* sagt, daß solche Tiere auch an den Küsten Indiens und auf Inseln im Roten Meer vorkommen). Die Schildkröten sind so lange, große und voluminöse Tiere, daß die, die so etwas noch nicht selbst gesehen haben, es wohl kaum glauben werden. Ohne mich länger bei diesem Thema aufhalten zu wollen, möge folgende Tatsache dem Leser ein Bild davon geben, wie groß sie sein können: Eine Schildkröte, die von der Besatzung des Schiffes unseres Vizeadmirals gefangen wurde, war so groß, daß vierundzwanzig Personen bequem davon satt wurden (wie das auf See bei solchen Fahrten üblich ist, verspeiste man sie lebendig). Die ovale obere Schale, aus der man ein Wappenschild für *Sieur de Sainte-Marie*, unseren Kommandanten, anfertigte, war mehr als zweieinhalb Fuß breit und dementsprechend kräftig und dick. Übrigens ähnelt das Fleisch sehr dem Lammfleisch, so daß es, mit Fett gebraten, fast den gleichen Geschmack hat.

Ich habe gesehen, daß man diese Tiere auf See auf folgende Art und Weise fing: Bei schönem, ruhigem Wetter (denn sonst bekommt man sie kaum zu sehen) steigen sie hoch und halten sich an der Wasseroberfläche auf. Die Sonne wärmt den Rükken und die obere Hornplatte der Seeschildkröte so stark, daß sie es nicht länger ertragen kann. Dann pflegen sich die Tiere umzudrehen und den Bauch nach oben zu wenden, um sich zu erfrischen. Wenn die Seeleute sie in dieser Stellung sichten, fahren sie so geräuschlos wie möglich mit ihrem Beiboot heran. Sobald sie nahe genug heran sind, stoßen sie den eisernen Bootshaken, von dem ich schon gesprochen habe, zwischen die beiden Schalen. Anschließend wird dann unter großer Muskelanstrengung das Tier aufs Schiff gezogen.

Das wäre in großen Zügen das, was ich über die Schildkröten und die von uns gefangenen Fische sagen wollte. Später werde ich auch noch von Walfischen und anderen Meeresungeheuern sprechen.

DRITTES KAPITEL

Vom Äquator oder der Äquinoktial-Linie, vom Sammelpunkt der Stürme, von unbeständigen Winden, verpestetem Regen, von Hitze, Durst und anderen Unannehmlichkeiten, die wir in der Nähe des Äquators und auf ihm selbst zu erdulden hatten

Um nun auf unsere Navigation zurückzukommen, so verließ uns auf drei bis vier Grad diesseits des Äquators unser günstiger Wind. Wir hatten nicht nur sehr schlechtes Wetter, bei dem Regen und Windstille einander ablösten; auch sonst war die Navigation in der Nähe des Äquators sehr schwierig, ja sogar gefährlich. Ich habe es erlebt, daß gewisse Winde ganz unbeständig sind, so daß gleichsam zugleich mehrere wehten und jedes unserer drei Schiffe seinen eigenen Wind zu haben schien. Immerhin blieben wir dicht beieinander, die Steuerleute aber konnten es nicht verhindern, daß ein Schiff nach Ost, das andere nach Nord, das dritte nach West getrieben wurde. Allerdings währte dieser Zustand nicht allzu lange. Plötzlich aber traten Wirbelwinde auf, die von den Seeleuten aus der Normandie als »Böen« bezeichnet werden. Nachdem wir kurze Zeit ganz still gelegen hatten, tobte der Sturm bald darauf so in den Segeln unserer Schiffe, daß es erstaunlich war, wenn sie nicht in hundert Fetzen zerrissen wurden und die Fahrzeuge nicht mit den Masten nach unten und dem Kiel nach oben im Wasser trieben.

Außerdem hat der in der Äquatorregion niedergehende Regen einen üblen Geruch; man kann sagen, daß er stinkt. Auch ist er so infektiös, daß er, fällt er aufs Fleisch, Eiterpusteln und große Blasen hervorruft. Ferner hat er die Eigenschaft, Kleidungsstücke zu beflecken und zu verderben. Die Sonne ist in dieser Gegend sengend heiß, und wir hatten sehr unter der großen Hitze zu leiden. Da wir, außer den beiden kargen Mahlzeiten, kein weiteres Süßwasser oder andere Getränke erhielten, wurden wir ungemein vom Durst gepeinigt. Persönlich machte ich die Erfahrung, daß mir fast der Atem ausgegangen ist vor Durst, und ich konnte für mehr als eine Stunde kein Wort sprechen. Man kann sich daher leicht erklären, daß die Seeleute unter solchen Umständen es als ihr größtes Glück ansähen, würde das Meer sich plötzlich in ganz normales Süßwasser verwandeln.

Darauf wird man mir antworten: Ohne *Tantalus* nachahmen zu wollen, der mitten im Wasser vor Durst elend zugrunde gehen mußte, sollte es denn nicht möglich sein, in so verzweifelter Lage Seewasser zu trinken oder sich wenigstens, um sich zu erfrischen, den Mund damit zu benetzen? Hierauf erwidere ich: Wenn man nicht Kaldaunen und Gedärme, gleich nachdem das Meerwasser im Körper ist, fortwerfen will, dann sollte man es nicht genießen und noch weniger verschlingen. Man könnte einwenden, daß man das Seewasser durch eine Wachshaut sieben oder auf andere Art destillieren kann (übrigens ist das Schlingern und Stampfen eines auf hoher See befindlichen Schiffes nicht gerade dazu geeignet, Öfen in Betrieb zu setzen, zudem ist es dem Zerbrechen von Flaschen sehr förderlich). Wenn man Meerwasser im Glase sieht, ist es so klar, rein und so sauber, daß es von Quell- oder Brunnenwasser wohl kaum zu unterscheiden ist. Im übrigen (was mich erstaunt hat und worüber sich die Philosophen streiten mögen) kann man Speck, Heringe, Fleisch oder Fische, mögen sie noch so sehr gesalzen sein, im Seewasser wässern; sie verlieren dort ihr Salz schneller als im Süßwasser.

Um nun auf die geschilderte Lage zurückzukommen, so war das Schlimmste, was uns in dieser sengend heißen Zone Kummer bereitete, folgendes: Durch die riesigen Regenmengen, die ständig auf uns niedergingen und bis in die Schiffsräume vordrangen, war unser Schiffszwieback verdorben und schimmelig geworden; jeder hatte ohnehin nur geringe Vorräte. Wir mußten ihn daher verfault essen, ohne irgend etwas fortzuwerfen, wenn wir nicht Hungers sterben wollten. Dabei verschlangen wir so viele Würmer (aus denen er zur Hälfte bestand), daß uns ekelte. Auch unser Süßwasser war derart verdorben, daß man schon Ekel empfand, wenn man es nur aus den Behältern goß, in denen es auf See aufbewahrt wird. Das Schlimmste war, daß man, um zu trinken, mit der einen Hand die Tasse hielt, während man sich mit der anderen aber die Nase zuhalten mußte.

Was sagt ihr dazu, ihr zimperlichen Herren, die ihr, wenn euch die Hitze etwas belästigt, es so sehr schätzt, zunächst das Hemd zu wechseln und euch recht verwöhnen zu lassen, um dann in einem kühlen Zimmer oder auf einem frischen Bett auszuruhen? Ihr würdet das Essen nicht anrühren, wenn die Schüssel nicht blitzsauber glänzt, das Glas nicht tadellos geputzt, die Servietten nicht schneeweiß, das Brot nicht ganz frisch, das Fleisch nicht sehr zart, gut zubereitet und serviert ist, wenn der Wein oder das sonstige Getränk nicht klar ist wie ein Smaragd? Würdet ihr an Bord gehen, um so zu leben wie wir es taten? Das würde ich euch nicht raten, und die Lust dazu dürfte euch noch mehr vergehen, wenn ihr hört, wie es uns auf der Rückfahrt ergangen ist. Wenn man vom Meer und besonders von solchen Fahrten spricht, von denen ihr nur aus Büchern wißt oder, was noch schlimmer ist, von denen ihr nur Seemannslatein gehört habt, so möchte ich euch bitten, nicht darauf zu bestehen, so etwas selbst zu erleben. Versucht nicht, denen etwas weis zu machen, die draußen gewesen sind. In diesem Fall ist es besser, die Zügel etwas schießen und diejenigen reden zu lassen, die über solche Dinge wirklich aus der Praxis sprechen können. Nur sie können wahrheitsgemäß berichten, ohne dabei zu entgleisen, wie das leicht den Leuten unterläuft, die (wie das Sprichwort sagt) »nicht von der tollen Kuh gegessen haben«.

Zu dem, was ich über den Wechsel der Winde, über die Stürme, über die stinkenden Regen, die Hitze und über all das gesagt habe, was man auf See gemeinhin so zu sehen pflegt, besonders aber im Seegebiet um den Äquator, möchte ich noch folgendes hinzufügen: Ich habe einen Steuermann kennengelernt, der *Jean de Meun* hieß, aus Harfleur stammte und von den einfachsten Dingen der Welt so gut wie nichts wußte. Er hatte indes so viel Erfahrung in der Navigation durch langen Umgang mit seinen Karten, dem Astrolabium und dem Jakobsstab, daß er — ganz besonders bei stürmischem Wetter — eine gelehrte Persönlichkeit (deren Namen ich hier unter keinen Umständen preisgeben möchte) völlig hätte in den Schatten stellen können. Der an Bord unseres Schiffes befindliche Steuermann nutzte die Zeiten der Flaute sogar dazu aus, die Theorie zu lehren. Deshalb will ich ihn nicht etwa tadeln; ich möchte auch durchaus nicht die Wissenschaft und das, was man auf den Schulen und durch das Bücherstudium so lernt, verunglimpfen; so etwas liegt mir vollkommen fern. Wohl aber darf ich, ohne mich durch die gegensätzliche Meinung irgendwelcher Leute beeinflussen zu lassen, darum bitten, daß man mir nichts gegen den Wert praktischer Erfahrungen einwendet. Ich bitte daher die Leser um Entschuldigung, wenn ich mich — bei der Erinnerung an unser verdorbenes Brot, unser stinkendes Wasser und die anderen von uns erduldeten Unannehmlichkeiten — zu einem Vergleich mit dem schönen Leben jener strengen Kritiker habe hinreißen lassen und wenn ich bei dieser Abschweifung ein wenig in Zorn geraten bin. Übrigens waren wegen dieser Schwierigkeiten und aus Gründen, über die ich an anderer Stelle noch ausführlicher sprechen werde, mehrere unserer Seeleute, nachdem sie all ihre Lebensmittel in der heißen Zone aufgezehrt hatten, so entkräftet, daß sie nicht den Äquator überschreiten konnten, sondern nach dort zurückkehren mußten, woher sie gekommen waren.

4. Februar 1557. — Nachdem wir, wie ich geschildert habe, in so elendem Zustand etwa fünf Wochen lang hin und her geworfen waren, gelangten wir in die Gegend des Äquators. Gott hatte wohl Erbarmen mit uns, denn er sandte uns einen Nord-Nord-Ost-Wind, so daß wir am 4. Februar unmittelbar auf diese Linie losfuhren.

Man nennt sie die Äquinoktial-Linie, weil dort zu jeder Zeit und zu allen Jahreszeiten die Tage und Nächte immer gleich sind. Wenn die Sonne unmittelbar über dieser Linie steht — was zweimal jährlich der Fall ist, nämlich am 11. März und am 13. September —, sind Tag und Nacht für die ganze Erde gleich, so daß die auf dem arktischen und antarktischen Pol wohnenden Menschen nur an zwei Tagen im Jahr am Tag oder an der Nacht teilhaben und daß vom folgenden Tage ab die einen oder die anderen (alle zu ihrer Zeit) für ein halbes Jahr die Sonne aus dem Blick verlieren.

An diesem 4. Februar passierten wir das Zentrum, oder richtiger gesagt, den Gürtel der Erde. Die Matrosen führten die beim Durchfahren dieser so unangenehmen wie gefährlichen Zone üblichen Zeremonien durch. Damit die, die den Äquator bisher noch nie überquert haben, sich des wichtigen Ereignisses gut entsinnen, bindet man sie mit Leinen und taucht sie ins Meer oder färbt sie schwarz durch ein rauhes Tuch, mit dem man den Kesselboden ausgewischt hat und mit dem man auch Bärte in die Gesichter malt. Man kann sich von diesen Prozeduren indes befreien lassen, wenn man sich — wie ich es tat — loskauft und der Mannschaft den Wein bezahlt.

So gelangten wir ohne weiteren Aufenthalt mit Hilfe unseres guten Windes aus Nord-Nord-Ost bis zum vierten Grad jenseits der Äquatorlinie. Von dort an bekamen wir den Stern in Sicht, den die Seeleute als »Stern des Südens« bezeichnen. Ich bemerkte, daß sich um diesen Stern kreuzförmig weitere Gestirne gruppieren. Das Sternbild nennt man das »Kreuz des Südens«.

Einem anderen Schriftsteller zufolge berichteten die ersten Seeleute, die zu unserer Zeit diese Fahrt unternahmen, daß man in der Nähe des antarktischen Poles ständig eine kleine weiße Wolke und kreuzförmig angeordnete Sterne sichtet, ferner drei andere, die unserem Nordstern ähnlich sind. Wir hatten jedenfalls schon lange den arktischen Polarstern aus dem Auge verloren. Nebenbei möchte ich erwähnen, daß man nicht — was angesichts der Kugelform der Erde denkbar erscheint —, wenn man unmittelbar auf dem Äquator steht, beide Polsterne gleichzeitig sehen kann. Man sieht vielmehr weder den einen noch den anderen. Erst wenn man sich um ungefähr zwei Grad vom Äquator nach Norden oder aber nach Süden entfernt hat, sieht man den Polarstern beziehungsweise das Kreuz des Südens.

13. Februar 1557. — Am 13. Februar hatten wir schönes und klares Wetter. Unsere Piloten und Steuerleute nahmen die Sonnenhöhe mit dem Astrolabium und versicherten uns, daß wir die Sonne genau im Zenit, also direkt über unseren Köpfen, hätten. Tatsächlich gaben die Sonnenstrahlen, als wir die Probe aufs Exempel machten, indem wir Dolche, Messer, Stecheisen und ähnliche Dinge in das Oberdeck stießen, keinerlei Schatten. Die Strahlen fielen so senkrecht nach unten, daß wir an diesem Tage — besonders während der Mittagszeit — keinerlei Schatten auf unserem Schiff sahen. Als wir etwa auf dem zwölften Breitengrad waren, bekamen wir einen Sturm,

der drei oder vier Tage anhielt. Danach verfiel das Wetter ins andere Extrem; die See wurde so still und ruhig, daß unsere Schiffe unbeweglich auf dem Wasser liegen blieben. Wenn wir schließlich nicht doch noch Wind zur Weiterfahrt bekommen hätten, würden wir uns wohl niemals von jener Stelle fortbewegt haben.

Auf der ganzen bisherigen Fahrt hatten wir noch nie Walfische zu Gesicht bekommen. In diesem Seegebiet aber sahen wir ziemlich viele ganz aus der Nähe, so daß wir sie gut beobachten konnten.

Einer von ihnen tauchte dicht bei unserem Schiff auf. Er hatte mir einen gewaltigen Schrecken eingejagt, denn bis ich merkte, daß er sich bewegte, hatte ich ihn für einen Felsen gehalten, an dem unser Schiff im Begriff war zu zerschellen.

Als der Wal wieder tauchen wollte, hob er den Kopf hoch in die Luft und schickte mehrere Wasserstrahlen in die Höhe. Ehe er verschwand, versetzte er das Wasser in solche Wirbel, daß ich fürchtete, er würde uns mit sich hinabziehen, so daß wir im Abgrund begraben würden. Tatsächlich ist es, wie es im Psalm und bei *Hiob* heißt, ein entsetzlicher Anblick, wie sich diese Seeungeheuer in den unermeßlichen Wassern tummeln und nach Herzenslust spielen.

Wir sahen auch Delphine. Ihnen pflegen stets mehrere Fischarten zu folgen, die wie eine Kompanie Soldaten, die hinter ihrem Hauptmann dahinmarschiert, aufgestellt und ausgerichtet sind. Im Wasser scheinen sie rötlich gefärbt zu sein. Unter den Fischen war einer, der sechs- oder siebenmal unser Schiff umkreiste, als wollte er es streicheln und liebhaben. Wir versuchten auf jede Weise, seiner habhaft zu werden, aber er täuschte uns und trat jedesmal geschickt den Rückzug an, so daß es uns ganz unmöglich war, ihn zu fangen.

VIERTES KAPITEL

Wie wir Westindien oder das Land Brasilien zum erstenmal
entdeckten und wir zum erstenmal die Wilden sahen, die dort
wohnen. Schilderung, was uns auf See zustieß, bis wir den
Wendekreis des Steinbocks erreichten

27. Februar 1557. — Später hatten wir schließlich den Wind aus
West. Er war uns günstig und hielt an bis zum 27. Februar.
Etwa gegen acht Uhr morgens kam Westindien oder das Land
Brasilien in Sicht. Dieser vierte Erdteil, der den Alten noch
unbekannt war, wird Amerika genannt, und zwar nach dem
Namen dessen, der es, etwa im Jahre 1497, zum erstenmal
entdeckte. Nun, es bedarf wohl nicht der besonderen Erwäh-
nung, daß wir höchst erfreut waren und von ganzem Herzen
Gott dafür dankten, daß wir jetzt so nahe dem Ziel unserer
Wünsche waren und wir wohl bald an Land sein würden.
Immerhin schwammen wir fast vier Monate lang, ohne einen
Hafen angelaufen zu haben, auf hoher See. Wir waren uns oft
wie Ausgewiesene vorgekommen, die niemals zurückkehren.
Daß es sich um das Festland handelte, hatten wir klar erkannt.
Oft wird man ja auf See durch Wolken getäuscht, die dann
wieder verschwinden. Da wir günstigen Wind hatten, hielten
wir direkt auf das Land zu. Noch am gleichen Tage (unser
Admiral war vorausgefahren) stieg das Land vor uns auf; wir
gingen — etwa eine halbe Meile von ihm entfernt — vor Anker.
Diese sehr bergige Gegend wird von den Eingeborenen *Hüassu*
genannt. Wir hatten das Beiboot zu Wasser gebracht und —
wie das üblich ist — einige Kanonenschüsse abgegeben, um die
Bewohner von unserem Eintreffen zu unterrichten. Wir sahen
sogleich an der Küste viele Männer und Frauen erscheinen.
Einige unserer Seeleute, die schon früher dort gefahren waren,
erkannten, daß es sich um Angehörige eines Volkes handelte,
das die Margajas genannt wurde. Dieses Volk ist mit den Portugiesen verbündet. Infolgedessen war es den Franzosen ge-

genüber so feindselig eingestellt, daß sie uns — hätten sie uns
in ihrer Gewalt gehabt und kein Lösegeld erhalten — tot-
geschlagen und in Stücke zerrissen haben würden, damit wir
ihnen nachher als Nahrung dienten. Zum erstenmal erlebten
wir auch folgendes: Während des Monats Februar (in dem

infolge von Frost und Eis hier bei uns und in fast ganz Europa alles noch im Schoß der Erde verborgen ist) waren hier die Wälder, Bäume und Kräuter so grün, wie sie es bei uns in Frankreich in den Monaten Mai und Juni zu sein pflegen. So ist es in Brasilien während des ganzens Jahres und zu allen Jahreszeiten.

Trotz der Feindseligkeit, die unsere Margajas gegenüber den Franzosen empfanden, verbargen sie — und auch wir — derartige Gefühle nach Möglichkeit. Unser Bootsmann, der in ihrer Sprache ein wenig radebrechen konnte, ging mit einigen Matrosen ins Boot und fuhr ans Gestade. Dort sahen wir die Wilden in großen Gruppen versammelt. Unsere Leute trauten ihnen nur unter großen Vorsichtsmaßnahmen. Um der Gefahr vorzubeugen, daß sie gefangen und geräuchert — das heißt gebraten — wurden, näherten sie sich dem Land nur so weit, daß sie außerhalb der Reichweite der Pfeile blieben. Dann zeigten sie den Wilden von weitem Messer, Spiegel, Kämme und andere Kleinigkeiten. Sie nannten die Namen der verschiedenen Dinge, die sie gegen Lebensmittel eintauschen wollten. Einige Wilde kamen so nahe wie möglich heran, hörten zu und holten, ohne sich noch weiter bitten zu lassen, eifrig das Verlangte herbei. Unser Bootsmann brachte uns bei seiner Rückkehr das aus einer Wurzel gewonnene Mehl mit, das die Eingeborenen anstelle von Brot essen. Ferner brachte er Schinken und Fleisch von einer Wildschwein-Art mit sowie andere Lebensmittel und reichlich Früchte, wie sie das Land hervorbringt. Weiter hatte er sechs Männer und eine Frau bei sich, die er aus der Nähe zeigen wollte und die uns willkommen heißen sollten. Die Leute waren ohne weiteres bereit, mit an Bord zu kommen und uns zu besuchen. Dies waren die ersten Wilden, die ich aus nächster Nähe zu sehen bekam. Man kann sich denken, daß ich sie sehr aufmerksam betrachtete; ich werde sie an geeigneter Stelle noch ausführlich beschreiben. Immerhin will ich schon hier einiges nebenbei einflechten: Zunächst möchte ich erwähnen, daß sowohl die Männer als auch die Frauen völlig nackt waren, als kämen sie soeben aus dem

Mutterleib. Als einzigen Putz hatten sie sich den ganzen Körper bemalt oder schwarz gefärbt. Die Männer waren übrigens
von der Stirn ab geschoren — vergleichbar mit der Tonsur eines
Mönches —, während sie am Hinterkopf lange Haare trugen.
Wie in Frankreich bei Leuten, die eine Perücke tragen, ist das
Nackenhaar gestutzt. Bei allen waren die Unterlippen mit Löchern versehen und durchbohrt; jeder trug dort einen schön
polierten grünen Stein, der sehr ordentlich und sauber eingefügt war. Der Stein hatte die Größe und Rundung eines mittleren Knopfes, und sie nahmen ihn nach Belieben heraus oder
setzten ihn wieder ein. Sie tragen diese Steine, da sie glauben,
durch sie besser geschützt zu sein. Um aber der Wahrheit die

Ehre zu geben, muß man sagen, daß es, wenn sie den Stein herausgenommen haben, aussieht, als wäre der große Schlitz in der Unterlippe ein zweiter Mund. Das wirkt überaus häßlich. Was die Frau betrifft, so hatte sie die Lippe nicht durchbohrt, auch trug sie, wie alle Frauen dort, das Haar lang. Ihre Ohren jedoch waren so scheußlich durchlöchert, daß man hätte bequem den Daumen durch die Löcher stecken können. Sie trug ein schweres Ohrgehänge aus weißen Knochen, das ihr bis auf die Schultern herabhing. Für später behalte ich mir vor, denen zu widersprechen, die da glaubhaft machen wollen, daß die Wilden völlig behaart sind.

Ehe uns die Leute, von denen ich soeben gesprochen habe, verließen, erzählten uns die Männer — besonders aber einige Greise, die zu den bedeutendsten Männern ihres Kirchspiels (wie man bei uns sagen würde) zu gehören schienen —, daß in ihrer Gegend das schönste Brasilholz des ganzen Landes zu finden sei. Sie versprachen, uns beim Schlagen und Transportieren zu helfen und uns mit Lebensmitteln zu unterstützen. Kurz, sie täten alles, was sie konnten, uns zu überreden, unser Schiff an Ort und Stelle zu entladen. Damit handelten sie wie Feinde, die sie ja — wie ich schon sagte — auch waren: Sie wollten uns nur an Land locken, um uns, waren sie überlegen, in Stücke zu zerlegen und zu verspeisen. Abgesehen davon, daß wir uns ein anderes Ziel gesetzt hatten, wollten wir uns daher nicht bei ihnen aufhalten.

Nachdem unsere Margajas mit großem Erstaunen unsere Artillerie und alles, was sie sonst noch an Bord interessierte, bewundert hatten, baten sie darum, sie wieder an Land zu bringen; dort warteten ihre Stammesgenossen noch immer am Strand. Aus bestimmten Erwägungen heraus — und wegen der Möglichkeit gefährlicher Folgen (besonders auch, damit andere Franzosen, die nach hier kommen könnten, nicht darunter zu leiden hätten) — wollten wir die Wilden keinesfalls erzürnen oder zurückhalten. Vorerst mußten sie noch den Gegenwert für die uns gebrachten Lebensmittel erhalten. Da bei ihnen Geld keinerlei Wert hat, bezahlten wir mit Hemden, Messern, Angelhaken, Spiegeln und anderen für diese Völker geeigneten Gegenständen. Ebenso wie die guten Leute uns alles gezeigt hatten, was sie, als sie völlig nackt an Bord gekommen waren, bei sich hatten, trugen sie beim Abschied die Hemden, die wir ihnen gegeben hatten. Als sie sich aber ins Boot setzten, zogen die Leute, die weder Wäsche noch sonstige Kleidung zu tragen gewohnt waren, die Hemden bis über den Nabel hoch, um sie nicht zu beschmutzen. Sie entblößten das, was sie wohl besser verdeckt hätten, anscheinend wollten sie uns aber zum Abschied noch einmal ihre Hinterbacken zeigen. Sind das nicht ehrbare Vertreter und fein zivilisierte Gesandte? Trotz des bei uns so beliebten Sprichwortes, das besagt, daß uns die Haut näher und wertvoller ist als das Hemd, zogen sie, wohl um uns zu beweisen, daß sie diese Ansicht nicht teilen und um den Glanz ihres Landes gegenüber unserem zu betonen, indem sie uns ihre Hinterteile zeigten, ihre kostbaren Hemden ihrer Haut vor.

27. Februar 1557. — Nachdem wir uns an jenem Ort ein wenig erfrischt und nichts mehr von dem Fleisch übrig gelassen hatten, das man uns gebracht hatte, lichteten wir am folgenden Tage — an einem Sonntag — die Anker und gingen unter Segel. Anfangs kam uns das Fleisch recht ungewohnt vor, da wir aber kein anderes besaßen, mußten wir es wohl oder übel verzehren. Wir fuhren an der Küste entlang, um den Ort zu erreichen, den wir aufsuchen wollten. Als wir etwa neun oder zehn Meilen zurückgelegt hatten, kamen wir vor einem Fort an, das den Portugiesen gehörte. Sie nannten es »Spiritus Sanctus«, während es von den Wilden »Moab« genannt wurde. Die Portugiesen erkannten unsere Besatzung und die der Caravelle, die in unserem Schiffsverband fuhr (sie vermuteten wohl, daß wir das Schiff Angehörigen ihrer Nation fortgenommen hatten). Daher feuerten sie drei Kanonenschüsse auf uns ab, die wir in gleicher Weise durch einige Schüsse erwiderten. Wir befanden uns indessen außerhalb der

Reichweite ihrer Geschütze; da sie uns keinerlei Schaden zufügten, nehme ich an, daß auch wir sie nicht getroffen haben.

Wir setzten unseren Kurs entlang der Küste, stets das Land in Sicht, fort und fuhren dicht an einem Ort vorbei, der den Namen »*Tapemiry*« trägt. In einer Bucht sichteten wir kleine Inseln. Ich glaube, daß die auf ihnen wohnenden Wilden Freunde und Verbündete der Franzosen sind.

Etwas weiter — etwa beim fünften Breitengrad — wohnen die Paraiben. Das sind andere Wilde, in deren Land man — wie ich bei der Durchfahrt bemerkte — kleine Berge sieht, die spitz zulaufen und die Form von Kaminen haben.

1. März 1557. — Am 1. März befanden wir uns auf der Höhe der »kleinen Untiefen«. Das sind Klippen und Landzungen, zwischen denen sich Felsen befinden, die weit ins Meer vorgeschoben sind; die Seeleute, die befürchten, ihre Schiffe könnten auflaufen, vermeiden das Gebiet möglichst. Hinter den Untiefen sahen wir landeinwärts ganz deutlich eine etwa fünfzehn Meilen lange Ebene. Sie befindet sich im Besitz der Quetacas. Das ist ein besonders wilder, seltsamer Volksstamm, der mit niemandem Frieden halten kann. Die Quetacas führen ständig Krieg, und zwar sowohl gegen alle ihre Nachbarn, als vornehmlich auch gegen die Fremden. Wenn sie von ihren Feinden bedrängt oder gar verfolgt werden, sind sie gut zu Fuß; sie laufen so schnell, daß sie stets dem Tode entrinnen. Übrigens sind sie nie von ihren Feinden besiegt oder unterworfen worden. Ebenso fangen sie, gehen sie auf die Jagd, gewisse wilde Tiere — besonders Hirsche und Hirschkühe — im Laufen. Ferner leben sie, wie alle Brasilianer, vollkommen nackt. Im Gegensatz zur allgemeinen Sitte dieses Landes (die sich — wie ich schon sagte und worüber ich noch ausführlicher berichten werde — den Vorderkopf scheren und auch das Haar im Nacken, hinter ihrem Schopf, stutzen) tragen sie die Haare lang und lassen sie bis auf das Gesäß herabfallen. Kurz: diese Teufel der Quetacas sind immer noch unbesiegt in dieser Gegend. Wie die Hunde und Wölfe verzehren sie das Fleisch roh.

Ihre Sprache wird von keinem ihrer Nachbarn verstanden. Man muß sie wohl zu den barbarischsten, grausamsten und gefürchtetsten Völkern rechnen, die es in ganz Westindien und im Lande Brasilien gibt. Im übrigen haben und wollen sie keinerlei freundschaftlichen Umgang oder Handelsbeziehungen mit den Franzosen, Spaniern, Portugiesen oder anderen überseeischen Nationen; sie wissen auch nichts von den Waren, die wir anzubieten haben. Wie mir ein Dolmetscher aus der Normandie erzählte, haben sie folgendes Tauschverfahren, wenn ihre Nachbarn etwas von ihnen oder sie selbst etwas von jenen haben wollen:

Die Margajas, die Cara-ia, die Tuupinambaúlts (das sind die Namen dreier benachbarter Völker) oder die sonstigen Wilden dieses Landes trauen dem Quetaca nicht. Ohne sich ihm zu nähern, zeigen sie aus der Ferne das, was sie anzubieten haben (Gartenmesser, Messer, Kamm, Spiegel oder was man ihnen sonst von hier herübergebracht hat). Sie fragen ihn dann durch Zeichen, ob er den betreffenden Gegenstand gegen etwas anderes eintauschen möchte. Wenn der andere damit einverstanden ist, zeigt er ihm Federschmuck, grüne Steine, die sie in ihre Lippen stecken, oder irgend etwas anderes, das im Land erzeugt wird. Dann vereinbaren beide einen Ort, der rund drei- oder vierhundert Schritte entfernt ist. Dorthin bringt der erstere das, was er austauschen will; er legt es auf einen Stein oder einen Holzklotz. Darauf zieht er sich seitlich oder nach hinten zurück. Der Quetaca holt den Gegenstand ab und legt das, was er vorgezeigt hatte, an den gleichen Ort. Darauf entfernt er sich, um ebenfalls Platz zu machen, damit der Margaja oder wer es sonst ist, den fraglichen Gegenstand holt. Bis dahin halten beide Seiten das gegebene Versprechen. Sobald jedoch ein jeder sein Tauschobjekt hat und an dem Punkt angelangt ist — oder ihn gar überschritten hat —, an dem er sich zu Beginn der Verhandlung gezeigt hatte, ist der Waffenstillstand beendet. Dann kommt es darauf an, daß der Quetaca seinen Geschäftspartner einholt, um ihm das wieder fortzunehmen, was er ihm soeben als Tauschobjekt gegeben hatte. Man kann sich denken, daß dabei der Quetaca, der wie ein Windhund rennen kann, im Vorteil ist und dem Verfolgten tüchtig zusetzt. Hier bei uns würden Lahme, Gichtbrüchige oder sonstige Leute, die schlecht zu Fuß sind, wohl oder übel ihre Ware verlieren. Ich möchte ihnen daher nicht raten, mit den Quetacas zu verhandeln oder Tauschgeschäfte abzuschließen.

Man sagt, daß die Basken ebenfalls ihre eigene Sprache für sich haben; sie sind, wie jedermann weiß, stets munter und keck. Man sagt ihnen nach, daß sie die besten Bediensteten der Welt seien. In diesen beiden Punkten lassen sie sich also sehr wohl mit unseren Quetacas vergleichen. Offenbar sind sie durchaus geeignet, mit ihnen Wettläufe zu veranstalten. Auch gewisse Leute, die in einer Gegend Floridas — an der Palmen-Riviera — wohnen, kämen hierfür in Frage. Von ihnen hat jemand geschrieben, daß sie so stark und leichtfüßig sind, daß sie einem Hirsch davonlaufen und daß sie einen ganzen Tag lang rennen können, ohne sich auszuruhen. Man könnte hier auch noch die Riesen erwähnen, denen man am La-Plata-Fluß begegnet. Von diesen behauptet der gleiche Autor, daß sie eine dort verbreitete Ziegenart mit der Hand einfangen: Jetzt aber werde ich die Zügel auf den Hals legen und all den Läufern und zweibeinigen Rennhunden die Leine schießen lassen, damit sie mit Windeseile losstürmen und zudem manchmal — wie der Regen — auf die Erde fallen (denn vermutlich werden sie auch beim Sturz recht beachtliche Sprünge ausführen). Sie leben in drei verschiedenen Regionen Amerikas, die allerdings teilweise mehr als tausendfünfhundert Meilen (La Plata und Florida) von hier entfernt sind, oder in unserem Europa. Ich will sie nun verlassen, um den Faden meiner Geschichte wieder aufzunehmen.

Nachdem wir am Quetaca-Gebiet vorbeigefahren waren, sichteten wir das *Maq-hé* genannte Nachbarland. Es wird ebenfalls von Wilden bewohnt. Über sie will ich nichts weiter berichten, es sei denn, daß sie — aus den vorstehend genannten Gründen — nichts zu lachen haben (wie man in solchen

Fällen zu sagen pflegt). Angesichts ihrer flinken, ständig in Bewegung befindlichen Nachbarn, die ihnen keine Ruhe gönnen, getrauen sie sich kaum zu schlafen.

Auf ihrem Gebiet sieht man an der Küste einen riesigen Felsen, der die Form eines Turmes hat. Wenn die Sonne auf diesen Felsen scheint, leuchtet und funkelt er unwahrscheinlich. Manche Leute vermuten, daß es sich um eine Art Smaragd handeln muß. Die Franzosen und Portugiesen, die vorüberfahren, nennen ihn denn auch den »Smaragd von Maq-hé«. Es heißt, daß die Stelle, an der er sich erhebt, von einer riesigen Menge spitzer Felsen umgeben ist, die unmittelbar unter der Wasseroberfläche liegen und sich etwa zwei Meilen ins Meer hinaus erstrecken. Die Klippen machen das Festland an dieser Stelle für Schiffe unzugänglich. Auch von der Landseite her soll das Gebiet unbetretbar sein.

Es gibt hier auch noch drei kleine Inseln, die man die »Maq-hé-Inseln« nennt. In ihrer Nähe gingen wir vor Anker und verbrachten eine Nacht. Am folgenden Tag wollten wir weitersegeln, um noch am Abend das Kap Frio zu erreichen. Anstatt voranzukommen, hatten wir aber einen so starken Gegenwind, daß wir es vorzogen, dorthin zurückzukehren, wo wir in der Frühe aufgebrochen waren. Dort lagen wir bis Donnerstag abend vor Anker.

2. März 1557. — Wie man sehen wird, hätte nicht viel gefehlt, und wir wären für immer geblieben. Am Dienstag, dem 2. März — am letzten Tag der Fastenzeit —, vergnügten sich unsere Matrosen ganz nach ihrer Art. Als wir uns gerade zur Ruhe begeben wollten, kam plötzlich ein gewaltiger Sturm auf. Das Ankertau unseres Schiffes war der Gewalt der wütend heranjagenden Wogen nicht mehr gewachsen und brach. Unser Schiff war nun völlig den Wogen preisgegeben und trieb der Küste zu. Bald trieb es auf einer Wasserfläche, die nur zweieinhalb Arme tief war (das ist die geringste Tiefe, auf der das Schiff eben noch frei schwimmen kann). Die Gefahr des Auflaufens und Zerschellens war groß. Während das Schiff auf das Land zutrieb, ließen der Bootsmann und der Steuermann die Wassertiefe loten. Eigentlich hätten sie die Lage beherrschen und den anderen Mut einflößen müssen. Gerade sie aber waren es, die — als das Schiff immer weiter trieb — mehrmals ausriefen: »Wir sind verloren! Wir sind verloren!« Unsere Matrosen indes setzten alle Kräfte daran, um einen zweiten Anker zu werfen, und Gott ließ diesen Anker festhalten. Dadurch wurden wir davor gerettet, an einem der Felsen der Maq-hé-Inseln zu zerschellen. Es herrschte eine derart grobe See, daß wir wohl kaum auf Rettung hätten hoffen können, wenn unser Schiff gänzlich zerstört worden wäre. Es waren drei entsetzlich beklemmende Stunden, während der es kaum Zweck hatte, zu schreien: »Backbord! Steuerbord! Mittschiffs! Recht so! Fier weg die Segel! Los die Schoten!« So etwas hört man eher auf hoher See, wo die Seeleute den Sturm weniger fürchten, als hier, wo wir dicht unter Land fuhren.

3. März 1557. — Unser Trinkwasser war, wie schon erwähnt,
völlig verdorben. Als der Morgen kam, endete der Sturm. Einige
unserer Männer machten sich auf, um von einer der unbewohnten Inseln Frischwasser zu holen. Auf der Insel fanden
wir zahllose Eier von Vögeln mannigfachster Art, die von den
uns bekannten Vogelarten ganz verschieden waren. Die Vögel,
denen der Anblick von Menschen ungewohnt ist, ließen sich
mit der Hand greifen oder mit Stöcken totschlagen. Wir luden
sie in unser Boot und brachten viele auf das Schiff. Obgleich
es Aschermittwoch war, hatten unsere Matrosen, die zumeist
römisch-katholisch waren, von der harten Nachtarbeit so guten
Appetit bekommen, daß sie ohne weiteres davon aßen. Sicher
hat der Mann, der — im Gegensatz zu der wahren Doktrin —

den Christen zu gewissen Zeiten und Tagen den Fleischgenuß verboten hat, noch nie dieses Land betreten, in dem es nicht üblich ist, die Gesetze dieser abergläubischen Abstinenz zu befolgen. Die fremde Gegend hier erteilte unseren Matrosen auch wohl schon hinreichend Dispens.

4. März 1557. — Am Donnerstag entfernten wir uns von den drei Inseln. Wir hatten einen so günstigen Wind, daß wir schon am folgenden Tage — gegen vier Uhr nachmittags — Kap Frio erreichten. Dies ist wohl für die französische Schiffahrt der wichtigste Hafenplatz.

5. März 1557. — Nachdem wir vor Anker gegangen waren und — als Signal für die Eingeborenen — einige Kanonenschüsse abgefeuert hatten, ging der Kapitän mit dem Bootsmann und einigen von uns an Land. Am Strand trafen wir auf eine große Menge Wilder. Es waren Tuupinambaúlts, Angehörige eines mit uns verbündeten und befreundeten Stammes also. Sie nahmen uns nicht nur gut und freundlich auf, sondern berichteten auch allerhand Neuigkeiten über *Paycolas* (so nannten sie *Villegagnon*). Wir waren über den Empfang hocherfreut. An Ort und Stelle fischten wir sogleich mit einem Netz, das wir mitgenommen hatten, und mit Angelhaken viele Fische verschiedener uns unbekannter Arten. Darunter befand sich auch eine Sorte, die bizarrer, mißgestalteter und ungeheuerlicher kaum denkbar ist; deshalb möchte ich diesen Fisch gern beschreiben: Er hat etwa die Größe eines einjährigen Kalbes und besitzt eine rund fünf Fuß lange Nase, die anderthalb Fuß breit ist. Die Nase ist beidseits mit scharfen Zähnen besetzt, die an eine Säge erinnern. Als wir sahen, wie geschickt sich das Untier auf dem Trockenen bewegte, schrien wir einander zu: »Vorsicht! Beine weg!« Übrigens war das Fleisch des Fisches sehr hart. Selbst als wir großen Appetit hatten und der Fisch über vierundzwanzig Stunden lang gekocht hatte, konnten wir nichts davon essen.

An diesem Ort sahen wir auch zum erstenmal Papageien, die sehr hoch und in Schwärmen flogen, etwa wie Tauben und Krähen bei uns in Frankreich. Dabei machte ich die Feststellung, daß sie in der Luft, wie bei uns die Turteltauben, stets paarweise fliegen.

Da wir nur noch fünfundzwanzig oder dreißig Meilen von unserem Ziel entfernt waren, hatten wir selbstverständlich den Wunsch, es möglichst bald zu erreichen. Deshalb hielten wir uns beim Kap Frio nicht so lange auf, wie das ursprünglich geplant war.

7. *März 1557.* — Aus dem vorstehend erwähnten Grunde machten wir uns noch am gleichen Tage auf und setzten die Segel. Wir hatten so gute Fahrt, daß wir am Sonntag, dem 7. März, die hohe See an Backbord — also im Osten — liegen ließen und in die Meeresbucht und den Salzwasser-Fluß einliefen, der von den Wilden »Ganabara« und von den Portugiesen »Geneuvre« genannt wird. Diesen Namen haben sie dem Fluß gegeben, weil sie ihn, wie es heißt, an einem ersten Januar entdeckt haben.

Wie ich im ersten Kapitel schon andeutete, fanden wir Villegagnon auf einer kleinen Insel dieser Meeresbucht, auf der er schon seit 1555 lebte. Wir begrüßten ihn aus einer Entfernung von etwa einer Viertelmeile mit Kanonenschüssen, die er erwidern ließ. Dann ankerten wir ganz in seiner Nähe.

Das wäre etwa das Wesentliche über unsere Fahrt, über das, was wir unterwegs erlebten und über das, was wir bei unserer Ankunft in Brasilien zu sehen bekamen.

FÜNFTES KAPITEL

*Unsere Landung im Fort Coligny in Brasilien. Der uns von
Villegagnon bereitete Empfang und Näheres über sein Ver-
hältnis zur Religion sowie über die Art, in der er in diesem
Land regierte*

Nachdem unsere Schiffe den Hafen am Ganabara-Fluß erreicht
hatten und somit ganz in der Nähe des Festlandes angekommen waren, rafften wir unser Handgepäck zusammen und
brachten es in die Boote, die uns dann auf die Insel und in
das »Coligny« genannte Fort brachten. Endlich sahen wir uns
von all den Gefahren und Widrigkeiten befreit, die uns auf
See immer wieder begegnet waren und denen zum Trotz wir
dennoch den Hafen unserer Sehnsucht erreicht hatten. Zunächst dankten wir deshalb alle gemeinsam Gott, der uns so
viel Gnade erwiesen hatte.

10. März 1557. — Anschließend suchten wir Villegagnon auf.
Er erwartete uns und begrüßte einen nach dem anderen. Dabei
verfuhr er sehr herzlich, umarmte und küßte uns und schien
es ebenso offen zu meinen wie wir selbst. Dann erklärten ihm
Sieur du Pont, der Leiter unserer Fahrt, Richier und Chartier,
die Prediger des Evangeliums, kurz die hauptsächlichsten Beweggründe, die uns veranlaßt hatten, die Reise zu unternehmen und unter vielen Gefahren den Ozean zu überqueren, um
ihn hier aufzusuchen. Entsprechend den Briefen, die man nach
Genf gerichtet hatte, wollten wir, gemäß dem Wort Gottes,
eine Reformierte Kirche in diesem Lande errichten. Hierauf
antwortete ihnen Villegagnon mit folgenden Worten: »Was
mich betrifft, so habe ich mir schon seit langer Zeit und von
ganzem Herzen etwas Derartiges gewünscht, und deshalb
nehme ich euch sehr gern unter solchen Umständen auf. Ich
tue es auch, weil ich wünsche, daß unsere Kirche von allen die
am besten reformierte ist. Deshalb ist es meine Absicht, von

Anfang an alle Mängel und Fehler zu unterdrücken und Aufwand und Ausstaffierung zu reformieren. Kurz und gut: aus unserer Mitte soll alles verschwinden, was uns hindern könnte, Gott zu dienen.« Dann hob er die Augen zum Himmel, faltete die Hände und sagte: »Herr Gott, ich danke Dir dafür, daß Du mir das geschickt hast, worum ich Dich seit so langer Zeit und mit so heißem Herzen gebeten habe.« Sich wieder unserer Gruppe zuwendend, sagte er: »Meine Kinder — ich will nämlich euer Vater sein —, so wie Jesus Christus in dieser Welt nichts für sich, wohl aber alles für uns getan hat, so soll auch alles, was ich hier zu tun vorhabe (ich hoffe, daß Gott mich am Leben lassen wird, bis wir in diesem Lande festen Fuß gefaßt haben und ihr mich entbehren könnt), für euch sein und für alle, die in gleicher Absicht wie ihr hierher kommen. Es ist nämlich mein Plan, hier einen Zufluchtsort für die armen Gläubigen zu schaffen, die in Frankreich, Spanien oder in anderen Ländern in Übersee verfolgt werden, damit sie hier, ohne Furcht vor dem König, Kaiser oder anderen Herrschern, reinen Herzens Gott, Seinem Willen gemäß, dienen können.« Das waren die ersten Ausführungen Villegagnons, mit denen er uns am Mittwoch, dem 10. März 1557, empfing.

Gleich darauf ordnete er an, daß sich alle seine Leute sogleich mit uns in einem kleinen — mitten auf der Insel gelegenen — Saal zu versammeln hätten. Der Prediger Richier rief Gott an, und die Versammelten sangen den fünften Psalm. Dann wählte Richier als Text die Worte des siebenundzwanzigsten Psalms: »Eins erbitte ich vom Herrn, das hätte ich gern: daß ich im Hause des Herrn bleiben möge mein Leben lang«, und hielt so die erste Predigt im Fort Coligny zu Amerika. Während Villegagnon zuhörte, faltete er immer wieder die Hände, hob die Augen gen Himmel, seufzte schwer oder versetzte uns auf ähnliche Weise durch sein Verhalten in Erstaunen. Als dann, gemäß dem Brauch der reformierten Kirchen Frankreichs, die feierlichen Gebete gesprochen worden waren, die für jeden Wochentag vorgeschrieben sind, trennten sich die Versammelten.

Wir, die Neuangekommenen, blieben im gleichen Saal, in dem wir dann auch aßen. Zu allen Speisen erhielten wir einen Teig, der aus Wurzeln, aus nach Art der Eingeborenen geräucherten Fischen und aus Wurzeln bestand, die über der Glut gekocht waren. Über diese Dinge und ihren Geschmack möchte ich an anderer Stelle sprechen, um jetzt nicht vom eigentlichen Thema abzuschweifen. Da es auf der Insel weder eine Quelle, noch einen Brunnen, noch einen Süßwasser führenden Fluß gibt, bekamen wir als Getränk das Wasser einer Zisterne, in der alles Regenwasser, das auf der Insel niederging, zusammenlief. Dieses Wasser war so grün und schmutzig, als habe man es aus einem alten Froschtümpel geholt. Dennoch fanden wir es gut im Vergleich zu dem stinkenden, faulen Wasser, das wir an Bord gehabt hatten. Gewissermaßen als Nachspeise ließ man uns Steine und Erde in das Fort Coligny schleppen, an dem noch immer gebaut wurde. Nach den harten Zeiten auf See gewährte man uns keinerlei Verschnaufpause, sondern Villegagnon ließ uns gleich vom ersten Tage an diese freundliche Behandlung zuteil werden.

Gegen Abend mußten wir uns nach einem Quartier umsehen. Sieur du Pont und die beiden Prediger machten es sich in einem Zimmer bequem, das sie zufällig mitten auf der Insel gefunden hatten. Um uns anderen Religionsangehörigen einen Gefallen zu tun, gab man uns ein leeres Haus, das ein Wilder — ein Sklave Villegagnons — gerade mit einem Grasdach abdeckte. Nach Art der Eingeborenen hingen wir dort Tücher und Betten aus Baumwolle auf, um hängend zu schlafen. Weder am nächsten Tag noch in der Folgezeit nahm Villegagnon — obgleich nichts Dringendes vorlag — irgendwelche Rücksicht darauf, daß wir durch die lange Seefahrt ungemein geschwächt waren und die in diesem Land herrschende Hitze uns zu schaffen machte. Erschwerend kam hinzu, daß wir nur sehr wenig Nahrung erhielten: Jeder bekam pro Tag zwei Stückchen des erwähnten harten Wurzelbreis. Aus diesem Mehlbrei und etwas trübem Wasser aus der genannten Zisterne bereiteten wir uns eine Brühe. Den Rest verspeisten wir, wie die Eingeborenen, in trockenem Zustand. Unter solchen Umständen ließ uns Villegagnon unbekümmert Steine und Sand in sein Fort bringen; ohne Rücksicht auf unsere Schwäche und Schwierigkeiten mußten wir vom frühen Morgen bis in die tiefe Nacht hinein bei der Arbeit bleiben. Unter diesen Umständen schien es uns, daß uns Villegagnon doch wohl nicht ganz so wie ein guter Vater behandelte (der er sein wollte, wie er bei unserer Ankunft gesagt hatte). Wir selbst aber hatten ja den brennenden Wunsch, diese Festung und den Zufluchtsort, den er für die Gläubigen in diesem Lande errichten wollte, recht bald vollendet zu sehen. Im übrigen sagte uns unser Magister Pierre Richier, unser ältester Prediger, um uns immer wieder neuen Mut zu machen, wir hätten in Villegagnon einen zweiten Paulus gefunden. In der Tat habe ich nie jemand so viel von der Religion und der christlichen Reformation reden hören, wie es Villegagnon in dieser Zeit getan hat. So kam es, daß jeder von uns freudig die eigenen Kräfte überforderte und wir etwa einen Monat lang für uns völlig ungewohnte Arbeiten verrichteten. In dieser Hinsicht kann man wohl sagen, daß Villegagnon zum Wohl der Evangelisierung dieses Landes alles nur Menschenmögliche aus uns herausgeholt hat.

Vom 10. bis 17. März 1557. — Ich komme jetzt auf das Wesentliche zurück. Seit der ersten Woche nach unserer Ankunft war Villegagnon nicht nur mit der nachfolgend skizzierten Ordnung einverstanden, die er sogar persönlich eingerichtet hatte: Außer den öffentlichen Gebeten, die immer abends nach der Arbeit verrichtet wurden, mußten die Prediger jeden Sonntag zweimal und an jedem Arbeitstag eine Stunde lang predigen. Villegagnon erklärte uns ausdrücklich, er verlange, daß die Sakramente ohne jede menschliche Zusatzhandlung — gemäß dem reinen Wort Gottes — verabreicht würden und daß ferner die kirchliche Disziplinargewalt gegenüber Säumigen voll zur Anwendung kommen sollte.

21. März 1557. — Gemäß dieser Kirchenordnung wurde dann am Sonntag, dem 21. März, das Heilige Abendmahl unseres Herrn Jesus Christus zum erstenmal in Fort Coligny in Amerika gefeiert. Die Prediger hatten zuvor alle, die daran teilnehmen sollten, vorbereitet und im Katechismus unterwiesen. Ein gewisser *Jean Cointa,* der sich *M. Hector* nennen ließ — ein ehemaliger Doktor an der Sorbonne, der mit uns das Meer überquert hatte —, wurde von den Predigern, da sie keine besonders gute Meinung von ihm hatten, gebeten, sich öffentlich zum Glauben zu bekennen. Das tat er in der gewünschten Form vor allen; zugleich schwor er dem Papismus ab.

Als die Predigt beendet war, stand auch Villegagnon auf, um sich besonders eifrig zu zeigen. Indem er darauf hinwies, daß die Kapitäne, Bootsmänner, Matrosen und andere Leute der Predigt wohl beigewohnt, aber ihr Bekenntnis zur reformierten Religion noch nicht abgelegt hätten, meinte er, sie wären nicht in der Lage, ein solches Mysterium überhaupt zu begreifen. Er schickte sie daher fort, denn er wollte nicht, daß sie zusahen, wenn das Brot und der Wein verabreicht wurden. Er selbst ließ sich, einmal — wie er sagte —, um Gott sein Fort zu weihen, und dann auch, um sein Glaubensbekenntnis angesichts der Kirche abzulegen, auf einem viereckigen Stück Samt (das sein Page fast immer bei sich trug) auf die Knie nieder und sprach mit lauter Stimme zwei Gebete. Damit jedermann verstehen kann, wie schwierig es war, dieses Mannes Herz zu ergründen, habe ich die Gebete wörtlich notiert, die ich nachstehend unverändert wiedergebe:

»Mein Gott, öffne meinen Verstand, die Augen und auch den Mund, damit sie Bekenntnis, Gebete und Danksagungen aussprechen für das ungewöhnlich Gute, daß Du uns hast zuteil werden lassen! Allmächtiger, lebendiger und unsterblicher Gott, Ewiger Vater Deines Sohnes Jesus Christus, unser Herr, der Du, durch Deine Vorsehung, zusammen mit Deinem Sohne, alle Dinge im Himmel und auf Erden lenkst! Durch Deine unendliche Güte hast Du Deine Auserwählten seit der Schöpfung der Welt, besonders aber durch Deinen Sohn, den Du auf die Erde geschickt hast und durch den

Du Dich offenbart hast, begreifen lassen, indem Du mit lauter Stimme sagtest: ›Höret auf Ihn!‹ Nach seiner Himmelfahrt hast Du es durch Deinen Heiligen Geist, den Du über die Apostel ausge= schüttet hast, verkündet. Angesichts Deiner Heiligen Majestät (im Beisein Deiner Kirche, die durch Deine Gnade in dieses Land ver= pflanzt wurde) und vom Grunde meines Herzens, den ich, so sehr ich es auch versuchte, niemals gefunden habe, kann ich trotz aller Anstrengungen des Körpers und des Verstandes nichts weiter fest= stellen als dies: Alle Erfolge, die aus mir kommen können, sind Werke der Finsternis, Weisheit des Fleisches, besudelt durch Eitel= keit, die nur den Zwecken meines Körpers dienen. Deshalb pro= testiere ich und gestehe es ganz offen, daß ich ohne das Licht Dei= nes Heiligen Geistes nur zur Sünde geschickt bin. Indem ich mich so allen Ruhmes entkleide, will ich, daß man wissen soll: Wenn es Licht oder einen Funken von Tugend in dem frommen Werk, das Du durch mich verrichtet hast, gibt, so bekenne ich, daß es allein Dein Verdienst ist, Dein Verdienst, der Du allein die Quelle alles Guten bist. In diesem Glauben, mein Gott, sage ich Dir von gan= zem Herzen Dank, weil es Dir gefallen hat, mich von den Dingen dieser Welt fortzurufen, unter denen ich lebte, wie mein Ehrgeiz mich das wünschen ließ, und weil es Dir, durch die Inspiration Deines Heiligen Geistes gefallen hat, mich an den Ort zu stellen, an dem ich Dir in voller Freiheit mit all meinen Kräften dienen kann, um zur Ausbreitung Deines Heiligen Reiches beizutragen. Indem ich das tue, ist es mir vergönnt, denen einen Ort und eine Unterkunft zu gewähren, denen es nicht mehr möglich war, öffent= lich Deinen Namen anzurufen, um Dich im Geiste und in der Wahrheit zu heiligen und anzubeten und um anzuerkennen, daß Dein Sohn, unser Herr Jesus, der einzige Mittler, unser Leben und unser Fürsprecher sowie der Mann ist, der sich um uns verdient gemacht hat. Weiter danke ich Dir, o Gott, für die große Güte, daß Du mich in dieses Land unter Menschen geführt hast, die weder Deinen Namen noch Deine Größe kennen, die aber vom Erbe Satans besessen zu sein scheinen, und daß Du mich vor ihrer Tücke bewahrt hast, wozu menschliche Kräfte nicht ausgereicht hätten. Du hast ihnen Furcht vor uns eingeflößt, so daß sie schon bei der Erwähnung unseres Namens zittern, und Du hast sie so verteilt, daß sie uns durch ihre Arbeit ernähren. Um ihr wildes Ungestüm zu mäßigen, hast Du sie mit sehr grausigen Krankheiten bedacht, von denen Du uns verschont hast. Die für uns am gefähr=

lichsten waren, hast Du von dieser Erde genommen, und die übri=
gen hast Du so sehr geschwächt, daß sie nichts gegen uns zu unter=
nehmen wagen. Dadurch gabst Du uns Gelegenheit, in Ruhe an
diesem Orte Fuß zu fassen. Es hat Dir gefallen, uns eine weitere
Gruppe trotz aller Gefahren zuzuführen, und dadurch hast Du die
Herrschaft einer Kirche errichtet, die uns einig und in Furcht vor
Deinem heiligen Namen halten soll, um uns so dem ewigen Leben
zuzuführen.

»Jetzt, o Herr, da es Dir gefallen hat, in uns Dein Königreich zu
errichten, bitte ich Dich durch Deinen Sohn, Jesum Christum, den
Du zum Opfer auserwählt hast, um uns Deine Auswahl zu bestä=
tigen, um Deine Gnade, um unseren Glauben zu vermehren, daß
Du uns heiligen und erleuchten mögest durch Deinen Heiligen
Geist, damit wir uns so sehr Deinen Diensten widmen, daß unser
ganzes Studium nur Deinem Ruhme gilt. Möge es Dir auch gefal=
len, unser Herr und Vater, Deinen Segen auf diesen Ort Coligny
und auf das Land des antarktischen Frankreichs auszudehnen, da=
mit es zu einem unüberwindlichen Zufluchtsort für die wird, die
mit gutem Vorbedacht und ohne Heuchelei hierher gekommen
sind, um sich mit uns zusammen dem Lob Deines Ruhmes zu wid=
men, und damit wir Dich, ungestört durch die Ketzer, in Wahrheit
anrufen können. Sorge dafür, daß Dein Evangelium auch an die=
sem Orte regieren möge, indem Du Deine Diener festigst, daß sie
nicht in den Irrtum der Epikuräer und anderer Abtrünniger ver=
fallen. Mögen sie beständig bleiben und in der wahren Anbetung
der Gottheit nach Deinem Heiligen Wort verharren.

»Möge es Dir auch gefallen, o gütiger Gott, unseren König, unse=
ren weltlichen Herrscher, seine Nachkommenschaft und seinen Be=
rater, Messire *Gaspard de Coligny*, dessen Frau und Familie zu
schützen. Gib ihnen weiterhin den Willen, diese Deine Kirche zu
erhalten und zu fördern. Wolle mir, Deinem demütigen Sklaven,
die Klugheit geben, daß ich mich von Dir derart führen lasse, daß
ich nicht vom rechten Wege abirre. Gib mir die Kraft, alle Widrig=
keiten zu überwinden, die Satan mir, ohne Deine Hilfe, bereiten
könnte. Gib, daß wir Dich stets als unseren barmherzigen Gott,
unseren gerechten Richter und als den Erhalter aller Dinge, mit
Deinem Sohne Jesus Christus anerkennen, der mit Dir und mit
Deinem Heiligen Geist, der über die Apostel ausgegossen wurde,
regiert. Schaffe ein rechtschaffenes Herz in uns, demütige uns für
unsere Sünden. Erneuere das Innere im Menschen, damit wir nach

der Gerechtigkeit leben, damit wir unser Fleisch unterwerfen, um es für die von Dir inspirierten Handlungen der Seele vorzubereiten, damit wir hier auf Erden Deinen Willen tun, wie ihn die Engel im Himmel auch tun. Wir fürchten, daß die Dringlichkeit unserer eigenen Bedürfnisse uns in die Sünde straucheln lassen könnte, weil wir Deiner Güte mißtrauen. Deshalb sorge bitte für unser Leben und für die Erhaltung unserer Gesundheit. Ebenso wie sich das irdische Fleisch durch die Hitze des Magens in Blut und Nah= rung für den Körper verwandelt, so wolle Du unsere Seelen ernäh= ren und erhalten von dem Fleisch und dem Blut Deines Sohnes, bis Er in uns und wir in Ihm erstehen. Mögen wir alle Bosheit (die Nahrung Satans) ablehnen und sie durch Nächstenliebe und Glau= ben ersetzen, damit wir von Dir als Deine Kinder anerkannt wer= den. Haben wir Dich aber beleidigt, Herr des Erbarmens, so möge es Dir gefallen, unsere Sünden im Blute Deines Sohnes abzu= waschen. Denke daran, daß wir verderbt sind und daß infolge der von Adam begangenen Ungehorsamkeit die Sünde von Natur aus in uns ist. Im übrigen bekenne ich, daß unsere Seele nicht in der Lage ist, den heißen Wunsch, Dir zu gehorchen, auszuführen, da wir einen unvollkommenen und rebellischen Körper haben. Auch möge es Dir, durch Jesu Verdienst, gefallen, uns unsere Fehler nicht anzurechnen, sondern rechne uns im Gegenteil das Opfer Seines Todes und Seines Leidens an, das wir durch den Glauben mit Ihm gelitten haben, denn wir sind eng mit Ihm verbunden, weil wir Seinen Leib im Wunder der Eucharistie empfangen haben. Ebenso schenke uns die Gnade, daß wir, nach dem Beispiel Deines Sohnes, der für die gebetet hat, die Ihn verfolgt haben, denen ver= zeihen, die uns beleidigt haben. Anstatt uns zu rächen, wollen wir ihnen Gutes tun, als seien sie unsere Freunde. Und wenn wir gereizt werden durch den Gedanken an die Güter, die Pracht, den Glanz und an die Ehren dieser Welt, so mögen wir andererseits durch die Armut und die Last des Kreuzes Deines Sohnes nieder= geschlagen sein (es möge Dir gefallen, uns in solchen Leiden zu üben, damit wir gehorsam werden), damit wir nicht fett werden im irdischen Glück und uns gegen Dich auflehnen. Gib uns Halt und mildere für uns die Bitternis der Betrübnis, damit sie nicht den Samen erstiche, den Du in unsere Herzen gelegt hast. Wir bitten Dich auch, Himmlischer Vater, daß Du uns vor den Ränken Satans bewahrst, durch die er uns irreführen möchte: Bewahre uns vor seinen Predigern und vor den unwissenden Wilden, in deren Mitte

es Dir gefällt, uns zu halten und zu erhalten, und vor den Abtrün=
nigen der christlichen Religion, die unter ihnen weilen. Möge es
Dir gefallen, sie Deinem Gehorsam wieder zu unterwerfen, damit
sie sich bekehren und damit Dein Evangelium im ganzen Lande
verbreitet und Dein Heil bei allen Völkern verkündet wird. Du,
der Du lebst und mit Deinem Sohn und dem Heiligen Geist re=
gierst von Ewigkeit zu Ewigkeit. Amen.

»Jesus Christus, Sohn des lebendigen und ewigen Gottes, Teil
von Gottes Ruhmesglanz, lebendiges Abbild dessen, durch den alle
Dinge erschaffen wurden, Du hast gesehen, wie das menschliche
Geschlecht durch das unfehlbare Urteil Gottes, Deines Vaters,
wegen Adams Fehltritt verdammt wurde. Dieser Mann hätte das
Leben des ewigen Königsreiches genießen können, weil er von Gott
aus einer Erde geschaffen war, die nicht durch männlichen Samen
befleckt war, wodurch er der Sünde verfallen wäre. Er war mit
Tugenden begabt und hätte auch die Freiheit gehabt, darüber zu
entscheiden, ob er in diesem Zustand der Vollkommenheit bleiben
wollte. Verführt von der Sinnlichkeit des Fleisches, gereizt und
erregt durch die flammenden Stachel Satans, hat er sich besiegen
lassen. Dadurch zog er sich Gottes Zorn zu, was zur Verdammnis
der Menschheit führte. Ohne Dich, o Herr, der Du Dich, bewogen
durch Deine unsagbar große Güte, so weit gedemütigt hast, daß Du
Gott, Deinem Vater, gegenüber an Adams Stelle getreten bist, um
die ganze Flut des göttlichen Zornes auf Dich zu nehmen, wären
wir nicht geläutert worden. So wie Adam aus unverdorbener Erde,
ohne männlichen Samen, gemacht war, so wurdest Du vom Hei=
ligen Geist in einer Jungfrau erzeugt, um aus wahrem Fleisch ge=
macht und geformt zu sein, das — wie das Fleisch Adams — der
Versuchung ausgesetzt ist, die ständig auf es einwirkt — mehr als
auf alle anderen Menschen, indessen, ohne daß Du der Sünde ver=
fallen bist. Schließlich war es Dein Wille, Adams Körper in den
Deinen einzuimpfen, und zwar den Körper Adams und seiner
gesamten Nachkommenschaft. Ihre Seelen hast Du mit Deinem
Fleisch und Deinem Blut ernährt. Du hast den Tod auf Dich neh=
men wollen, damit sie — als Glieder Deines Körpers — von Dir
ernährt würden, damit sie Gott, Deinem Vater, gefallen mögen,
wenn sie Deinen Tod als Sühne für ihre Missetaten anbieten, als
handele es sich um ihren eigenen Körper.

»So, wie Adams Sünde auf seine Nachkommenschaft übertragen
wurde und durch die Sünde der Tod, so hast Du es gewollt und

von Gott, Deinem Vater, erbeten, daß Deine Gerechtigkeit den Gläubigen zuteil wird, die Du — durch den Genuß der heiligen Hostie, die aus Deinem Fleisch und aus Deinem Blut besteht — mit Dir vereinigt und in Dir zu etwas von Deinem Fleisch und Deiner Substanz umgewandelt hast. Das ist ihr wahres Brot, um ewig zu leben, wie Kinder der Gerechtigkeit und nicht mehr des Zornes. Da es Dir nun gefallen hat, uns so viel Gutes zu tun, und da Du, sitzend zur Rechten Gottes, Deines Vaters, ewig als unser Mittler und Oberster Priester gemäß dem Auftrag des Melchisedek bestimmt bist, habe Mitleid mit uns. Erhalte uns, stärke und mehre unseren Glauben. Biete Gott, Deinem Vater, das Bekenntnis an, das ich mit dem Herzen und dem Munde gemacht habe. Ich habe es in Gegenwart der Kirche getan, indem ich mich heilige durch Deinen Geist, wie Du es versprochen hast, indem Du sagtest: ›Ich werde euch nicht als Waisen hinterlassen.‹ Fördere Deine Kirche an diesem Ort, damit Du in vollem Frieden aus reinen Herzen angebetet wirst. Du, der Du lebest und regierest mit Ihm und dem Heiligen Geist, von Ewigkeit zu Ewigkeit.«

Nachdem de Villegagnon diese beiden Gebete gesprochen hatte, stellte er sich als erster am Tisch des Herrn ein und empfing kniend das Brot und den Wein aus der Hand des Predigers. Indessen bestätigte er, wohl um einen Abschluß zu finden, sehr bald darauf das, was ein Alter gesagt hat, nämlich daß es schwierig ist, lange den Tugendsamen vorzutäuschen. Man konnte ohne Mühe feststellen, daß seine Worte nur Prahlerei gewesen waren. Im übrigen waren er und Cointa — obgleich sie dem Papismus öffentlich abgeschworen hatten — mehr darauf bedacht, zu debattieren und zu streiten, als zu lernen und ihr Wissen zu vermehren. Sie hatten auch keine großen Bedenken dagegen, Dispute über die Doktrin in Fluß zu bringen. Dabei war in erster Linie vom Abendmahl die Rede. Wenn sie die Transsubstantiation der Römischen Kirche als eine Ansicht zurückwiesen, von der sie offen sagten, daß sie zu schwer und absurd sei, und wenn sie auch die Konsubstantiation ebenfalls durchaus nicht billigten, so waren sie doch mit dem nicht zufrieden, was die Prediger lehrten und durch das Wort Gottes belegten: nämlich daß Brot und Wein nicht wirklich in den Leib und das Blut des Herrn verwandelt werden, der auch nicht darin eingeschlossen sei. Die Prediger lehrten, daß Jesus Christus im Himmel sei, von wo aus er sich — dank der Fähigkeiten seines Heiligen Geistes — in Form von geistiger Nahrung denen mitteilt, welche die Zeichen mit Glauben annehmen. Nun, wie dem auch sei, Villegagnon und Cointa sagten, daß die Worte »Dies ist mein Leib, dies ist mein Blut« nicht anders aufgefaßt werden könnten, als daß der Leib und das Blut Jesu Christi darin enthalten sind. Nun könnte man fragen: »Wie faßten sie denn die Sache überhaupt auf, da ja schon gesagt wurde, daß sie die beiden Formen der Transsubstantiation und der Konsubstantiation ablehnten?« Darauf weiß ich nichts zu antworten, und ich bin fest davon überzeugt, daß auch sie es selber nicht konnten. Als man ihnen nämlich anhand anderer Schriftstellen zeigte, daß solche Worte und Redensarten bildlich zu verstehen sind — das heißt, daß die Schrift die Zeichen des Sakramentes mit dem Namen der gemeinten Sache zu bezeichnen pflegt —, konnten sie nichts anführen, was das Gegenteil bewiesen hätte. Trotzdem aber blieben sie halsstarrig. Sie verrannten sich so weit, daß sie — ohne zu wissen, wie das geschehen sollte — nicht nur das Fleisch Jesu Christi lieber roh als geistig verzehren wollten. Was noch schlimmer ist, sie wollten es ganz roh kauen und verschlingen, wie es die wilden Quetacas tun, von denen ich früher gesprochen habe, die Menschenfleisch verzehren.

Villegagnon machte indes immer gute Miene und behauptete, daß er nichts lieber wollte als richtig informiert zu werden. Den Prediger Chartier schickte er mit einem der Schiffe nach Frankreich zurück. Dieses Fahrzeug ging am 4. Juni mit Brasilholz und anderen Waren aus dem Lande in See und sollte dann wieder zurückkommen. Chartier sollte vor allem die Ansichten unserer Doktoren und besonders die des Magisters Johann Calvin einholen und darüber berichten. Villegagnon sagte, daß er alles von Calvins Meinung abhängig mache. Ich habe oft gehört, wie er sagte: »Herr Calvin ist eine der gelehrtesten Persönlichkeiten, die es seit den Aposteln gegeben hat, und ich habe noch nie von einem Doktor gelesen, der meiner Ansicht nach die Heilige Schrift besser oder klarer ausgelegt oder behandelt hätte, als er es getan hat.« Um weiter zu beweisen, wie sehr er Calvin verehrte, beantwortete er die Briefe, die wir ihm mitgebracht hatten. Er berichtete sehr ausführlich über die allgemeinen Verhältnisse. Darüber habe ich im Nachwort geschrieben, und weiteres wird man am Ende seines Originalbriefes vom letzten März 1557 noch sehen, der gut aufbewahrt wird. Insbesondere schrieb er eigenhändig mit brasilianischer Tinte folgendes:

»Ich gehe mit dem Rat einig, den Ihr mir in Eurem Brief gegeben habt, und ich werde sehr bemüht sein, davon in keinem Punkte abzuweichen. Ich bin nämlich in der Tat fest davon überzeugt, daß es einen frommeren, richtigeren und vollkommeneren Ratschlag überhaupt nicht geben kann. Wir haben Eure Briefe auch in unserer Ratsversammlung vorlesen lassen und haben sie dann zu den Akten genommen, damit wir, wenn wir vom rechten Wege abweichen sollten, uns ihrer entsinnen und von unserem Irrtum geheilt werden.«

1. April 1557. — Der schon erwähnte Nicolaus Carmeau, der die Briefe überbrachte, war am 1. April an Bord des Schiffes »La Rosée« in See gegangen. Er hatte mir, als er sich von uns verabschiedete, gesagt, daß Villegagnon ihn beauftragt habe, Herrn Calvin folgendes mündlich mitzuteilen: er bäte, ihm zu glauben, daß er den gegebenen Rat werde in Kupfer eingravieren lassen, damit er ihn ständig im Gedächtnis habe. Villegagnon hatte Carmeau ferner den Auftrag gegeben, aus Frankreich eine Anzahl von Männern, Frauen und Kindern zurückzubringen. Er versprach, alle Unkosten zu übernehmen, die Leuten seiner Religion entstehen, wenn sie ihn aufsuchen.

Ehe ich nun fortfahre, möchte ich nicht versäumen, hier noch zehn junge Eingeborene im Alter von neun bis zehn Jahren und darüber zu erwähnen. Sie waren bei Kampfhandlungen von den Wilden, die mit den Franzosen befreundet waren, gefangengenommen und dann als Sklaven an Villegagnon verkauft worden. Nachdem der Prediger am Ende einer Predigt ihnen die Hände aufgelegt hatte, beteten wir alle zu Gott, daß er ihnen die Gnade zuteil werden lasse, sie mögen die ersten ihres armen Volkes sein, denen das Heil zum Bewußtsein käme. Sie kamen an Bord der Schiffe, die (wie ich schon erwähnt habe) am 4. Juni in See gingen. Mit diesen Schiffen sollten sie nach Frankreich gebracht werden. Dort wurden sie bei ihrer Ankunft dann dem damals regierenden König Heinrich II. gezeigt, der sie an verschiedene Edelleute verschenkte. Einen gab er unter anderem dem inzwischen verstorbenen Monsieur *de Passy*, der ihn taufen ließ. Nach meiner Rückkehr habe ich diesen Eingeborenen dort angetroffen.

3. April 1557. — Am 3. April heirateten zwei junge Männer, Bedienstete Villegagnons, in unserem Bethaus und nach dem Ritus der reformierten Kirchen zwei der jungen Mädchen, die wir aus Frankreich mit in das Land gebracht hatten. Ich erwähne das besonders, weil es die ersten Ehen waren, die auf christliche Art auf amerikanischem Boden geschlossen und gefeiert wurden. Vor allem aber erwähne ich es deshalb, weil viele Wilde, die uns aus diesem Anlaß besuchten, höchst erstaunt über den Anblick bekleideter Frauen waren, denn so etwas hatten sie noch nie gesehen; das beeindruckte sie weit mehr als die kirchlichen Zeremonien, die ihnen doch völlig unbekannt waren.

17. Mai 1557. — Am 17. Mai heiratete *Cointa* ein junges Mädchen, die Verwandte eines gewissen *La Roquette* aus Rouen. Auch sie war mit uns über den Ozean gekommen. La Roquette starb schon kurze Zeit nach unserer Ankunft. Er hinterließ seiner Verwandten als Erbschaft die Waren, die er mitgebracht hatte und die aus einer großen Menge von Messern, Angelhaken, Kämmen, Spiegeln, farbigen Stoffen und anderen Kleinigkeiten bestanden, die sich für den Tauschhandel mit Eingeborenen eignen. Das kam Cointa sehr gelegen, der alles gut verwerten konnte. Die beiden anderen Mädchen (wie ich sagte, waren es bei unserer Einschiffung insgesamt fünf) heirateten kurz danach zwei Dolmetscher, die aus der Normandie stammten. Damit gab es unter uns keine heiratsfähigen Frauen oder Mädchen mehr.

Um aber nicht das, was lobenswert an Villegagnon war, gegenüber dem Tadelnswerten zu verschweigen, möchte ich nebenher noch folgendes erwähnen: Lange ehe Villegagnon in das Land kam, hatten einige Seeleute aus der Normandie, deren Schiff hier an der Küste gestrandet war, unter den Wilden gewohnt. Dort lebten sie ohne Gottesfurcht und trieben Unzucht mit Frauen und Mädchen. Ich habe unter ihnen sogar Leute gekannt, die schon vier bis fünf Jahre alte Kinder hatten. Um das zu verhindern und im voraus dafür zu sorgen, daß keiner von denen, die auf unserer Insel und in unserem Fort wohnten, auf derartige Gedanken kam, hatte Villegagnon es, auf Anweisung des Rates, bei Todesstrafe verboten, daß die, welche darauf Anspruch erhoben, als Christen bezeichnet zu werden, mit den Frauen der Wilden zusammen wohnten. Allerdings durfte von dieser Anordnung abgewichen werden, wenn der Betreffende die Frau zur Erkenntnis Gottes brachte. Dann wurde es ihm erlaubt, die Betreffende zu heiraten. Trotz der Ermahnungen, die wir ständig an die Wilden richteten, fand sich aber nicht eine, die gewillt war, ihre alte Haut abzulegen und Jesum Christum als ihren Heiland anzuerkennen. Während der ganzen Zeit, die ich dort verbrachte, hat es nicht einen Franzosen gegeben, der eine Eingeborene geheiratet hätte. Dieses Gesetz war indessen doppelt auf Gottes Wort begründet, und es wurde so gut beachtet, daß es von keinem der Leute Villegagnons und von keinem unserer Gruppe übertreten wurde. Ich bezeuge es Villegagnon auch gern, daß er zu unserer Zeit keineswegs im Verdacht stand, den man mir gegenüber nach meiner Rückkehr wiederholt geäußert hat, indem man behauptete, er habe während seines Aufenthalts in Amerika mit Frauen der Wilden Unzucht getrieben. Er war vielmehr so sehr auf die Durchführung seiner Anordnung bedacht, daß einer der Dolmetscher bald gehenkt worden wäre, hätten

112

sich nicht einige der besten Freunde Villegagnons für ihn eingesetzt. Der Dolmetscher war an Land gegangen; man hatte
ihn überführt, mit einer Frau, die er schon früher mißbraucht
hatte, Unzucht getrieben zu haben. Man legte ihm nur eine
Kette um den Fuß und erniedrigte ihn zum Sklaven. So wie ich
Villegagnon kennengelernt habe, war er in diesem Punkt mit
sich selbst ebenso streng wie gegenüber anderen. Hätte es
Gott im Interesse des Fortschrittes der Kirche und des Wohles,
das vielen guten Leuten jetzt zuteil werden könnte, doch
gefallen, daß Villegagnon sich auch in allen anderen Punkten
ebenso gut verhalten hätte!

6. *Juni 1557.* — Er war von einem Widerspruchsgeist beseelt,
der sich nicht mit dem Einfachen begnügen konnte, das die
Heilige Schrift den wahren Christen für die Verabreichung der
Sakramente lehrt. Am folgenden Pfingsttag feierten wir zum
zweiten Male das Abendmahl. Bei dieser Gelegenheit handelte
Villegagnon dem direkt zuwider, was er bei der Festlegung
der Kirchenordnung gesagt hatte: nämlich, wie weiter oben
erwähnt, er wünsche, alle menschlichen Erfindungen zu ver-
werfen. Er fügte hinzu, St. *Cyprian* und St. *Clemens* hätten geschrieben, daß man bei der Abendmahlsfeier Wasser in den
Wein gießen müßte. Hartnäckig verlangte er, daß das vorgeschrieben werden sollte. Ferner behauptete er — und wollte,
daß wir es glauben sollten —, daß das geweihte Brot sowohl
für den Körper als auch für den Geist nützlich sei. Man müsse
dem Taufwasser Salz und Öl zusetzen, behauptete er sogar,
und ein Prediger dürfe nicht zum zweiten Male heiraten. Er
führte die Stelle von *Paulus* und *Timotheus* an, an der es
heißt, »daß der Priester der Gatte einer einzigen Frau sei«.
Kurz, er wollte damals einzig und allein von seinem eigenen
Rat abhängig sein. Dabei brauchte das, was er sagte, gar nicht
auf Gottes Wort gegründet zu sein, sondern er wollte alles
nach seinem Belieben auslegen. Um jedermann von der, wie er
meinte, unüberwindlichen Kraft seiner Argumentation zu
überzeugen, möchte ich hier von mehreren Bibelstellen, die er

nannte, um das von ihm Gesagte zu beweisen, nur eine anführen. Das Nachstehende habe ich ihn eines Tages zu einem seiner Leute sagen hören: »Hast du in der Schrift nicht die Geschichte von dem Aussätzigen gelesen, der zu Christus sagte: ›Herr, wenn du es willst, so kannst du mich reinigen‹? Sobald Jesus zu ihm gesagt hatte: ›Ich will es; sei rein‹, wurde er rein. So (sagte dieser vorzügliche Exeget) muß man es auch glauben, wenn Christus von dem Brot gesagt hat: ›Dies ist mein Leib‹, und es gibt keine andere Auslegung als die, daß er darin enthalten ist, mögen die Leute in Grenf sagen, was sie wollen.« Ist das nicht eine prachtvolle Art, eine Schriftstelle durch die andere zu erklären? Diese Methode ist fast so gut erfunden wie die Behauptung eines Mannes, der auf einem Konzil meinte, man müsse Bildnisse haben, weil geschrieben steht: Gott habe den Menschen nach seinem Bildnis geschaffen. Man möge sich aus diesem Beispiel ein Urteil darüber bilden, wie es um Villegagnons Sonntagstheologie bestellt war, die sehr viel von ihm reden machte.

Da er über so gute Kenntnisse der Heiligen Schrift verfügte, konnte er ganz allein — wie er sich nach seinem Abfall vom Glauben rühmte — Calvin zum Schweigen bringen oder in einer Diskussion all denjenigen die Stirn bieten, die ihn angreifen wollten.

Ich könnte noch eine ganze Reihe anderer Beispiele anführen, die ebenso lächerlich sind wie das obige, das ich aus seinem Munde hörte, als es sich um die Frage der Sakramente handelte. Nach seiner Rückkehr nach Frankreich hat ihn nicht nur *Petrus Richelin* in all seinen Schattierungen geschildert, sondern auch andere haben sich so gründlich mit ihm beschäftigt, daß ich eigentlich kaum mehr dabei zu verweilen brauche. Da ich außerdem den Leser zu langweilen fürchte, werde ich an dieser Stelle nichts mehr sagen.

Zur gleichen Zeit machte sich Cointa, der ebenfalls sein Wissen zeigen wollte, daran, öffentlichen Unterricht zu erteilen. Da er mit dem Evangelium des Johannes begonnen hatte, das ein schwieriges und anspruchsvolles Thema ist (das weiß wohl jeder Theologe aus Erfahrung), passierte es ihm sehr oft, daß er manches an der unrechten Stelle erwähnte. Dennoch war er die einzige Stütze Villegagnons in diesem Lande, mit der er die wahre Doktrin des Evangeliums durchkämpfte.

Wieso denn? wird hier mancher fragen. Schwieg denn der Franziskanermönch *André Thevet*? In seiner »*Cosmographie*« beklagt er sich sehr über die von Calvin nach Amerika geschickten Prediger, die ihn — neidisch auf seinen Besitz und dreist in ihrem Vorgehen — daran hinderten, die »verirrten Seelen des armen wilden Volkes« (das sind seine eigenen Worte) zu gewinnen. Lagen ihm die Barbaren mehr am Herzen als die Verteidigung der römischen Kirche, als deren starker Pfeiler er sich ausgab? Die Antwort auf diese Aufschneiderei Thevets lautet folgendermaßen: Wie ich schon an anderer Stelle sagte, war er bereits wieder in Frankreich zurück, als wir in Brasilien ankamen. Ich bitte die Leser auch noch einmal, kurz folgendes zu beachten: Ich habe ihn im ganzen vorliegenden Werk, soweit es die Dispute betrifft, die Villegagnon und Cointa gegen uns im Fort Coligny im Lande Brasilien geführt haben, nicht erwähnt und werde das auch nicht tun. Ebenso hat aber auch er niemals die Prediger gesehen, über die er spricht, und auch diese haben ihn wohl niemals gesehen. Wie ich im Nachwort zu diesem Buch bewiesen habe, war dieser gute Katholik Thevet zu unserer Zeit nicht in Brasilien. Zwischen ihm und uns lagen vielmehr zweitausend Meilen Meereswasser, so daß es gar nicht möglich war, daß die Wilden unseretwegen über ihn herfallen und ihn töten wollten (wie er entgegen der Wahrheit zu behaupten gewagt hat). Er hat noch weitere Albernheiten vorgebracht, durch die er den Eifer unter Beweis stellen wollte, den er für die Bekehrung der Wilden zu haben vorgab — wenn ihn die Prediger nicht daran gehindert hätten. Ich wiederhole, daß das alles falsch ist.

Um nun auf meinen Bericht zurückzukommen, wäre noch zu sagen, daß Villegagnon gleich nach dem Pfingstabendmahl ganz offen erklärte, er habe seine frühere Meinung über Calvin geändert. Ohne die Antwort auf das, was er durch den

Prediger Chartier nach Frankreich geschickt hatte, abzuwarten, sagte er, daß er ein übler, vom Glauben abgewichener Ketzer sei. Seitdem zeigte er sich auch uns gegenüber sehr schlecht gelaunt. Er ordnete an, daß die Predigt nicht länger als eine halbe Stunde dauern sollte. Seit Ende Mai wohnte er ihr nur noch sehr selten bei. Schließlich wurde uns Villegagnons Verstellung deutlich erkennbar, daß wir — wie man zu sagen pflegt — wußten, »mit welchem Holz er sich wärmt«.

Wenn man nun nach der Ursache solcher Erscheinungen fragt, so sei folgendes erwähnt: Einige von uns behaupteten, daß ihm u. a. der Kardinal von Lothringen aus Frankreich — durch Vermittlung des Bootsmanns eines Schiffes, das zu dieser Zeit in Kap Frio, also dreißig Meilen von unserer Insel entfernt, eingetroffen war — geschrieben hätte. In den Briefen hätte man Villegagnon bittere Vorwürfe darüber gemacht, daß er der römisch-katholischen Religion den Rücken gekehrt habe. Das hatte ihm solche Furcht eingeflößt, daß er sogleich seine Ansicht geändert habe; so behaupteten die Unsrigen.

Ich hörte indessen nach meiner Rückkehr, daß Villegagnon — noch ehe er Frankreich verließ — mit dem erwähnten Kardinal von Lothringen beschlossen hatte, sich in Religionsangelegenheiten zu verstellen. Das sollte geschehen, um sich besser des Namens und der Autorität des verstorbenen Admirals de Châtillon bedienen zu können und leichter die Kirche in Genf im allgemeinen und Calvin im besonderen zu täuschen, denn er hatte, wie zu Beginn dieser Schilderung gesagt wurde, an beide Stellen geschrieben, ihm Menschen zu schicken. Wie dem auch sei, ich kann versichern, daß Villegagnon seit seiner Auflehnung immer mehr zu einem Unhold wurde. Er wurde so verdrießlich, daß er ständig bei St. *Jakob* schwor (das war sein üblicher Schwur), er würde dem nächsten, der ihn erzürnte, den Kopf, die Arme und die Beine zerbrechen. Bald war es so weit, daß er von allen gemieden wurde.

Um von ihm ein richtiges Bild zu geben, und da es zur Erläuterung meiner Ausführungen dient, will ich über die Grausamkeit berichten, mit der ich ihn zu dieser Zeit einen Franzo-

sen namens *La Roche* behandeln sah, den er in Ketten hielt. Er
ließ ihn sich flach auf die Erde legen und seinen Bauch durch
einen der Schergen mit schweren Stockhieben bearbeiten, bis
er kaum noch Luft holen konnte. Als der arme Kerl von der
einen Seite bearbeitet worden war, sagte der Unmensch: »Körper des St. Jakob, Wüstling, drehe dich auf die andere Seite!«
So ließ er den armen halbtoten Körper liegen; ein unglaublich
bejammernswerter Anblick. Trotzdem mußte der arme Mensch
noch in seinem Beruf arbeiten — er war Tischler. Aus dem gleichen Grunde wie diesen La Roche hielt Villegagnon noch
andere Franzosen in Ketten. Vor unserer Ankunft in diesem
Land hatten sie — wegen der schlechten Behandlung, die er
ihnen angedeihen ließ — eine Verschwörung angezettelt: sie
wollten ihn ins Meer werfen. Schwerere Arbeiten mußten sie
verrichten als im Zuchthaus. Daher zogen es einige, Zimmerleute von Beruf, vor, ihn zu verlassen und sich lieber auf das

Festland zu den Wilden zu begeben (die sie übrigens viel humaner behandelten). Dreißig bis vierzig Männer und Frauen der wilden Margajas, die von den Tuupinambaúlts, unseren Verbündeten, im Kriege gefangengenommen und ihm als Sklaven verkauft worden waren, wurden noch grausamer behandelt. Eines Tages sah ich, wie einer von ihnen, der *Mingo* genannt wurde, ein Geschütz umarmen mußte. Wegen einer Kleinigkeit, wegen der man ihn höchstens hätte ausschelten können, ließ Villegagnon ihm heißes Fett über das Gesäß schütten. Oft sagten diese armen Leute in ihrer Sprache: »Hätten wir geahnt, daß uns Paycolas (so nannten sie Villegagnon) so behandeln würde, dann hätten wir uns lieber von unseren Feinden verzehren lassen, als zu ihm zu kommen.«

Jetzt noch ein kurzes Wort über seine Humanität. Ich würde ja den Bericht über ihn gern abschließen, wenn Villegagnon nicht bei unserer schon geschilderten Ankunft auf seiner Insel besonders betont hätte, er wollte die Vielheit der Kleidungsstücke reformieren.

Ich möchte daher das gute Beispiel erwähnen, mit dem er in dieser Hinsicht voranging. Er besaß eine große Menge von Seiden- und Wollstoffen, die er lieber in seinen Koffern verderben ließ, als seine Leute damit zu kleiden. Ein großer Teil von ihnen ging nämlich fast völlig nackt. Auch wollene Kleiderstoffe, sogenannten Kamelott, besaß er in allen Farben. Daraus ließ er sich nun sechs Kleidungsstücke machen, so daß er an jedem Wochentag etwas anderes anziehen konnte: da waren — Rock und Hose stets in der gleichen Farbe — rot, gelb, lohfarben, weiß, blau und grün. Das alles paßte so gut zu seinem Alter, zu seinem Bekenntnis und dem Rang, den er sich zuzuschreiben beliebte, daß sich ein jeder danach richten konnte! Bald konnten wir aus der Farbe des Anzugs, den er trug, auf die Laune schließen, die ihn an dem betreffenden Tage gerade beherrschte. Wenn wir in Brasilien den grünen oder den gelben Anzug sahen, so konnten wir ohne weiteres darauf schließen, daß nichts Gutes bevorstand. Wenn er aber ein langes Gewand aus gelbem Kamelott trug, das von einem schwarzen Samtband eingefaßt war, so freute uns das sehr. Die lustigsten seiner Anhänger behaupteten, daß er dann wie ein sorgloses, unbeschwertes Kind sei. Nach seiner Rückkehr nach Frankreich ließen ihn gewisse Leute ganz nackend — wie ein Wilder — auf einen großen umgestülpten Kochtopf malen. Wenn man von diesem schönen Gewand gewußt hätte, würde man ihm wohl auch dieses gelassen haben, so wie man ihm sein Kreuz und die kleine Flöte ließ, die er am Hals trug.

Man könnte sagen, es sei hier gar nicht nötig gewesen, mich mit diesen Dingen so eingehend zu beschäftigen (ich gebe selbst zu, daß besonders der letzte Punkt nicht unbedingt erwähnt werden mußte). Villegagnon hat aber nach seiner Rückkehr nach Frankreich gegenüber den Anhängern der reformierten Religion so sehr den Rasenden Roland gespielt, daß er es, wie mir scheint, wert ist, daß jedermann darüber unterrichtet ist, wie er, der ihnen auf solche Weise den Rücken gekehrt hat, sich in all den Religionen, denen er angehörte, betragen hat. Dem sei noch hinzugefügt, daß ich, aus dem schon angeführten Grund, alles, was ich über ihn weiß, berichten will.

Schließlich ließen wir ihm durch Sieur du Pont sagen, daß wir uns, da er das Evangelium ablehne, nicht länger als seine Untertanen betrachteten. Wir hätten nicht die Absicht, weiterhin in seinen Diensten zu stehen und Erde und Steine in sein Fort zu tragen. Daraufhin verbot er — im Glauben, uns einen großen Schreck einzujagen und uns Hungers sterben zu sehen (wenn er das gekonnt hätte) —, uns mehr als zwei Schalen von dem aus Wurzeln bereiteten Brei zu geben. Das war — wie ich schon früher erwähnte — unsere übliche Tagesration. Damit konnte er uns aber keinesfalls erzürnen. Im Gegenteil! Für ein Gartenmesser oder zwei bis drei gewöhnliche Messer, die wir bei den Wilden gegen Nahrungsmittel eintauschten, bekamen wir weit mehr, als Villegagnon uns im Lauf eines halben Jahres gegeben haben würde. Die Wilden besuchten oft die Insel in ihren kleinen Booten, oder wir suchten sie in ihren Dörfern auf. Wir waren froh, als wir diesen Zufluchtsort hatten, an dem wir nicht unterdrückt werden konnten. Wäre Villegagnon der Stärkere gewesen und hätte nicht ein Teil seiner Leute für uns Partei ergriffen, so dürfte wohl nicht zu zweifeln sein, daß man uns sehr schlecht würde behandelt haben, das heißt, man hätte uns mit Gewalt gezähmt.

Um zu versuchen, wie weit wir gehen könnten, kamen ein gewisser *Jean Gardien* und ich eines Tages vom Festland zurück (diesmal waren wir etwa zwei Wochen unter den Wilden gewesen). Villegagnon stellte sich so, als wisse er nicht davon, daß wir vor unserem Aufbruch Herrn Barré, seinen Stellvertreter, um Urlaub gebeten hatten. Er behauptete vielmehr, wir hätten seine Anordnungen übertreten. Sie besagten nämlich, niemand dürfe die Insel ohne Erlaubnis verlassen. Er ließ uns verhaften und befahl — ebenso wie seinen Sklaven —, jedem von uns eine Kette um den Fuß zu legen. Unsere Lage war ganz besonders mißlich, da unser Führer, Sieur du Pont, anstatt uns zu unterstützen und diese Maßnahmen zu verhindern, uns bat, noch einen Tag — oder zwei — Geduld zu haben. Er meinte, Villegagnon würde uns wieder befreien, sobald sich sein Zorn gelegt habe. Einige waren der Ansicht, daß sich Sieur du Pont — angesichts seiner würdigen Stellung — vor Villegagnon allzu sehr erniedrigte. In Wahrheit hatten wir ja nicht das Gebot übertreten; vor allem hatten wir ihm — wie ich schon sagte — erklärt, daß wir nicht mehr zu gehorchen brauchten, da er sein Versprechen, uns bei der Ausübung der reformierten Religion zu unterstützen, gebrochen habe. Hinzu kam noch der Anblick so vieler anderer, die er in Ketten hielt und die ständig von ihm grausam mißhandelt wurden. Das alles führte dazu, daß wir rund heraus erklärten, wir ließen uns so etwas nicht mehr gefallen. Als er diese Antwort hörte, begriff er, daß er uns mit Gewalt nicht beikommen konnte. Plötzlich wurde er milde und zog seinen Befehl zurück. In Wahrheit wußte er sehr wohl, daß wir — wenn er auf der Durchführung seines Befehls beharrte — fünfzehn oder sechzehn Mann waren, die zusammenhielten und so eng durch Freundschaft verbunden waren, daß man nur einen von uns zu beleidigen brauchte, um alle gegen sich zu haben.

Im übrigen gehörten — wie ich schon andeutete — die Führenden seiner Leute zur reformierten Religion; sie waren daher wegen seiner Auflehnung sehr unzufrieden mit ihm. Wir fürchteten, daß der Herr Admiral, der ihn — wie ich anfangs sagte — auf Veranlassung des Königs hier her geschickt hatte und der noch nicht wußte, wie er sich entwickelt hatte, darüber betrübt sein würde. Wenn dies nicht gewesen wäre und wir nicht noch einige Rücksichten zu nehmen gehabt hätten, so würde es wohl Leute gegeben haben, die diese Gelegenheit beim Schopf gepackt und über ihn hergefallen wären. Jedenfalls hatte man große Lust, ihn ins Meer zu werfen, »damit«, sagte man, »sein Fleisch und seine breiten Schultern den Fischen als Nahrung dienen«. Die meisten von uns hielten es indessen für richtiger, uns ruhig zu verhalten. Wir hielten unsere Predigt immer noch öffentlich ab; er wagte es nicht, das zu unterbinden. Um zu verhindern, daß er uns weiter störte oder sich gar einmischte, wenn wir das Abendmahl feierten, nahmen wir die Feier in Zukunft nachts vor, ohne ihn davon zu unterrichten.

Nach dem letzten Abendmahl, das wir in Brasilien feierten, blieb uns von dem ganzen aus Frankreich mitgebrachten Wein nur noch etwa ein Glas; anderen Wein konnten wir nirgends auftreiben. Oft wurde jetzt unter uns die Frage erörtert: Könnten wir, wenn es an Wein fehlte, die Feier mit anderen Getränken durchführen? Einige brachten unter anderem Bibelstellen vor, daß Christus bei der Einführung des Abendmahles nach der Danksagung zu seinen Aposteln ausdrücklich gesagt habe: »Ich werde nicht mehr von der Frucht des Weines trinken, usw....« Sie vertraten die Ansicht, daß es — fehle es an Wein — besser sei, auf das Symbol zu verzichten anstatt es zu ändern. Die anderen dagegen meinten: Als Christus das Abendmahl einführte, lebte er im Lande Judäa und sprach von dem dort üblichen Getränk. Wäre er im Lande der Wilden gewesen, würde er sicher das dort an Stelle von Wein übliche

Getränk erwähnt haben; in wieder anderen Regionen hätte man vermutlich noch andere Getränke gefunden. Für diese Leute lagen keine Schwierigkeiten darin, daß man das Abendmahl mit den Dingen feierte, die in dem betreffenden Land an Stelle von Brot und Wein üblich waren. Die meisten schlossen sich der letztgenannten Ansicht an. Wir kamen aber nicht bis zu diesem extremen Fall; die Frage blieb somit unentschieden. Das führte aber keineswegs zu einer Spaltung unter uns. Wir blieben vielmehr durch Gottes Gnade so eng verbunden und einig, daß ich allen, die heute Anhänger der reformierten Religion sind, nur wünschen kann, ebenso einig und geschlossen zu sein, wie wir es damals waren.

Oktober 1557. — Um das, was ich über Villegagnon zu sagen hatte, bis Ende Oktober abzuschließen, muß ich noch hinzufügen, daß er nach dem Sprichwort verfuhr: »Wenn man sich von jemandem trennen will, so sucht man eine Gelegenheit.« Er verwünschte uns mehr und mehr — uns und die Lehre, der wir lebten. Er sagte, daß er uns in seinem Fort und auf seiner Insel nicht länger dulden wollte, und ordnete an, daß wir beide verlassen sollten. Es stimmt schon — wie ich an früherer Stelle erwähnt habe —, daß wir wohl über die Mittel verfügten, ihn zu vertreiben, wenn wir das gewollt hätten. Wir wollten ihm aber keinerlei Grund geben, sich über uns zu beklagen. Andererseits war es in Frankreich und anderen Ländern ja durchaus bekannt, daß wir den Äquator überquert hatten, um entsprechend der Reformation des Evangeliums zu leben. Auf die reformierte Religion aber wollten wir keinen Schatten fallen lassen. Deshalb zogen wir es vor, Villegagnon ohne weiteren Streit das Feld zu räumen. Nachdem wir etwa acht Monate auf der Insel und im Fort Coligny, das wir mit errichteten, verweilt hatten, gingen wir auf das Festland. Dort verhandelten wir mit dem Bootsmann eines Schiffes aus Le Havre de Grâce, das Brasilholz laden sollte, über unsere Rückfahrt nach Frankreich. Zwei Monate sollten wir nun warten, bis das Fahrzeug seeklar war. Wir richteten uns an der Küste — an der

linken Seite, wenn man in den Ganabara-Fluß fährt — an einer
Stelle ein, die von den Franzosen als »Ziegelei« bezeichnet wird
und nur etwa eine halbe Meile vom Fort entfernt ist. Dort
gingen wir ein und aus, aßen und tranken unter den Wilden,
die zu uns viel humaner waren als der, der uns nicht mehr bei
sich sehen wollte. Sie brachten uns Lebensmittel und andere
notwendige Dinge. Häufig besuchten sie uns auch. Nachdem ich
nun in diesem Kapitel die Unbeständigkeit und Launenhaftig-
keit beschrieben habe, die ich an Villegagnon in Religionsangelegenheiten festgestellt habe — die Behandlung, die er uns
unter Scheingründen angedeihen ließ, seine Dispute und die
Gelegenheit, die er ergriff, um sich vom Evangelium abzuwen-
den, sein Gebaren und seine üblichen Reden in diesem Land,
sein unmenschliches Verhalten gegenüber seinen Leuten und
sein herrisches Auftreten —, nachdem ich all das beschrieben
habe, behalte ich mir vor, weiteres zu sagen, sobald ich an
unsere Einschiffung zur Heimfahrt komme. Ich werde schildern, wie er uns verabschiedete und uns bei diesem Abschied
aus dem Land der Wilden verriet. Um jetzt andere Dinge zu
behandeln, lasse ich ihn einstweilen dabei, die Leute in seinem
Fort zu schlagen und zu quälen. Zunächst werde ich das Fort
mitsamt der Meerenge, an der es gelegen ist, beschreiben.

SECHSTES KAPITEL

*Beschreibung des Ganabara-Flusses, der in Amerika auch Ge-
neuvre genannt wird. Von der Insel und dem Fort Coligny, das
auf ihr errichtet wurde. Die übrigen nahe gelegenen Inseln*

Die Meeresbucht und der Fluß Ganabara, wie er von den
Wilden bezeichnet wurde — die Portugiesen nannten ihn Ge-
neuvre (man sagt, daß sie ihn so nennen, da sie ihn am ersten
Januar entdeckten) —, liegen auf dreiundzwanzig Grad jenseits

des Äquators, unmittelbar unter dem Wendekreis des Steinbocks. Da es sich um einen damals sehr oft von den Franzosen besuchten Hafen in Brasilien handelte, halte ich es für angebracht, eine besondere, wenn auch nur allgemeine Beschreibung zu geben. Ohne mich bei dem aufzuhalten, was andere geschrieben haben, sage ich zunächst (ich habe etwa ein Jahr lang dort gelebt und den Fluß befahren), daß sich die Meeresbucht landeinwärts in einer Länge von etwa zwölf Meilen erstreckt und an manchen Stellen sieben bis acht Meilen breit ist. Im übrigen sind die Berge, die sie allseitig umfassen, nicht ganz so hoch wie die, von denen die große Süßwasserfläche des Genfer Sees umgeben ist. Dennoch ist das Festland, das die Meeresbucht auf allen Seiten umgibt, in seiner Lage ganz ähnlich.

Kommt man von der offenen See, so fährt man vorbei an drei kleinen unbewohnten Inseln, an denen die Schiffe, werden sie nicht gut geführt, leicht zerschellen. Das Mündungsgebiet ist dadurch sehr gefahrvoll. Dann muß man eine Enge passieren, die nur etwa eine Viertelmeile breit ist und die, wenn man einfährt, links von einem Berg und einem pyramidenförmigen Felsen begrenzt wird. Der Berg hat eine ungewöhnliche Höhe. Wer ihn aus der Ferne sieht, kann ihn für künstlich halten. Da er rund ist, hat er von uns Franzosen den etwas übertriebenen Namen »Buttertopf« erhalten. Etwas weiter flußaufwärts befindet sich ein ziemlich flacher Felsen, der einen Umkreis von hundert bis hundertundzwanzig Schritte haben dürfte. Wir nennen ihn »Rattenfänger«. Dort wollte Villegagnon ursprünglich eine Festung errichten. Schon hatte er seine Möbel und die Artillerie ausgeladen, Ebbe und Flut aber vertrieben ihn wieder. Eine Meile weiter liegt die Insel, auf der wir gewohnt haben. Wie ich schon an anderer Stelle erwähnt habe, war sie vor Villegagnons Ankunft unbewohnt. Sie hat nur etwa eine halbe französische Meile Umfang und ist ungefähr sechsmal so lang wie breit. In ihrem Umkreis liegen dicht unter der Wasseroberfläche kleinere Felsen, die verhindern, daß sich Schiffe der Insel auf weniger als Kanonenschußweite nähern können. Demnach ist sie von Natur aus erstaunlich gut befestigt. Selbst mit kleinen Schiffen kann man nur auf der Inselseite landen, auf der der Hafen liegt; wenn man also von der offenen See kommt, auf der Rückseite. Wenn man gut aufpaßt, kann die Insel nicht mit Gewalt genommen und auch nicht überrascht werden, was die Portugiesen nach unserer Rückkehr getan haben. Die Schuld daran trifft allein die Leute, die dort zurückgeblieben waren. An jedem Ende der Insel liegt ein Berg, und auf beiden Bergen hatte Villegagnon ein Häuschen bauen lassen. Auf einem fünfzig bis sechzig Fuß hohen Felsen in der Mitte der Insel hatte er sein eigenes Wohnhaus errichten lassen.

Neben dem Felsen hatten wir den Boden planiert und einige kleine Plätze geschaffen. Dort hatte man auch den Saal errichtet, in dem wir die Predigt hörten und uns zum Essen versammelten. Auch andere Unterkünfte befanden sich dort, in denen wir (einschließlich aller Leute Villegagnons) zu achtzig Personen wohnten. Es ist aber zu bedenken, daß nur das auf dem Felsen stehende Haus ein wenig Zimmerwerk aufweist und daß nur einige Wälle, auf denen die Artillerie aufgestellt war, Maurerarbeit aufwiesen. Alles übrige sind nur Unterkünfte oder vielmehr Hütten. Sie wurden von Eingeborenen errichtet und somit nach deren Methode gebaut: aus Rundholz und mit Gras abgedeckt. Das war in kurzen Worten die ganze Kunst, die das von Villegagnon als »Coligny« bezeichnete Fort im antarktischen Frankreich aufzuweisen hatte. Mit der Benennung glaubte er Messire *Gaspard de Coligny*, Admiral von Frankreich, einen Gefallen zu tun. Villegagnon würde — wie ich schon früher sagte — ohne dessen Gunst und Hilfe wohl niemals die Fahrt haben unternehmen können; und ohne diese hätte er auch nie ein Fort in Brasilien errichtet.

Der hervorragende Edelmann hat es wohl verdient, daß alle guten Menschen ihm stets ein ehrenvolles Gedenken bewahren. Man kann sich aber ausmalen, wie sehr die Überlassung des Platzes an die Portugiesen diesen Gelegenheit gegeben hat, sowohl den Namen Coligny als auch den des »Antarktischen

Frankreich«, den man dem Land gegeben hatte, zu verunglimpfen. Dabei denke ich noch nicht einmal an Villegagnons Auflehnung gegen die Religion, während er doch bei seinem Abschied von Frankreich versprochen hatte, hier den reinen Gottesdienst einzurichten.

Bei dieser Gelegenheit möchte ich erwähnen, daß ich mich ziemlich darüber gewundert habe, daß Thevet 1558, etwa zwei Jahre nach seiner Rückkehr aus Amerika — scheinbar, weil er dem König Heinrich II., der damals regierte, gefallen wollte —, eine Karte vom Ganabara-Fluß und von Fort Coligny anfertigen ließ. Links vom Fort ließ er eine Stadt eintragen, die er »Ville Henry« nannte. Obgleich er inzwischen genügend Zeit gehabt hat, sich darüber klar zu werden, daß es reiner Unsinn war, hat er die gleiche Eintragung in seiner »Cosmographie« vornehmen lassen. Wir haben Brasilien mehr als achtzehn Monate nach Thevet verlassen; ich kann versichern, daß es an dem Ort, an dem er diese Ausgeburt seiner Phantasie hat eintragen lassen, keinerlei Gebäude, geschweige denn eine Stadt oder auch nur ein Dorf gibt. Er selbst war sich so wenig über den Namen dieser Phantasiestadt klar, daß er nach dem Muster des Mannes verfuhr, der nicht wußte, ob es richtiger ist zu sagen »der rote Hut« oder »der Hut ist rot«. Auf seiner ersten Karte nannte er die Stadt daher »Ville Henry«, auf der zweiten »Henryville«. So kommt man zur Vermutung, daß alles, was er darüber sagt, sein eigenes Phantasiegebilde ist. Der Leser kann demnach unbekümmert zwischen beiden Namen wählen, denn beide sind nichts weiter als Schriftzeichen für etwas, das gar nicht existiert. Aus alldem schließe ich, daß Thevet sich schon damals den Namen des Königs Heinrich zunutze machte, so wie Villegagnon den Colignys ausnutzte, nach dem er auch sein Fort benannte. Als er sich freiwillig von dort zurückzog, hat er zum zweitenmal das Andenken an seinen Fürsten entweiht. Um allen Einwürfen zuvorzukommen, die er dieserhalb machen könnte (denn er leugnet es glatt ab, daß der fragliche Ort der sein könnte, den wir die »Ziegelei« nannten und wo wir tatsächlich einige kleine Häuser errichtet

hatten), gebe ich gern zu, daß es einen Berg in dem Land gibt,
den die ersten dort weilenden Franzosen »Mont Henry« nannten, und zwar zu Ehren ihres Herrschers. Zu unserer Zeit be-
nannten wir einen anderen Berg »Corguilleray« nach dem Bei-
namen des Sieur du Pont, der uns hinübergeführt hatte. Der
Beiname lautete »Philippe de Corguilleray«. Da nun aber der
Unterschied zwischen einem Berg und einer Stadt so groß ist,
daß man ebensogut einen Kirchturm mit einer Kuh vergleichen
könnte, kann man wohl annehmen, daß Thevet, als er dieses
»Ville Henry« oder »Henryville« in seine Karten eintragen
ließ, entweder falsch unterrichtet war oder etwas glaubhaft
machen wollte, was überhaupt nicht existiert. Damit niemand
glauben soll, ich würde hier unbegründete Beschuldigungen erheben, rufe ich alle zu Zeugen auf, die unsere Fahrt mitmach-
ten sowie auch Villegagnons Leute, von denen manche noch am
Leben sind, indem ich sie frage: Gab es dort, wo man behauptet, daß die Stadt liegt, die ich ins Reich der Fabel ver-
wies, überhaupt nur die Spur einer Stadt? Wie ich im Nach-

wort erwähnt habe, wollte Thevet, als er Brasilien verließ, ohne jeden ersichtlichen Grund Streit mit meinen Gefährten und mir anfangen. Wenn ihm die Widerlegung seiner Werke über Amerika also schwer verdaulich erscheint — indem ich mich gegen seine Verleumdungen verteidige, habe ich eine seiner Städte ausradiert —, so möge er wissen, daß dies noch nicht alle Irrtümer sind, die ich festgestellt habe. Da ich die Fehler recht gut im Kopf habe, möge er sich nicht dem Glauben hingeben, daß es bei dem wenigen, das ich bei dieser Schilderung anführe, bleiben wird. Ich werde vielmehr den Nachweis noch einzeln führen. Allerdings bin ich betrübt, daß ich gezwungen war, meine Schilderung auch an dieser Stelle wieder zu unterbrechen. Da ich aber schildern wollte, wie sich alles tatsächlich zugetragen hat, überlasse ich es dem Leser zu beurteilen, ob ich richtig oder falsch gehandelt habe.

Ich will nun noch einiges über den Ganabara-Fluß und über das sagen, was in etwa vier oder fünf Meilen Entfernung vom Fort gelegen ist. Dort liegt eine andere schöne, fruchtbare Insel, die einen Umfang von etwa sechs Meilen hat. Wir nannten sie die »große Insel«. Dort gibt es mehrere von Wilden — und zwar von den Tuupinambaúlts, den Verbündeten der Franzosen — bewohnte Dörfer. Wir suchten sie meist in unseren Booten auf, um Mehl und andere nützliche Dinge zu holen.

Übrigens gibt es in dieser Meeresbucht viele andere unbewohnte kleine Inseln. Auf ihnen findet man, neben anderen Dingen, große und recht gute Austern. Die an der Küste tauchenden Eingeborenen bringen große Steine herauf, die ringsum mit kleinen Austern besetzt sind. Diese werden von den Wilden »Leripés« genannt. Sie sitzen sehr fest am Stein, als seien sie dort angeklebt; man muß sie mit Gewalt losreißen. Oft kochten wir große Töpfe mit diesen »Leripés«. In vielen fanden wir beim Öffnen und Essen kleine Perlen.

In jenem Fluß gibt es auch eine ganze Reihe von Fischarten. Da waren vor allem — wie ich später noch ausführlicher berichten werde — sehr gute Seebarben, Haifische, Rochen, Meerschweine (Tümmler) und andere Fische mittlerer und kleinerer

Art. Auch darüber werde ich ausführlicher im Kapitel über die Fische schreiben. Besonders aber möchte ich hier noch die entsetzlichen und schrecklichen Walfische erwähnen. Täglich konnten wir ihre großen Flossen auf dem Wasser sehen, wenn sie sich auf dem breiten und tiefen Fluß tummelten. Häufig kamen sie so nahe an unsere Insel heran, daß wir sie an Land ziehen und mit Büchsen schießen konnten. Ihre Haut ist ziemlich dick; auch das Fett ist sehr dicht. Ich glaube nicht, daß eine Kugel, wenn sie nicht schon verwundet sind, hindurchdringen kann. Sie scheinen die Schüsse kaum zu merken — jedenfalls starben sie nicht davon. Eines Tages hatte sich eines der Tiere — etwa zehn bis zwölf Meilen von unserem Fort in Richtung auf Kap Frio — zu sehr der Küste genähert. Dort hatte es nicht genügend Wasser, um auf die offene See zurückkehren zu können; schließlich blieb es auf dem Trockenen liegen. Niemand wagte sich an das Tier heran, bis es schließlich verendet war. Es gebärdete sich so wild, daß die Erde im Umkreis von mehr als zwei Meilen bebte. Mehrere Wilde und einige der Unsrigen begaben sich an die Stelle und brachten recht viel Fleisch mit. Mehr als zwei Drittel des Tieres blieben aber am Strand liegen, wo sie verwesten. Das Fleisch war selbst in frischem Zustand nicht besonders gut, und wir aßen nur sehr wenig von dem, das auf unsere Insel gebracht wurde. Außer einigen Stükken Fett, die wir schmolzen, damit sie uns nachts als Leuchtöl dienten, warfen wir alles fort, setzten es dem Regen und dem Wind aus und betrachteten es als einen Misthaufen. Das Beste war die Zunge. Sie wurde gesalzen und nach Frankreich an den Herrn Admiral geschickt.

Wie schon erwähnt, ist die Meeresbucht an allen Seiten fast ganz von Land umgeben. Am Ende der Bucht münden noch zwei weitere schöne Süßwasserflüsse. Zusammen mit anderen Franzosen bin ich auf ihnen etwa zwanzig Meilen ins Landesinnere gefahren. Dabei habe ich an beiden Ufern viele Dörfer der Wilden besucht. Das wäre in kurzen Worten alles, was ich über diesen Fluß Geneuvre oder Ganabara zu berichten habe. Ich bin um so mehr betrübt über den Verlust des Flusses sowie über den des von uns erbauten Forts: Hätte man alles schön behalten, das wäre durchaus möglich gewesen, so wäre es nicht nur ein guter und schöner Zufluchtsort, sondern auch eine große Beruhigung für alle französischen Seeleute gewesen, die in diesen Gewässern fahren. Achtundzwanzig oder dreißig Meilen weiter — in Richtung auf den La Plata-Fluß und auf die Magalhães-Straße zu — liegt eine weitere Meeresbucht, die von den Franzosen »Vases-Fluß« genannt wird. Diesen Hafen laufen sie an, wenn sie Brasilien bereisen, so wie sie auch den Hafen von Kap Frio anlaufen; das taten auch wir, wie ich schon oben erwähnt habe, als wir zum ersten Male in Brasilien an Land gingen.*

SIEBTES KAPITEL

Abfahrt aus dem Land Brasilien in Amerika. Schiffbruch und andere anfängliche Gefahren, denen wir auf unserer Rückfahrt entgingen

Oktober 1557. — Um zu verstehen, was uns veranlaßte, das Land Brasilien zu verlassen, muß man sich das vor Augen halten, was ich an früherer Stelle geschrieben habe. Wir hatten acht Monate auf der Insel zugebracht, auf der sich Villegagnon zu der Zeit aufhielt, als er gegen die reformierte Religion revoltierte. Da er uns durch Gewaltmaßnahmen nicht unterdrücken konnte, zwang er uns zum Verlassen der Insel. Wir zogen uns auf das Festland zurück, und zwar auf das von der

---

* Es folgen die Ausführungen »*Anfangsunterhaltungen bei der Ankunft im Lande Brasilien zwischen den eingeborenen Tuupinambaúlts und Tupinenkins in der Sprache der Wilden und in Französisch*«, die fortgelassen wurden, da sie nur noch den Fachmann interessieren, der sich mit der Entwicklung alter Indianersprachen befaßt.

Einfahrt in den Ganabara-Fluß aus gesehene linke Ufer. Hier waren wir nur etwa eine halbe Meile von Fort Coligny, das ja in der Flußmündung lag, entfernt. Diesen Ort nannten wir »Ziegelei«. Die Franzosen hatten dort einige Häuschen errichtet, in denen sie, wenn sie sich auf den Fischfang oder zu sonstigen Unternehmen auf das Festland begaben, Unterschlupf suchen konnten. Hier blieben wir etwa zwei Monate. In dieser Zeit verließen die Herren *de La Chapelle* und *Boissi*, die wir bei Villegagnon zurückgelassen hatten, das Fort aus dem gleichen Grunde wie wir: weil Villegagnon dem Evangelium den Rücken gekehrt hatte. Sie schlossen sich unserer Gruppe an und ließen sich in diese einreihen. Dadurch wurden sie in die Abmachung eingeschlossen, nach der wir dem Bootsmann des Schiffes, mit dem wir die Heimfahrt antreten wollten, sechshundert Tours-Pfunde und Lebensmittel aus dem Lande versprochen hatten. Somit konnten wir also in See gehen.

Wie ich an früherer Stelle versprochen habe, muß ich jetzt aber, ehe ich fortfahre, schildern, wie sich Villegagnon zu uns bei der Abreise aus Amerika verhalten hat. Er war als Vizekönig eingesetzt, und keiner der hier durchfahrenden Seeleute hätte es gewagt, irgend etwas gegen seinen Willen zu unternehmen. Das Schiff, auf dem wir die Heimfahrt antreten wollten, lag auf der Reede in der Ganabara-Mündung, wo es für die Rückfahrt beladen wurde. Villegagnon schickte uns einen von ihm unterzeichneten Seepaß nach dort. Er schrieb aber auch einen Brief an den Bootsmann des Schiffes, mit dem er ihn beauftragte, uns seinetwegen (Villegagnons) keine Schwierigkeiten wegen der Heimfahrt zu machen. »Wenn ich«, schrieb er tückisch, »über ihr Eintreffen auch froh war, weil ich das, was ich suchte, gefunden zu haben glaubte, so habe ich jetzt nichts gegen ihre Abreise, weil sie sich meinen Wünschen nicht anpassen wollten.« Unter diesem schönen Vorwand hatte er uns, wie man hören wird, den Verrat zugeschoben. Dem Bootsmann des Schiffes gab er einen kleinen Koffer mit, der — wie das bei der Seefahrt üblich ist — in Segeltuch eingehüllt war. Der Koffer war mit Briefen gefüllt, die er an eine Reihe von

Persönlichkeiten in Frankreich schickte. Darunter befand sich auch ein Prozeß, den er — ohne unser Wissen — gegen uns anstrengte. Ihm fügte er eine Sonderanweisung für den ersten besten Richter bei, dem man den Prozeß in Frankreich aushändigen würde. Auf Grund dieses »Prozesses« sollte dieser uns festhalten und als Ketzer, die wir seiner Aussage nach waren, verbrennen lassen. So also besiegelte Villegagnon, als Dank für die ihm geleisteten Dienste, unseren Abschied mit einer unerhörten Treulosigkeit. Gott aber ließ — wie man an gegebener Stelle erkennen wird — durch seine wunderbare Vorsehung alles zu unseren Gunsten und zur Beschämung Villegagnons ausgehen.

4. Januar 1558. — Das Schiff, das den Namen »Le Jacques» führte, wurde also mit Brasilholz, spanischem Pfeffer, Baumwolle, Affen, Meerkatzen, Papageien und anderen Dingen, die bei uns selten sind, beladen. Die meisten von uns hatten sich schon vorher damit versehen. Am 4. Januar 1558 schifften wir uns für die Heimfahrt ein. Ehe wir jetzt in See gehen, darf ich das folgende zu sagen nicht vergessen, damit man besser versteht, daß es allein an Villegagnon lag, wenn die Franzosen keinerlei Fortschritte machten und nicht im Land verblieben sind. Bei der Befragung mehrerer angesehener Persönlichkeiten, die der Reformierten Kirche im Königreich Frankreich an-

gehörten, sagte ein gewisser *Faribau* aus Rouen, der Schiffs-
kapitän war, aus, daß er diese Fahrt ausdrücklich deshalb unternommen habe, um das Land zu erforschen und ein Sied-
lungsgebiet ausfindig zu machen. Er sagte uns, daß man —
wäre Villegagnons Revolte nicht dazwischen gekommen — entschlossen war, daß noch im gleichen Jahr sieben- oder achthundert Menschen auf großen flandrischen Hurken herüber-
kommen sollten, um den Ort, an dem wir uns befanden, zu
besiedeln. Ich glaube tatsächlich fest daran, daß drüben jetzt
— hätte Villegagnon sich damals treu erwiesen — mehr als
zehntausend Franzosen leben würden. Sie würden unsere Insel und unser Fort erfolgreich gegen die Portugiesen verteidigt
haben. Niemals hätten die Portugiesen — wie sie es nach unserer Abfahrt tatsächlich getan haben — Besitz von ihr ergreifen
können; auf brasilianischem Boden würde es ein großes Land
unter der Botmäßigkeit unseres Königs geben. Dieses Land
hätte man mit Recht weiterhin als »Antarktisches Frankreich«
bezeichnen können.

Das Handelsschiff, auf dem wir die Rückfahrt antraten, war
von mittlerer Tonnage. Sein Bootsmann, den ich schon erwähnt habe, nannte sich Martin Baudouin; er stammte aus Le
Havre de Grâce und hatte nur etwa zwanzig Matrosen unter
sich. Zusammen mit den fünfzehn Personen unserer Gruppe
waren wir daher insgesamt rund fünfundvierzig Menschen an
Bord. Noch am gleichen Tage — also am 4. Januar — nahmen
wir den Anker auf, vertrauten uns Gottes Schutz an und fuhren schließlich auf den großen und stürmischen Ozean hinaus,
das sogenannte Westmeer. Das geschah indessen mit Furcht
und Besorgnis im Herzen, da wir unwillkürlich an die vielen
Gefahren dachten, die wir schon auf der Hinfahrt zu bestehen
hatten. Hätte uns Villegagnon nicht jenen bösen Streich gespielt, so würden viele dort drüben die Möglichkeit gefunden
haben, Gott zu dienen, wie es unser Wunsch war. Sie hätten
wohl auch Freude gehabt an der Schönheit und Fruchtbarkeit
des Landes. Deshalb wollten wir nicht freiwillig nach Frankreich zurückkehren, wo die Schwierigkeiten damals — und auch

heute noch — unvergleichlich größer sind, und zwar im Hinblick auf die Religion wie auch auf die allgemeinen Lebensbedingungen. Ich persönlich muß gestehen — obgleich ich mein Vaterland stets sehr geliebt habe —, daß ich es oft bedauerte, nicht mehr unter den Wilden zu sein. Hier erlebe ich es ständig, daß Treue immer seltener wird und häufig kaum mehr zu finden ist. Noch schlimmer sind die unlauteren Machenschaften, durch die man einen gegen den anderen ausspielt. Hier ist jetzt alles italianisiert und alles nur auf Verstellung und leere Worte aus. Bei den Wilden habe ich indessen viel mehr Offenheit und Freimütigkeit erlebt als bei vielen hierzulande, die sich dann noch zum Hohn als Christen bezeichnen.

Zu Beginn unserer Fahrt mußten wir die »großen Untiefen« umrunden. Es gibt dort eine Landzunge aus Sand und Felsen, die sich etwa dreißig Meilen ins Meer erstreckt. Die Untiefen werden von den Seeleuten ungemein gefürchtet. Dabei hatten wir einen Wind, der es erschwerte, wie es eigentlich sein muß, auf die offene See hinauszukommen; sehr gefährlich ist es, an der Küste entlang zu fahren. Fast wären wir gezwungen gewesen, einen Nothafen anzulaufen.

12. Januar 1558. — Während der nächsten sieben oder acht Tage wurden wir von den Wogen und dem ungünstigen Wind, der uns so gut wie gar nicht vorwärtskommen ließ, von einer Seite zur anderen geworfen. Gegen Mitternacht etwa geschah dann das bisher Schlimmste. Die Matrosen der Wache hatten nämlich Wasser aus dem Achterschiff herausgepumpt, das dort schon lange gestanden haben mußte. Sie zählten mehr als viertausend Pumpenschläge (wer den Ozean auf Schiffen der Normandie oft befahren hat, wird leicht ermessen können, was das bedeutet). Dabei war es aber noch immer nicht geglückt, alles Wasser aus dem Schiff zu entfernen. Als die Matrosen vom vielen Pumpen völlig erschöpft waren, stieg der zweite Bootsmann durch eine Luke ins Schiffsinnere, um dort nach der Ursache zu forschen. Er stellte fest, daß das Schiff an mehreren Stellen leck geschlagen war. Es stand schon so viel

Wasser im Schiff — und ständig drangen mit aller Kraft weitere Wassermassen ein —, daß es aus dem Ruder lief; man konnte fühlen, wie es ständig tiefer sackte. Man wird verstehen, daß wir alle — als man uns weckte und mit der Gefahr konfrontierte — höchst erstaunt waren, zumal es zunächst wirklich den Anschein hatte, als würde das Schiff schon in Kürze versinken. Einige verloren jede Hoffnung auf ein Entrinnen, sie waren wie gelähmt und warteten auf den sicheren Untergang.

Gott wollte aber, daß einige — unter ihnen befand auch ich mich — entschlossen waren, so lange wie irgend möglich am Leben zu bleiben. Sie packten tüchtig zu, so daß sie das Schiff mittels zweier Pumpen bis zum Mittag, also etwa zwölf Stunden lang, schwimmend erhielten. Das Wasser drang indes in so riesigen Massen ein, daß wir — obwohl wir die Arbeit keine Minute unterbrachen — es mit beiden Pumpen nicht aus dem Schiff entfernen konnten. Das Wasser war schon bis an das Brasilholz, mit dem das Schiff beladen war, gestiegen. Rot wie Ochsenblut, strömte es von Deck durch die Speigatten. Während wir uns mit großem Eifer — wie es diese scheußliche Situation erforderte — abmühten, schlug der Wind um, so daß wir ihn nutzen konnten, wieder das Land der Wilden zu erreichen. Es war nicht allzu weit entfernt, und gegen elf Uhr des gleichen Tages kam es in Sicht. Da wir uns nach Möglichkeit retten wollten, hielten wir direkten Kurs auf das Festland durch. Inzwischen begaben sich die Matrosen mit dem Schiffszimmermann unter Deck, wo sie nach den Lecks und Schlitzen suchten, durch die das Wasser eindrang und uns so hart bedrängte. Mit Teer, Blei, Decken und anderen Dingen, die man ihnen großzügig überließ, konnten sie die größte Gefahr abwenden, indem sie die gefährlichsten Lecks dichteten. Es war aber auch höchste Zeit, denn wir konnten einfach nicht mehr. Jetzt war es uns möglich, ein wenig von unserer Arbeit auszuruhen. Nachdem der Zimmermann das Schiff gründlich untersucht hatte, sagte er, es sei zu alt und zu sehr von Bohrwürmern zerfressen, so daß es sich für die vorgenommene

Fahrt nicht mehr eigne. Seiner Ansicht nach müßten wir dorthin zurückkehren, von wo wir gekommen seien und dort so lange warten, bis ein anderes nach Frankreich bestimmtes Schiff einlaufen würde, oder wir müßten ein neues Schiff bauen. Der Vorschlag des Zimmermanns wurde heftig diskutiert. Der Bootsmann indes hatte folgendes einzuwenden: Er befürchtete, daß ihnen, kehrte man aufs Festland zurück, die Matrosen davonliefen. So unklug das auch sei, würde er es daher vorziehen, ehe man Schiff und Ladung verlor, das Leben zu riskieren; trotz aller Gefahren wollte er die Fahrt fortsetzen. Er meinte jedoch, daß er Herrn du Pont und den von ihm geführten Fahrgästen, wünschten sie nach Brasilien zurückzukehren, ein Boot gäbe. Ohne lange zu überlegen, erwiderte du Pont, er sei entschlossen, nach Frankreich zu fahren und seinerseits werde er allen Seinigen empfehlen, ein Gleiches zu tun. Dazu meinte der zweite Bootsmann, die Fahrt würde nicht nur sehr gefährlich sein, sondern voraussichtlich würden wir auch sehr lange auf See bleiben. Zudem habe das Schiff nicht genügend Lebensmittel an Bord, um alle, die jetzt auf ihm wären, über den Ozean zu bringen. Insgesamt waren wir sechs Personen, die sich, einerseits wegen des drohenden Schiffbruchs und andererseits wegen der wahrscheinlich zu erwartenden Hungersnot, entschlossen hatten, aufs Festland zu den Wilden zurückzukehren, von denen wir kaum neun bis zehn Meilen entfernt waren.

Um unser Vorhaben auszuführen, verstauten wir im Boot, das man uns zur Verfügung stellte, unsere Habseligkeiten. Darunter befand sich auch etwas aus Wurzeln bereitetes Mehl und Getränke. Da wir Abschied nahmen von unseren Gefährten, ergriff einer, dem das Scheiden besonders schwer fiel und der mir eine ganz besondere Freundschaft entgegenbrachte, meine Hand und sagte zu mir, als ich schon im Boot war: »Bitte, bleiben Sie doch bei uns. Was auch geschehen mag, wenn wir Frankreich nicht erreichen können, haben wir noch immer die Möglichkeit, uns nach Peru oder auf irgendeine Insel zu retten, an der wir vorbeifahren. Das ist immer noch besser, als zu Villegagnon zurückzukehren; Sie können sich denken, daß er uns dort nie zur Ruhe kommen lassen wird.« Diese Vorhaltungen veranlaßten mich, zumal keine Zeit mehr für lange Überlegungen zu verlieren war, einen Teil meiner Sachen im Boot zurückzulassen und mich schnellstens wieder an Bord unseres Schiffes zu begeben. So entging ich den Gefahren, von denen man nachstehend noch hören wird und die mein Freund so klar vorausgeschaut hatte. Die fünf anderen, deren Namen ich hier — aus guten Gründen — anführe, verabschiedeten sich von uns unter Tränen und kehrten auf das brasilianische Festland zurück. Es waren: *Pierre Bordon, Jean du Bordel, Mathieu Verneuil, André Lafon und Jacques Le Balleur.* Wie ich am Schluß dieser Geschichte noch erwähnen werde, erreichten sie ihr Ziel, wenn auch unter großen Schwierigkeiten. Als sie wieder bei Villegagnon eingetroffen waren, ließ er die drei Erstgenannten töten, da sie sich zum Evangelium bekannten.

Wir anderen gingen wiederum unter Segel und versuchten, mit dem alten, kaum seetüchtigen Schiff die hohe See zu erreichen. Es kam uns vor wie ein Grab, auf dem wir eher sterben als leben würden. Unter erheblichen Schwierigkeiten passierten wir denn auch die Untiefen, und während des ganzen Monats Januar hatten wir ständig Stürme zu bestehen. Unser Schiff zog übrigens immer noch sehr viel Wasser. Hätten wir nicht ununterbrochen an den Pumpen geschuftet, so wären wir tagtäglich wohl hundertmal gestorben, was natürlich nur eine Redensart ist. Unter derartigen Schwierigkeiten segelten wir ziemlich lange Zeit.

Vom Festland hatten wir uns unter großen Mühen um mehr als zweihundert Meilen entfernt, als wir eine unbewohnte Insel sichteten. Sie war rund wie ein Turm und hatte — soweit ich das zu beurteilen vermag — einen Umfang von etwa einer halben Meile. Als wir sie an Backbord passierten, konnten wir feststellen, daß sie mit sehr vielen Bäumen bestanden war, die jetzt im Januar ein saftiges Grün zeigten. Große Vogelschwärme flogen von der Insel auf. Viele Vögel ruhten sich auf den Masten unseres Schiffes aus oder ließen sich mit der Hand greifen. Aus der Ferne konnte man die Insel für einen großen Taubenschlag halten. Es gab dort schwarze, graue, weißliche und andersfarbige Vögel. Alle erschienen im Flug recht groß. Rupfte man aber die Tiere, die wir gefangen hatten, so stellte sich heraus, daß sie nicht viel mehr Fleisch hatten wie die Sperlinge.

In etwa zwei Meilen Entferung an Steuerbord kamen Klippen, die aus der See aufragten, in Sicht. Sie liefen spitz zu wie Kirchtürme. Wir befürchteten, noch weitere solcher Klippen befänden sich unter der Wasseroberfläche und unser Schiff könnte auflaufen. Wäre das geschehen, so hätten wir die Pumpen wohl kaum noch zu bedienen brauchen. In allen fünf Monaten, während denen wir auf der Heimfahrt auf See waren, kam außer diesen kleinen Inseln dann kein Land mehr in Sicht. Unsere Steuerleute und Bootsmänner fanden die Eilande nicht auf ihren Seekarten. Daher ist es durchaus möglich, daß es sich um noch unentdeckte Inseln gehandelt hat.

Februar 1558. — Ende Februar hatten wir uns dem Äquator bis zum dritten Breitengrad genähert. In etwa sieben Wochen hatten wir dennoch kaum ein Drittel unserer Fahrt zurückgelegt, und schon gingen unsere Lebensmittel stark zur Neige. Wir überlegten, ob wir nicht das Kap St. Roque anlaufen sollten, das von Wilden bewohnt war. Einige Leute behaupteten, man könnte dort Erfrischungen erhalten. Die Mehrzahl indes war der Ansicht, man sollte, um die Lebensmittel zu strecken, einen Teil der Affen und Papageien töten, die wir an Bord hatten. Besser sei es, unsere Fahrt fortzusetzen. So geschah es denn auch.

In einem der vorhergehenden Kapitel habe ich die Unannehmlichkeiten und Schwierigkeiten erklärt, die sich uns bei der Annäherung an den Äquator entgegenstellten. Jetzt habe ich aber aus Erfahrung festgestellt (was wohl auch alle wissen, die einmal die heiße Zone durchquert haben), daß man nicht weniger Schwierigkeiten hat, wenn man von der nach dem Südpol zu gelegenen Seite aus heimfährt. Ich möchte deshalb noch das erwähnen, was meiner Ansicht nach die natürlichen Ursachen dieser Schwierigkeiten zu sein scheinen. Nehmen wir daher an, daß die Äquatorlinie von Ost nach West verläuft, also gleichsam wie der Rücken und das Rückgrat der Welt für diejenigen, die von Nord nach Süd oder umgekehrt fahren (natürlich weiß ich sehr wohl, daß es auf einer Kugel weder »oben« noch »unten« gibt). In erster Linie muß man also, um von einer Seite auf die andere zu gelangen, nicht nur mühsam auf diesen Gipfel der Welt hinaufsteigen, sondern auf dem Meer kann es auch Strömungen von beiden Seiten geben, ohne daß man sie inmitten einer solchen Wasserwüste erkennen könnte. Dazu kommen die unbeständigen Winde, die von diesem Ort als Zentrum ausgehen, und die gegeneinander blasen und die Schiffe auseinandertreiben. Meiner Ansicht nach sind das die drei Dinge, die den Äquator so schwer zugänglich machen. Das wird durch folgendes bestätigt: Sowie man auch nur einen Grad jenseits (auf der Hinfahrt) oder einen Grad diesseits (auf der Rückfahrt) vom Äquator ist, sind die Seeleute fast außer sich vor Freude, daß sie nun gleichsam den Sprung hinter sich haben. Sie hoffen auf eine gute Fahrt und ermuntern sich gegenseitig, ihre Essensvorräte zu verzehren, besonders die Leckerbissen, die man immer sorgfältig versteckt hielt, solange es noch ungewiß war, ob man auf die andere Seite hinüberkommt. Wenn die Schiffe auf der abfallenden Seite des Globus sind, so scheinen sie nicht so stark wie beim Aufstieg behindert zu sein. Ganz ähnlich verhält es sich übrigens auch bei allen anderen Meeren. Durch Gottes erstaunliche Macht und Voraussicht können sie nicht die Erde bedecken, obgleich sie viel höher sind und auf der Erde ruhen, die sie in verschiedene Inseln und Erdteile unterteilen. Ich halte es für sehr wahrscheinlich, daß diese Inseln und Erdteile miteinander zusammenhängen und daß sie — gleichsam wie durch Wurzeln, wenn man es so nennen will — miteinander verbunden sind;

und zwar unten auf dem Boden der Abgründe. So ist die große Wassermasse mitsamt der Erde aufgehängt und dreht sich um zwei Zapfen, die – so stelle ich mir das vor – im rechten Winkel zu den Polen angeordnet sind. Die vier Achsen bilden zwei Kreuze in dem Rund und in dem Halbkreis, die die ganze Sphäre umfassen. Die beiden Zapfen sind in ständiger Bewegung, wie es die Gezeiten in der Form von Ebbe und Flut augenscheinlich machen. Diese große Bewegung geht von der Äquatorlinie aus; es ist wohl sicher, daß – wenn die Halbkugel mit den, von uns aus gesehen, südlichen Gewässern vorrückt, indem sie sich bis zu den ihr vorgeschriebenen Grenzen bewegt – die nördliche Halbkugel um ebensoviel zurückweicht. Wer sich aber in der Mitte, gleichsam auf dem Gürtel der Kugel, befindet, wird ebenso hin und her gerüttelt wie auf einer Waage, die ständig steigt und fällt. Auf diese Weise wird man am Weiterkommen behindert. Ich füge noch das hinzu, was ich schon an anderer Stelle gesagt habe: die schlechte Lufttemperatur und die Flauten, die man oft am Äquator erlebt, wirken sich recht schädlich aus. Sie sorgen dafür, daß man lange Zeit auf ihm und in seiner Nähe aufgehalten wird, ohne recht voranzukommen. Das wäre im großen und ganzen so beiläufig meine Ansicht über diese etwas schwierige Angelegenheit, ich hoffe, daß sie durchaus diskutabel sein wird: Er allein, der diese große runde Maschinerie aus Wasser und Erde geschaffen hat und der sie wie ein Wunder in der Luft schweben läßt, kann alles ganz genau verstehen. Ich bin auch fest davon überzeugt, daß kein Mensch, so gelehrt er auch sein mag, anders hierüber sprechen kann, und das nur unter Vorbehalten. Man könnte tatsächlich – mit dem Anschein der Berechtigung – die meisten Argumente der Schulweisheit widerlegen. Trotzdem soll man sie nicht tadeln, denn sie regt den Geist an. All das sollte man aber als etwas Nebensächliches betrachten und nicht als Hauptsächliches, wie es die Atheisten tun. Abschließend möchte ich sagen, daß ich in dieser Hinsicht nur das glaube, was die Heilige Schrift sagt. Da die Schrift dem Geist Dessen entspringt, von Dem alle Wahrheit abhängt, halte ich sie für die einzige nicht anzuzweifelnde Autorität.

Wir setzten also unsere Fahrt fort und näherten uns allmählich und unter großen Schwierigkeiten dem Äquator.

14. März 1558. — Einige Tage später nahm unser Steuermann mit Hilfe des Astrolabiums die Sonnenhöhe; er gab uns die Versicherung, daß wir uns genau in der Zone auf dem Gürtel der Erde befanden — nämlich am Tag der Tagundnachtgleiche. Das sei selten, sagte er uns, und nur wenige Schiffe erlebten so etwas. Ich will mich darüber nicht länger auslassen. Da wir hier aber die Sonne unmittelbar im Zenit, direkt über unseren Köpfen, stehen hatten, kann man sich ausmalen, welch außerordentliche Hitze wir damals zu erdulden hatten. Obgleich sich die Sonne während der übrigen Zeit abwechselnd nach der einen oder der anderen Seite in Richtung auf den Wendekreis des Steinbocks oder auf den des Krebses bewegt und sich somit dem Äquator nähert oder sich von ihm entfernt, kann man wohl in der ganzen Welt — sei es auf See oder auf dem Lande — keinen Ort finden, an dem es so heiß ist wie am Äquator. Deshalb bin ich um so mehr über das erstaunt, was jemand, den ich für absolut glaubwürdig halte, über gewisse Spanier geschrieben hat. Er sagt, es habe in einem Teil von Peru, den sie mit großer Mühe und Anstrengung durchquerten, am Äquator geschneit, und dort gäbe es sehr hohe, mit Schnee bedeckte Berge. Sie erlebten eine so schneidende Kälte, daß verschiedene von ihnen Erfrierungen erlitten. Als Grund dafür kann man nicht die allgemeine Ansicht der Philosophen anführen, der Schnee bilde sich in der mittleren Luftschicht. Die Sonne steht auf der Äquatorlinie fast immer senkrecht über uns, und die ständig heiße Luft kann daher natürlich nicht verändert werden und schon gar keinen Schnee bilden. Welches auch die Höhe jener Berge sein mag und wie groß die Kälte des Mondes ist, die man mir entgegenhalten könnte, vermag ich, angesichts dieses Klimas keine Begründung für den Schneefall zu erkennen, ich lasse mich aber gern durch Gelehrte vom Gegenteil überzeugen.

Für meine Person möchte ich abschließend den Schluß ziehen, daß es sich hier um einen außergewöhnlichen Fall handelt und um eine Ausnahme von der Philosophen-Regel. Ich glaube, es kann überhaupt keine gewissere Lösung dieser Frage geben als die, die Gott selbst dem *Hiob* nennt. Unter anderen Dingen will Gott es ihm zeigen, daß die Menschen, so scharfsinnig sie auch sein mögen, niemals in der Lage sein werden, all Seine großartigen Werke — und noch weniger deren Vollkommenheit — zu begreifen. Er sagt zu ihm: »Bist du in die Geheimnisse des Schnees eingedrungen? Hast du auch jemals die Geheimnisse des Hagels erkannt?« Dann sagt der Ewige, dieser großartige und höchst vollkommene Arbeiter, zu seinem Knecht Hiob: »Auf welchem Speicher halte Ich diese Dinge deiner Ansicht nach wohl bereit? Kannst du vielleicht auch den Grund dafür angeben? Bestimmt wird dir das nicht möglich sein, denn dazu bist du nicht genügend gelehrt.«

Jetzt komme ich auf meinen Bericht zurück. Der Südwestwind brachte uns aus dem Gebiet der übermäßigen Hitze heraus, in dem wir vermutlich schneller als im Fegefeuer geröstet worden wären. So machten wir gute Fahrt voraus und waren bald wieder so weit diesseits des Äquators, daß wir den Polarstern, den wir länger als ein Jahr nicht gesehen hatten, in Sicht bekamen. Um Weitschweifigkeiten zu vermeiden, verweise ich den Leser auf das, was ich über die Hinfahrt berichtet habe. Die Dinge, die ich dort schon beschrieben habe — z. B. die fliegenden Fische und andere Sorten ungeheuerlicher oder bizarrer Tiere — und was man sonst in der heißen Zone zu sehen bekommt, will ich hier unerwähnt lassen.

26. März 1558. — Unter den großen Gefahren, denen uns Gott auf der Rückfahrt aussetzte, sei hier ein Streit erwähnt, der zwischen dem zweiten Bootsmann und dem Steuermann ausbrach. Deshalb und aus Ärger übereinander taten beide nicht mehr, wie es sich eigentlich gehört hätte, ihre Pflicht. Am

26. März hatte der Steuermann gerade Wache, d. h. für drei Stunden führte er das Schiff. Sämtliche Segel ließ er heißen. Er tat das ohne Rücksicht auf eine herannahende Bö, die einen mächtigen Wirbelsturm erzeugte. Eigentlich hätte er rechtzeitig die Segel wegfieren lassen müssen. So aber fuhr die Bö mit voller Wucht in die Segel. Das Schiff bekam eine so starke Schlagseite, daß die Mastspitzen fast ins Wasser tauchten. Die Leinen, Vogelkäfige und alle nur möglichen sonstigen Dinge, die nicht seefest gezurrt waren, glitten ins Wasser. Alles schien verloren, und wir sahen unser Schiff schon kieloben treiben. Unter unglaublichen Anstrengungen kappte man das Takelwerk und vor allem die Schot des Großsegels. Dadurch richtete sich das Schiff langsam wieder auf. Nun konnten wir aufatmen, denn dieser Gefahr waren wir entronnen. Die eigentlichen Urheber dieses Zwischenfalls bat man inständig, sich doch wieder zu versöhnen. Kaum aber war die Gefahr vorüber, als die beiden genau das Gegenteil taten. Sie wurden handgemein und schlugen so sehr aufeinander los, daß wir glaubten, sie würden sich gegenseitig umbringen.

Bald ergab sich eine neue Gefahr. Einige Tage später war die See völlig ruhig. Der Schiffszimmermann, zusammen mit einigen Matrosen, benutzte diese Ruhe in der Absicht, uns, damit wir nicht Tag und Nacht an den Pumpen zu arbeiten brauchten, das Leben etwas zu erleichtern. Am Schiffsboden suchten sie nach Lecks, durch die das Wasser eindrang. Während sie nun in der Nähe eines der Lecks zimmerten, um es auszubessern, brach ein etwa einen Quadratfuß großes Stück heraus. Das Leck befand sich ganz unten am Schiffsboden neben dem Kiel. Durch das neue Leck drang das Wasser in solchen Massen und so schnell ins Schiff, daß die Matrosen den Zimmermann im Stich ließen und ans Oberdeck zu uns hinauf eilten. Ohne eine genaue Erklärung geben zu können, riefen sie: »Wir sind verloren! Wir sind verloren!«

Der Kapitän, der Oberbootsmann und der Steuermann wollten angesichts dieser Gefahr eilig das Beiboot zu Wasser lassen. Sie ließen die Lukendeckel des Schiffes in die See werfen und beluden sie dann mit einer großen Menge Brasilholz und anderen Waren im Wert von mehr als tausend Francs. Sie beschlossen, das Schiff zu verlassen und wollten sich ins Beiboot retten. Der Steuermann fürchtete indes, das Boot könnte überladen werden, wenn sich so viele Menschen hineinstürzten. Er stieg ins Boot und nahm ein großes Bordmesser in die Faust. Er verkündete, dem ersten, der es versuchen sollte, ins Boot zu steigen, würde er den Arm abschneiden. Wir glaubten schon, wir wären nun schutzlos den Unbilden der See preisgegeben. Auch entsannen wir uns des ersten Schiffbruchs, aus dem Gott uns gerettet hatte, und wußten, daß es jetzt ebenfalls um Tod oder Leben ging. Um das Schiff über Wasser zu halten und das Sinken zu verhindern, pumpten wir weiter aus Leibeskräften. Nicht alle indes brachten dazu genügend Beherztheit auf. Die Mehrzahl der Seeleute trank reichlich über den Durst, und in ihrem teilnahmslosen Zustand erwarteten sie den Tod. Dessen bin ich sicher: Wenn die Anhänger *Rabelais'*, diese Spötter und Gottesverächter, zugegen gewesen wären, hätten sich ihre Scherze in grausiges Entsetzen verwandelt. Meistens schwatzen sie — auf dem Festland, mit den Füßen unter einem Tisch — und spotten über Schiffbrüche und die Gefahren, in denen sich die Seeleute häufig befinden. Ebenso werden die Leute, die das Vorstehende lesen und von anderen Gefahren hören, die wir auf dieser Fahrt zu bestehen hatten, über die ich bereits berichtet habe oder noch berichten werde, zweifellos etwa folgendes sagen: »Oh! Wie schön es ist, kann man seinen Kohl pflanzen! Wieviel schöner ist es, hört man von der See und den Wilden erzählen, als wenn man selbst dorthin geht! Oh, wie weise war *Diogenes*, als er die lobte, die anderen den Rat gaben, zur See zu fahren, während sie selber gar nicht daran dachten!«

Noch ist indes nicht alles gesagt, denn als sich das vorstehend Geschilderte ereignete, waren wir noch mehr als tausend Meilen von dem Hafen entfernt, den wir erreichen wollten. Wir hatten noch mancherlei Unbilden zu erdulden. Wir mußten sogar — wie man später hören wird — eine große Hungersnot bestehen, die mehrere von uns dahinraffte. Zwischendurch will ich aber noch erzählen, wie wir aus der eben geschilderten Gefahr gerettet wurden. Unser Schiffszimmermann war ein kleiner junger Mann, der das Herz auf dem rechten Fleck hatte. Im Gegensatz zu den anderen war er unten im Schiff geblieben. Dort hatte er das Leck mit seinem Südwester verstopft. Beide Füße hatte er dann dagegen gestemmt, um das Wasser zurückzuhalten. Das Wasser war so stark eingedrungen, daß er, wie er uns später erzählte, wiederholt emporgehoben wurde. In dieser Stellung rief er, so laut er konnte, den entsetzt auf dem Oberdeck Stehenden zu, man möge ihm Kleidungsstücke, Bettwäsche und ähnliche Dinge bringen. Auf diese Weise hinderte man das Wasser, so gut es ging, am Eindringen in das Schiff, während der Zimmermann Zeit fand, das aus dem Schiffsboden ausgebrochene Holz durch neues zu ersetzen. Dann ging man daran, das Leck gründlich abzusichern, und so gelang es, uns alle zu retten.

Später waren die Winde dann so unbeständig, daß unser Schiff hin und her geworfen wurde und bald nach Ost, bald nach West vom Kurs, der nach Süd gerichtet war, abgetrieben wurde. Unser Steuermann verstand nicht viel von der Navigation, und so setzten wir unsere Fahrt in ziemlicher Ungewißheit fort, bis wir schließlich den Wendekreis des Krebses erreicht hatten.

In diesem Seegebiet blieben wir etwa vierzehn Tage inmitten von schwimmendem Gras. Es trat so geballt und in solchen Mengen auf, daß sich das Schiff nur mühsam voranbewegen konnte. Wir zerhieben das Gras mit Äxten, um dem Schiff Platz zu machen. Hätten wir das nicht getan, so wäre unser Schiff dort vermutlich festgehalten worden. Durch das Gras bekam das Meer ein trübes Aussehen. Wir hatten den Eindruck, als befänden wir uns in einem sumpfigen Moorgebiet und vermuteten daher, daß wir in die Nähe von Inseln gelangt waren. Sooft man das Lot aber auch mit mehr als fünfzig Faden Leine auswarf, niemals erreichte es den Grund. Wir konnten also nicht irgendein neues Land entdecken! Ich wiederhole hier das, was der Historiker *Indois* über diese Erscheinung geschrieben hat: »*Christoph Columbus*«, sagte er, »hatte auf der ersten Fahrt, die er nach der Entdeckung Indiens — die im Jahre 1492 erfolgte — unternahm, auf einer der Kanarischen Inseln Lebensmittel an Bord genommen. Nachdem er mehrere Tage gesegelt war, traf er so viel Gras an, daß er glaubte, auf einer Wiese zu sein. Das beängstigte ihn, obgleich in Wahrheit keinerlei Gefahr bestand.« Das von mir erwähnte Seegras wird dort wie folgt beschrieben: Die einzelnen Grasbüschel sind untereinander durch lange Fasern — wie bei der »*hedera terrestris*« — verbunden. Sie treiben, ohne irgendwelche Wurzeln, auf dem Meer. Die Blätter ähneln denen der Gartenraute. Die Körner sind rund und nicht viel größer als beim Wachholderstrauch. Das Gras hat eine weißliche oder fahle Farbe wie welkes Heu. Im übrigen konnten wir feststellen, daß die Behandlung nicht ganz ungefährlich ist. Mehrmals sah ich auf der See rote, schmutzige Gegenstände schwimmen, die wie Hahnenkämme aussahen. Beim Berühren wurde die Hand rot und schwoll an.

Bisher habe ich noch gar nicht über das Lot gesprochen. Oft bekam ich darüber Berichte zu hören, die einem Fabelbuch entnommen zu sein schienen. Man sagt, daß das Lot von den Seeleuten auf den Meeresgrund geworfen wird und dazu dient, die Gegend festzustellen, in der man sich gerade befindet. Das trifft für das Westmeer nicht zu, ich werde daher über das berichten, was ich gesehen habe. Das Lot besteht aus Blei und hat etwa die Form eines mittleren Kegels, wie man ihn gewöhnlich zum Spielen auf Plätzen und im Garten benutzt. Am dünneren Ende ist das Lot durchbohrt, und in dem Loch befestigen die Seeleute eine Leine von der jeweils benötigten Länge. Dann schmieren sie Talg oder irgendein anderes Fett an das andere Ende, das stumpf ist. Nähert man sich einem Hafen oder glaubt einen geeigneten Ankerplatz gefunden zu haben, läßt man die Leine auslaufen, bis das Lot den Boden berührt. Holt man das Lot wieder hoch, so kann man sehen, ob Kies an der Fettschicht haftet. Das ist dann ein Zeichen dafür, daß der Grund gut ist. Bringt das Lot keine Grundprobe herauf, so schließt man daraus, daß der Meeresboden aus Schlamm oder Fels besteht. Hier wird dann der Anker voraussichtlich nicht fassen, und daher muß man das Lot an anderer Stelle abermals auswerfen. Das wäre es, was ich hier so nebenbei erwähnen möchte, um mit der erwähnten irrigen Ansicht aufzuräumen. Alle, die auf dem großen ozeanischen Meer gewesen sind, bestätigen nämlich, daß es gänzlich unmöglich ist, dort irgendwo Grund zu finden, und selbst dann wird das unmöglich sein, wenn man — bildlich gesprochen — über alle Leinen der Welt verfügen sollte. Hat man Wind, so muß man Tag und Nacht ohne Unterbrechung fahren. Herrscht Flaute, so läßt man sich treiben und kann keine Fahrt machen, da die Schiffe nicht nach Galeerenart mit Riemen fortzubewegen sind. Daraus ersieht man, daß die tiefen Abgründe absolut nicht gelotet werden können, und völliger Unsinn ist es, wird gesagt, daß man Erde heraufholt, um zu wissen, in welchem Land man sich befindet. Verfährt man auf anderen Meeren so, z. B. auf dem Mittelmeer oder auf dem Land — wenn man die Wüstengegenden Afrikas durchstreift, wo man sich, wie es heißt, ebenfalls nach den Sternen und dem Schiffskompaß orientiert —, so stimmt das wohl. Ich halte mich an das, was wirklich ist, und halte das aufrecht, was ich über das Westmeer gesagt habe.

Gegen den 15. April 1558. — Nachdem wir aus dem oben beschriebenen Grasmeer heraus waren, fürchteten wir, wir könnten irgendwelchen Piraten begegnen. Daher richteten wir vier oder fünf eiserne Geschütze her, die sich an Bord unseres Schiffes befanden, und legten Feuerwerfer und andere Munition, über die wir verfügten, bereit. Das führte zu einem weiteren Unglück: Unser Kanonier ließ das Pulver in einem eisernen Topf trocknen. Er ließ es so lange auf dem Feuer, bis es anfing, rot zu werden. Das Pulver entzündete sich, und die Flammen breiteten sich von einem Ende des Schiffes bis zum anderen aus. Dabei verbrannten Segel und einiges Tauwerk. Nicht viel hätte gefehlt, und das Feuer hätte sogar die eingefetteten oder geteerten Holzteile des Schiffes ergriffen. So liefen wir Gefahr, mitten auf dem Meer bei lebendigem Leibe verbrannt zu werden. In der Tat fanden auch einer der Pagen und zwei Seeleute den Tod durch Verbrennen. Einer starb erst nach einigen Tagen. Ich selbst würde wohl ein entstelltes Gesicht davongetragen haben, hätte ich mir nicht den Südwester vor das Gesicht gehalten. So kam ich mit einem verbrannten Ohrläppchen und einigen versengten Haaren davon. Das alles erlebten wir so etwa um den 15. April.

Jetzt wollen wir eine kleine Atempause einlegen. Bisher waren wir also — Gott sei Dank — dem Schiffbruch und dem Wasser, von denen wir mehrere Male vernichtet zu werden glaubten, ebenso entronnen wie dem Feuer, das uns ebenfalls zu töten drohte.

ACHTES KAPITEL

Äußerste Hungersnot. Stürme und sonstige Gefahren, vor denen Gott uns auf der Rückfahrt nach Frankreich bewahrte

April 1558. — Nachdem wir all die vorstehend erwähnten Gefahren überstanden hatten, kamen wir — wie man zu sagen pflegt — vom Regen in die Traufe. Noch waren wir mehr als fünfhundert Meilen von Frankreich entfernt, als man unsere Rationen an Schiffszwieback, anderen Lebensmitteln und Getränken — sie waren ohnehin sehr knapp — ganz unvermittelt auf die Hälfte herabsetzte. Die Verzögerung unserer Fahrt hatten wir nicht nur schlechtem Wetter und widrigen Winden zu verdanken, sondern außerdem verstand es unser Steuermann nicht, wie ich schon erwähnte, das Schiff auf dem richtigen Kurs zu halten. Bei der Navigation unterliefen ihm sehr große Fehler, z. B. sagte er uns, daß wir uns dem Kap Finisterre an der spanischen Küste näherten, während wir uns noch auf der Höhe der Azoren-Inseln befanden, die über dreihundert Meilen von ihm entfernt sind. Dieser Navigationsfehler war der Grund dafür, daß wir uns Ende April fast sämtlicher Lebensmittel beraubt sahen.

Ende April 1558. — Unsere letzte Speise bestand aus den Resten, die wir im Schiffsraum, wo unser Schiffszwieback aufbewahrt wurde, zusammenfegten. Wir fanden dort allerdings mehr Würmer und Rattenkot als Brotkrümel. Das Ergebnis verteilten wir löffelweise und verarbeiteten es zu einem Brei, der so schwarz und bitter wie Ruß war. Man kann sich ausmalen, wie vergnügt wir uns über diese Mahlzeit hermachten. Manche Leute besaßen noch Affen und Papageien, während andere ihre Tiere schon längst verzehrt hatten. Um ihnen Worte einer Sprache beizubringen, die sie noch nicht kannten, beförderten sie die Tiere, indem sie sich ihrer als Nahrungsmittel bedienten, in das Kabinett ihrer Erinnerung.

Anfang Mai 1558. — Seit Anfang Mai fehlte es uns an allen üblichen Lebensmitteln. Zwei Matrosen starben am Wahnsinn vor Hunger. Anstatt sie zu bestatten, wurden sie — wie das auf See üblich ist — über Bord geworfen.

Während wir mit dem Hunger kämpften, hielt der Sturm Tag und Nacht drei Wochen hindurch an. Wegen der ungewöhnlich hohen und groben See sahen wir uns gezwungen, sämtliche Segel zu reffen und das Ruder festzubinden. Nur so konnten wir das Schiff noch einigermaßen auf Kurs halten. Im großen und ganzen aber mußten wir es den Launen der See und des Windes überlassen. Während der ganzen Zeit hinderte uns der Sturm daran, auch nur einen einzigen Fisch zu fangen, so sehr wir die Fische auch benötigt hätten. So waren wir völlig dem Hunger preisgegeben, und unser Schiff war im Innern durch das Wasser und von außen durch die Wogen bedroht. Wer nie zur See gefahren ist und so etwas nie mitgemacht hat, der kennt die Welt nur zur Hälfte. Deshalb möchte ich hier das wiederholen, was der Psalmist mit gutem Recht von den Seeleuten sagt: »Wer schwimmend so auf diesem entsetzlichen Element auf und ab steigt, der existiert umgeben vom Tod und sieht die wahren Wunder der Ewigkeit.« Man frage einmal unsere papistischen Matrosen, ob sie nicht in solch verzweifelter Lage bereit gewesen wären, dem St. *Nikolaus* ein lebensgroßes Wachsbild zu versprechen und ganz besondere Gelübde abzulegen, wenn sie nur an Land sein könnten. Das hieße aber nach *Baal* zu rufen, der nichts davon hörte. Wir anderen waren bedeutend besser daran, denn wir hatten die Hilfe Dessen, von Dem wir vorher schon so oft Hilfe erhalten hatten und Der uns allein durch die Hungersnot hindurchbringen und dem Meer und dem Sturm Ruhe gebieten konnte. An Ihn und an niemand sonst haben wir uns denn auch gehalten.

Wir waren schon sehr abgemagert und geschwächt, so daß wir uns kaum noch auf den Beinen halten konnten, um die allernotwendigsten seemännischen Manöver durchzuführen. Inmitten dieser bitteren Hungersnot waren die Gedanken eines jeden von uns immer und immer wieder darauf gerichtet, womit er wohl seinen Magen füllen könnte. Einige gaben den Rat, die Rundschilde in kleine Stücke zu zerschneiden. Diese Schilde waren aus der Haut des »*Tapir*« genannten Tieres gefertigt, das ich an späterer Stelle noch näher beschreiben werde. Die Stückchen wollten sie im Wasser kochen und essen. Dieses Rezept allerdings bewährte sich nicht. Wieder andere ließen die Stückchen dieser Schilde über dem Kohlenfeuer braten. Waren sie ein wenig angebraten, kratzte man das Verbrannte mit dem Messer ab. So gut wirkte sich das aus, daß wir beim Essen den Eindruck hatten, als ob es sich um geröstete Schweineschwarten handelte. Sie waren allerdings hart wie getrocknete Ochsenhaut, mit dem Messer oder anderen Geräten wurden sie aber möglichst fein geschnitten. Wer solche Dinge besaß, trug die Stückchen in kleinen Seidensäckchen in den Ärmelaufschlägen. Er bewachte sie ebenso eifersüchtig wie hierzulande die großen Wucherer ihre vollen Geldsäcke behüten. *Joseph* sagt, daß sich die Belagerten in der Stadt Jerusalem an ihre Lederriemen, Schuhe und an das Leder ihrer Schilde gehalten haben. Auch unter uns gab es Leute, die sogar ihre Kragen aus Saffian und das Leder ihrer Schuhe aßen. Die Schiffsjungen wurden so vom Hunger gequält, daß sie alle Hornteile der Schiffslaternen (von denen es an Bord der seegehenden Schiffe sehr viele gibt) aßen. Ebenso machten sie sich über alle Talgkerzen her, deren sie habhaft werden konnten. Trotz unserer Körperschwäche und der Gefahr, unterzugehen und mehr Wasser trinken zu müssen, als wir Essen bekamen, nahmen wir ununterbrochen, Tag und Nacht, die schwere Arbeit auf uns, welche die Bedienung der Pumpen erforderte.

5. Mai 1558. — Am 5. Mai sahen wir, als die Sonne unterging, einen riesigen Feuerblitz aufleuchten und durch die Luft fliegen. Das hatte eine derartige Rückstrahlung von den Segeln unseres Schiffes zur Folge, daß wir glaubten, Feuer im Schiff zu haben. Die Erscheinung verschwand aber sofort wieder, ohne uns irgendwelchen Schaden zugefügt zu haben. Wenn man sich fragt, woher sie gekommen sein mag, so muß ich sagen, daß der Grund um so schwieriger festzustellen ist, als wir uns auf der Höhe von Neufundland — wo man den Kabeljau fischt — und von Kanada — einer im allgemeinen ungewöhnlich kalten Region — befanden. Man kann daher nicht sagen, daß die Erscheinung auf heiße, in der Luft befindliche Ausdünstungen zurückzuführen war. Um uns nichts zu ersparen, wurden wir in jenem Seegebiet dann auch noch dem Nord-Nord-Ost-Wind ausgesetzt, der fast winterliche Kälte mitführt. Der Wind brachte eine derartige Kälte, daß wir vierzehn Tage hindurch überhaupt nicht mehr warm wurden.

12. Mai 1558. — Etwa am 12. des Monats Mai starb unser Kanonier an Hunger, nachdem er lange Zeit darniedergelegen hatte. Ich selbst hatte gesehen, wie er die Eingeweide eines Papageis im rohen Zustand gegessen hatte. Ebenso wie die früher an dem gleichen Leiden Gestorbenen, fand er sein Grab im Meer. Wir kümmerten uns nicht weiter um seine Aufgaben, die unserer Verteidigung dienten. Wir waren so erschöpft, daß wir, hätte man uns angegriffen, gar nicht an die Abwehr gedacht hätten. Viel lieber hätten wir uns von einem Seeräuber gefangennehmen lassen, wenn dieser Pirat uns nur zu essen gegeben hätte. Gott aber gefiel es, uns während der ganzen Heimfahrt Kummer zu bereiten. Jedenfalls kam nicht ein einziges Schiff in Sicht. Wegen unserer Schwäche konnten wir weder richtig navigieren noch die Segel heißen. Hätten wir ein Schiff gesichtet, so hätten wir uns ihm gar nicht mehr nähern können.

Jetzt gab es keine der erwähnten Rundschilde oder sonstiges Leder, einschließlich der Kofferdeckel und anderer für den Verzehr geeigneter Dinge mehr an Bord. Not aber macht erfinderisch, und mehrere von uns kamen auf den Gedanken, Jagd auf Ratten und Mäuse zu machen. Wir hatten den Tieren alle Krümelchen und sonstigen Dinge, die sie nagen konnten, genommen, und nun liefen sie in großer Zahl im ganzen Schiff herum und starben Hungers. Man verfolgte sie mit allen nur möglichen Rattenfallen. Wenn man eine Ratte gefangen hatte, blieb sie nicht lange in der Falle. Die Tiere suchten sich zu verstecken, wie Katzen aber lauerte man ihnen auf, sogar in der Nacht, wenn sie beim Mondschein zum Vorschein kamen. Hatte jemand eine Ratte gefangen, so wußte er das mehr zu schätzen, als er an Land einen Ochsen geschätzt haben würde. Ich habe es erlebt, daß die Tiere für zwei bis vier Taler je Stück verkauft wurden. Unser Barbier hatte eines Tages zwei Ratten gleichzeitig gefangen. Daraufhin machte ihm einer von uns das Angebot, er möge ihm eines der Tiere überlassen. Als Gegenleistung wollte er den Mann im ersten Hafen, den wir anliefen, von Kopf bis Fuß neu einkleiden. Der Barbier aber lehnte das Angebot ab, da er sein Leben den versprochenen Kleidern vorzog. Man konnte sehen, wie Ratten und Mäuse mitsamt den Innereien und Därmen im Meereswasser gekocht wurden. Wer einen solchen Leckerbissen bekommen konnte, machte mehr Aufhebens davon, als man an Land um ein schönes Stück Hammelfleisch gemacht hätte.

Um zu zeigen, daß unter uns nichts verloren ging, möchte ich noch folgendes Vorkommnis erwähnen: Eines Tages war unser zweiter Bootsmann bei der Zubereitung einer großen Ratte, die er sich kochen wollte. Er hatte ihr die vier weißen Pfoten abgeschnitten, die er an Deck warf. Ein anderer, den ich nicht nennen will, hob die Pfoten sogleich sorgsam auf und röstete sie über dem Kohlenfeuer. Während er sie aß, sagte er, noch nie hätte er Rebhuhnflügel gegessen, die ihm so köstlich gemundet hätten. Kurz, es gab wohl nichts, was wir in unserer verzweifelten Lage nicht verzehrt haben würden. Tatsächlich würden wir uns über alte Knochen und sonstigen Unrat, den die Hunde auf die Misthaufen schleppen, gefreut und versucht haben, uns mit derartigen Dingen zu sättigen. Man kann davon überzeugt sein: Wären uns grünes Gras, Heu oder Baumblätter zugänglich gewesen (wie das an Land ja meistens der Fall ist), wir hätten geweidet wie die wilden Tiere. Das aber war noch nicht alles, denn während des Zeitraumes von drei Wochen, den die Hungersnot dauerte, konnten wir weder unsere Vorräte an Wein noch an Trinkwasser vergrößern. Schon seit langem war uns der Wein ausgegangen, und als einziges Getränk hatten wir uns noch ein kleines Fäßchen Apfelwein aufbewahrt. Die Bootsmänner und die Kapitäne gingen sehr sparsam damit um. Sie hielten uns so kurz, daß jeder davon pro Tag nur ein kleines Gläschen bekam! Auch wenn ein Monarch an Bord unter uns gewesen wäre, er hätte nicht mehr erhalten. Der Durst aber quälte uns weit mehr noch als der Hunger. Regnete es, breiteten wir Leinentücher aus, in deren Mitte sich eine Eisenkugel befand, und so leiteten wir das Wasser in die Gefäße. Wir hielten auch das Regenwasser fest, das auf Deck in kleinen Rinnsalen herniederrieselte. Wegen des Schmutzes, der teilweise auch von den Füßen herrührte, war es dreckiger als das Regenwasser in den Straßen einer Stadt. Trotzdem konnten wir es nicht unterlassen, davon zu trinken.

Im Jahre 1573 hatten wir während der Belagerung von Sancerre eine Hungersnot zu bestehen; man kann das aus der Schrift ersehen, die ich darüber habe drucken lassen. Diese Hungersnot gehört wohl zu den schwersten, über die berichtet wurde. Dennoch hatten wir damals nie Mangel an Wein oder Wasser. War sie auch von längerer Dauer, muß ich doch sagen, daß sie nicht so furchtbar war wie die oben beschriebene. In Sancerre hatten wir wenigstens noch Wurzeln, Wildkräuter, Knospen von Weintrauben und andere Dinge, deren man auf dem Land habhaft werden kann. Möge Gott den Kreaturen fürderhin seinen Segen schenken, aber für alle Fälle möchte ich die Dinge nennen, die keineswegs als menschliche Nahrung gebräuchlich sind, z. B. Häute, Pergament und andere schöne Dinge, von denen ich eine Liste aufgestellt habe und von denen wir während der Belagerung lebten. Es sind alles Dinge, von denen ich festgestellt habe, daß sie durchaus zweckdienlich sind. Wenn ich Kragen aus Büffelfell, Kleider aus Gemsleder und ähnliche Dinge zur Verfügung hätte, in denen Saft und Feuchtigkeit enthalten sind, und wenn ich wegen einer guten Sache irgendwo eingesperrt wäre, so würde ich nicht die geringste Furcht vor einer Hungersnot haben. Auf unserer Fahrt aber hatten wir auf See nichts außer Brasilholz zur Hand. Das jedoch ist trocken und hat noch weniger Feuchtigkeitsgehalt als andere Holzarten. Trotzdem gab es Leute, die in ihrer Verzweiflung auf solchen Holzstücken herumkauten. Zu dieser Zeit sagte Sieur du Pont eines Tages, während er ein Stück Holz im Mund hatte, mit einem Seufzer: »Ha, mein Freund de Léry, in Frankreich schuldet man mir eine Summe von viertausend Francs. Wenn Gott es doch gefallen wollte, mir jetzt dafür ein Brot im Wert von einem Sou und ein Glas Wein zu geben.« Magister Pierre Richier, der gegenwärtig das Wort Gottes in La Rochelle predigt, sagte, daß er während dieses Elends ausgestreckt in seiner kleinen Kabine gelegen hat und nicht einmal mehr den Kopf heben konnte, um zu beten. Trotzdem habe er Gott im Liegen inständig angefleht.

Ehe ich diese Schilderung abschließe, möchte ich noch nebenbei erwähnen, was ich bei anderen beobachtet und auch selbst
empfunden habe, als ich die erwähnten beiden Hungersnöte
durchmachte, denen der Mensch, auf sich allein gestellt, wohl
nie entronnen wäre. Ist der Körper entkräftet und die Natur
im Absterben begriffen, sind die Sinne zerrüttet und der Geist
verwirrt, werden die Menschen nicht nur roh, sondern es wird
auch ein Zorn erzeugt, den man sehr wohl als eine Art Wut
bezeichnen kann. Die allgemeine Redensart, mit der man jemanden bezeichnen will, dem es an Nahrung fehlt, ist recht
gut erfunden. In solchen Fällen sagt man ja, der betreffende
Mensch sei »toll vor Hunger«. Da man jede Sache erst recht
durch die eigene Erfahrung versteht, hat Gott seinem Volk
nicht ohne Grund gedroht, er würde ihm, wenn es nicht ge-
horcht, eine Hungersnot schicken. Gott sagt dabei ausdrücklich, daß er den höflichen und anständigen Menschen, das
heißt den Menschen, der von sanfter, gutartiger Natur ist,
dann — in der äußersten Hungersnot — so entarten lassen
wird, daß er seinen Nächsten, also auch seine Frau und seine
Kinder, böse ansehen wird, da er Lust hat, von ihnen zu essen.
Wenn ich in der Geschichte von Sancerre darüber berichtet
habe, daß ein Elternpaar das eigene Kind verzehrte, und einige
Soldaten, die das Fleisch der im Krieg Getöteten gekostet hatten, bekannten, sie wären über die Lebenden hergefallen, hätte
der Zustand noch länger angedauert, so kann ich tatsächlich
auch bezeugen, daß wir während unserer Hungersnot auf See
derart verärgert waren, daß wir kaum mehr miteinander sprechen konnten, ohne wütend zu werden. Das passierte uns, obwohl wir durch die Gottesfurcht im Zaum gehalten wurden.
Was noch schlimmer war — und Gott möge es uns verzeihen —,
wir konnten uns nicht mehr ansehen oder auch nur einen
Seitenblick zuwerfen, ohne dabei an jenen barbarischen Akt
zu denken.

15. Mai 1558. — Je länger unsere Fahrt dauerte, um so mehr
kamen wir von Kräften. Am 15. und 16. Mai starben zwei

weitere unserer Matrosen, weil sie »toll vor Hunger« waren. Leute gab es unter uns, die eine neue Sintflut zu erleben glaubten, da wir so lange schon auf dem Wasser schaukelten, ohne Land in Sicht zu bekommen. Als wir sahen, wie man die toten Matrosen ins Meer warf, um den Fischen zur Nahrung zu dienen, waren wir fest davon überzeugt, wir würden ihnen sehr bald nachfolgen. Trotz aller Leiden und der grausamen Hungersnot, während der wir — wie ich schon sagte — fast sämtliche Affen und Papageien, die wir mit an Bord genommen, aufgegessen hatten, hatte ich meinen Papagei sorgsam behütet. Er hatte annähernd die Größe einer Gans, sprach fast so fließend wie ein Mensch und trug ein ausgezeichnetes Gefieder. Ich hatte den lebhaften Wunsch, das Tier zu retten, um es dem Herrn Admiral zu schenken. Fünf oder sechs Tage lang hielt ich es versteckt, ohne ihm irgendwelches Futter geben zu können. Da aber der Hunger quälte und die Furcht hinzukam, man könnte es mir in der Nacht rauben, wanderte es den gleichen Weg wie seine Artgenossen. Außer den Federn blieb nichts von ihm übrig. Nicht nur sein Körper, sondern auch die Eingeweide, Füße, die Krallen und der gekreuzte Schnabel mußten mir und einigen meiner Freunde dazu verhelfen, drei oder vier weitere Tage überstehen zu können. Ich bedauerte meine Tat dann um so mehr, als wir, fünf Tage nachdem ich ihn getötet hatte, Land in Sicht bekamen. Diese Art Vögel kann das Trinken gut entbehren, und es hätte nur etwa dreier Nüsse bedurft, das Tier über den Rest der Zeit hinwegzubringen.

24. Mai 1558. — Nun könnte jemand sagen: Du hast uns wohl alle Einzelheiten über deinen Papagei, mit dem wir überhaupt nichts zu tun haben, erzählt, läßt uns aber im Ungewissen über euer weiteres Dahinsiechen. Wird man bald genug Leiden aller Art erduldet haben? Soll es denn überhaupt kein Ende geben, sei es durch den Tod oder durch das Leben? Nun ja, es gibt eine Fortsetzung. Gottes Hand, die unsere Körper mit anderen Dingen als mit gewöhnlichem Brot und Fleisch ernährt hatte, wies uns den Hafen. Am 24. Mai 1558 lagen wir alle-

samt ausgestreckt auf dem Oberdeck und konnten weder Arme noch Beine bewegen. Wir konnten einfach nicht mehr, als durch Gottes Gnade die Küste der Niederen Bretagne in Sicht kam. Der Matrose, der Ausguck im Krähennest des Großmastes hielt, rief zweimal hintereinander: »Land! Land!« Wir hielten das für einen Scherz, weil uns der Steuermann vorher schon mehrmals enttäuscht hatte, indem er uns Land gezeigt hatte, das sich in Wahrheit als Wolken entpuppte, die sich in der Luft dann aufgelöst hatten. Diesmal aber hatten wir günstigen Wind, so daß wir den Kurs direkt auf das Land zu halten vermochten. Sehr bald konnten wir feststellen, daß es sich tatsächlich um das Festland handelte. Um das zum Abschluß zu bringen, was ich vorstehend über unsere Leiden gesagt habe, um die außerordentliche Notlage, in der wir uns befanden, besser verständlich zu machen und zu zeigen, wie sehr Gott Mitleid mit uns hatte und uns half, als kein weiterer Aufschub mehr möglich war, möchte ich noch folgendes hinzufügen: Als wir Gott für unsere bevorstehende Rettung gedankt hatten, sagte der Bootsmann unseres Schiffes ganz laut: »Es ist völlig sicher, daß ich — wären wir nur noch einen Tag in diesem Zustand verblieben — fest entschlossen war, nicht — wie man es oft in verzweifelten Fällen tut — das Los entscheiden zu lassen, sondern ohne weiteres einen von uns zu töten, damit er den anderen als Nahrung diene.« In dieser Hinsicht hatte ich keine allzu großen Befürchtungen, die Wahl könnte auf mich gefallen sein, da man — wiewohl keiner von uns mehr nennenswerte Fettmassen aufzuweisen hatte — wohl nicht nur Haut und Knochen essen wollte. Unsere Seeleute hatten beschlossen, das Brasilholz auszuladen und in La Rochelle zu verkaufen. Als wir noch zwei oder drei Meilen von der Bretagne entfernt waren, verließen der Bootsmann und Sieur du Pont das vor Anker liegende Schiff, um sich an den nächstgelegenen Ort — Audierne — zu begeben und dort Lebensmittel zu kaufen. Zwei Angehörige unserer Gruppe, denen ich Geld mitgegeben hatte, damit sie mir Erfrischungen besorgten, stiegen ebenfalls in das Boot. Sobald sie aber festen Boden unter den Füßen hatten, glaubten sie, die Hungersnot sei quasi ein Bestandteil des Schiffes. Sie ließen ihre Koffer und sonstigen Habseligkeiten an Bord zurück und weigerten sich, das Schiff wieder zu betreten. In der Tat verschwanden sie, und seitdem habe ich nie wieder etwas von ihnen gesehen.

Während wir dort vor Anker lagen, näherte sich uns ein Fischerboot. Wir fragten die Fischer nach Lebensmitteln, sie aber glaubten wohl, wir machten Scherze oder wollten ihnen etwas antun. Jedenfalls machten sie Miene, sich zurückzuziehen. Wir jedoch hielten sie an Bord zurück und waren — unter dem Druck der Verhältnisse — geschickter als sie. Wir stürzten uns mit solchem Ungestüm in ihr Boot, daß sie glaubten, wir würden es völlig ausplündern. Wir haben ihnen aber nichts genommen, was sie nicht hätten hergeben wollen. Abgesehen von einigen Stücken Schwarzbrot fanden wir nichts von dem, was wir suchten. Unter den Fischern gab es denn doch einen Schuft, der trotz unserer Notlage, die wir den Leuten ausführlich schilderten, anstatt mit uns Mitleid zu haben, von mir ohne weiteres zwei Reales für ein Stück Brot, das damals nicht einen Viertelsous wert war, zu fordern. Als unsere Leute dann mit Brot, Wein und Fleisch zurückkamen, ließen wir, wie man sich wohl denken kann, nichts verschimmeln oder sauer werden.

26. Mai 1558. — Wir hatten die Absicht, in den Hafen von La Rochelle einzulaufen. Nachdem wir aber zwei oder drei weitere Meilen zurückgelegt hatten, unterrichtete uns die Besatzung eines Schiffes, das bei uns längsseits kam, daß an der ganzen Küste Piraten ihr Unwesen trieben. Nachdem wir durch Gottes Gnade so vielen Gefahren entronnen waren, hätte es geheißen, das Schicksal zu versuchen und ein neues Unglück heraufzubeschwören, hätten wir uns wiederum auf Wagnisse eingelassen. Deshalb zögerten wir nicht weiter und liefen in den schönen und geräumigen Hafen von La Blavet in der Bretagne ein. In den gleichen Hafen lief gleichzeitig eine große Anzahl von Kriegsschiffen ein. Sie kamen von Fahrten aus verschiedenen Ländern zurück. Artillerieschüsse wurden abge-

feuert, und die Besatzungen traten recht forsch auf: wie das stets der Fall ist, wenn die Schiffe wieder im Hafen sind und die Mannschaften sich ihrer Siege freuen. Unter anderem war auch ein in Saint-Malo beheimatetes Schiff eingelaufen. Seine Besatzung hatte zuvor ein spanisches Schiff gekapert und mitgebracht, das aus Peru zurückkam und eine Ladung im Wert von schätzungsweise mehr als sechzigtausend Dukaten an Bord hatte. Die Nachricht hatte sich schon über ganz Frankreich verbreitet, und viele Kaufleute waren aus Paris, Lyon und aus anderen Städten eingetroffen, um Waren aus diesem Schiff zu erstehen. Für uns verlief alles äußerst günstig, zumal sich einige von diesen Kaufleuten in der Nähe unseres Schiffes aufhielten, als wir an Land gingen. Da wir uns kaum noch aufrecht halten konnten, faßten sie uns unter die Arme und führten uns. Als sie den Bericht über unsere Hungersnot an Bord hörten, warnten sie, zuviel zu essen, und rieten uns, anfangs nur wenig und nach und nach Fleischbrühe von alten mageren Hühnern, Ziegenmilch und andere Dinge zu uns zu nehmen, die geeignet waren, unsere Därme zu erweitern, die sich ganz zusammengezogen hatten. Tatsächlich fühlten sich die, die ihren Ratschlägen folgten, bedeutend besser als die anderen. Unsere Matrosen jedoch wollten vom ersten Tag an prassen, und von den zwanzig Mann, die bisher die Hungersnot überstanden hatten, starb dann etwa die Hälfte an unmäßigem Essen. Von uns anderen aber, den fünfzehn Fahrgästen, die wir uns — wie ich zu Beginn dieses Kapitels sagte — in Brasilien auf diesem Fahrzeug eingeschifft hatten, um nach Frankreich zurückzukehren, starb nicht ein einziger — weder auf See noch jetzt, wo wir an Land waren. Allerdings hatten wir — außer unserer Haut und den Knochen — nicht mehr viel gerettet. Wer uns sah, mußte glauben, wir wären Tote, die man wieder ausgegraben hatte. Wir empfanden übrigens, sobald wir die Luft an Land eingeatmet hatten, eine sehr starke Abscheu, ja einen Widerwillen gegen Fleisch. Von mir persönlich kann ich berichten, daß, als ich den Wein roch, den man mir in einem Pokal anbot, ich rücklings auf eine Truhe fiel. Da ich so außerordentlich geschwächt war, nahm man an, ich würde den Geist aufgeben. Der Sturz hatte mir indes keinen größeren Schaden zugefügt. Man legte mich auf ein Bett. Seit mehr als neunzehn Monaten hatte ich nicht »französisch«, wie man zu sagen pflegt, geschlafen. Dieses erste Mal aber schlief ich so gut, daß ich erst nach einem weiteren Tag bei Sonnenaufgang erwachte. Das erwähne ich, um die zu widerlegen, die behaupten, daß man nicht gut in Federbetten schlafen kann, ist man es gewöhnt, auf harter Unterlage zu ruhen. Nachdem wir drei oder vier Tage in Blavet geblieben waren, suchten wir Hanebon, eine kleine von dort etwa zwei Meilen entfernte Stadt, auf. Dort hielten wir uns etwa vierzehn Tage auf und lebten ganz nach dem Rat der Ärzte. So gut man auch für uns sorgte, ließ es sich aber doch nicht verhindern, daß die meisten von uns von den Fußsohlen bis hinauf zum Kopf angeschwollen waren. Einzig ich und zwei oder drei andere hatten diese Schwellungen nur von der Hüfte an abwärts. Wir alle jedoch bekamen tüchtigen Durchfall, und der Magen war so sehr in Unordnung, daß es uns unmöglich war, irgend etwas bei uns zu behalten. Man nannte uns ein bewährtes Mittel: den gut durchgekochten Saft der *hedera terrestris* (Gundelrebe) und Reis. Man nimmt ihn mit alten Tüchern vom Feuer. Dann mischt man eine Anzahl Eigelb darunter und dämpft das Ganze gründlich auf einer Anwärmeplatte. Als wir das mit Löffeln gegessen hatten, fühlten wir uns sogleich gestärkt. Ich glaube, ohne dieses von Gott geschaffene Mittel wären wir in wenigen Tagen ein Opfer unseres Leidens geworden.

Das wären so die Erlebnisse während unserer Heimfahrt. Bedenkt man, daß wir rund dreiundsiebzig Grad durchfahren und etwa zweitausend französische Meilen von Süd nach Nord zurückgelegt hatten, so gehört unsere Reise nicht gerade zu den kleinsten. Doch Ehre, wem Ehre gebühret: Was ist unsere Fahrt schon im Vergleich zu der des hervorragenden spanischen Seefahrers *Juan Sebastian del Cano*. Er ist ganz um den Erdball gefahren, das heißt, ganz um die Rundung des Universums. Das hat, soweit mir bekannt ist, noch niemand vor ihm getan. Mit Recht hat er nach seiner Rückkehr nach Spanien eine Weltkugel für sein Wappen zeichnen lassen. Um das Wappen ließ er den Wahlspruch schreiben: *»Primus me circumdedisti«*, was bedeutet: »Du bist der erste, der mich umrundet hat«.

Um den Rest unserer Befreiung zu schildern, könnte es den Anschein haben, als seien wir nun von all unseren Qualen befreit gewesen. Hätte nicht Er, Der uns immer wieder vor Schiffbrüchen, Stürmen, harter Hungersnot und anderen Gefahren, die uns auf See bedroht hatten, bewahrt, auch jetzt nach unserer Landung wiederum unser Geschick in die Hand genommen, so hätte es uns noch schlimm ergehen können. Wie ich schon bei unserer Einschiffung für die Rückfahrt erwähnte, hatte Villegagnon ohne unser Wissen dem Bootsmann des Schiffes, auf dem wir zurückkehrten, ohne daß dieser selber etwas davon wußte, eine Prozeßakte mitgegeben. Villegagnon hatte den Prozeß gegen uns mit der ausdrücklichen Weisung aufgesetzt, der erste Richter, dem er in Frankreich vorgelegt würde, sollte uns nicht nur verhaften lassen, sondern uns auch als Ketzer, die wir — wie er sagte — wirklich seien, den Verbrennungstod sterben lassen. Nun hatte aber Sieur du Pont, unser Expeditionsleiter, einige gute Bekannte unter den Juristen unseres Landes, und diese wieder hatten viel für die Religion übrig, die wir ausübten. Ihnen wurde der in Segeltuch eingeschlagene Koffer ausgeliefert, der neben dem gegen uns angestrengten Prozeß noch viele an verschiedene Personen gerichtete Briefe enthielt. Als sie festgestellt hatten, was man ihnen geschickt hatte, behandelten sie uns keineswegs in der von Villegagnon gewünschten Form. Im Gegenteil, sie bewirteten uns denkbar gut. Denen von unserer Gruppe, die Geld benötigten, stellten sie Mittel zur Verfügung. Sieur du Pont und einigen anderen liehen sie Geld. So befreite uns Gott, Der die Ränkeschmiede bei ihren Machenschaften überraschte, indem Er sich dieser guten Menschen bediente, vor der Gefahr, der uns die Abtrünnigkeit Villegagnons ausgesetzt hatte. Da nun der Verrat, den er an uns geübt hatte, zu seiner Beschämung aufgedeckt worden war, wurde für uns das Leben wesentlich leichter.

Nachdem uns die Wohltat durch Ihn, Der sich, wie ich schon sagte, auf See und an Land als unser Beschützer erwiesen hatte, zuteil geworden war, verließen unsere Seeleute die Stadt Hanebon, um sich in ihre Heimat, die Normandie, zu begeben. Auch wir hatten den Wunsch, die Bretagne mit ihrer niederbretonischen Sprache, die wir ebensowenig verstanden wie die Sprache der amerikanischen Wilden, möglichst bald zu verlassen. Wir suchten deshalb schnellstens die Stadt Nantes auf, von der wir nur etwa dreißig Meilen entfernt waren. Allerdings konnten wir nicht mit der Extrapost reisen, denn wir waren so schwach, daß wir weder die Pferde, die wir dort bekommen würden, hätten führen noch deren Trab hätten aushalten können. Daher benötigte jeder von uns einen besonderen Mann, der das Pferd schön am Zügel führte.

Anfangs kam es uns vor, als müßten wir unsere Körper ganz und gar umstellen. Allem gegenüber waren wir mißgünstig gelaunt, wie man das allgemein schwangeren Frauen nachsagt. Wenn ich nicht befürchten müßte, meine Leser zu langweilen, könnte ich die merkwürdigsten Beispiele anführen. Manchen war auch der Wein derartig verhaßt, daß sie ihn einen Monat lang weder riechen noch trinken konnten. Am Ende unserer Reise nach Nantes hatte es den Anschein, als wären all unsere Sinne völlig durcheinandergeraten. Etwa eine Woche lang konnten wir so schlecht hören und sahen alles so verschleiert, daß wir taub und blind zu werden fürchteten. Einige hervorragende Ärzte und andere angesehene Persönlichkeiten, die uns häufig in unserer Unterkunft besuchten, nahmen sich unser so rührend an, daß ich für meine Person sagen kann, daß nichts zurückgeblieben ist. Im Gegenteil, nach etwa einem weiteren Monat hörte ich scharf wie nie zuvor, auch mein Sehvermögen hätte nicht besser sein können. Mein Magen allerdings ist immer schwach und kränklich geblieben. Das ist so schlimm, daß ich jetzt wohl, nachdem ich vor vier Jahren — während der Hungersnot in Sancerre — wieder auf eine harte Probe gestellt wurde, sagen kann, daß ich den Magen in meinem ganzen weiteren Leben spüren werde. So stellten wir in Nantes, wo wir bestens betreut wurde, unsere Kräfte wieder her, um uns dann voneinander zu verabschieden und jeder seiner eigenen Wege zu gehen.

Um die vorliegende Geschichte abzuschließen, muß nur noch gesagt werden, was aus den fünf Männern unserer Gruppe geworden ist, die sich — wie ich schon erwähnte — nach unserem ersten vermeintlichen Schiffbruch auf das brasilianische Festland zurückgezogen hatten. Zunächst möchte ich mitteilen, wie wir das in Erfahrung brachten. Seinerzeit hatten wir in Brasilien einige vertrauenswürdige Personen zurückgelassen, die rund vier Monate später als wir nach Frankreich zurückkamen. In Paris trafen sie mit Sieur du Pont zusammen, dem sie berichteten, sie hätten zu ihrem großen Leidwesen mit ansehen müssen, wie Villegagnon drei von ihnen — des Evangeliums wegen — im Fort Coligny ertränken ließ. Diese drei waren: *Pierre Bordon, Jean du Bordel und Mathieu Verneuil.* Außerdem hatten die erwähnten Personen schriftlich das Glaubensbekenntnis und den Text des gegen sie von Villegagnon eröffneten Prozesses überbracht. Diese Unterlagen übergaben sie Sieur du Pont, der sie bald darauf an mich weitergab. Aus ihnen konnte ich ersehen, wie diese treuen Diener Jesu Christi die Qualen und schließlich den ihnen von Villegagnon zugedachten grausamen Tod erdulden mußten, während wir auf See mit den Wogen und Stürmen zu kämpfen hatten. Ich entsann mich dessen, daß ich als einziger unserer Gruppe wieder aus dem Boot gestiegen war, mit dem ich im Begriff stand, zusammen mit ihnen auf das brasilianische Festland zurückzukehren. Ich hatte also allen Grund, Gott noch besonders für diese meine persönliche Befreiung zu danken. Auch fühlte ich mich vor allen anderen dazu verpflichtet, dafür zu sorgen, daß das Glaubensbekenntnis dieser drei guten Menschen in die Liste derer eingetragen wurde, die zu unserer Zeit für das Bekenntnis des Evangeliums den Tod erlitten haben. Noch im gleichen Jahre 1558 übermittelte ich diesen Bericht der Druckerei von *Jean Crespin*. Letzterer brachte ihn im »*Buch der Märtyrer*« gleichzeitig mit einer Schilderung der Schwierigkeiten, denen sie sich im Land der Wilden gegenübersahen, nachdem sie uns verlassen hatten. Hierauf möchte ich den Leser verweisen, denn anderenfalls hätte ich den Bericht an dieser Stelle veröffentlicht.

Bevor ich dieses Kapitel schließe, möchte ich noch folgendes erwähnen: Villegagnon war der erste, der das Blut von Kindern Gottes in diesem erst seit kurzem bekannten Land vergossen hat. Wegen dieser grausamen Tat hat man ihn den »Kain von Amerika« genannt. Um die zufriedenzustellen, die jetzt fragen, was aus ihm geworden ist und wie sein Ende war, sei folgendes gesagt: Wir hatten ihn so, wie ich ihn oben geschildert habe, als er in Brasilien im Fort Coligny wohnte, erlebt. Seitdem habe ich nichts wieder von ihm gehört und auch nicht weiter nachgeforscht. Als er dann aber nach Frankreich zurückgekehrt war, wütete er mündlich und schriftlich, soviel er irgend konnte, gegen die Angehörigen der Evangelischen Religion, und schließlich starb er, ohne seine Geisteshaltung geändert zu haben, in einer Komturei seines Malteser-Ordens in der Nähe von Saint-Jean-de-Nemours. Von einem seiner Neffen, den ich im Fort Coligny bei ihm kennengelernt hatte, erfuhr ich später, daß er sein Vermögen — während seiner Krankheit und auch schon früher — schlecht verwaltet hat. Gegenüber seinen Verwandten war er so wenig liebevoll — ohne daß sie ihm Anlaß dazu gegeben hätten —, daß sie weder zu seinen Lebzeiten noch nach seinem Tode irgendwelche Vorteile von seinem Vermögen gehabt haben.

In der vorliegenden Geschichte habe ich im Allgemeinen und in den Einzelheiten darüber berichtet, wie ich vor so vielen Gefahren und so vielen Abgründen des Todes gerettet worden bin. Zum Abschluß kann ich wohl mit jener heiligen Frau, der Mutter Samuels, sagen, daß ich erfahren habe: Der Ewige ist Der, Der Tod und Leben gibt, Der uns in die Tiefe des Grabes und wieder emporsteigen läßt. Ja, so ist es, und das scheint mir eine gute Lehre zu sein für jeden heute lebenden Menschen. Wenn es zu dem hier behandelten Stoff gehörte, so könnte ich noch erwähnen, daß Er mich durch Seine unendliche Güte noch aus vielen anderen Engpässen, durch die ich hindurch mußte, befreit hat. Hier handelt es sich aber nur um das, was ich auf der Hin- und Rückfahrt und im Lande Brasilien selbst, unter dessen Wilden ich lebte, erlebt habe. Dieses Land kann aus Gründen, die ich schon ausführlich genannt habe, von unserer Sicht aus gesehen als »Neue Welt« bezeichnet werden. Allerdings bin ich mir dessen bewußt, ein recht gutes Thema aufgegriffen und doch manche Einzelheit nicht in dem Stil und in der ernsten Form, wie sie es verdient hätten, behandelt zu haben. So muß ich unter anderem auch gestehen, daß ich in dieser zweiten Auflage ein Thema zuweilen noch viel zu ausführlich behandelt habe, das ich hätte kürzer behandeln können. Andererseits bin ich dann wieder in den entgegengesetzten Fehler verfallen, da ich Dinge, die hätten ausführlicher behandelt werden sollen, allzu kurz abgefertigt habe. Deshalb bitte ich die Leser, meine Fehler zu entschuldigen und zu bedenken, wie schwer mir das Erzählen dieser Geschichte fällt, da sie für mich nicht nur peinlich, sondern auch schwierig ist. Ich wäre den Lesern sehr dankbar, würden sie etwas Nachsicht üben. Dem unsterblichen und unsichtbaren König aller Zeiten, Gott, dem einzigen Weisen, sei Ehre und ewiger Ruhm. Amen!

BRASILIEN IM JAHRE
1557

NEUNTES KAPITEL

Über das Wesen, die Kraft, die Statur, den Körperbau und den Schmuck bei den Männern und Frauen der brasilianischen Wilden in Amerika, unter denen ich etwa ein Jahr lang gelebt habe

VORSTEHEND HABE ICH GESCHILDERT, was wir auf unserer Hinfahrt nach Brasilien auf See erlebt haben. Dann habe ich alle Dinge beschrieben, die sich auf der Insel und im Fort Coligny zugetragen haben, während wir uns dort am Sitz Villegagnons aufhielten. Ich habe auch nähere Angaben über den Fluß gemacht, der in Amerika Ganabara genannt wird. Schließlich habe ich über unsere Einschiffung für die Rückfahrt nach Frankreich und über diese selbst berichtet. Nun will ich noch schildern, was ich während meines Aufenthalts beobachtet habe, also die Lebensart der Wilden und andere Eigentümlichkeiten, die bei uns bisher unbekannt waren.

Ich möchte mit dem Wichtigsten beginnen und dann systematisch fortfahren. Deshalb muß ich zunächst feststellen, daß die Wilden Amerikas, die in Brasilien leben und Tuupinambaúlts heißen, unter denen ich ungezwungen etwa ein Jahr gelebt habe, weder größer noch dicker noch kleiner von Statur sind als wir Europäer. Im Vergleich zu dem unsrigen ist ihr Körper weder mißgestaltet noch außergewöhnlich groß. Allerdings sind sie stärker, stämmiger und etwas korpulenter. Sie sind erheblich gesünder als wir und haben weniger unter Krankheiten zu leiden. Höchst selten sieht man unter ihnen Lahme, Einäugige, Verunstaltete oder gar Mißgestaltete. Nicht wenige dieser Leute erreichen ein Alter von hundert bis hundertzwanzig Jahren, und nur wenige haben im Alter weißes oder auch nur graues Haar. Sie verstehen sich darauf, ihr Alter nach Monden zu zählen. Daß sie so alt werden, ist wohl mit Sicherheit nicht nur auf die reine Luft und die herrliche Temperatur ihres Landes zurückzuführen. Wie ich an anderer Stelle schon erwähnte, gibt es dort weder starke Kälte noch Frost, und Bäume, Sträucher und Felder zeigen ein ständiges Grün. Wirklich könnte man sagen, daß sie im wahrsten Sinne des Wortes unmittelbar aus der Quelle des Gesundbrunnens trinken. Das tun sie, indem sie sich wegen der Dinge dieser Welt keinerlei Mühe oder Sorgen auferlegen lassen. Jedenfalls schöpfen sie — wie ich später noch ausführlicher zeigen werde — in keiner Weise aus den schmutzigen oder — richtiger — verpesteten Quellen, denen so viele Bäche entströmen, die uns die Knochen zerfressen, das Mark aussaugen, den Körper verkümmern und den Geist abnutzen. Durch diese Quellen werden wir hier in Europa vergiftet, so daß wir schon vorzeitig sterben. Zu den genannten Bächen gehören das Mißtrauen, der daraus entspringende Geiz, die Prozesse und Zwistigkeiten, der Neid und der Ehrgeiz. Nichts von solchen Dingen quält sie; niemals werden sie von ihnen beherrscht und fanatisiert.

Was ihre natürliche Hautfarbe betrifft, so entspricht sie der Gegend, in der sie leben. Sie sind nicht etwa schwarz, sondern nur sonnengebräunt wie etwa die Spanier oder auch die Provenzalen.

Eine seltsame Tatsache, die nur schwer von denen geglaubt wird, die es nicht selber gesehen haben, besteht darin, daß weder Männer noch Frauen und Kinder irgendeinen Teil ihres Körpers bedecken. Dabei legen sie keinerlei Anzeichen von Schüchternheit oder Scham an den Tag. Sie wohnen und wandeln munter so nackt, wie sie aus dem Mutterleib gekommen sind. Dabei stellen es manche Leute so dar — und andere wollen es glauben machen —, daß die Eingeborenen so stark behaart seien, daß sie von ihrem eigenen Haar bedeckt werden. Das Gegenteil trifft zu: Sie sind von Natur aus nicht stärker behaart als wir hier in Europa. Sobald Haare an irgendeiner Stelle ihrer Haut zu sprießen beginnen — sei es am Bart, an

den Augenbrauen oder Wimpern —, werden sie sofort mit den Fingernägeln oder mit Pinzetten ausgerissen, wodurch sie ein schielendes, wirres und wildes Aussehen bekommen. Solche Pinzetten werden von den dort verkehrenden Christen geliefert. Dasselbe wird über die Bewohner von Cumana in Peru geschrieben. Ausgenommen sind von dieser Behandlung — das gilt für unsere Tuupinambaúlts — nur die Kopfhaare. Alle Männer sind schon von Jugend auf von etwa dem Scheitel des Kopfes bis ganz vorn an die Stirn nach Art einer Mönchstonsur kahl geschoren. An der Hinterseite des Kopfes läßt man das Haar nach Art unserer Haushofmeister und derer, die sich einen Zopf wachsen lassen, stehen und schneidet es nur auf dem Hals ab. Damit ich — hoffentlich wird mir das gelingen — in dieser Hinsicht nichts vergesse, erwähne ich noch, daß in diesem Land ein Kraut wächst, das ungefähr zwei Finger breit und in der Länge ein wenig rund gebogen ist wie etwa das röhrenförmige Blatt der Ähre der großen Hirsepflanze, die wir in Frankreich »blé sarrazin« (Buchweizen) nennen. Ich habe Greise gesehen — bei weitem aber nicht alle —, niemals aber junge Männer und schon gar nicht Kinder, die zwei Blätter dieses Krautes mit einem Baumwollfaden um das männliche Glied banden. Manchmal benutzten sie dazu auch Taschentücher und andere kleine Leinenstücke, die wir ihnen gaben. Zunächst erschien uns das so, als handele es sich um einen restlichen Funken von natürlicher Scham. Das mag richtig sein, aber ich habe mich nicht weiter mit der Lösung dieser Frage befaßt und es eher für wahrscheinlich gehalten, sie wollten damit irgendeine Krankheit verdecken, die sie an dieser Stelle im Alter bekommen.

Außerdem pflegen sie den folgenden Brauch: Von Kindheit an haben alle Knaben die Unterlippe über dem Kinn durchbohrt. In dem Loch pflegen sie einen bestimmten, schön polierten Knochen zu tragen, der elfenbeinfarben ist und etwa die Form der kleinen Kegel besitzt, die man beim Kreisel-Kegelspiel verwendet. Das spitz zulaufende Ende ragt um einen Zoll oder zwei Finger nach außen. Das Schmuckstück wird durch eine Haltevorrichtung zwischen Zahnfleisch und Lippe festgehalten. Die Männer stecken es nach Belieben hinein oder nehmen es heraus. Diesen Schmuck aus weißen Knochen tragen sie allerdings nur während der Wachstumsjahre. Wenn sie erwachsen sind und man sie als *»konomiuasson«* (das heißt »großer Junge«) bezeichnet, setzen sie in das Loch ihrer Lippen einen grünen Stein ein, eine Art falschen Smaragd, der den kegelförmigen Schmuck ersetzt. Auch der Stein wird durch eine Haltevorrichtung im Innern festgehalten. Von außen gesehen, hat er den Umfang und die Größe des Teston, ist aber doppelt so dick. Es gibt auch Fälle, in denen er so lang und rund ist wie ein Finger. Ein solches Exemplar hatte ich mit nach Frankreich gebracht. Wenn die Steine herausgenommen sind, stecken unsere Tuupinambaúlts zuweilen zum Spaß ihre Zunge durch den Schlitz in der Lippe. Dem Betrachter erscheint es dann so, als hätten die Eingeborenen zwei Münder. Ich überlasse es jedem, darüber nachzudenken, ob das ein schöner Anblick ist und ob er häßlicher macht oder nicht. Ich habe Männer gesehen, denen es nicht genügte, wenn sie diese grünen Steine an ihren Lippen trugen, sondern sie auch auf beiden Wangen, die sie auf die gleiche Weise hatten durchbohren lassen, zur Schau stellten.

Während die Hebammen den Kindern bei uns gleich nach der Geburt die Nase mit den Fingern langziehen, um sie größer und schöner werden zu lassen, gilt bei unseren Amerikanern die Stumpfnasigkeit für ihre Kinder als Schönheitsideal. Sobald sie den Mutterleib verlassen haben, drückt man ihnen — wie man in Frankreich mit Pudeln und anderen kleinen Hunden verfährt — mit dem Daumen die Nase ein. Andere Reisende dagegen berichten von einer gewissen Gegend in Peru, wo die Indianer so ungewöhnlich große Nasen haben, daß sie darauf Smaragde, Türkise und andere weiße oder rote Steine mit Goldfäden befestigen.

Oft bemalen unsere Brasilianer ihre Körper mit verschiedenartigen Farben. Zumeist aber färben sie sich die Oberschenkel und Beine schwarz. Dazu verwenden sie den Saft einer bestimmten Frucht, die sie »*Genipat*« nennen. Wenn man sie von weitem sieht, könnte man glauben, sie hätten enganliegende Hosen an, ähnlich denen der Priester. Die aus der Genipat-Frucht bereitete schwarze Farbe haftet so sehr am Körper, daß sie mit ihr ins Wasser gehen und sich beliebig oft waschen können. Während der folgenden zehn bis zwölf Tage bringen sie die Farbe jedenfalls nicht zum Verschwinden.

Sie besitzen auch aus Knochen gut zusammengefügte Halb-monde, die mehr als einen halben Fuß lang und weiß wie Ala-baster sind. Diese Halbmonde nennen sie »*Josi*«. Das gleiche Wort bezeichnet auch den Mond. Die Halbmonde tragen sie, nach Belieben um den Hals gehängt, an einem Baumwollfaden, der straff über der Brust sitzt.

Ferner polieren sie eine Menge kleiner Stücke einer großen Seemuschel, die sie »*Vignol*« nennen, sehr lange Zeit auf einem Stück Sandstein. Sie formen die Teilchen rund und gestalten sie so fein, rund und dünn wie einen in Tours geprägten Denier. Diese Teilchen durchbohren sie in der Mitte und rei-hen sie dann auf einen Baumwollfaden. So entstehen Hals-bänder, die »*Boü-re*« genannt werden. Diese hängen sie sich zuweilen um den Hals, wie man bei uns in Europa Goldketten verwendet. Meiner Ansicht nach handelt es sich dabei um das, was man häufig als Porzellan bezeichnet. Hier bei uns sieht man viele Frauen, die solche Gürtel tragen. Ich hatte mehr als drei Faden davon in so schöner Ausführung, wie man sie sel-ten sieht, mit nach Frankreich gebracht. Die Wilden fertigen solche Boü-re auch aus einem bestimmten schwarzen Holz an, das ebenso schwer und glänzend etwa wie Pechkohle ist und sich ausgezeichnet für diesen Zweck eignet.

Unsere Amerikaner verfügen über eine Menge normaler Hühner, deren Aufzucht ihnen die Portugiesen beigebracht haben. Die weißen Tiere rupfen sie häufig. Das besorgen sie, seit ihnen diese zugänglich sind, mit bestimmten Eisen. Früher benutzten sie dazu scharf geschliffene Steine. Sie schneiden damit die Federn und kleinen Daunen ab, die feiner als Schabe-fleisch sind. Dann lassen sie die Federn kochen und färben sie

rot mit Brasilholz. Sie reiben sich schließlich mit einem bestimmten Gummi ein, den sie für diesen Zweck eigens vorrätig haben,
und befedern und verzieren den ganzen Körper, die Arme und
die Beine. In diesem Zustand sehen sie wie aus dem Ei gekro-
chene Tauben oder ähnliche Vögel aus. Wahrscheinlich haben
aus Europa kommende Leute den Aufputz gesehen, als sie nach
Brasilien kamen. Ohne die Sache näher zu untersuchen, sind
sie nach Europa zurückgekehrt und verbreiteten das Gerücht,
daß die Wilden stark behaart sind. Wie ich schon sagte, sind
sie aber von Natur aus nicht behaart, sondern es handelt sich
nur um ein Gerücht, das aus Unkenntnis verbreitet und leicht-
fertig aufgegriffen wurde. Man hat auch geschrieben, daß sich
die Cumaner mit Gummi oder klebriger Salbe bestreichen, um
sich mit verschiedenfarbigen Federn zu bedecken. Diese Aufmachung hat für sie keine nachteiligen Folgen.

Was ihren Kopfputz betrifft, so bringen unsere Tuupinambaúlts — außer der Tonsur auf dem Vorderhaupt und dem herabhängenden Haar auf dem Hinterhaupt — auch noch fleischfarbene, rote und andersfarbige Federn von Vogelflügeln auf dem Kopf an. Aus ihnen fertigen sie sich einen Stirnschmuck, der — der Form nach — etwa einem Federball ähnelt. Die Damen Frankreichs und anderer Länder haben sich im übrigen dieser Mode ziemlich angepaßt. Man sollte meinen, sie verdanken diese Erfindung unseren Wilden. Letztere bezeichnen solche Gebilde als »*Jempenambi*«.

Sie haben auch Ohrgehänge, die aus weißen Knochen gefertigt sind und fast dieselbe Form wie die Kegel haben, die von den jungen Knaben in den durchbohrten Lippen getragen werden und die ich vorstehend beschrieben habe. Übrigens gibt es in diesem Land einen Vogel, den man dort »*Tukan*« nennt und den ich zur gegebenen Zeit ausführlicher beschreiben werde. Sein Gefieder ist schwarz wie das eines Raben. Eine Ausnahme bildet nur eine rund vier Finger lange und drei Finger breite Stelle unter dem Hals. Diese ist ganz mit kleinen und feinen braunen Federn besetzt, deren unterer Rand rot gefärbt ist. Diesen Brustteil, den sie nach dem Vogel ebenfalls »*Tukan*« nennen, ziehen sie ab und sammeln davon ziemliche Vorräte. Sind sie getrocknet, heften sie sich auf jede Seite ihres Gesichts über die Ohren ein solches Stück. Dazu benutzen sie ein Wachs, das sie »*Ira-Jetik*« nennen. Tragen sie diese braunen Plakate auf den Wangen, könnte man fast denken, sie trügen zwei goldgelbe Kupferbuckel von einer Farbe, wie man sie beiderseits des Gebisses oder an der Kandare des Pferdezügels sehen kann.

Wollen sich unsere Brasilianer über das vorstehend Gesagte hinaus putzen oder besonders tapfer erscheinen — wenn sie beispielsweise in den Krieg ziehen oder einen Gefangenen feierlich töten wollen, um ihn nachher zu verspeisen —, legen sie Kleidungsstücke, Kappen, Armspangen und Federschmuck aus grünen, roten, blauen und andersfarbigen Federn von ausgesuchter Schönheit an. Die Federn werden von ihnen eigens ausgewählt, und auch die Farbzusammenstellung treffen sie. Dabei wird eine Feder mit der anderen durch kleine Holzstückchen, durch Schilfrohr oder Baumwollfäden so kunstvoll verbunden, wie es ein Schmuckfederhändler wohl kaum in Frankreich geschickter fertigbringt. Man könnte meinen, die so angefertigten Kleidungsstücke bestünden aus langhaarigem Samt. Auf die gleiche Weise werden die Verzierungen ihrer Säbel und Holzkeulen hergestellt. Im vollen Schmuck, der durch die sehr schön zusammengestellten und geschickt angebrachten Federn noch weiter ergänzt wird, ist ihr Anblick die wahre Pracht.

Um ihre Ausstattung zu vervollständigen, beziehen sie von ihren Nachbarn große Straußenfedern. Das beweist, daß es Regionen in diesem Land geben muß, in denen diese großen und schweren Vögel vorkommen. Ich muß allerdings gestehen, daß ich sie selbst nie zu Gesicht bekommen habe. Die Federn haben eine graue Farbe und werden von den Eingeborenen eng mit den Federkielen aneinandergereiht, so daß die Federn sich kreisförmig verteilen. Sie ähneln einem kleinen Zelt oder auch einer Rose. Den so gebildeten Federbusch bezeichnen sie »Araroje«. Sie binden sich ihn mit einem Baumwollfaden um die Hüften, wobei die flache Seite auf der Haut liegt, während die Wölbung nach außen gerichtet ist. Tragen sie den Federbusch, der keinerlei erkennbaren Zweck erfüllt, so sieht das aus, als trügen sie auf den Hinterbacken einen mit Hühnern vollgepferchten Käfig. An anderer Stelle werde ich noch ausführlicher darüber berichten, wie sich die größten Krieger unter ihnen — um ihre Tapferkeit zu beweisen, vor allem aber auch, um zu zeigen, wie viele Feinde sie getötet und wie viele Gefangene sie niedergemacht haben, um sie dann zu verzehren — Schnitte in Brust, Arme und Oberschenkel beibringen, deren Wunden sie mit einem bestimmten schwarzen Puder einreiben. Dadurch bleiben die Wunden während des ganzen Lebens sichtbar. Man hat daher den Eindruck, daß sie mit kurzer Hose und einem ausgeschnittenen Wams nach Schweizer Art bekleidet oder mit großen Hiebwunden bedeckt sind.

Springen, trinken und genießen sie »*Kauïn*«, was wohl ihre üblichste Beschäftigung ist, wird getanzt, wozu sie singen. Um dann noch etwas zu haben, was ihren Geist anregt, sammeln sie gewisse Früchte etwa von der Größe und der Form einer Wassernuß. Die Schale dieser Frucht ist ziemlich hart, und sie nehmen, ist sie gut getrocknet, den Kern heraus und füllen das Innere statt dessen mit kleinen Steinchen. Dann binden sie eine Anzahl dieser Früchte zusammen, so daß eine Art Wadenstrumpf entsteht, den sie an den Beinen befestigen. Das macht dann ebensoviel Lärm, wie es vielleicht ausgehöhlte Muscheln oder Schneckenhäuser verursachen würden. Das Ganze erinnert an die Glöckchen hierzulande, die sich bei den Eingeborenen einer großen Nachfrage erfreuen.

In jenem Lande gibt es auch eine Baumsorte, die eine Frucht von der Größe eines Straußeneies, dessen Form sie übrigens auch hat, hervorbringt. Die Wilden durchbohren diese Frucht in der Mitte, höhlen sie aus und füllen sie mit kleinen runden Steinen oder auch mit Körnern ihrer groben Hirse, von der an anderer Stelle berichtet wird. Dann setzen sie einen anderthalb Fuß langen Stock ein und erhalten ein Instrument, das sie »*Maraka*« nennen und das mehr Lärm als eine mit Erbsen gefüllte Schweinsblase macht. Unsere Brasilianer tragen dieses Instrument meistens in der Hand. Wenn ich auf ihre Religion zu sprechen komme, werde ich erzählen, wie sie über diese Maraka und die von ihr erzeugten Laute denken, nachdem sie mit schönen Federn verziert und dem für sie bestimmten Zweck, über den wir noch hören werden, zugeführt wurde. Das wäre so ziemlich alles über die Ausstaffierung und den Schmuck, mit denen sich unsere Tuupinambaúlts in ihrem Land zu versehen pflegen. Wir hatten auf unseren Schiffen auch eine große Menge von Wollstoffen in roten, grünen, gelben und sonstigen Farben mitgebracht. Diese Sachen überließen wir ihnen zur Anfertigung von buntfarbigen Kleidungsstücken und von Schuhwerk. Als Gegenwert bekamen wir Lebensmittel, Affen, Papageien, Brasilholz, Baumwolle, spanischen Pfeffer und andere Produkte ihres Landes, mit denen die Seeleute ihre Schiffe

zu beladen pflegen. Manche der Eingeborenen hatten nichts am Leibe, trugen aber eine Art bunter riesiger Seestiefel. Andere wieder hatten keine Fußbekleidung und trugen eine Art von Umhängen, die ihnen bis an die Oberschenkel reichten. Nachdem sie sich in dieser Ausstattung eine Zeitlang betrachtet hatten — was Lachsalven bei uns hervorrief —, legten sie die Sachen ab und ließen sie in ihren Behausungen, bis sie gelegentlich wieder Lust verspürten, sie anzuziehen. Ebenso verfuhren sie mit den Hüten und Hemden, die wir ihnen als Tauschgegenstände gaben.

Somit habe ich nun in aller Auführlichkeit alles beschrieben, was das Äußere des Körpers der amerikanischen Männer und Knaben betrifft. Will man sich nach dieser Beschreibung ein Bild machen und sich einen Wilden vorstellen, so denke man sich einen nackten, gutgewachsenen, mit wohlproportionierten Gliedern versehenen Mann, der sich sämtliche Haare, die an seinem Körper wachsen, ausgezupft hat. Sein Kopfhaar ist mit der bereits beschriebenen Tonsur ausgestattet. Die Lippen und die Backen sind aufgeschlitzt und mit spitzen Knochen oder grünen Steinen verziert. Die Ohren sind durchbohrt, und in den Löchern tragen sie Gehänge. Der Körper ist mit grellen Farben beschmiert. Die Oberschenkel und die Beine sind mit Farbe geschwärzt, die sie aus der an anderer Stelle beschriebenen Genipat-Frucht herstellen. Um den Hals tragen sie Halsbänder, die aus zahllosen kleinen Teilchen der großen Seemuschel zusammengesetzt sind, die sie »Vignol« nennen und die ich schon beschrieben habe. So sieht er für gewöhnlich in seinem Lande aus. Er hat nur seinen schön polierten Halbmond aus Knochen auf der Brust, seinen Stein im Loch unter den Lippen und trägt, um sich ein besonderes Aussehen zu geben, den entspannten Bogen mit Pfeilen in seinen Händen. Um das Bild zu vervollständigen, haben wir neben dem Tuupinambaúlt eine seiner Frauen dargestellt, die — dem dortigen Brauch entsprechend — ihr Kind in einer Baumwollbinde trägt, nämlich so, daß das Kind der Mutter zugewendet ist, deren Seite es mit den Beinen umklammert. Bei den drei Personen sieht man ein aus Baumwolle gefertigtes Bett, das wie ein Fischernetz geflochten ist und frei schwebend aufgehängt wird. So schläft man dortzulande. Ferner ist auf dem Bild die Form der Frucht abgebildet, die sie »Ananas« nennen. Das ist eine der herrlichsten Früchte, die das Land Brasilien hervorbringt. Ich werde sie noch später eingehend beschreiben.

Um ein anderes Bild des Eingeborenen zu bekommen, entkleide man ihn von dem vorstehend erwähnten Flitterkram. Reibt man ihn dann mit klebrigem Gummi ein und bedeckt den ganzen Körper, die Arme und die Beine mit kleinen und klein gehackten Federn, die wie rotgefärbte Seidenabfälle aussehen, so wirkt das so, als sei er mit einem künstlichen Flaumbart überzogen.

Das dritte Bild erhält man dann, wenn man ihn — sei es, daß er seine natürliche Farbe aufweist oder mit Farbe beschmiert oder Federn bedeckt ist — mit seinen Kleidungsstücken ausstattet. Dazu gehören Kappen und Armringe, die sorgsam aus den verschiedenfarbigen, schönen natürlichen Federn hergestellt sind, über die ich schon gesprochen habe. So herausgeputzt, kann man sagen, wirken sie höchst feierlich.

Um das vierte Bild zu bekommen, über das ich schon geschrieben habe, lasse man sie zur Hälfte nackt und zur Hälfte bekleidet. Man gebe ihnen eng anliegende Hosen beziehungsweise Stiefel und bekleide sie mit unseren buntfarbigen Wollstoffen. Dabei kommt es nicht darauf an, ob die eine Seite grün und die andere gelb ist. Man bedenke, daß das Ganze für sie nur eine Narrenverkleidung bedeutet.

Zum Schluß ergänze man dann noch die vorstehend genannten Dinge durch das als »Maraka« bezeichnete Instrument, das der Mann in der Hand trägt, und durch den von ihnen »Arraroje« genannten Federbüschel, den er auf dem Kreuz trägt, sowie durch die aus Früchten zusammengesetzten Rasseln, die er um die Beine bindet. Dann sieht man ihn so, wie ich ihn auf einem anderen Bild zeige, wenn er tanzt, springt, trinkt und Narrenpossen treibt.

Was die sonstigen von den Wilden zur Verzierung und Ausschmückung ihres Körpers gebrauchten Kunstgriffe betrifft, so müßte man neben der ausführlichen Beschreibung auch noch eine Reihe von Bildern bringen, um sie gut wiederzugeben. Das wiederum könnte man nicht tun, ohne die verschiedenen Farbzusammenstellungen zu zeigen. Dafür aber würde man allein ein ganzes Buch benötigen. Immerhin werde ich über das schon Gesagte hinaus sie auch noch wilder darstellen, wenn ich von ihren Kriegen und den Waffen spreche, mit denen sie ihre Feinde zerstückeln — wenn ich ihnen das Schwert oder die Holzkeule und den Bogen mit den Pfeilen in die Faust drücke. Jetzt aber wollen wir unsere Tuupinambaúlts in ihrer Pracht allein lassen, damit sie die Feste feiern können, auf die sie sich so gut verstehen. Wir wollen einmal sehen, ob ihre Frauen und Töchter, die sie »Quoniam« — und seitdem die Portugiesen an verschiedenen Orten aufgetaucht sind, »Maria« — nennen, besser ausgestattet und herausgeputzt sind.

Dem, was ich zu Beginn dieses Kapitels über sie gesagt habe, möchte ich zunächst hinzufügen, daß sie — ebenso wie die Männer — im allgemeinen völlig nackt gehen. Ebenso wie die Männer haben auch sie die Angewohnheit, sich jedes Härchen, das sie am Körper haben — einschließlich der Wimpern und Augenbrauen — auszureißen. Bezüglich des Kopfhaares richten sie sich nicht nach den Männern. Die letzteren schneiden sich am Vorderkopf eine Tonsur und nehmen sich im Nacken die Haare ab. Darüber habe ich schon berichtet. Im Gegensatz zu ihnen lassen sich die Frauen das Kopfhaar nicht nur lang wachsen. Gleich unseren Frauen kämmen sie sich das Haar und waschen es sehr sorgfältig. Zuweilen binden sie den Schopf mit einem rot gefärbten Baumwollband hoch. Zumeist aber lassen sie die Haare bis auf die Schultern herabfallen. Eigentlich gehen sie immer mit fliegenden Haaren.

Von den Männern unterscheiden sie sich zudem dadurch, daß sie sich weder Lippen noch Wangen durchbohren lassen und somit auch keine Steine im Gesicht tragen. Sie lassen sich aber die Ohren so übermäßig für das Ohrgehänge durchbohren, daß

man ohne weiteres den Daumen durch das Loch stecken kann,
wenn die Ohrgehänge abgelegt sind. Letztere werden aus der
großen Vignol-Seemuschel angefertigt, über die ich schon gesprochen habe. Sie sind weiß, rund und so lang wie eine mittlere Talgkerze. Trägt die Frau das Ohrgehänge, reicht es ihr
bis auf die Schultern herab, zuweilen auch bis zur Brust. Aus
der Ferne sieht das aus, als hingen an beiden Seiten die Ohren
eines Jagdhundes herab.

Das Gesicht putzen sie folgendermaßen heraus: Die Nach-
barin oder Freundin trägt mit einem winzigen Pinsel einen
kleinen runden Tupfen auf die Wangenmitte der zu Bemalen-
den auf. Dann macht sie ringsherum Kreise in der Form eines
Schneckenhauses und fährt darauf mit blauen, gelben und roten Farben fort, bis sie der anderen das ganze Gesicht bunt
angestrichen und verziert hat. Ebenso wie es in Frankreich
manche Straßenmädchen tun, vergißt man dabei auch nicht, an
die Stelle der ausgezupften Wimpern und Augenbrauen einen
Pinselstrich zu setzen.

Im übrigen fertigen sie prächtige Armbänder an, die aus vielen weißen Knochenstücken bestehen, die in Form von großen
Fischschuppen geschnitten und aneinandergefügt werden. Sie
verstehen sich darauf, eine dieser Schuppen mit der anderen

durch Wachs und eine Art Gummilösung, die anstelle von Leim benutzt wird, so gut miteinander zu verbinden, daß es wirklich nicht besser gemacht werden kann. Das Ganze ist, wenn es fertiggestellt ist, etwa anderthalb Fuß lang und kann wohl am besten mit den Armschienen, die man bei uns beim Ballspiel verwendet, verglichen werden. Auch weiße Halsbänder tragen sie, die sie in ihrer Sprache »Buüre« nennen; ich habe sie schon weiter oben beschrieben. Sie tragen sie allerdings nicht am Hals, wie das, wie bereits erwähnt, die Männer tun, sondern wickeln sie sich nur um die Arme. Für den gleichen Zweck bedienen sie sich auch gern der hübschen kleinen Glasknöpfe in Gelb, Blau, Grün und anderen Farben, die wie Rosenkränze aufgereiht sind und die von ihnen »Morubi« genannt werden. Davon hatten wir große Mengen für die dortigen Tauschgeschäfte mitgebracht. Kamen wir in ihre Dörfer oder suchten sie uns im Fort auf, damit wir ihnen Glasperlen geben sollten, boten sie uns Früchte oder irgend etwas anderes aus ihrem Lande an. Das taten sie, wie das so ihre Art ist, mit vielen Schmeicheleien. Sie konnten uns zur Verzweiflung bringen, wenn sie uns ständig folgten und dabei sagten: »Mair, deagatorem amabé morubi«, das heißt: »Franzose, du bist gut, gib mir von deinen Armbändern aus Glasknöpfen.« Ebenso verfuhren sie, wollten sie von uns Kämme haben, die sie »Guap« oder »Kuap« nennen, oder Spiegel, die von ihnen »Arona« genannt werden, oder sonstige Kramwaren, die wir besaßen und die sie gern haben wollten.

Zu den seltsamsten und in hohem Maß ungewöhnlichen Tatsachen, die ich bei den brasilianischen Frauen beobachtet habe, gehört folgendes: Sie bemalen sich den Körper, die Arme, die Schenkel und die Beine nicht so oft wie die Männer. Sie bedecken sich auch nicht mit Federn oder sonstigen Dingen, die in ihrem Lande wachsen. Trotzdem ist es uns nie gelungen, sie zum Anlegen von Kleidern zu bewegen. Mehrere Male haben wir vergeblich versucht, ihnen Wollkleider und Hemden einzutauschen. Bei den Männern gelang uns das zuweilen, und manchmal zogen sie die Sachen sogar an. In dieser Hinsicht waren die Frauen außerordentlich hartnäckig, und ich glaube nicht, daß sie ihre Ansicht inzwischen geändert haben. Sie duldeten nicht die geringste Kleinigkeit an ihrem Körper, was es auch sei. Um sich von solchem Zwang befreien und ständig nackt bleiben zu können, berufen sie sich auf folgende dort übliche Gewohnheit: An jeder Quelle und an jedem klaren Fluß, denen sie unterwegs begegnen, kauern sie sich nieder oder gehen ins Wasser und schütten sich mit beiden Händen Wasser über den Kopf. Sie waschen sich und tauchen dabei, wie es die Enten tun, den ganzen Körper unter Wasser. Das geschieht oft mehr als zwölfmal am Tag. Sie sagen, es mache ihnen zuviel Mühe, sich so häufig auszuziehen. Ist das nicht eine schöne und stets gültige Begründung? Man muß sie aber akzeptieren, denn es würde wirklich keinen Zweck haben, wollte man mit jenen Frauen darüber diskutieren; das würde doch zu keiner Änderung ihres Standpunktes führen. Die Frauen der Tuupinambaúlts haben so viel Freude an dieser Nacktheit, daß sie auf dem Boden in voller Freiheit mit ihren Männern, Brüdern und Verwandten liegen blieben und sich hartnäckig weigerten, irgendwelche Kleidungsstücke anzuziehen. — Die kriegsgefangenen Frauen, die wir gekauft hatten und als Gefangene in unserem Fort arbeiten ließen, zwangen wir, sich anzukleiden. Aber mitten in der Nacht warfen sie heimlich die Hemden und sonstigen Kleidungsstücke ab, die wir ihnen gegeben hatten. Viel Freude hatten sie auch daran, vor dem Schlafengehen noch ganz nackt auf der Insel herumzuspazieren. Kurz: wenn diese Frauen die Wahl gehabt hätten und wir sie nicht durch schwere Peitschenhiebe dazu gezwungen hätten, sich zu bekleiden, würden sie lieber den trockenen Wind und die Sonnenhitze aushalten und sich mit schwerer Erde und mit Steinen abschuften, als irgendwelche Kleidungsstücke an sich zu dulden.

Ebenso sind im großen und ganzen die Schmuckstücke, Ringe und sonstigen Kleinode der amerikanischen Frauen und Mädchen beschaffen. Ich will keine längere Beschreibung geben, denn der Leser dieser Schilderung kann alles weitere den Bildern entnehmen, die er nach Belieben betrachten möge!

Wenn ich von der Heimat der Wilden spreche, so werde ich auch erwähnen, wie — von ihrer Geburt an — die Kinder behandelt werden. Besonderen Spaß aber machten mir die schon größeren Knaben im Alter zwischen drei und vier Jahren, die von ihnen »Konomis-miri« genannt werden. Sie haben dicke Hinterbacken, sind recht fleischig und vollkommen; weit mehr als in unseren Ländern. Mit den kegelförmigen weißen Knochen in den aufgeschlitzten Lippen, der Tonsur nach ihrer Mode auf dem Kopf und oft mit bemalten Körpern kamen sie uns stets tanzend und in Trupps entgegen und zogen vor uns her, wenn wir ihre Dörfer aufsuchten. Als wollten sie dafür belohnt werden, folgten sie uns dicht auf den Fersen und suchten uns durch Schmeicheleien willfährig zu machen. Dabei vergaßen sie nicht, immer wieder in ihrer Kindersprache zu sagen: »Kutoüassat, amabe pinda«, das heißt: »Mein Freund und Verbündeter, gib mir Angelhaken zum Fischen.« Wenn man ihre Bitte erfüllte — was ich oft tat — und ihnen zehn oder zwölf kleine Haken in den Sand und Staub warf, so war es lustig zu sehen, wie sie sich sofort bückten. Die kleine, völlig nackte Horde suchte eifrig nach den Angelhaken und sammelte sie ein. Wie die Wildkaninchen trippelten und scharrten sie auf dem Boden herum.

Da ich etwa ein Jahr in jenem Lande weilte, habe ich natürlich die Großen und Kleinen mit viel Interesse beobachtet; ich habe sie noch ständig vor Augen, so daß ich glaube, ihr Bild wird für immer vor meinem geistigen Auge stehen. Da ihr Gebaren und ihre ganze Haltung völlig von der unsrigen abweichen, gebe ich zu, daß es gar nicht so einfach ist, sie zu beschreiben, selbst wenn man Abbildungen bringt. Um wirklich Freude an ihnen zu haben, muß man sie schon in ihrem Lande aufsuchen. Allerdings wird man sagen, daß der Weg zu ihnen doch recht weit ist. Das ist schon richtig. Wer nicht gut zu Fuß ist, wer schlecht sieht oder zu stolpern fürchtet, der mache sich nicht leichtsinnig auf den Weg. Später werden wir noch einen weiteren Einblick gewinnen, je nach den Themen, die ich behandele. Dann werden wir sehen, welcher Art ihre Wohnungen und Haushaltsgeräte sind, wie sie schlafen und was sie sonst tun.

Ehe ich dieses Kapitel abschließe, muß ich noch denen antworten, die geschrieben haben — wie auch denen, die da glauben —, der ständige Umgang mit diesen ganz nackten Wilden, und besonders mit den Frauen, verleite zur Unzucht. Kurz möchte ich dazu sagen: Augenscheinlich fehlt es bei uns noch an Gelegenheiten, bei denen man auf den Gedanken kommen könnte, der Anblick nackter Frauen wäre anstößig und ein besonderer Anreiz zur Lüsternheit. Um aber auf das zu kommen, was wir drüben immer wieder zu sehen bekamen: Die grobe Nacktheit dieser Frauen ist weit weniger verlockend als man meinen sollte. Zum Schluß möchte ich nur noch betonen, daß das Herausputzen, die Schminke, die Perücken, das Wickeln der Haare, die großen gekräuselten Kragen, die Hüftwulste, die vielen Kleidungsstücke übereinander und zahllose andere Kleinigkeiten, mit denen sich bei uns Frauen und Mädchen verunstalten und an denen sie gar nicht genug tun können, daß all diese Dinge viel schlechter sind als die schlichte Nacktheit der Frauen bei den Wilden. Dabei stehen ihnen die letzteren in bezug auf die natürliche Schönheit keineswegs nach. Wenn es mir der Anstand erlaubte, noch mehr hierüber zu sagen, so traue ich mir zu, alle Einwendungen, die man geltend machen könnte, zu entkräften. Dabei würde ich meine Behauptungen so klar begründen, daß sie niemand würde widerlegen können. Ohne also noch weiter auf dieses Thema einzugehen, beziehe ich mich auf das Wenige, was ich darüber zu denen gesagt habe, die die Fahrt nach Brasilien unternommen haben und die — wie ich — die Frauen drüben und hüben gesehen haben.

Ich möchte nicht den Eindruck erwecken, als wollte ich gegen das angehen, was die Bibel über Adem und Eva sagt: nach dem Sündenfall empfanden sie Scham, als sie erkannten, daß sie nackend waren. Ich will auch keineswegs diese Nacktheit billigen. Dagegen verachte ich die Heuchler, die — entgegen dem Gesetz der Natur (das übrigens in dieser Hinsicht keineswegs von den armen Amerikanern beachtet wird) — früher auch hier bei uns die gleiche Nacktheit einführen wollten.

Ich habe so von den Wilden gesprochen, um zu zeigen, daß wir, die wir sie so streng verdammen, weil sie ohne Scham mit völlig unbedecktem Körper umhergehen, durchaus nicht besser sind, denn wir verfallen in das entgegengesetzte Extrem, das heißt in Wohlleben und Überflüssigkeiten. Möge es Gott gefallen, daß der Sache ein Ende bereitet wird und sich ein jeder von uns — mehr aus Gründen des Anstandes und der Notwendigkeit als aus denen des Prunks und der Weltlust — bescheiden kleide.

ZEHNTES KAPITEL

Über die großen Wurzeln und die große Hirse, aus denen die Wilden das Mehl herstellen, das sie anstelle von Brot essen, und über das von ihnen »Kauïn« genannte Getränk

Nachdem wir im vorigen Kapitel gehört haben, wie unsere Wilden äußerlich aufgeputzt und ausgestattet sind, scheint es mir jetzt — gemäß der Reihenfolge der Themen — angebracht zu sein, uns etwas näher mit den bei ihnen gebräuchlichen Lebensmitteln zu befassen. Zu diesem Zweck nehme man zunächst zur Kenntnis, daß man drüben weder Wein noch Getreide hat und diese Dinge dort logischerweise weder gesät noch gepflanzt werden. Trotzdem habe ich gesehen und selber erfahren, daß man dort gut zu leben weiß und auch ohne Brot oder Wein ein ausgezeichnetes Mahl zu bereiten versteht.

Unsere Amerikaner haben nämlich in ihrem Lande zwei Wurzelarten, die sie »Aypi« und »Manihot« nennen und die in drei bis vier Monaten ungefähr die Größe des Oberschenkels

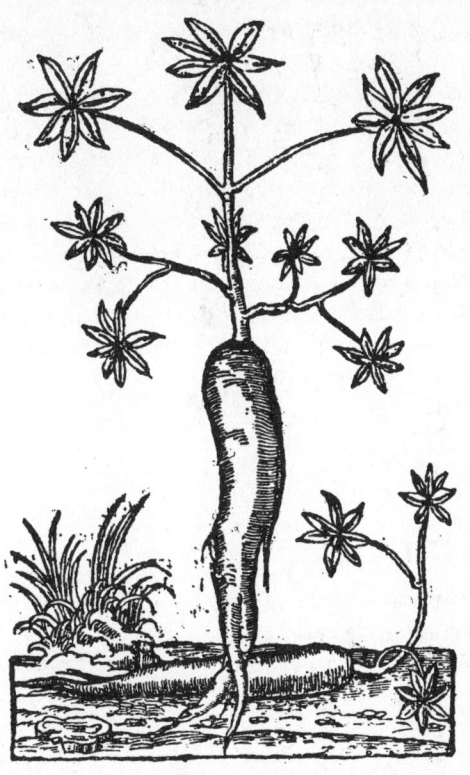

eines Mannes erreichen. Sie sind etwa anderthalb Fuß lang. Werden sie auseinandergerissen, lassen die Frauen sie — denn die Männer befassen sich mit so etwas nicht — auf dem »Bukan«, den ich an anderer Stelle beschreiben werde, trocknen. Häufig nehmen sie dazu noch ganz grüne Wurzeln. Auf einem Holzbrett, auf dem kleine spitze Steine gut verteilt und befestigt sind, mahlen sie die Wurzeln zu Mehl, ähnlich wie wir Käse oder Muskatnüsse zerreiben. Auch dieses Mehl ist, wie unseres aus Getreide, schneeweiß. Das Rohmehl und die aus ihm gewonnene weiße Kleie, über die ich gleich sprechen werde, haben den gleichen Geruch wie die aus reinem Weizen, der lange im Wasser aufgeweicht ist, gewonnene Stärke, die noch frisch und flüssig ist. Der Geruch ist so ähnlich, daß ich mich, als ich nach meiner Rückkehr nach Frankreich an einem Ort lebte, wo Stärke zubereitet wurde, in die Hütten der Wilden zurückversetzt glaubte, in denen Mehl gemahlen wurde.

Zur Zubereitung des Mehls besitzen die brasilianischen Frauen große und sehr breite Pfannen aus Ton, von denen jede mehr als einen Scheffel faßt und die sie eigens für diesen Zweck anfertigen. Sie setzen die Pfannen mit einer bestimmten Menge Mehl auf das Feuer. Während es kocht, rühren sie es ständig mit Hilfe von Kürbishälften, die ihnen als Kellen dienen. Wenn man das Mehl so kocht, bildet es eine Art kleinen Buchweizen in Form von Dragées.

In dieser Weise stellen sie zwei Sorten her, nämlich eine gut durchgekochte und harte, die von den Wilden »Uy-entan« genannt wird und sich besser hält. Diese Art nehmen sie mit, ziehen sie in den Krieg. Die andere Sorte wird nur wenig gekocht und bleibt weicher. Sie wird »Uy-pon« genannt und schmeckt viel besser als die erstgenannte. Wenn man sie in den Mund nimmt und ißt, könnte man meinen, das Innere eines ganz heißen Weißbrotes zu essen. Bei beiden verändert sich zudem der erste Geschmack in einen angenehmeren und milderen.

Das Mehl hat, vor allem wenn es frisch ist, einen sehr guten Geschmack, besitzt guten Nährwert und ist leicht verdaulich. Gar nicht eignet es sich jedoch — und das habe ich selbst erprobt — zur Herstellung von Brot. Man kann aus ihm sehr wohl einen Brei bereiten, der, wie der aus Getreide, mit Hilfe von Hefe aufgeht und ebenso schön und weiß ist, als wäre er aus feinstem Weizenmehl hergestellt. Während des Backens vertrocknen und verbrennen aber die Kruste und das ganze Äußere. Schneidet oder bricht man dann das »Brot«, so findet man das Innere ganz trocken und in Mehl zurückverwandelt. Ich glaube, das ist wohl auch der Grund dafür, wenn berichtet wurde, daß sich die zwischen dem 22. und 23. Breitengrad lebenden Indianer — zu denen ja auch unsere Tuupinambaúlts gehören — von einem Brot ernähren, das aus geriebenem Holz besteht. Wer das zuerst erzählt hat, hatte vielleicht von den hier erwähnten Wurzeln gehört, ohne indes das, was ich oben erwähnt habe, richtig beobachtet und verfolgt zu haben.

Die beiden genannten Mehlarten eignen sich gut zur Herstellung des Breies, der von den Wilden »*Mingant*« genannt wird. Rührt man diesen Brei mit etwas fettiger Bouillon an, wird er klumpig — wie etwa Reis —, und so zubereitet schmeckt er ganz vorzüglich.

Unsere Tuupinambaúlts — Männer, Frauen und Kinder — sind jedenfalls von Jugend auf daran gewöhnt, den Brei ganz trocken anstelle von Brot zu essen. So sehr sind sie daran gewöhnt, daß sie ihn mit vier Fingern aus der Tonpfanne oder einem anderen Gefäß, in dem er aufbewahrt wird, nehmen und sich aus ziemlich beachtlicher Entfernung, ohne auch nur ein Stückchen davon zu verlieren, in den Mund werfen. Wollten wir Franzosen es ihnen gleichtun, die wir ja keine Übung in dieser Fertigkeit haben, würden wir — anstatt den Bissen in den Mund zu befördern — uns Backen und Gesicht verschmieren. Damit wir — besonders die Bartträger — nicht wie die Possenreißer aussehen, müßten wir uns wohl oder übel der Löffel bedienen.

Nachdem die Frauen die ganz grünen Aypi- und Manihot-Wurzeln in der schon geschilderten Form zerrieben haben, fertigen sie zuweilen große Bälle aus dem gewonnenen frischen und feuchten Mehl. Sie drücken und kneten die Bälle dann tüchtig mit den Händen und erhalten dadurch einen Saft, der weiß und klar wie Milch ist. Diesen Saft sammeln sie in Schalen und Tongefäßen, die dann in die Sonne gestellt werden. In der Hitze gerinnt die Flüssigkeit und wird dick wie Käse. Will man davon essen, gießt man sie in andere Tonpfannen und läßt sie über dem Feuer kochen — ähnlich wie wir bei der Herstellung von Eierkuchen verfahren. So zubereitet, schmeckt sie recht angenehm.

Die Aypi-Wurzel ist nicht nur gut in Form von Mehl, sondern man läßt sie auch als Ganzes über der Asche oder auf dem Feuer kochen. Sie wird dann weich, springt auf und wird mehlig wie eine geröstete Kastanie, der sie übrigens auch im Geschmack recht ähnlich ist. Anders verhält es sich mit der Manihot-Wurzel, die nur gekocht als Mehl eßbar ist. Wollte man sie anders essen, würde man sich an ihr vergiften.

Übrigens unterscheiden sich diese Pflanzen oder deren Stengel in der Form nur wenig. Sie wachsen so hoch wie kleinere Wacholdersträucher. Ihre Blätter sind denen unserer Pfingstrose (*palonia*) ziemlich ähnlich. Was aber an diesen Aypi- und Manihot-Wurzeln bewundernswert und sehr beachtlich erscheint, ist die Art und Weise, auf die sie sich vermehren. Obgleich die Zweige fast ebenso zart und leicht zu knicken sind wie Hanfstengel, erntet man doch nach zwei oder drei Monaten so viele große Wurzeln, wie man Stengel hat brechen und so früh wie möglich in die Erde hat stecken können.

Außerdem stecken die Frauen dieses Landes auch einen angespitzten Stock in den Boden und pflanzen auf diese Weise zwei Arten grober Hirse, und zwar eine weiße und eine rote. Man nennt diese Pflanze in Frankreich Buchweizen, bei den Wilden jedoch *»Avati«*. Aus ihr stellen sie ebenfalls Mehl her, das ebenso gekocht und gegessen wird, wie ich das für die Wurzeln beschrieben habe. Entgegen dem, was ich in der ersten Ausgabe dieser Geschichte gesagt hatte, in der ich zwei Dinge unterschieden habe, die nach gründlicher Überlegung doch ein und dasselbe sind, glaube ich, daß dieser »Avati« der Amerikaner das gleiche ist, was der indische Historiker als »Mais« bezeichnet. Seiner Aussage nach dient der Mais auch den Indianern Perus als Getreide. Nachstehend gebe ich die von ihm gemachte Beschreibung wieder.

»Das Maisrohr«, sagt er, »wird mannshoch und höher. Es ist ziemlich grob, seine Blätter sind ähnlich angeordnet wie beim Schilfrohr, das man in Sümpfen findet. Der Büschel gleicht dem Rohr der wilden Kiefer. Das Korn ist grob — und weder rund noch viereckig — und nicht so lang wie unsere Körner. Es reift in drei bis vier Monaten; in besonders feuchten Ländern in anderthalb Monaten. Aus einem Korn kann man ein- bis fünfhundert, ja sogar sechshundert Körner ernten. Auch hieraus kann man die Fruchtbarkeit des jetzt im spanischen Besitz befindlichen Landes ermessen.« Ein anderer schrieb, in gewissen Regionen Westindiens sei der Boden so gut, daß Weizen, Gerste und Hirse — laut Augenzeugenberichten — eine Höhe von über fünfzehn Ellen erreichen. — Was ich vorstehend berichtet habe, stellt etwa das dar, was ich im Lande Brasilien bei den Wilden über die Herstellung der verschiedenen Brotarten gesehen habe.

Gegenwärtig holen die Spanier und Portugiesen, die zur Zeit mehrere Regionen Westindiens besetzt halten, viel Getreide und Wein von dort. Damit erbrachten sie den Beweis, daß es nicht auf einen Bodenfehler zurückzuführen ist, wenn die Indianer diese Früchte bisher nicht besaßen. So hatten auch wir Franzosen auf unseren Fahrten Saatgetreide und Weinstöcke mitgebracht; ich habe selber die Erfahrung gemacht, daß, werden die Felder und Weinberge wie bei uns kultiviert und bearbeitet, Getreide und Wein dort drüben ausgezeichnet gedeihen. Der Wein, den wir anpflanzten, war tatsächlich sehr gut gewachsen. Er wies sehr schönes Holz und saubere Blätter auf, und somit legte er Zeugnis ab für die große Fruchtbarkeit des Landes. Was die Früchte betrifft, so brachte er indes in dem einen Jahr, das wir dort verbrachten, nur säuerliche Trauben hervor, die hart und trocken wurden, anstatt zu reifen. Später allerdings habe ich erfahren, daß neue Pflanzen während der ersten ein bis zwei Jahre nur Ranken und wilden Wein hervorbringen, der nicht besonders geschätzt wird. Wenn die nach unserer Heimfahrt in jenem Lande zurückgebliebenen Franzosen den von uns gepflanzten Wein weiterhin gut gepflegt hätten, hätte man, so glaube ich bestimmt, schöne und gute Trauben erhalten.

Bezüglich des Weizens und Roggens, den wir gesät hatten, stellten sich folgende Mängel heraus: Obgleich die Halme gut gediehen und bis zu Ähren gekommen waren, wollte sich kein Korn bilden. Die Gerste aber trug Körner und gelangte auch zur Reife. Sie vermehrte sich sogar großartig. Wahrscheinlich war der Boden zu fett, so daß er Weizen und Roggen derart rapid vorantrieb, daß ihnen keine Zeit mehr zum Blühen und zur Körnerbildung blieb. Wir wissen ja, daß Weizen und Roggen auch hierzulande länger als Gerste in der Erde bleiben wollen, bis sie ihre Körner tragen. Um unsere Felder hier in Frankreich zu verbessern und fruchtbarer zu machen, düngt man sie und reichert sie an. Ich glaube nun, daß man, im Gegensatz dazu, dafür sorgen sollte, daß Weizen und ähnliche Pflanzen besser gedeihen, indem man diese jungfräuliche Erde Brasiliens häufig bearbeitet, damit sie mürbe und während einer Reihe von Jahren entfettet wird.

Bestimmt ist das Land unserer Tuupinambaúlts in der Lage, zehnmal soviel Menschen zu ernähren, wie jetzt dort wohnen. Als ich mich in ihm aufhielt, konnte ich mich rühmen, mehr als tausend Arpents Land zu meiner Verfügung zu haben. Es war besserer Boden als irgendwo in der Beauce. Wären die Franzosen drüben geblieben — sie wären geblieben und jetzt würden dort mehr als zehntausend leben, hätte Villegagnon sich nicht gegen die reformierte Religion aufgelehnt —, so würden sie den gleichen Nutzen aus dem Lande ziehen, den jetzt die Portugiesen haben, die sich dort zweifellos sehr gut einrichteten. Das sei nebenbei erwähnt als Antwort an diejenigen, die vielleicht danach fragen, weshalb die damals gepflanzten Getreide und die Weine nicht aus Brasilien nach Frankreich geschickt werden.

Ich komme nun wieder auf mein Thema zurück. Ehe ich vom Fleisch, von den Fischen, den Früchten und vom Wild spreche — alle so völlig anders als bei uns in Europa —, möchte ich noch das Getränk der Wilden und seine Zubereitung erwähnen.

Wie früher schon gestreift, kümmern die Männer sich nicht im geringsten um die Mehlherstellung. Sie überlassen vielmehr ihren Frauen die ganze Arbeit. Ebenso handeln sie — und sogar noch viel gewissenhafter — bei der Zubereitung ihres Getränkes, in die sie sich überhaupt nicht einmischen. Die Aypi- und Manihot-Wurzeln, die in der früher beschriebenen Form zubereitet werden, dienen ihnen, wie ich schon sagte, als Hauptnahrung. Es folgt nun die Beschreibung, wie sich die Frauen dieser Wurzeln für die Zubereitung ihres üblichen Getränkes bedienen.

Nachdem die Frauen die Wurzeln so klein geschnitten haben, wie man etwa bei uns Rüben zerteilt, die in eine Schüssel kommen sollen, lassen sie die zerstückelten Wurzeln in großen Tongefäßen mit Wasser kochen. Sobald sie feststellen, daß die Wurzeln zart und weich werden, nehmen sie diese vom Feuer, um sie ein wenig abzukühlen. Ist das geschehen, hocken sich mehrere Frauen um die großen Gefäße. Sie nehmen die aufgeweichten Wurzelscheiben in den Mund und kauen sie gut, ohne sie zu verschlucken. Schließlich nehmen sie jedes einzelne Stück wieder in die Hand und legen es in andere Tongefäße, die auf dem Feuer in der Nähe stehen. Das Ganze lassen sie abermals kochen. Ununterbrochen wird dieses Gemisch mit einem Stock umgerührt, bis sie glauben, daß es lange genug gekocht hat. Sie nehmen es dann zum zweitenmal vom Feuer. Ohne es durchzuseihen oder zu sieben, schütten sie schließlich alles in noch größere Tongefäße, von denen jedes etwa eine Feuillette Burgunderwein enthalten könnte. Nachdem das Gemisch ein wenig abgeschäumt und beruhigt ist, bedecken sie die Gefäße, in denen das Getränk bleibt, bis man es auf eine Weise trinken will, die ich gleich beschreiben werde. Um das alles besser auszudrücken: Die erwähnten großen Gefäße haben fast die gleiche Form wie die großen Tonfässer, in denen man — wie ich gesehen habe — an einigen Orten des Bourbonnais und der Auvergne das Ausspülen (mit der Wirkung der Mineralwasser auf den Körper) vornimmt. Nur oben an der Öffnung und am Hals sind sie etwas enger.

Offenbar lassen unsere Amerikanerinnen auch die grobe Hirse, die sie »Avati« nennen, kochen und kauen sie dann im Munde. Aus ihr bereiten sie ein ähnliches Getränk wie das, von dem ich bei den früher erwähnten Wurzeln gesprochen habe. Ich wiederhole noch einmal nachdrücklich, daß es die Frauen sind, die dieses Geschäft besorgen. Zwar habe ich nie beobachtet, daß zwischen jungen Mädchen und verheirateten Frauen ein Unterschied gemacht wurde, wie man bei anderen lesen konnte. Die Männer jedenfalls sind der festen Überzeugung, daß es nicht gut ist, die Wurzeln oder die Hirse selbst zu kauen. Außerdem glauben sie, es sei unanständig, wenn sich ihr Geschlecht in derartige Dinge einmischt. Bei uns findet man es ja auch seltsam, sieht man die großen, halbnackten Bauern von Bresse und anderen Orten den Spinnrocken betätigen. — Die Wilden nennen dieses Getränk »Kauïn«. Es ist trübe und dick wie Hefe. Dabei hat es fast den Geschmack von saurer Milch. Wie bei uns die Weine, bereitet man das Getränk in roter und weißer Farbe.

In Brasilien wachsen die erwähnten Wurzeln und die grobe Hirse zu allen Jahreszeiten, so daß man das Getränk stets zubereiten kann. Ich habe gesehen, daß zuweilen auf einmal mehr als dreißig dieser großen Gefäße, von denen ein jedes, wie schon erwähnt, mehr als sechzig Pariser Pinten faßt, gefüllt werden. Die Gefäße werden gefüllt und inmitten der Häuser aufgereiht, wo sie stets bedeckt stehen bleiben, bis eines Tages »kauïniert« werden soll.

Ehe ich dazu komme, darauf näher einzugehen, möchte ich — gleichsam als Vorwort — folgendes sagen: Ich schätze und billige das Laster nicht, aber alle müßt ihr zurücktreten: Deutsche, Flamen, Lansquenet, Schweizer und alle, die ihr hier in Europa gern »Betrieb« macht und leidenschaftlich trinkt. Denn wenn ihr vernommen habt, wie sich unsere Amerikaner dieser Aufgabe entledigen, werdet ihr gestehen müssen, daß ihr nicht viel von dem versteht, was bei ihnen geschieht! Wohl oder übel werdet ihr ihnen in dieser Hinsicht wohl den Vorrang überlassen müssen.

Wenn sie sich ans Trinken machen und bei den Zeremonien, von denen wir noch hören werden, feierlich einen Kriegsgefangenen töten, um ihn darauf — ihrem Brauch gemäß — zu verspeisen, trinken sie nicht wie wir den Wein frisch und klar, sondern genießen den Kauïn angewärmt. Zunächst machen die Frauen ein kleines Feuer neben den Tonröhren, in denen sich das Getränk befindet, um es lauwarm werden zu lassen. Nachdem das geschehen ist, fangen sie an einem Ende an, das erste

Gefäß aufzudecken und das Getränk umzurühren und einzu-
trüben. Dann schöpfen die Frauen mit großen Kürbisschalen,
die in zwei Teile geteilt sind und oft rund drei Schoppen Inhalt haben. Wenn die Männer bei ihnen tanzend — einer nach
dem anderen — vorbeikommen, reichen sie einem jeden einen
großen voll gefüllten Becher. Sie selbst, denen das Getränk
anvertraut ist, vergessen ebenfalls nicht, die Schoppen zu
schwingen. Weder die einen noch die anderen vergessen das
Trinken, und zwar stürzen sie den vollen Becherinhalt mit
einem Zug herunter. Weiß man aber auch, wie oft das geschieht? Es geht so lange, bis die Gefäße — und wären hundert vorhanden — völlig leer sind und kein einziger Tropfen
Kauïn mehr darin ist. Ich habe tatsächlich erlebt, daß sie ohne
Unterlaß drei Tage und drei Nächte lang getrunken haben.
Wenn sie schließlich so betrunken waren, daß sie einfach nicht
mehr trinken konnten, übergaben sie sich und fingen von vorn
an. Wer das Spiel aufgegeben hätte, wäre in den Ruf der Ver-
weichlichung geraten. Das wäre schlimmer für ihn gewesen als
das, was die Deutschen als »Schelm« bezeichnen.

Ungemein merkwürdig und beachtenswert bei unseren Tuupinambaúlts ist noch folgendes: Während ihrer Trinkgelage
essen sie nicht, wie sie bei ihren Mahlzeiten auch nicht trinken. Als sie sahen, daß wir zum Essen tranken, fanden sie das
außerordentlich seltsam. Dazu meinten sie: ihr verfahrt also
ebenso wie die Pferde? Ein Spaßmacher unter uns antwortete
darauf, daß wir weder aufgezäumt noch zum Trinken an den
Fluß gebracht werden müssen.

Andererseits ist zu erwähnen, daß die Wilden keine bestimmten Zeiten für die Mittags- oder Abendmahlzeit oder
für den Imbiß einhalten, wie das in europäischen Ländern üblich ist. Haben sie Hunger, essen sie, ganz gleich, ob es Mitternacht ist oder Mittag. Dagegen essen sie niemals, ohne Hunger zu verspüren. Man kann sagen, daß sie beim Essen ebenso
mäßig wie beim Trinken unmäßig sind. Manche haben auch
die ehrenwerte Eigenschaft, sich die Hände und den Mund vor
und nach der Mahlzeit zu waschen. Ich glaube allerdings, daß

sie das mit Rücksicht auf ihren Mund tun, denn sonst würden sie ständig mit dem aus Wurzeln und Hirse bereiteten Mehlbrei, der ihnen als Brot dient, das Gesicht verschmiert haben. Beim Essen bewahren sie übrigens striktes Stillschweigen. Haben sie sich etwas zu sagen, so behalten sie es für sich, bis die Mahlzeit beendet ist. Darüber, daß wir beim Essen schwatzten und lachten, wie das unter Franzosen so üblich ist, machten sie sich ganz schön lustig.

Um sich den Kopf noch mehr zu erhitzen, singen und pfeifen unsere braven Amerikaner bei ihren Zechgelagen. Sie sprechen auch einander Mut zu und ermahnen sich gegenseitig, sich, wenn sie in den Krieg ziehen, tapfer zu halten und möglichst viele Kriegsgefangene heimzubringen. Wie die Kraniche hintereinander aufgereiht, tanzen sie ununterbrochen und kommen immer wieder in die Hütte, in der sie versammelt sind — bis es geschafft ist: Das heißt, sie gehen nicht — wie ich schon sagte —, solange sie noch etwas in den Gefäßen vermuten. In bezug auf Saufgelage sind sie wirklich nicht zu übertreffen. Ich glaube, daß es Männer unter ihnen gibt, die allein auf einer solchen Versammlung mehr als zwanzig große Schalen Kauïn vertilgen. Wenn sie aber in dem vorstehend beschriebenen Federschmuck sind, um, so ausgerüstet, einen Kriegsgefangenen zu töten und zu essen, halten sie lärmende Gelage nach Art der alten Heiden. Sie sind dann so betrunken wie die Priester des *Bacchus,* und man sieht, wie die Augen im Kopf rollen. Zuweilen jedoch kommt es auch vor, daß sie sich mit Nachbarn auf ihre aufgehängten Baumwollbetten setzen und etwas gemäßigter trinken. Solche privaten Gelage veranstalten sie allerdings nur selten, denn meistens pflegen sich alle Männer eines Dorfes — oder mehrerer Dörfer — zum Trinken zu versammeln. Zum Essen finden solche Zusammenkünfte nie statt.

Unabhängig davon, ob sie mehr oder weniger trinken, zeigen sie sich niemals schwermütig. Vielmehr haben sie die Gewohnheit, sich täglich zu versammeln, um zu tanzen und sich in ihren Dörfern zu belustigen. Die jungen Männer, die heiraten wollen, haben einen ganz besonderen Brauch. Sie binden sich die von ihnen »*Araroje*« genannten Federbüschel um die Lenden und nehmen zuweilen auch den »Maraka« in die Hand, von dem ich schon gesprochen habe. Die trockenen Früchte, die ein Geräusch wie Schneckenhäuser von sich geben, binden sie sich — schön angeordnet — um die Beine. In dieser Aufmachung tun sie fast nichts, sondern ziehen nur jede Nacht, springend und tanzend, von Haus zu Haus. Wenn ich sie so sah und hörte, wie sie sich betätigten, mußte ich an die bei uns mancherorts üblichen »Festdiener« denken. Zur Zeit der Kirchweih und der Feste, die sie für die Schutzheiligen ihres Kirchspiels veranstalten, gehen sie in Narrenkleidern mit Narrenstäben in der Hand und Schellen an den Beinen umher. So bummeln sie, Negertänze tanzend, zwischen den Häusern und auf den Plätzen herum.

Bei ihren Tänzen tanzen die Wilden hintereinander her. Zuweilen sind sie dabei, wie ich das noch erwähnen werde, wenn ich von ihrer Religion spreche, im Kreise aufgestellt. Zu bemerken ist, daß sich die Frauen und Mädchen nie unter die Männer mischen. Wollen sie tanzen, so tun sie das unter sich.

Ehe ich nun mein Thema über die Trinksitten unserer Amerikaner, das ich hier behandelt habe, abschließe, kann sich jeder ein Bild davon machen, mit welcher Begeisterung sie den Humpen schwingen würden, hätten sie beliebig viel Wein verfügbar. Ich möchte daher noch eine amüsante, wenn auch tragische Geschichte erzählen, die mir eines Tages von einem Mussakat — einem guten Familienvater, der auch den Durchziehenden zu essen gab — berichtet wurde.

»Wir haben eines Tages«, sagte er in seiner Sprache, »eine Caravelle von Peros«, das heißt von Portugiesen (die ja, wie ich an anderer Stelle erwähnt habe, unversöhnliche Todfeinde der Tuupinambaúlts sind), »überrascht. Nachdem wir alle Männer, die sich an Bord befanden, erschlagen und verzehrt hatten, nahmen wir ihre Waren an uns. Unter ihnen befanden sich auch jene großen »*Karamenos*« aus Holz (damit bezeichnen sie Tonnen und ähnliche Gefäße), die mit einem Getränk ge-

füllt waren. Wir stellten sie auf und schlugen sie am oberen
Ende ein, denn wir wollten probieren, was darin war. Ich
konnte aber nicht feststellen«, sagte mir der greise Wilde, »mit
was für einer Sorte Kauïn die Fässer gefüllt waren, und ich
weiß nicht, ob ihr die gleiche Sorte auch in eurem Lande habt.
Jedenfalls waren wir, nachdem wir unseren Durst gelöscht
hatten, für zwei oder drei Tage so betäubt und in Schlaf ver-
sunken, daß wir beim besten Willen nicht aufwachen konnten.« Vermutlich haben die Fässer guten spanischen Wein enthalten, und die Wilden waren allzu bedenkenlos daran gegangen, ein Bacchusfest zu feiern. Es braucht daher nicht weiter
wunderzunehmen, daß sie — wie unser Mann sagte — nach dem
Genuß sehr schnell in Schlaf versanken.

Zu Beginn unseres Aufenthalts suchten wir das Kauen zu
vermeiden, das, wie schon erwähnt, von den Frauen der Wilden
besorgt wird, wenn sie ihren Kauïn bereiten wollen. Wir haben
die Aypi- und Manihot-Wurzeln mit Hirse zerstampft und
dann gemeinsam kochen lassen. So hofften wir, das Getränk
auf etwas manierlichere Weise herstellen zu können. Um der
Wahrheit die Ehre zu geben, muß ich jedoch sagen, daß diese
Methode keine guten Resultate zeitigte. Ganz allmählich ge-
wöhnten wir uns daher daran, von dem anderen, so wie es
war, zu trinken. Regelmäßig allerdings taten wir das nicht.
Wir hatten nämlich noch ziemliche Vorräte an Zuckerrohr.
Diese ließen wir einige Tage im Wasser ziehen, nachdem wir
sie wegen der dortzulande für gewöhnlich herrschenden Hitze
etwas abgekühlt hatten. So gezuckert, tranken wir das Wasser
mit viel Genuß. Die schönen und klaren Süßwasserquellen sind
ganz vorzüglich — vermutlich infolge der Temperatur in diesem
Lande — und, so möchte ich sagen, viel gesünder als bei uns;
ihr Wasser verursacht keinerlei Beschwerden, selbst wenn man
unmäßig davon trinkt. Wir tranken dieses Wasser auch ganz
rein, ohne jeden Zusatz. Dabei möchte ich noch erwähnen, daß
die Wilden das Süßwasser »Uh-ete«, das Salzwasser aber »Uh-
eö« nennen. Diese Laute bringen sie, wie die Hebräer, als

Gutturallaute hervor. Sie gehörten für uns zu den am schwierigsten hervorzubringenden Lauten ihrer Sprache.

Manche von denen, die hören, was ich an früherer Stelle über das Beißen und Kauen sowohl der Wurzeln als auch der Hirse gesagt habe, das die Frauen der Wilden bei der Bereitung ihres Kauïn-Getränkes üben, werden vielleicht einen Brechreiz verspüren. Um ihnen von ihrem Unbehagen aber etwas zu nehmen, möchte ich an die Art und Weise erinnern, auf die hier bei uns der Wein hergestellt wird. Sie mögen folgendes bedenken: An den Orten, an denen die guten Weine wachsen, steigen die Winzer zur Zeit der Weinlese in Zuber und Bottiche, in denen sie die Trauben mit den Füßen oder sogar mit ihren Schuhen zertreten. Gesehen habe ich sogar, daß sie auf den Keltern hin und her wanderten. Empfindliche mögen daran erkennen, daß es manche Dinge gibt, die nicht gerade appetitlicher sind als die Kaugewohnheit der amerikanischen Frauen. Dazu könnte man sagen: Ja, aber der Wein stößt diesen Schmutz beim Gären und Kochen ab. Es läutert sich jedoch ebenso unser Kauïn, denn in beiden Fällen handelt es sich um denselben Prozeß.

ELFTES KAPITEL

Von den Tieren, dem Wild, den großen Eidechsen, Schlangen und den anderen scheußlichen Tieren Amerikas

Gleich zu Beginn dieses Kapitels möchte ich erwähnen, daß es an Vierbeinern in Amerika, im Lande Brasilien, kein einziges Tier gibt, das in jeder Hinsicht einer entsprechenden Art bei uns entspricht. Im übrigen halten unsere Tuupinambaúlts nur sehr selten Haustiere. Bei der Beschreibung der wilden Tiere ihres Landes, die sie »Soo« nennen, will ich mit denen beginnen, die gut zu essen sind. Das erste und am meisten verbreitete nennen sie »*Tapirussu*«. Es hat eine rötliche Haut und ist ziemlich lang. In Größe, Dicke und Form ähnelt es etwa der Kuh. Es hat aber keine Hörner. Sein Hals ist kürzer, seine Ohren sind länger und herabhängend, während die Beine hagerer und gewandter sind. Die Füße sind nicht gespalten, sondern haben genau die Form wie beim Esel. Da es von beiden Tieren etwas hat, kann man es als Zwischending zwischen Kuh und Esel betrachten. Dagegen unterscheidet es sich gründlich von beiden sowohl durch den sehr kurzen Schwanz (in Amerika gibt es viele Tiere, die überhaupt keinen Schwanz haben) als auch durch die Zähne, die viel schärfer und spitzer sind. Trotzdem ist das Tier nicht gefährlich, denn sein einziger Widerstand besteht in der Flucht. Die Wilden töten diese Tiere, wie auch mehrere andere, durch Pfeilschüsse oder fangen sie mit Fußangeln und ähnlichen Vorrichtungen, in deren Herstellung sie recht geschickt sind.

Dieses Tier wird übrigens wegen seines Felles von ihnen sehr geschätzt. Nachdem sie es abgehäutet haben, schneiden sie aus dem Rücken ein rundes Fellstück heraus. Es wird gut getrocknet, und sie fertigen dann daraus runde Stücke von der Größe eines Faßbodens. Diese Schilde dienen ihnen im Krieg dazu, die Pfeilschüsse ihrer Feinde abzuwehren. Ist die Haut auf diese Weise getrocknet und zubereitet, ist sie tatsächlich so hart, daß ich nicht glaube, sie könnte von einem Pfeil — und sei er noch so kraftvoll abgeschossen — durchbohrt werden. Als Kuriosität wollte ich zwei dieser Schilde mit nach Frankreich bringen. Auf der Heimfahrt brach aber an Bord unseres Schiffes eine Hungersnot aus. Nachdem unsere Lebensmittel erschöpft waren und wir alle mitgeführten Affen, Papageien und sonstigen Tiere verzehrt hatten, sahen wir uns gezwungen, die über Kohlenfeuer gerösteten Schilde zu verspeisen. Darüber habe ich schon an anderer Stelle berichtet. Wie dort gesagt, mußten wir alles Leder und alle Häute, die wir an Bord unseres Schiffes hatten, verzehren.

Das Fleisch des Tapirussu hat fast den gleichen Geschmack wie Rindfleisch. Unsere Wilden kochen oder bereiten es im allgemeinen auf dem Räucherrost zu. Da ich diese Frage schon früher berührt habe und den Ausdruck »räuchern« oder »rösten« nachstehend noch häufig verwenden muß, möchte ich ihn hier näher erläutern, damit der Leser nicht weiterhin im unklaren bleibt.

Unsere Amerikaner rammen also vier gabelförmig auslaufende Holzpfähle ziemlich tief in den Boden. Die Hölzer haben etwa die Stärke eines Armes, sind rund drei Fuß voneinander entfernt und im Quadrat angeordnet. Die Höhe der Pfähle beträgt etwa zweieinhalb Fuß. Darüber legen sie dann Querstäbe, die ungefähr einen oder zwei Zoll voneinander entfernt sind. Das ganze Gestell, das etwa wie ein grober Rost aus Holz aussieht, nennen sie in ihrer Sprache »Bukan« (Räucherrost). Davon haben sie mehrere, die zwischen ihren Häusern aufgestellt sind. Wer Fleisch hat, legt es in Stücken auf dieses Gestell. Darunter machen sie dann mit gut getrocknetem Holz, das nicht viel Rauch entwickelt, ein kleines, schwach brennendes Feuer. Das Fleisch drehen sie etwa zweimal in der Viertelstunde abwechselnd auf die eine und die andere Seite. Sie lassen es so lange braten, wie sie es gerade wünschen. Sie salzen das Fleisch aber nicht, um es haltbar zu machen, wie das hier bei uns üblich ist. Sie haben kein anderes Mittel, die Fleischstücke haltbar zu machen, als sie zu räuchern. Hatten sie an einem Tag einmal dreißig Stück wilde oder sonstige Tiere, die wir in diesem Kapitel beschreiben, erbeutet, so wußten sie das Faulen dadurch zu vermeiden, daß sie die Tiere, in Stücke zerteilt, sogleich auf den Bukan legten. Unter ständigem Herumdrehen, wie ich es vorstehend beschrieben habe, lassen sie das Fleisch oft länger als vierundzwanzig Stunden auf dem Bukan, nämlich so lange, bis es im Innern und in der Nähe der Knochen ebenso durchgebraten ist wie außen. Ebenso verfahren sie mit Fischen, aus denen sie auch — haben sie große Mengen davon — Mehl herstellen. Besonders trifft das für die von ihnen »Pirapareti« genannten Fische zu. Bei ihnen handelt es sich um Seebarben, über die ich noch an anderer Stelle sprechen werde. Kurz, diese Bukans dienen ihnen als Pökelfaß und als Speisekammer. Kaum wird man durch ihre Dörfer gehen, ohne die Bukans mit Wild und Fisch belegt zu sehen. Sehr oft sieht man auf ihnen aber auch — wie wir später noch hören werden — Schenkel, Arme, Beine und andere große Menschenfleischstücke. Das sind ihre Kriegsgefangenen, die sie zu töten und zu verspeisen pflegen. Das wäre wohl das Wesentliche über den Bukan und das Bukanieren, das heißt das Rösten bei unseren Amerikanern. Zu Ehren dessen, der anders darüber geschrieben hat, sei noch erwähnt, daß sie, gefällt es ihnen gerade, ihr Fleisch zuweilen auch kochen lassen.

Um nun mit der Beschreibung der dortigen Tiere fortzufahren, sind die größten, die es gibt, nach der Eselskuh, über die wir bereits gesprochen haben, gewisse Tierarten, die den Hirschen und Hirschkühen ähneln. Diese Tiere nennen sie »Seuassus«. Die Tiere sind aber bei weitem nicht so groß wie bei uns, und ihr Geweih ist unvergleichlich kleiner. Sie unterscheiden sich auch noch dadurch, daß ihr Haar so lang ist wie bei unseren Ziegen.

Was die Wildschweine in Brasilien betrifft, die von den Wilden »Taiassu« genannt werden, so ähneln sie denen, die in unseren Wäldern vorkommen. Das dortige Wildschwein hat den gleichen Körper und Kopf, die gleichen Ohren, Beine, Füße und sogar die sehr langen, hakenförmigen, zugespitzten und infolgedessen sehr gefährlichen Zähne. Es ist jedoch viel magerer und hat bei weitem nicht soviel Fleisch wie unsere Wildschweine. Sein Grunzen und sein Schrei haben einen schaurigen Klang. Es hat eine seltsame Verunstaltung in Form einer natürlichen Öffnung auf dem Rücken, durch die es (ähnlich wie der Schweinsfisch durch das bereits erwähnte Loch im Kopf) schnaufen, atmen und nach Belieben Wind einholen kann. Damit man dies nicht allzu seltsam finden möge, sei erwähnt, daß der Schreiber der »Histoire générale des Indes Occidentales« sagt, daß es im Land Nicaragua, das an das Königreich Neuspanien grenzt, Schweine gibt, die den Nabel auf dem Rückgrat haben. Offenbar sind sie von der gleichen Art wie die soeben beschriebenen. Die drei vorstehend erwähnten Tiere — das Tapirussu, der Seuassu und das Taiassu — sind die größten, die im Land Brasilien vorkommen.

Gehen wir nun zu dem anderen Wild unserer Amerikaner über. Da haben sie zum Beispiel ein rotes Tier, das sie »Aguti« nennen. Es hat die Größe eines einen Monat alten Schweines. Sein Fuß ist gabelförmig, sein Schwanz außerordentlich kurz, und Schnauze und Ohren sind fast wie beim Hasen gestaltet. Es schmeckt sehr gut.

Einige andere Arten, die sie »Tapitis« nennen, sind unseren Hasen ziemlich ähnlich und haben fast den gleichen Geschmack. Nur ihr Fell ist rötlicher.

In den Wäldern fangen sie auch verschiedene Rattenarten, die so groß wie Eichhörnchen sind. Sie haben fast das gleiche rote Fell, und ihr Fleisch ist ebenso schmackhaft wie das der Wildkaninchen.

»Pag« oder »Pague« (es ist kaum festzustellen, welches von diesen Worten sie aussprechen) ist ein Tier von der Größe eines mittleren Hühnerhundes. Sein Kopf ist seltsam und sehr unförmig. Das Fleisch schmeckt fast wie Kalbfleisch. Das Fell ist sehr schön und weiß, grau und schwarz gefleckt. Gäbe es das Tier bei uns, so wäre sein Pelz sicher sehr geschätzt.

Man sieht auch ein anderes Tier, das die Form von einem Iltis und — wie dieser — ein graues Fell hat. Die Wilden nennen es »Sarigoi«. Da es indessen stinkt, wird es von den Wilden nur ungern gegessen. Wir haben eine Reihe dieser Tiere jedoch abgehäutet und dabei festgestellt, daß es einzig das auf den Nieren sitzende Fett ist, das ihnen den schlechten Geruch gibt. Nachdem wir es beseitigt hatten, haben wir auch davon gegessen. Das Fleisch ist in Wahrheit zart und gut.

Der in Brasilien vorkommende »Tatu« ist — wie bei uns der Igel — ein Tier, das nicht so schnell laufen kann wie die meisten anderen. Es kriecht meistens in den Büschen herum. Zum Ausgleich ist es mit starken Schuppen bedeckt, die so hart sind, daß ich nicht glaube, ein Säbelhieb würde ihm etwas ausmachen. Ist das Tier abgehäutet, fassen die Schuppen genau ineinander und lassen sich mit der Haut wie ein Panzerhandschuh bewegen. Die Wilden fertigen aus Haut und Schuppen kleine Körbe an, die sie »Karameno« nennen. Das Fleisch ist weiß und schmeckt recht gut. Was seine Form betrifft, so habe ich hierzulande nichts gesehen, was ihm ähnlich wäre. Es steht auf vier ziemlich hohen Beinen, und *Belon* hat das Tier auf einer Zeichnung am Ende des dritten Buches seiner Beobachtungen (das er übrigens »*Tatu in Brasilien*» nennt) wiedergegeben.

Neben all den obengenannten Tieren, von denen sich unsere Amerikaner im allgemeinen ernähren, essen sie auch Krokodile, die sie »*Jakaré*« nennen. Sie haben die Stärke eines männlichen Oberschenkels und ungefähr auch dessen Länge. Diese Tiere sind indessen ungefährlich. Ich selbst habe mehrmals gesehen, daß die Wilden solche Tiere lebend mit in ihre Häuser brachten, in denen kleine Kinder ihr Spiel trieben, ohne daß ihnen die Tiere etwas antaten. Dagegen habe ich von alten Männern, die das Land durchstreift haben, gehört, daß sie zuweilen von einer großen Art der Jakarés angegriffen wurden, deren sie sich nur mit großer Mühe durch ihre Pfeile erwehren konnten. Die Tiere waren sehr groß und scheußlich. Sie wittern den Menschen schon von weitem und kommen dann aus dem Schilf der Sumpfgebiete hervor, in denen sie ihre Schlupfwinkel haben.

Zu dem, was *Plinius* und andere über die Krokodile des Nils in Ägypten berichten, sagt der Autor der »*Histoire générale des Indes Occidentales*«, hierzulande, und zwar in der Nähe der Stadt Panamá, hätte man Tiere getötet, die eine Länge von mehr als hundert Fuß hatten. Das klingt fast unglaublich. Bei den mittleren Krokodilen, die mir zu Gesicht gekommen sind, habe ich festgestellt, daß sie einen sehr weit aufgeschlitzten Rachen, hohe Keulen und einen weder runden noch spitzen Schwanz hatten, der aber am Ende flach und dünn zulief. Allerdings muß ich gestehen, daß ich nie darauf geachtet habe, ob sie, wie das allgemein behauptet wird, den Oberkiefer bewegt haben.

Unsere Amerikaner fangen außerdem noch Eidechsen, die sie »*Tuus*« nennen. Sie sind nicht grün wie bei uns, sondern grau und haben, wie unsere kleinen Eidechsen, eine glatte Haut. Dort sind sie vier bis fünf Fuß lang, haben etwa die gleiche Stärke wie bei uns, sind aber sehr häßlich anzusehen. Im allgemeinen findet man sie an Flußufern und in den Sumpfgebieten. Sie sind nicht gefährlicher als die Eidechsen bei uns. Ferner möchte ich noch besonders erwähnen: Sind sie abgehäutet, ausgeweidet, gereinigt und gut gekocht, so ist ihr Fleisch ebenso weiß, delikat, zart und schmackhaft wie das vom Kapaun. Es ist wohl eine der besten Fleischarten, die ich in Amerika gegessen habe. Ich gebe zu, daß mich anfangs davor graute. Nachdem ich es aber einmal gekostet hatte, wollte ich nichts lieber als Eidechse.

Unsere Tuupinambaúlts haben auch gewisse große Kröten, die ihnen — mitsamt Haut, Innereien und Därmen — als Nahrung dienen. Angesichts der Tatsache, daß unsere Ärzte behaupten und unser Publikum davon überzeugt ist, daß das Fleisch, das Blut und wohl — allgemein gesagt — alles an der Kröte tödlich wirkt, möchte ich hier nichts weiter über die brasilianischen Kröten sagen. Ohne weiteres wird der Leser aber aus dem Gesagten schließen können, daß die Kröten dort — im Gegensatz zu unseren — weder garstig noch giftig noch gefährlich sind. Das mag am Klima des Landes liegen oder einen anderen mir unbekannten Grund haben.

Ebenso essen die Eingeborenen Schlangen von der Stärke eines Armes und der Länge einer Pariser Elle. Ich habe sogar gesehen, wie Wilde solche Schlangen herbeischleppten und — besonders eine rot und schwarz gestreifte Art, wie ich das schon bei den Krokodilen erwähnte — lebendig in ihre Häuser zwischen die Frauen und Kinder warfen. Diese hatten keineswegs Angst vor den Tieren, sondern nahmen sie in die Hände. Sie bereiten diesen »Landaal« zu, indem sie ihn in großen Stücken kochen lassen. Soviel ich aber gehört habe, ist das Fleisch recht fade und süßlich.

Natürlich gibt es in Brasilien auch andere Schlangenarten. Vor allem finden sich in den Flüssen lange und dünne Schlangen, die so grün wie Porree sind und deren Biß sehr giftig ist. Aus nachstehendem Bericht kann man ersehen, daß es außer den Tuus, von denen ich gesprochen habe, auch noch eine weitere Art großer und ungemein gefährlicher Eidechsen in den Wäldern gibt.

Eines Tages machte ich mich mit zwei anderen Franzosen auf den Weg ins Landesinnere. Dabei begingen wir den Fehler, keinen eingeborenen Führer mitzunehmen. Wir hatten uns in den Wäldern verirrt; als wir durch ein tiefes Tal wanderten, hörten wir das beängstigende Geräusch eines auf uns zukommenden Tieres. Wir nahmen an, es handele sich um einen Wilden und maßen dem Geräusch keinerlei Bedeutung bei. Plötzlich aber sahen wir rechts vor uns auf einem Abhang eine Eidechse, die erheblich größer als ein Mann und sechs bis sieben Fuß lang war. Bedeckt war sie mit weißlichen, sehr rauhen und holprigen Schuppen, die etwa das Aussehen von Austernschalen hatten. Das Tier hielt plötzlich inne und musterte uns. Es hatte die Vorderfüße erhoben und den Kopf hoch aufgerichtet; seine Augen funkelten. Wir hatten damals weder Büchsen noch Pistolen bei uns, sondern nur Degen; ferner hatte jeder von uns, nach Art der Wilden, einen Bogen mit Pfeilen in der Hand. Das waren Waffen, die uns gegenüber dem wütenden Tier, das so gut geschützt war, wenig nützten. Wir fürchteten jedoch, daß das Tier wohl — flohen wir — schneller als wir sein könnte. Holte es uns ein, würde es uns verschlingen. Wir waren so entsetzt, daß wir uns gegenseitig anstarrten und wie versteinert auf der Stelle verharrten. Die schauerliche und entsetzliche Eidechse öffnete den Rachen und blies — infolge der großen Hitze — so stark die Luft aus, daß wir nichts anderes mehr hören konnten. Da es Mittag war, brannte die Sonne sehr heiß. Das Tier betrachtete uns etwa eine Viertelstunde lang. Dann drehte es sich plötzlich um und floh in Richtung der Berge. Dabei verursachte es mehr Lärm und Getöse als ein durch ein Dickicht brechender Hirsch. Wir aber hatten tüchtige

Angst ausgestanden und verspürten keinerlei Wunsch, dem Tier nachzulaufen. Vielmehr dankten wir Gott, der uns von dieser Gefahr befreit hatte, und gingen unserer Wege. Später hörte ich, daß manche Leute der Ansicht sind, die Eidechse ergötze sich am Anblick des Menschen. Dieses Tier muß ein Vergnügen bei unserem Anblick gehabt haben, das wohl ebenso groß war wie unsere Furcht bei seinem Erscheinen.

Außerdem gibt es in Brasilien ein reißendes Tier, das von den Wilden »Jan-u-are« genannt wird. Es ist fast so hochbeinig und schnell wie ein Windhund. Im übrigen aber erinnert es stark an einen Leoparden, denn wie er hat es große Haare am Kinn. Das Fell ist sehr schön und buntscheckig. Die Wilden fürchten dieses Tier nicht ohne Grund. Es geht wie der Löwe auf Raub aus. Hat es die Eingeborenen eingeholt, reißt es sie in Stücke und frißt sie auf. Da die Eingeborenen grausam und rachsüchtig gegenüber allem sind, was ihnen schadet, fangen sie die Tiere nach Möglichkeit mit Fußangeln. Können sie ihnen dann keinen Schaden mehr zufügen, quälen sie die Tiere mit Pfeilschüssen und lassen sie langsam in den Gruben, in die sie gefallen sind, dahinsiechen. Erst dann werden sie getötet. Damit man besser versteht, wie dieses Tier den Menschen zusetzt, sei folgendes erwähnt: Eines Tages, als ich mit fünf oder sechs anderen Franzosen auf die große Insel hinüberfuhr, warnten uns die Wilden vor dem Jan-u-are, der in dieser Woche in einem ihrer Dörfer drei Menschen gefressen hatte.

In riesigen Mengen gibt es die kleinen schwarzen Affen, die von den Wilden in Brasilien »Kay« genannt werden. Da man aber genügend solcher Tiere auch in Frankreich zu sehen bekommt, werde ich sie hier nicht näher beschreiben. Jedoch möchte ich erwähnen, daß sie in den dortigen Wäldern leben; nach Möglichkeit bleiben sie stets auf gewissen Bäumen, die Hülsenfrüchte tragen, die etwa unseren Saubohnen ähnlich sind. Von ihnen ernähren sie sich. Gewöhnlich versammeln sie sich dort in Scharen, vor allem bei Regen (ähnlich wie sich bei uns zuweilen die Katzen unter Dächern versammeln), und spaßig ist es, wenn man sie auf den Bäumen schreien und lärmen hört.

Übrigens bekommen diese Tiere immer nur ein Junges. Sobald es den Mutterleib verlassen hat, klammert es sich an den Hals des Vaters oder der Mutter. Sehen sie sich gejagt, springen sie von Ast zu Ast und suchen sich auf diese Weise zu retten. Den Wilden fällt es daher nicht leicht, die jungen oder alten Tiere zu fangen. Sie haben nur die Möglichkeit, sie mit Pfeilen oder Steinwürfen von den Bäumen zu holen. Die Affen sind dann oft betäubt oder gar verwundet. Nachdem sie die Tiere in ihren Häusern geheilt und gezähmt haben, tauschen sie mit ihnen meistens bei durchreisenden Fremden irgendwelche Waren. Ich sagte »gezähmt«, denn meistens sind die gefangenen Affen so wütend, daß sie die Finger und Hände, die sie halten wollen, durchbeißen. Das ist so schmerzhaft, daß man die Tiere betäuben muß, damit sie den Biß lockern.

Im Lande Brasilien kommt auch noch eine Meerkatze vor, die von den Wilden »Saguin« genannt wird. Die Tiere sind nicht größer als Eichhörnchen und haben das gleiche rote Fell. Was die Figur betrifft, ähneln das Maul, der Hals, das Vorderteil und fast alles übrige dem Löwen. Diese Meerkatze hat auch den Mut des Löwen und ist wohl das hübscheste kleine Tier, das ich in Brasilien gesehen habe. Könnte man es ebenso leicht wie die Affen auf dem Seeweg transportieren, so würde man es bei uns viel mehr schätzen. Es ist aber sehr empfindlich und kann das Schlingern und Stampfen des Schiffes auf See nicht vertragen. Bereitet man den Tieren nur den geringsten Verdruß, so können sie vor Ärger sterben. Trotzdem sieht man hier in Frankreich einige Exemplare, und ich glaube, es ist dieses Tier, das *Marot* meint, wenn er seinen Diener *Fripelipes* zu einem gewissen *Sagon*, der ihn getadelt hat, sagen läßt:

»Obgleich Sagon nur ein Wort ist,
Ist es zugleich auch der Name eines kleinen Affen.«

Wiewohl ich nun gestehen muß, daß ich — trotz meiner Neugier — nicht alle Tiere Amerikas so eingehend studiert habe, wie ich es gern getan hätte, will ich, um dieses Kapitel abzuschließen, doch noch zwei von ihnen beschreiben. Sie zeichnen sich durch eine seltsame und bizarre Gestalt aus.

Das größere wird von den Wilden »*Hay*« genannt und besitzt die Größe eines großen Pudels und ein Affengesicht, das dem menschlichen Gesicht nahe kommt. Sein Bauch hängt wie der einer trächtigen Sau herab. Das Fell ist rauchgrau, etwa wie das der schwarzen Schafe. Der Schwanz ist sehr kurz, die Beine sind behaart wie die eines Bären, und es hat unglaublich lange Krallen.

Obgleich dieses Tier in den Wäldern äußerst wild ist, kann man es, hat man es gefangen, ziemlich leicht zähmen. Unsere Tuupinambaúlts, die ja eigentlich immer nackt herumlaufen, können sich wegen seiner langen Krallen nicht besonders damit befreunden, mit dem Tier zu spielen. Während meines Aufenthaltes hörte ich nicht nur von Wilden, sondern auch von Dolmetschern, die schon sehr lange in Brasilien lebten, daß niemals jemand dieses Tier hat fressen sehen. Das mag vielleicht als Lüge erscheinen, da man es aber weder auf Feldern noch in Häusern je hat fressen sehen, verbreitete sich die Ansicht, es lebe vom Wind.

Das andere Tier, über das ich noch sprechen möchte, wird von den Wilden »*Koati*« genannt. In der Gestalt ähnelt es einem großen Hasen, hat aber ein kurzes, glattes und gesprenkeltes Fell und kleine, hochstehende, spitze Ohren. Der Kopf ist keineswegs groß; außerdem läuft von den Augen hinab eine Art Nase, die länger ist als ein Fuß. Sie ist rund wie ein Stab und dann plötzlich gespalten, ohne daß sie oben viel stärker als in der Nähe des Mundes wäre. Letzterer ist so klein, daß man wohl kaum den kleinen Finger hineinstecken kann. Die Schnauze ähnelt der Schnarrpfeife oder dem Rohr eines Dudelsacks. Man kann sich kaum eine bizarrere und unheimlichere Form vorstellen. Wird dieses Tier gefangen, so führt es die vier Beine zusammen. Dabei fällt es immer nach der einen oder der anderen Seite um oder läßt sich flach auf den Boden fallen. Weder zum Stehen noch zum Fressen läßt sich das Tier bringen. Normalerweise lebt es in den Wäldern nur von Ameisen. Etwa acht Monate nach unserer Ankunft auf der Insel brachten uns die Wilden einen dieser Koati. Da das Tier für uns etwas völlig Neues war, wurde es, wie man sich denken kann, entsprechend bewundert. Im Vergleich zu unseren europäischen Tieren erscheint es seltsam mangelhaft. Oft habe ich *Jean Gardien* von unserer Gruppe, der ausgezeichnet porträtierte, gebeten, eine Zeichnung von diesen und anderen Tieren anzufertigen, da es dort wirklich viele seltsame und bei uns vollkommen unbekannte Tiere gibt. Zu meinem Bedauern hat sich Jean Gardien jedoch nie dazu bereit gefunden.

ZWÖLFTES KAPITEL

Über die vielen von den unsrigen völlig verschiedenen Vogelarten Amerikas, die großen Fledermäuse, Bienen, die Fliegen, Mücken und das sonstige Ungeziefer in Brasilien

Auch dieses Kapitel über die Vögel, die von unseren Tuupinambaúlts ganz allgemein »Ura« genannt werden, will ich mit denen beginnen, die gut zu essen sind. Zunächst möchte ich erwähnen, daß die Wilden über sehr viele große Hennen verfügen, die bei uns als Truthennen und bei ihnen als »*Arignanussu*« bezeichnet werden. Seitdem die Portugiesen häufiger ins Land kommen, haben sie ihnen auch die Aufzucht normaler kleinerer Hühner beigebracht. Diese nennen sie »*Arignanmiri*«. Sie waren ihnen bisher unbekannt. Wie ich früher schon erwähnte, legen sie großen Wert auf weiße Hühner, deren Federn sie rot färben, um ihre Leiber damit zu schmücken. Beide Hühnerarten essen sie nur sehr selten. Ihrer Ansicht nach sind sogar die Eier, die sie »*Arignan-ropia*« nennen, giftig. Sahen sie, daß wir Spiegeleier zubereiteten, waren sie höchst erstaunt. Sie meinten, wir könnten nicht in Geduld abwarten, bis die Küken ausgebrütet sind, und das hielten sie für eine übertriebene Naschhaftigkeit. Verzehrt man ein Ei, so ißt man damit ein Huhn, das erst noch geboren werden soll. Die Eingeborenen beachten die Hühner kaum mehr als die Wildvögel und lassen sie ihre Eier legen, wohin sie wollen. Meistens bringen sie ihre Küken in die Wälder oder Gebüsche, in denen sie gebrütet haben. Die Frauen der Wilden können die jungen Truthähne leicht mit dem Eigelb der kleineren Hühner, wie sie bei uns üblich sind, aufziehen. Tatsächlich vermehren sich die Hühner in diesem Lande derart, daß man in den Orten und Dörfern, in welche die Fremden seltener kommen, schon für ein Messer, das vielleicht einen Carolus wert ist, eine Truthenne bekommt. Für noch weniger oder fünf bis sechs Angelhaken bekommt man drei oder vier normale kleine Hühner.

Mit diesen beiden Hühnerarten ernähren unsere Wilden die indischen Enten, die sie als Haustiere halten und »Upek« nennen. Unsere armen Tuupinambaúlts haben aber in ihrem Hirn die fixe Idee, daß, essen sie dieses Tier, das sich so schwerfällig fortbewegt, sie nicht schnell genug werden laufen können, falls sie von ihren Feinden gejagt oder verfolgt werden. Es bedarf schon großer Zungenfertigkeit, will man sie überreden, davon zu kosten. Aus dem gleichen Grund vermeiden sie alle wilden Tiere, die sich langsam fortbewegen — ebenso die Fische, die nicht schnell schwimmen, wie zum Beispiel den Rochen.

Was die Wildvögel betrifft, so fängt man in den Wäldern Tiere von der Größe eines Kapauns. Die Brasilianer nennen diese Tiere »Jakutin«, »Jakupen« und »Jakuuassu«. Sie alle haben schwarz und grau geflecktes Gefieder. Dem Geschmack nach könnte man sie für eine Fasanenart halten. Jedenfalls kann ich versichern, daß man sich ein besseres Fleisch als das der Jakus gar nicht wünschen kann.

Es gibt noch zwei weitere Sorten — und zwar vorzügliche —, die man hier »Muton« nennt. Sie haben die Größe und ein ähnliches Gefieder wie ein Pfau, und man trifft nur wenige an.

»Mokakoiia« und »Inambu-uassu« sind zwei Arten, die dem Rebhuhn ähneln, aber so groß wie unsere Gänse sind. Sie sind im Geschmack den vorher genannten Hühnern fast gleich.

Das trifft auch für die drei folgenden Arten zu: »*Inambu-miri*«, etwa von der Größe unseres Rebhuhns, »*Pegassu*«, der Größe einer Taube entsprechend, und »*Päkaku*«, in Turtel-taubengröße.

Nach Möglichkeit will ich mich kurz fassen, deshalb möchte ich jetzt nicht noch eingehend über die sonstigen Wildvögel spre-chen, die es dort in großen Mengen gibt. Sie leben zum Teil in den Wäldern, am Strand des Meeres, in den Sumpfgebieten oder über den Süßwasserflüssen. Damit komme ich zu den Vögeln, die im allgemeinen dort in Brasilien nicht als Nahrung dienen. Unter ihnen gibt es zwei, die etwas größer sind als die Raben. Wie fast alle Vögel Amerikas, sind ihre Füße und Schnäbel krumm wie bei Papageien, zu denen man sie zählen könnte. Was das Gefieder betrifft, so wird auch der Leser, hat er darüber gehört, der Ansicht sein, daß man in der ganzen Welt wohl keine prächtigeren Vögel finden kann. Bei ihrem Anblick muß man nicht — wie die Uneingeweihten — die Na-tur, sondern ihren bewundernswerten Schöpfer loben.

Nehmen wir zunächst den von den Wilden »*Arat*« genann-ten Vogel heraus. Die Federn seiner Flügel und seines Schwan-zes sind anderthalb Fuß lang. Zur Hälfte weisen sie ein feines Scharlachrot auf, während die andere in funkelndem Himmel-blau gehalten ist. Der Federkiel in der Mitte trennt die eine Farbe von der anderen. Der übrige Körper ist himmelblau. Wenn dieser Vogel in der Sonne sitzt, wo er sich meistens auf-hält, kann man den Blick kaum abwenden.

Ein anderer Vogel wird »*Kanidé*« genannt. Das Gefieder am Bauch und um den Hals ist von feinem Gelb, das wie Gold wirkt. Die Oberseite des Rückens, die Flügel und der Schwanz sind von einem unwahrscheinlich lebhaften Blau. Man möchte sagen, unten steckt er in goldener Seide und trägt darüber einen Mantel aus violettem Damast. Er bietet einen ganz ent-zückenden Anblick.

Dieser letztere wird von den Wilden meistens in ihren Lie-dern erwähnt, in denen sie oft wiederholen: »*Kanidé-june, Kanidé-june, heurauech*«, das heißt: »Ein gelber Vogel, ein

gelber Vogel«, denn »*june*« oder auch »*jup*« bedeutet in ihrer Sprache »gelb«. Obgleich diese beiden Vögel nicht gezähmt werden, pflegen sie doch häufiger in den großen Bäumen, die inmitten der Dörfer stehen, zu nisten als in den Wäldern. Unsere Tuupinambaúlts rupfen sie drei bis viermal im Jahr, und aus den prachtvollen Federn fertigen sie, wie ich schon an anderer Stelle sagte, Kleider, Hüte, Armbänder, Besatz für ihre Holzsäbel und andere Teile, mit denen sie ihre Körper schmükken. Viele dieser Federgegenstände hatte ich mit nach Frankreich gebracht. Darunter befand sich eine ganze Reihe dieser von der Natur so prächtig in roten und himmelblauen Farben gehaltenen Vogelschwänze. Als ich aber auf der Rückreise in Paris durchkam, wurde ich von einem Herrn aus der Umgebung des Königs so lange bedrängt, bis ich ihm die Sachen aushändigte.

Was die Papageien betrifft, so gibt es in Brasilien drei oder vier verschiedene Sorten. Die größte und die schönste Art wird von den Wilden »*Ajurus*« genannt. Ihr Kopf ist gelb, rot und violett gestreift, das Ende der Federn ist hochrosenrot, der Schwanz lang und gelb und der ganze übrige Körper grün. Von dieser Art sieht man in Europa nur wenige Exemplare. Außer dem prächtigen Gefieder haben sie auch den Vorzug, daß sie, wenn man sie entsprechend unterrichtet, am besten sprechen. Deshalb hat man an ihnen die meiste Freude. Einer unserer Dolmetscher zeigte mir einen dieser Papageien, den er schon drei Jahre bei sich hatte. Er sprach sowohl die Sprache der Wilden als auch französisch. Wenn man ihn nicht sah, konnte man seine Stimme von der eines Menschen nicht mehr unterscheiden.

Ich kann von einem noch größeren Wunder berichten. Es handelt sich um einen Papagei dieser Art, den eine zwei Meilen von unserer Insel entfernt lebende Eingeborenenfrau unterrichtet hatte. Man gewann den Eindruck, daß dieser Vogel das verstand und unterscheiden konnte, was seine Herrin sprach. Als wir dort durchkamen, sagte sie in ihrer Sprache zu uns: »Wenn ihr mir einen Kamm und einen Spiegel gebt, lasse ich sofort und in eurer Gegenwart meinen Papagei singen und tanzen.« Nachdem wir der Frau das Erbetene gegeben hatten, sprach sie sogleich mit dem Vogel. Dieser begann nicht nur Sprünge auf der Stange auszuführen, auf der er saß, sondern auch zu sprechen, zu pfeifen und das Verhalten der Wilden, wenn sie in den Krieg ziehen, auf unglaubliche Art nachzuahmen. Kurz, wenn seine Herrin zu ihm sagte: »sing!«, so sang er. Sagte sie: »tanz!«, so tanzte er. Wenn es der Frau nicht mehr gefiel oder wir ihr irgend etwas nicht geben wollten, sagte sie sofort in ziemlich scharfem Ton zu dem Vogel: »ogé!«, das heißt: »hör auf!« Dann sprach er kein Wort mehr, und wir konnten ihm sagen, was wir wollten. Mit nichts vermochten wir seine Füße oder seine Zunge in Bewegung zu bringen. Man denke nur einmal daran, wie sehr die alten Römer einen so wohlerzogenen Papagei geschätzt haben würden, da sie doch — wie *Plinius* berichtet — so weise waren, daß sie einem Raben, der jeden einzelnen beim Namen in ihrem Palais begrüßte, ein pompöses Begräbnis bereiteten. Sie sorgten auch dafür, daß sein Mörder mit dem Tod bestraft wurde. Auch diese Frau nannte ihren Papagei »*Cherimbané*«, das heißt: »ein Ding, das ich sehr liebhabe«. Sie schützte das Tier so, daß sie, als wir sie fragten, wieviel sie dafür haben wollte, spöttisch antwortete: »*Mokaúassu*«, das heißt: »eine Artillerie«. Es war völlig unmöglich, ihr den Vogel abzukaufen.

Die zweite Papageienart wird von den Wilden «*Marganaz*» genannt. Hier handelt es sich um diejenige Art, die am häufigsten nach Frankreich gebracht wird und die man dort auch im allgemeinen zu sehen bekommt. In Brasilien kommen sie ebenso zahlreich vor wie bei uns die Tauben. Ihr Fleisch ist zwar etwas zäh, doch haben sie den Geschmack des Rebhuhns. Oft haben wir uns an ihnen tüchtig satt gegessen.

Die Wilden bezeichnen die dritte Papageienart als »*Toüs*«, während sie von den Seeleuten der Normandie »*Moissons*« genannt werden. Sie sind nicht viel größer als die Stare. Was das Gefieder betrifft, so ist es, abgesehen von dem langen, mit Gelb vermischten Schwanz, am Körper ganz grün wie Porree.

Ehe ich den Bericht über die Papageien abschließe, möchte ich noch das erwähnen, was jemand in seiner Kosmographie gesagt hat. »Damit die Schlangen ihre Eier nicht fressen«, sagte dieser Autor, »hängen die Papageien ihre Nester an Baumäste.« Im Gegensatz dazu habe ich in Brasilien gesehen, daß sie die Nester in Aushöhlungen von Bäumen anlegen, und zwar rund und ziemlich fest. Ich nehme an, die obige Behauptung beruht auf einer Fabel, oder der Autor des Buches hat sie völlig frei erfunden.

Die sonstigen Vögel, die im Land unserer Amerikaner leben, gehören in erster Linie der Art an, die man dort als »*Tukan*« bezeichnet und die ich bei anderer Gelegenheit schon vorstehend erwähnt habe. Der Vogel hat die Größe einer Ringeltaube, sein ganzes Gefieder ist, mit Ausnahme der Brust, schwarz wie das einer Krähe. Die Brust aber ist, wie ich erwähnte, etwa vier Finger lang, drei Finger breit, gelb wie Safran und unten rot umrändert. Die Wilden ziehen sie ab, und sie muß ihnen zur Bedeckung und zur Verzierung der Wangen und anderer Körperteile dienen. Da sie diesen Schmuck meistens beim Tanz tragen, nennen sie ihn »*Tukanta-burassé*«, was »Feder zum Tanzen« bedeutet, und als solche wird sie von ihnen sehr geschätzt. Im übrigen besitzen sie große Mengen davon und tauschen ohne Schwierigkeiten Waren dafür ein, die von den Franzosen und Portugiesen in ihr Land gebracht werden.

Der Schnabel des Tukan-Vogels ist übrigens länger als der ganze Körper und verhältnismäßig grob. Man kann ihn nicht mit dem des Kranichs vergleichen, der völlig anders ist. Man muß ihn also für einen Schnabel ganz besonderer Art halten und zugleich auch für den gewaltigsten und unheimlichsten, den man bei allen Vögeln der Welt antrifft. Es dürfte nicht ohne Grund sein, daß *Balon*, als er ihn entdeckt hatte, ihn seiner Einmaligkeit wegen zeichnen ließ, und zwar am Ende seines dritten Bandes der Vögel. Zwar nennt er ihn nicht, aber das, was dort gezeichnet ist, muß der Schnabel des Tukans sein.

In Brasilien gibt es auch noch eine andere Sorte davon. Sie hat die Größe einer Amsel und ist schwarz wie diese, außer auf der Brust, die rot wie Ochsenblut ist. Die Wilden ziehen auch diesem Vogel wie dem vorhergenannten die Brust ab. Sie nennen ihn »*Panon*«.

Ein anderer Vogel von der Größe einer Drossel heißt bei den Eingeborenen »*Kwiampian*«. Sein ganzes Gefieder ist rot wie Scharlach.

Auf keinen Fall dürfen wir den Vogel vergessen, den die Wilden »*Gonambüsch*« nennen. Er ist wirklich ein seltsames Wunder und ein Muster an Kleinheit. Sein Gefieder ist weißlich und leuchtend. Sein Körper ist nicht viel größer als der einer Hornisse oder eines Hirschkäfers. Trotzdem kann man seinen Gesang als unübertreffbar bezeichnen. Dieses winzige Vögelchen bewegt kaum die große Hirse, die von unseren Amerikanern als »*Avati*« bezeichnet wird, oder die anderen großen Kräuter, wenn es sich auf sie setzt. Sein Schnabel und seine Kehle sind ständig geöffnet. Wer diesen Vogel nicht gehört und nicht gesehen hat, wird niemals glauben, daß aus einem so kleinen Körper ein so freier und lauter — oder sagen wir: klarer und reiner — Gesang kommen kann, der dem der Nachtigall keineswegs nachsteht.

Ich kann hier unmöglich alle Vögel in ihren Einzelheiten beschreiben, die man in Brasilien zu sehen bekommt. Sie unterscheiden sich nicht nur von unseren europäischen Vogelarten, sondern weisen auch andere Farbzusammenstellungen wie rot, scharlach, hochrosenrot, violett, weiß, aschgrau, verschiedenartige Purpurfarben und so weiter auf. Zum Schluß aber will ich noch einen Vogel beschreiben, der von den Wilden — aus einem Grunde, den ich gleich erwähnen werde — sehr verehrt wird. Sie würden nicht nur ungemein betrübt sein, wenn sie diesem Tier ein Leid zufügten, sondern es dem, der ein Tier dieser Art getötet hat, auch heimzahlen.

Der erwähnte Vogel ist nicht viel größer als eine Taube und hat ein aschgraues Gefieder. Nun will ich aber noch kurz das Geheimnis streifen, von dem der Vogel umgeben ist. Seine durchdringende Stimme klingt noch kläglicher als der Schrei einer Nachteule. Unsere armen Tuupinambaúlts hörten den Vogel häufiger des Nachts schreien als am Tage. Sie hatten aber die fixe Idee, daß ihnen ihre Vorfahren und verstorbenen Freunde die Vögel schickten und durch sie Glück bereiten wollten. Gleichzeitig sollten die Vögel sie ermutigen, sich im Krieg gegen ihre Feinde tapfer zu verhalten. Sie glauben fest daran, daß sie, beachten sie diese Mahnungen, nicht nur in dieser Welt ihre Feinde besiegen, sondern ihre Seelen — sind sie gestorben — hinter den Bergen ihre Vorfahren aufsuchen und mit ihnen tanzen werden.

Ich übernachtete einmal in einem Dorf, das von den Franzosen »Upec« genannt wurde. Als ich diese Vögel am Abend so kläglich schreien hörte, als ich sah, wie die armen Wilden ihnen so aufmerksam lauschten, wollte ich sie — da mir der Grund ja bekannt war — über ihre Torheit aufklären. Während ich mit ihnen sprach, ertappte ich mich dabei, wie ich einem Franzosen, der mich begleitete, zulachte. Der Erfolg war, daß ein Greis ziemlich barsch zu mir sagte: »Schweig und hindere uns nicht am Anhören der guten Nachrichten, die unsere Vorfahren uns jetzt verkünden lassen. Wir sind nämlich hoch erfreut, wenn wir diese Vögel hören, und neue Kraft strömt dadurch in uns ein.« Als wir, ohne etwas zu erwidern — denn das wäre verlorene Liebesmüh gewesen —, fortgingen, mußte ich an die denken, die die Lehre verbreiten, daß die aus dem Fegefeuer zurückkehrenden Seelen sie an ihre Pflicht erinnern sollen. Ich bin der Ansicht, daß das, was unsere armen verblendeten Amerikaner tun, immerhin noch erträglicher ist als ein solcher Humbug. Wie ich noch sagen werde, wenn ich von ihrer Religion spreche, glauben sie zwar an die Unsterblichkeit der Seele. Es fehlt aber noch viel daran, daß sie glauben, sie kehrten eines Tages — vom Körper getrennt — zurück. Sie sagen nur, daß die erwähnten Vögel ihre Boten sind. — Das wäre das, was ich über die Vögel Amerikas zu sagen habe.

In Brasilien gibt es aber auch noch Fledermäuse, die fast so groß sind wie bei uns die Dohlen. Nachts pflegen sie in die

Häuser einzudringen, und treffen sie dort schlafende Menschen an, deren Füße nicht bedeckt sind, so suchen sie sich mit Vorliebe die großen Zehen aus. Aus ihnen saugen sie das Blut — oft bis zu zwei Litern —, ohne daß der Betroffene etwas davon merkt. Beim Erwachen ist man dann am Morgen ganz verdutzt, stellt man am Fußende der Schlafstelle große Blutflecken fest. Wenn die Wilden das bemerken, so lachen sie nur darüber — ganz gleich, ob es einen der ihren oder einen Fremden betrifft. Auch ich habe selber mehrere Male eine solch unangenehme Überraschung erlebt. Neben dem Spott, der mir zuteil wurde, konnte ich durch die Verwundung an der sehr empfindlichen Spitze der großen Zehe — wiewohl der Schmerz nicht groß war — während der nächsten Tage die Stiefel nur mit Mühe anziehen. Die Bewohner von Cumana, das etwa zehn Grad diesseits des Äquators liegt, werden ebenfalls durch diese großen und häßlichen Fledermäuse belästigt. Hierüber berichtet der Autor der »Histoire générale des Indes Occidentales« eine amüsante Geschichte: »Es gab«, sagt er, »in Saint-Foy de Ciribici einen Klosterbruder, der an Brustfellentzündung litt. Man konnte die Vene nicht finden, um ihn zur Ader zu lassen, und daher gab man ihn vollkommen auf. In der Nacht kam aber eine Fledermaus, die ihn in die Ferse biß, die nicht bedeckt war. Das Tier trank sich nicht nur vollkommen satt, sondern ließ auch die Vene offen zurück. Der Blutverlust war so stark, daß der Patient wieder gesundete.« Ich möchte dem Historiker recht geben, wenn er sagt, daß sich die Fledermaus als ein amüsanter und geschickter Chirurg für den armen Kranken bewährt hat. Trotz des Schadens, den diese großen Fledermäuse Amerikas anrichten, zeigt der angeführte Fall, daß sie bei weitem nicht so gefährlich sind wie für die Griechen die Vampire, die, wie *Ovid* sagt (Fastes, Buch 6), das Blut der Kinder in der Wiege saugten. Deshalb wurden später die Zauberer und Hexenmeister mit diesem Namen bezeichnet.

Was die amerikanischen Bienen betrifft, so ähneln sie den unsrigen nicht, sondern vielmehr den kleinen schwarzen Fliegen, die wir im Sommer, besonders zur Zeit der Weinlese, bei uns haben. Sie bringen ihren Honig und ihr Wachs in die Wälder und dort in Baumhöhlen. Die Wilden verstehen sich darauf, Honig und Wachs einzusammeln. Beides miteinander vermischt, nennen sie »Ira-Ietik«, denn »Ira« bedeutet Honig und »Ietik« Wachs. Nachdem sie beides getrennt haben, essen sie den Honig, wie das auch bei uns üblich ist. Das Wachs ist fast pechschwarz, und sie pressen es in armdicke Rollen. Sie fertigen daraus aber weder Fackeln noch Kerzen, denn in der Nacht verwenden sie kein anderes Licht als das vermittels gewisser Hölzer, die eine ganz klare Flamme geben. Sie benutzen das Wachs in erster Linie, um die großen Holzbehälter abzudichten, in denen sie ihren Federschmuck aufbewahren, um ihn gegen eine gewisse Falterart zu schützen, die ihn sonst völlig verderben würde.

Da ich nun einmal bei diesen gelandet bin, will ich hier gleich die Tierchen beschreiben, die bei den Wilden «Aravers» heißen. Nicht viel größer sind sie als unsere Grillen. Nachts treten sie in der Nähe des Feuers in Scharen auf und pflegen alles anzunagen, was ihnen in den Weg kommt. Vor allem aber befallen sie die Kragen und die Schuhe aus Saffian, deren ganze Oberfläche sie abfressen. Diejenigen, die solche Sachen besaßen, fanden sie beim Erwachen am folgenden Morgen völlig weiß und abgefressen vor. Es sei auch noch folgendes erwähnt: Hatten wir am Abend Hühner oder anderes Geflügel gekocht, aber nicht sorgfältig aufbewahrt, so wurden sie von den Aravers bis auf die Knochen abgenagt. Wir konnten bestimmt damit rechnen, daß wir am folgenden Tage außer dem Gerippe nichts mehr vorfanden.

Die Wilden werden jedoch auch von einem kleinen wurmartigen Tier heimgesucht, das sie »Tu« nennen. Es befindet sich in der Erde und ist anfangs nicht einmal so groß wie ein kleiner Floh. Besonders setzt es sich unter den Nägeln der Zehen und der Finger fest. Dort ruft es urplötzlich — wie eine Milbe — ein Jucken hervor. Sorgt man nicht sehr sorgfältig für seine Beseitigung, bohrt es sich immer weiter voran. In kurzer Zeit schon hat es die Größe einer Erbse erreicht, so daß man es nur unter erheblichen Schmerzen herausreißen kann. Da die Wilden vollkommen nackt und barfuß gehen, werden sie natürlich von diesen kleinen Viechern sehr stark belästigt. Wir Franzosen hatten, wiewohl wir gut bekleidet und beschuht waren, so große Mühe, uns dieser Tiere zu erwehren, daß man mir häufig mehr als zwanzig an verschiedenen Körperteilen hat herausziehen müssen, wenngleich ich oft nach ihnen sorgfältig gesucht hatte. Ich habe auch Personen gekannt, die zu bequem waren, darauf zu achten. Sie waren derartig von diesen Flohbissen mitgenommen, daß nicht nur ihre Hände, Füße und Zehen zerbissen waren, sondern die Tierchen saßen auch in den Achselhöhlen und an anderen empfindlichen Stellen. Überall waren sie daher mit Schwellungen bedeckt, die Warzen glichen. Ich halte es für sicher, daß dieses kleine Ungeziefer mit dem identisch ist, das in der »Histoire générale des Indes Occidentales« als »Nigua« bezeichnet wird und das man auch auf der spanischen Halbinsel antrifft. Der Autor sagt darüber folgendes: »Die ›Nigua‹ ist wie ein kleiner Floh, der springt. Sie liebt sehr den Staub. Sie beißt nur an den Füßen, wo sie sich zwischen Haut und Fleisch einbohrt und dort Eier in so großer Menge legt, wie man das angesichts ihrer Kleinheit nicht für möglich halten sollte. Diese vermehren sich ihrerseits dann wieder derartig, daß man sie schließlich nicht mehr vertreiben kann, es sei denn mit Feuer und Eisen. Beseitigt man die Tiere aber rechtzeitig, so richten sie verhältnismäßig wenig Schaden an. Manche Spanier haben durch dieses Ungeziefer die Zehen und andere die ganzen Füße verloren.«

Um dem abzuhelfen, reiben sich unsere Amerikaner sowohl die Fußspitzen als auch andere Körperteile, in denen das Ungeziefer zu nisten pflegt, mit einem dicken und rötlichen Öl ein. Es wird aus einer Frucht gewonnen, die sie »Kurok« nennen und die fast wie eine Kastanie in der Schale aussieht. Wir taten während unseres Aufenthalts in Brasilien das gleiche. Ich muß noch hinzufügen, daß sich diese Salbe auch ausgezeichnet zur Heilung von Wunden, Brüchen und anderen Leiden eignet, die den menschlichen Körper befallen können. Die Wilden kennen diese guten Eigenschaften, und deshalb ist sie für sie ebenso kostbar wie für manche bei uns das sogenannte »heilige« Öl. Der Barbier an Bord des Schiffes, mit dem wir nach Frankreich zurückfuhren, hatte das Öl bei mehreren Gelegenheiten erprobt; er nahm zehn oder zwölf große damit angefüllte Töpfe mit. Ebenso brachte er Töpfe mit Menschenfett heim, das er eingesammelt hatte, als die Wilden ihre Kriegsgefangenen auf die Weise, über die ich an geeigneter Stelle noch berichten werde, brieten und rösteten.

Außerdem gibt es in Brasilien noch eine kleine Mückenart, die von den Eingeborenen »*Jetin*« genannt wird. Sie stechen — selbst durch leichte Kleidung — so heftig, daß man Nadelspitzen zu verspüren glaubt. Der Leser kann sich wohl denken, daß es sehr belustigend ist, wenn man die ganz nackten Wilden von diesen Tieren verfolgt sieht. Sie schlagen mit den Händen auf Gesäß, Oberschenkel, Schultern, Arme und sonstige Körperteile, so daß man sie für Kutscher halten kann, die ihre Pferde mit der Peitsche bearbeiten. Bei dieser Gelegenheit möchte ich noch erwähnen, daß man in Brasilien beim Umgraben von Erde und Steinen auch Skorpione findet. Obgleich sie viel kleiner als die sind, die man bei uns in der Provence antrifft, haben auch sie ihren giftigen und oft tödlichen Stachel. Das habe ich am eigenen Körper erfahren müssen. Da das Tier mit Vorliebe an saubere Sachen geht, passierte es eines Tages, als ich mein Baumwollbett gewaschen und im Freien nach Art der Eingeborenen aufgehängt hatte, daß mich ein Skorpion in den Mittelfinger der linken Hand biß. Das geschah, als ich mich gerade schlafen legen wollte; ich hatte den Skorpion nicht gesehen. Meine Hand schwoll sofort an. Wenn mir nicht einer unserer Apotheker, der Mückengift mit Öl in einem Fläschchen bei sich hatte, sogleich den Finger damit behandelt hätte, würde sich das Gift zweifellos durch den ganzen Körper verbreitet haben. Trotz dieses Mittels, das man für das wirksamste gegen Skorpionstiche hält, war die Infektion so stark, daß ich mich während der nächsten vierundzwanzig Stunden in so jämmerlichem Zustand befand, daß ich vor Schmerz nicht wußte, was

ich anfangen sollte. Werden die Wilden von Skorpionen gestochen, so verfahren sie nach dem gleichen Rezept. Wenn sie zum Beispiel mit dem Fuß gegen einen Stein stoßen und sich verletzen, beißen sie den Stein wie wütende Hunde. Deshalb stellen sie auch Tieren, die ihnen Schaden zufügen, ständig nach. Möglichst suchen sie ihr ganzes Land völlig von ihnen zu befreien.

Schließlich gibt es auch noch Erdkrabben, die von den Tuupinambaúlts »Ussa« genannt werden. Sie steigen in Schwärmen wie große Heuschrecken am Meeresstrand und in Sumpfgebieten auf. Sobald man sich solchen Orten nähert, sieht man die Tiere nach allen Seiten fliehen, um sich möglichst schnell in Löcher zu retten, die sie in Pfähle und Baumwurzeln bohren. Man kann sich kaum zurückziehen, ohne die Finger von ihren großen krummen Füßen tüchtig gezwickt zu bekommen. Trockenen Fußes kann man jedoch bis an ihre Löcher gehen, die nach oben gänzlich unbedeckt sind. Die Tiere sind übrigens viel magerer als die Seekrabben. Sie haben so gut wie gar kein Fleisch, und es schmeckt — man könnte sagen wie Kamelhaar — jedenfalls keineswegs gut.

DREIZEHNTES KAPITEL

Über verschiedene Fische, die bei den Wilden Amerikas sehr beliebt sind, und über deren Art, sie zu fischen

Um Wiederholungen nach Möglichkeit zu vermeiden, verweise ich den Leser auf die Stellen in früheren Kapiteln, in denen ich schon Walfische, Seeungeheuer, fliegende Fische und verschiedene andere Arten erwähnt habe. In diesem Kapitel werde ich besonders die bei unseren Amerikanern am häufigsten vorkommenden Fische herausgreifen, über die bisher noch nicht gesprochen wurde.

Zu Beginn meiner Ausführungen möchte ich sagen, daß die Wilden sämtliche Fische als »*Pira*« bezeichnen. Was die Arten betrifft, so haben sie zwei echte Seebarben, die sie »*Kurema*« und »*Parati*« nennen. Sie schmecken, werden sie gebraten, am allerbesten. Seit vielen Jahren hat man bei uns in der Loire und in anderen Flüssen festgestellt, daß die Seebarben vom Meer flußaufwärts schwimmen und gewöhnlich in Schwärmen auftreten. Sehen die Wilden diese Schwärme im Meer, so schießen sie mitten hinein, und fast immer durchbohren sie mehrere Fische mit ihren großen Pfeilen. So aneinander gefesselt, können die Fische nicht auf den Grund gehen, und die Wilden holen sie schwimmend herbei. Das Fleisch dieser Fische ist ziemlich bröcklig. Haben sie eine größere Menge beisammen, lassen sie es auf dem *Bukan* trocknen, zerkrümeln es und bereiten daraus ein recht gutes Mehl.

»*Kamuruponi-uassu*« ist ein ziemlich großer Fisch. »*Uassu*« bedeutet in brasilianischer Sprache groß und dick — je nachdem, wie man den Akzent setzt. Unsere Tuupinambaúlts erwähnen diese Fische meistens, wenn sie bei ihren Tänzen singen. Dabei wiederholen sie häufig: »*Pirauassu*« oder »*uesch: Kamuruponi-uessu a uesch*« usw. — Dieser Fisch schmeckt sehr gut.

Zwei andere Fischarten, die sie »*Uara*« und »*Akara-uassu*« nennen, haben fast die gleiche Größe wie der zuvor genannte, aber sie sind noch besser. Ich möchte sogar sagen, daß der Uara nicht weniger schmackhaft ist als unsere Bachforelle.

»*Akarapeh*« ist ein Plattfisch, der beim Kochen ein gelbes Fett absondert, das man als Soße dazu ißt. Das Fleisch ist ganz ausgezeichnet.

»*Akara-buten*« ist ein klebriger Fisch von brauner oder rötlicher Farbe. Er ist weniger kräftig als die vorstehend genannten Arten, und sein Geschmack ist dem Gaumen nicht besonders angenehm.

Ein anderer Fisch, den sie »*Pira-üposchi*« nennen, ist lang wie ein Aal und nicht gut. Letzteres wird in der Eingeborenensprache durch »*üposchi*« zum Ausdruck gebracht.

Was die Rochen betrifft, die im Geneuvre-Fluß und in der See davor gefangen werden, so sind sie größer als die, die man in der Normandie, der Bretagne und an anderen Orten hier zu sehen bekommt. Im übrigen haben sie zwei ziemlich lange Hörner, fünf oder sechs Einkerbungen unter dem Bauch (die man für künstlich halten könnte) und einen langen und schlanken Schwanz. Dabei sind diese Tiere, wie ich einmal selbst erfahren habe, gefährlich und giftig. Wir hatten einen Rochen gefangen und in unser Boot gezogen. Er stach einen meiner Gefährten ins Bein, und die Stelle wurde sofort rot und schwoll an. Das wäre kurz das Wichtigste über gewisse Seefische Amerikas, deren Zahl übrigens ungeheuer groß ist.

Ferner wimmelt es in den Süßwasserflüssen dieses Landes von zahllosen kleinen und mittleren Fischen. Die Wilden nennen sie im allgemeinen »Pira-miri« (denn »miri« bedeutet in ihrer Mundart »klein«). Ich will hier nur zwei seltsam mißgestaltete Sorten beschreiben.

Der erste dieser Fische, den die Wilden »Tamu-ata« nennen, ist im allgemeinen nur einen halben Fuß lang, und sein Kopf ist sehr groß — im Vergleich zum übrigen Körper sogar ungeheuer groß. Er hat zwei Reihen von fühlerartigen Barthaaren, seine Zähne sind spitzer als die des Hechts, und die Gräten sind sehr spitz. Der ganze Körper ist mit Schuppen besetzt. Diese sind — ähnlich wie bei dem an anderer Stelle erwähnten, Tatu genannten Landtier — so widerstandsfähig, daß ich nicht glaube, ein Säbelhieb könnte ihnen etwas anhaben. Das Fleisch ist sehr zart, gut und schmackhaft.

Der andere Fisch wird von den Wilden »Panapana« genannt und ist von mittlerer Größe. Sein Körper, sein Schwanz und seine rauhe Haut ähneln denen des See-Haifisches. Außerdem hat er einen ganz platten, buntscheckigen und seltsam geformten Kopf, der in zwei Teile geteilt ist, als habe ihn jemand absichtlich gespalten. Einen abscheulicheren Fischkopf kann man sich kaum vorstellen.

Ich habe bereits erwähnt, wie die Wilden fischen. Die Seebarben und alle anderen Fischarten, die sie im Wasser erkennen können, schießen sie mit Pfeilen. Die Eingeborenen sind gute Schwimmer. Nicht nur die amerikanischen Männer und Frauen schwimmen nach Art der Pudel, um ihre Fischbeute aus dem Wasser zu holen. Auch die kleinen Kinder begeben sich, sobald sie laufen können, in die Flüsse oder an den Meeresstrand, wo sie sich zunächst wie Frösche und dann wie kleine Enten bewegen. Als Beispiel hierfür möchte ich kurz folgendes schildern: Als wir eines Tages auf einer Plattform unseres Forts promenierten, sahen wir, wie auf See ein aus Baumrinde gefertigtes Boot— wie ich es an anderer Stelle noch beschreiben werde — kenterte. In ihm saßen mehr als dreißig Wilde — große und kleine —, die uns besuchen wollten. Um ihnen zu helfen, begaben wir uns in größter Eile mit einem Boot in ihre Nähe. Wir trafen sie an der vermeintlichen Unglücksstelle im Wasser schwimmend und lachend an. Einer von ihnen sagte zu uns: »Und wohin wollt ihr so eilig, ihr Mairs« (so nennen sie die Franzosen)? — »Wir kommen«, sagten wir, »um euch zu retten und aus dem Wasser zu holen.« — »Da sind wir euch«, sagte er, »sehr dankbar. Wenn ihr aber glaubt, daß wir, weil wir ins Wasser gefallen sind, Gefahr laufen, zu ertrinken, so irrt ihr. Wie ihr uns hier seht, können wir, ohne Fuß zu fassen oder an Land zu gehen, acht Tage lang auf dem Meer bleiben. Wir haben bestimmt keine Angst vor dem Ertrinken. Viel eher wäre es möglich, daß wir von großen Fischen unter Wasser gezerrt werden.« Auch die anderen, die allesamt mühelos wie die Fische schwammen, machten sich, als sie von ihrem Gefährten den Grund hörten, weshalb wir so hastig herbeigeeilt waren, über uns lustig und lachten unter Prusten und Schnaufen so herzhaft, daß wir glaubten, einen Schwarm Schweinsfische vor uns zu haben. Als wir nur noch eine Viertelmeile von unserem Fort entfernt waren, fanden sich einzig vier oder fünf Eingeborene bereit, in unser Boot zu steigen; das geschah aber mehr, weil sie sich mit uns unterhalten wollten als aus Angst vor der Gefahr. Ich beobachtete, daß uns die anderen zuweilen vorauseilten. Sie schwammen sehr schnell, und hin und wieder blieben sie auf dem Wasser liegen, um

sich auszuruhen. Ihr Boot aus Baumrinde, einige Baumwollbetten, Lebensmittel und andere Dinge, die sie uns bringen
wollten, versanken. Deswegen machten sie sich aber nicht mehr
Sorgen, als wir es um einen verlorenen Apfel tun würden. »Es
gibt ja noch mehr davon in unserem Land«, sagten sie.

Wenn ich von der Fischerei der Wilden spreche, möchte ich
das nicht zu erzählen vergessen, was ich von einem Eingeborenen gehört habe. Eines Tages war er bei ruhigem Wetter mit
anderen in einem Boot aus Baumrinde ziemlich weit draußen
auf dem Meer. Da kam ein großer Fisch und packte mit seiner
Flosse den Bordrand des Bootes. Nach Ansicht des Berichten-
den wollte der Fisch entweder das Boot zum Kentern bringen
oder sich hineinschwingen. »Als ich das sah«, erzählte er,
»schnitt ich ihm blitzschnell mit einem Messer die Flosse ab.
Diese Flosse fiel in unser Boot, und wir sahen, daß sie fünf
Finger hatte, als wäre es die Hand eines Menschen. In seinem
Schmerz steckte der Fisch den Kopf aus dem Wasser. Dieser
Kopf hatte ganz deutlich menschliche Formen und stieß einen
kleinen Schrei aus.« Der Leser möge über diesen recht seltsamen Bericht des erwähnten Amerikaners philosophieren, ob
es, entsprechend der allgemeinen Ansicht, im Meer tatsächlich
alle möglichen Tierarten gibt, die man auch auf dem Land zu
sehen bekommt und die von manchen als Tritone und Sirenen
bezeichnet werden, und ob es sich hier vielleicht um ein solches
Wesen, um einen See-Affen oder eine See-Meerkatze handelt,
dem oder der dieser Wilde eine Hand abgeschnitten zu haben
behauptete. Ohne das, was es ja immerhin geben könnte, ins
Reich der Fabel zu verbannen, muß ich meinerseits gestehen,
daß ich nichts Derartiges habe feststellen können. Weder während der neun Monate, die ich auf hoher See zugebracht, noch
während der vielen Fahrten, die ich an der brasilianischen
Küste durchgeführt habe, sah ich (unter zahllosen Arten, die
wir gefangen haben) jemals einen Fisch, der so sehr dem
Menschen geähnelt hätte.

Um nun aber das abzuschließen, was ich über die Fischerei
bei unseren Tuupinambaúlts gesagt habe, möchte ich noch er-

gänzen: Außer dem Fischfang mit Hilfe ihrer Pfeile, den ich schon erwähnt habe, bedienen sie sich auch ihrer alten Methode, indem sie Angelhaken aus dornigen Sträuchern und Leinen aus einem von ihnen »Tukon« genannten Gras verfertigen. Das letztere wird wie Hanf gebrochen (gepocht) und ist viel stärker als Hanf. Hiermit fischen sie nicht nur an den Ufern der Flüsse und Gewässer, sondern sie fahren auch hinaus aufs Meer und die Süßwasserflüsse aufwärts. Dazu benutzen sie eine bestimmte Art von Flößen, die sie »Piperis« nennen. Das sind fünf bis sechs runde und mehr als armdicke Stangen, die durch junge gedrehte Hölzer verbunden und fest zusammengebunden sind. Auf diese Fahrzeuge setzen sie sich rittlings mit ausgestreckten Schenkeln und Beinen. Sie lenken ihre Fahrzeuge nach Belieben mit Hilfe eines flachen Stockes, der ihnen als Ruder dient. Diese Piperis sind kaum einen Faden lang und nur etwa zwei Fuß breit. Einen richtigen Sturm können sie nicht aushalten. Ferner kann auf einem jeden immer nur ein Mann Platz finden. Sieht man unsere Wilden völlig nackt auf der See verstreut fischen, so sehen sie von weitem wie Affen oder richtiger — da sie so klein erscheinen — wie Frösche aus, die auf im Wasser treibenden Holzstückchen sitzen. Die etwa nach der Art der Orgelpfeifen angeordneten Flöße lassen sich sehr schnell herstellen, andererseits schwimmen sie wie grobes Flechtwerk und können nicht untergehen. Dabei kommt mir die Idee, daß sie — würde man sie bei uns herstellen — ein gutes und sicheres Mittel wären, um mit ihnen Flüsse, Sumpfgebiete, stehende oder ganz langsam fließende Gewässer zu passieren. Handelt es sich um die eilige Überwindung solcher Hindernisse, so ist man oft in ziemlicher Verlegenheit.

Ich muß noch erwähnen, daß uns unsere Wilden häufig mit Netzen fischen sahen, die wir aus Europa mitgebracht hatten und die sie »Püissa-uassu« nennen. Es machte ihnen nicht nur sehr viel Spaß, uns dabei zu helfen, zumal sie sahen, daß wir schon nach einmaligem Auswerfen der Netze eine große Menge Fische erbeuteten, sondern sie verstanden sich auch, ließen wir ihnen einmal freie Hand, recht gut auf diese Art des Fischens. Seit die Franzosen dort verkehren und die Brasilianer durch die ihnen gelieferten Bequemlichkeiten mancherlei Vorteile haben, sind die Eingeborenen voll des Lobes. So waren sie zum Beispiel früher — wie ich schon sagte — gezwungen, mühsam Dornen statt Angelhaken an ihre aus Gras gefertigten Leinen zu heften, während sie jetzt — dank der Franzosen — über die nette Erfindung der kleinen Eisenhaken verfügen, wodurch das Fischen ihnen sehr erleichtert wird.

Wie ich schon an anderer Stelle sagte, sind die kleinen Jungen in Brasilien darauf dressiert, den Fremden zu sagen: »De Agatorem, amabe pinda«, das besagt: »Du bist gut, gib mir Angelhaken.« »Agatorem« heißt nämlich in ihrer Sprache »gut«, während »amabe« »gib mir« bedeutet und »pinda« der Ausdruck für einen Angelhaken ist. Wenn man ihnen das Gewünschte nicht gibt, drehen sich die Racker trotzig um und entgegnen einem: » De engaipa-aiuka«, das heißt: »Du taugst nichts, man sollte dich töten.«

Will man sich mit den Großen oder Kleinen auf guten Fuß stellen, darf man ihnen nichts verweigern. Allerdings sind sie nicht undankbar, besonders die Greise nicht. Wenn man gar nicht mehr daran denkt, entsinnen sie sich des Geschenkes, das man ihnen gemacht hat, und geben einem irgend etwas als Gegenleistung.

Soweit ich beobachten konnte, lieben sie frohe, lustige und freigebige Menschen, während die schweigsamen, knauserigen und melancholischen Leute ihnen verhaßt sind. Den Hartherzigen, Grüblern, den Streitsüchtigen und den Egoisten kann ich also sagen, daß sie bei unseren Tuupinambaúlts nicht willkommen sein werden, denn von Natur aus verachten sie diese Art von Menschen.

VIERZEHNTES KAPITEL

Von den Bäumen, Sträuchern, Wurzeln und auserlesenen Früchten, die das Land Brasilien hervorbringt

Vorstehend haben wir über die tierischen Vierfüßler, die Vögel, Fische, Reptilien und sonstigen Lebewesen, die Bewegung und Gefühl haben, gesprochen, soweit man sie in Amerika zu sehen bekommt. Ehe ich nun auf die Religion, den Krieg, auf die Gesellschaftsordnung und was sonst über unsere Wilden noch zu sagen wäre, zu sprechen komme, will ich die Beschreibung der Bäume, Sträucher, Pflanzen, der Früchte und der Wurzeln — kurz gesagt der Flora, die wir in jenem Lande antreffen — fortsetzen.

An erster Stelle wäre da der berühmteste und jetzt bei uns am meisten bekannte Baum zu nennen, der das Brasilholz liefert (und nach dem das Land für uns seinen Namen bekommen hat). Die Farbe, die man daraus herstellt, ist überall hoch geschätzt, und ich werde sie hier ebenfalls beschreiben. Dieser Baum, den die Wilden »*Arabutan*« nennen, wächst zumeist so hoch und so weit verzweigt, wie in unseren Wäldern die Eichen. Man findet sehr große Exemplare, so daß drei Männer kaum den Stamm umfassen können. Was die Größe der Bäume betrifft, so sagt der Autor der »*Histoire générale des Indes Occidentales*«, daß man in jenen Gegenden Bäume gesehen hat, von denen der eine mehr als acht Klafter und der andere mehr als sechzehn Klafter Umfang hatte: »Der erstgenannte«, schreibt er, »war so hoch, daß man keinen Stein darüber hätte werfen können. Ein Kazika hatte auf ihm sein Quartier eingerichtet, um in Sicherheit zu sein. Die Spanier, die ihn dort wie einen Storch nisten sahen, brachen in schallendes Gelächter aus.« Er beschrieb den letztgenannten Baum als ein ganz besonderes Wunder.

Der gleiche Autor berichtet auch, daß es im Lande Nicaragua einen Baum gibt, der »*Zerba*« genannt wird. So dick wird er, daß ihn fünfzehn Männer nicht umfassen können. — Um aber auf unseren Brasilholzbaum zurückzukommen, ähnelt sein Blatt dem des Buchsbaumes, seine Farbe ist aber eher ein heiteres Grün. Dieser Baum trägt keinerlei Früchte.

An dieser Stelle möchte ich noch kurz etwas über die Art und Weise erwähnen, auf die man die Schiffe mit diesem Holz belädt. Das Holz ist außergewöhnlich hart und daher sehr schwer zu schneiden. Für seinen Transport fehlt es in diesem Lande an Pferden, Eseln und ähnlichen Tieren. Man ist also wesentlich auf die menschliche Kraft angewiesen. Erhielten die hierzulande reisenden Fremden nicht Hilfe von den Wilden, könnten sie in einem Jahre kaum ein halbes Schiff beladen.

Die Wilden schneiden, sägen und spalten das Brasilholz, teilen es ein in Viertelellen und geben ihm eine runde Form. Das alles tun sie für einige Wollstoffe, Seidenhemden, Hüte, Messer und andere Gegenstände, die man ihnen dafür als Entgelt gibt. Für ihre Arbeit benutzen sie Äxte, Eisenstangen und anderes Werkzeug, das ihnen Franzosen und andere dort befindliche Europäer geben. Dann tragen sie das Holz auf ihren Schultern, ganz nackt, meist über Entfernungen von ein bis zwei Meilen über Berge und schwieriges Gelände bis heran an die Meeresküste zu den Schiffen. Dort übernehmen die Matrosen der vor Anker liegenden Schiffe das Holz. Ich erwähne besonders, daß die Wilden, seit die Franzosen und Portugiesen in ihrem Land verkehren, das Brasilholz schneiden. Wie mir ein Greis erzählte, hatten sie früher kaum ein anderes Mittel zum Fällen eines Baumes, als den Stamm unten in Brand zu setzen. Es gibt bei uns in Frankreich Leute, die glauben, die runden Klötze, die man bei den Händlern sieht, entsprächen der Dicke der Bäume. Da irren sie sich aber. Ich habe ja schon gesagt, daß es sehr starke Bäume gibt, und ich erwähnte, daß die Wilden — des leichteren Transportes wegen — die Hölzer zuschneiden und abrunden. In dieser Form läßt sich das Holz an Bord der Schiffe auch leichter handhaben.

Im übrigen haben wir während der ganzen Zeit, die wir in jenem Land verbrachten, manches Feuer mit diesem Brasilholz

entfacht. Dabei habe ich festgestellt, daß es, im Gegensatz zu den meisten anderen Hölzern, keinerlei Feuchtigkeit enthält. Von Natur aus ist es trocken und verbrennt fast oder vollkommen rauchlos.

Eines Tages wollte ein Angehöriger unserer Gruppe unsere Hemden bleichen. Nichts Böses ahnend, mischte er zu diesem Zweck die Asche von Brasilholz in die Lauge. Anstatt die Wäsche zu bleichen, färbte es sie so rot, daß kein Waschen und Seifen die Farbe wieder herausbrachte. Wir mußten die Hemden, so wie sie waren, tragen. Bei uns schicken viele ihre Hemden und gefalteten Kragen zum Bleichen nach Flandern. Wenn sie mir nicht glauben wollen, steht es ihnen frei, einen praktischen Versuch zu unternehmen. Sollen ihre großen Halskrausen (besser gesagt: ihre Sabberlätzchen, wie man sie jetzt trägt und die eine Breite von mehr als einem halben Fuß haben) noch farbenprächtiger wirken, so können sie diese ja vorher grün färben.

Unsere Tuupinambaúlts machen sich sehr darüber lustig, daß die Franzosen und sonstigen Europäer sich soviel Mühe machen, um ihr Arabotan, das heißt Brasilholz, zu holen. Einmal stellte mir einer ihrer Greise die folgende Frage: »Was hat es zu bedeuten, daß ihr Mairs und Peros — das heißt Franzosen und Portugiesen — von so weit her kommt, um Holz zum Heizen zu holen? Gibt es denn in eurem Lande kein Holz?« Ich antwortete ihm, wir hätten sogar sehr große Holzmengen. Es wären aber andere Sorten und kein Brasilholz. Ich sagte auch, daß wir es nicht verbrennen, wie er glaube, sondern die Unseren es zur Herstellung von Farben gebrauchen (so wie sie es ja auch zum Färben ihrer Baumwollstreifen, Federn und sonstiger Dinge benutzen). Er antwortete: »Ja, aber braucht ihr denn so viel Holz?« — »Ja«, sagte ich, »denn es gibt in unserem Land Kaufleute, die mehr Wollstoffe, rote Tücher und auch (ich suchte stets in ihm bekannten Begriffen zu sprechen) mehr Messer, Scheren, Spiegel und sonstige Waren haben, als ihr jemals hier gesehen habt. Ein einziger dieser Kaufleute kauft gleich mehrere Schiffsladungen Brasilholz auf.« — »Ha, ha«, lachte mein Wilder, »da erzählst du ja wunderbare Dinge!« — Nachdem er alles, was ich ihm erzählt, verarbeitet hatte, fragte er weiter: »Dieser so reiche Mann, von dem du soeben berichtet hast, stirbt wohl nie?« — »O ja«, sagte ich, »ebenso wie alle anderen Menschen.« — Die Eingeborenen schwatzen gern und verfolgen jede Angelegenheit bis zum Schluß. Deshalb fragte der Mann auch sofort: »Und wenn er stirbt, wem gehören dann all die Sachen, die er hinterläßt?« — »Seinen Kindern, soweit er solche hat, und sonst seinen Brüdern, Schwestern oder den nächsten Verwandten.« — »Aha«, sagte darauf mein Greis (der, wie man gesehen haben wird, keinesfalls auf den Kopf gefallen war), »jetzt verstehe ich, daß ihr Mairs — das heißt: ihr Franzosen — große Dummköpfe seid. Müßt ihr euch denn so große Mühe machen, das Meer zu überqueren, auf dem ihr (wie du mir bei eurer Ankunft erzählt hast) so viel Schlimmes erleiden mußtet, um Reichtümer zu sammeln? Die Erde, die euch ernährt hat, ist doch wohl groß genug, um auch sie zu ernähren. Auch wir haben«, fügte er dann hinzu, »Verwandte und Kinder, die wir, wie du siehst, lieben und verwöhnen. Wir verlassen uns aber darauf, daß nach unserem Tod die Erde, die uns ernährt hat, auch sie ernähren wird. Damit beruhigen wir uns und machen uns darüber weiter keine Sorgen.« — Das sind, in großen Zügen, die wahren Worte, die ich aus dem Mund eines armen amerikanischen Wilden gehört habe. Diese Nation, die wir für so barbarisch halten, macht sich über die lustig, die unter Lebensgefahr das Meer überqueren, um Brasilholz zu holen und sich dadurch zu bereichern. So blind dieses Volk sein mag, so verläßt es sich mehr auf die Natur und deren Fruchtbarkeit als wir auf die Macht und die Vorsehung des Allmächtigen. Diese Nation erhebt sich zum Richter über die unter der Bezeichnung »Christen« auftretenden Räuber, deren Land einen solchen Überfluß an Lebewesen hat, während ihr Land daran Mangel leidet. Deshalb hassen unsere Tuupinambaúlts die Geizigen so sehr. Möge es Gott gefallen, daß diese Leute bei ihnen eine Seltenheit bleiben. Die Wilden würden sich der

Dämonen und Furien bedienen, um unsere unersättlich Raffgierigen, die nie genug bekommen können und hier nur das Blut und Mark der anderen saugen, tüchtig zu quälen. Diese kleine Abschweifung zugunsten der Wilden mußte ich zu unserer großen Schande unternehmen, um die Sorglosigkeit zu erklären, die sie den Dingen dieser Welt gegenüber stets an den Tag legen.

Vielleicht kann ich meine Ansicht in dieser Sache noch durch das ergänzen, was der Autor der »Histoire générale des Indes Occidentales« von einer wilden Völkerschaft in Peru schreibt: »Als die Spanier in diesen Ländern anfangs herumstreiften, kamen sie den Wilden verächtlich und so verhätschelt vor, daß sie fürchteten, sie würden ihnen ihre alten Gebräuche verderben und abändern. Sie wollten nicht mit ihnen zusammenkommen und bezeichneten sie als ›Schaum des Meeres‹, ›Menschen ohne Vater‹, ›Ruhelose Männer‹, die sich nirgends aufhalten können, um den Boden zu bearbeiten, damit sie etwas zu essen haben.«

Um nun unsere Beschreibung der Bäume des Landes Amerika fortzusetzen, sei erwähnt, daß es dort vier oder fünf Palmenarten gibt. Die bekannteste Art ist wohl die, die von den Wilden »Geraú« genannt wird. Eine andere Art heißt »Üri«. Weder auf der einen noch auf der anderen habe ich je Datteln gesehen, und ich glaube, daß sie gar keine hervorbringen. Es stimmt zwar, daß die Üri eine runde, schlehenartige Frucht trägt, die sehr eng und dicht beieinander angeordnet ist; man könnte sagen: wie eine recht große Traube. An einer Traube hängt so viel, daß es ein Mann gerade abnehmen und in seiner Hand forttragen kann. Aber nur der Kern ist gut. Er ist etwa so groß wie der einer Kirsche. Ferner befindet sich zwischen den Blättern an der Spitze der jungen Palmenbäume eine weiße Knospe, die wir abpflückten, um sie zu essen. Sieur du Pont, der an Hämorrhoiden litt, sagte, er benutze die Knospe als Arzneimittel. Das möchte ich zur Kenntnis der Ärzte bringen.

Ein anderer Baum, den die Wilden »*Airy*« nennen, besitzt Blätter, die denen der Palme gleichen und deren Stiele ringsherum mit Stacheln besetzt sind, die wie Nadeln dünn und spitz sind. Der Baum trägt eine Frucht von mittlerer Größe, in der sich ein schneeweißer Kern befindet, der indes nicht gut zu essen ist. Meiner Ansicht nach handelt es sich hier um eine Art Ebenholzbaum. Er ist nämlich schwarz, und die Wilden fertigen aus ihm, wegen seiner Härte, Säbel und Holzkeulen sowie einen Teil ihrer Pfeile (die ich beschreiben werde, ist die Rede von ihrer Kriegsführung). Dieses Holz ist außerdem, ist es bearbeitet, glatt und blank. Es ist so schwer, daß es versinkt, wirft man es ins Wasser.

Ehe ich fortfahre, möchte ich noch erwähnen, daß man dort in Amerika viele farbige Holzarten antrifft. Die Namen all dieser Bäume allerdings sind mir nicht bekannt. Bäume habe ich gesehen, die ebenso gelb wie der Buchsbaum waren. Andere wiesen ein natürliches Violett auf. Davon habe ich einige Proben mit nach Frankreich gebracht. Andere Sorten sind rot wie Brasilholz, und die Wilden fertigen aus ihnen ebenfalls Holzsäbel und Bogen an. Es gibt zudem einen Baum, dessen Fuß völlig dem des Nußbaumes gleicht, er trägt aber keine Nüsse. Ich habe gesehen, daß Bretter von ihm, sind sie bearbeitet und zu Möbeln zusammengesetzt, die gleiche Maserung wie Nußbaumholz aufweisen. Ferner findet man gewisse Sorten, deren Blätter dicker als ein Teston sind. Die Blätter anderer Bäume werden bis zu anderthalb Fuß breit. Außerdem gibt es noch eine ganze Reihe anderer Arten, doch würde es zu weit führen, wollte man alle hier einzeln aufführen.

Vor allem aber möchte ich darauf hinweisen, daß es in Brasilien einen Baum gibt, der die Schönheit mit einem köstlichen Duft vereint. Wenn die Zimmerleute ihn fällten oder abhobelten und wir Hobelspäne oder Holzstückchen in die Hand nahmen, hatten wir ganz den Eindruck, als würden wir richtigen Rosenduft einatmen. Ein anderer Baum dagegen, den die Wilden »*Auai*« nennen, stinkt und riecht so stark nach Knoblauch, daß man — schneidet man ihn oder legt an ihn Feuer — nicht in seiner Nähe bleiben kann. Der erwähnte Baum hat Blätter, die denen des Apfelbaumes gleichen. Seine Frucht, die entfernt der einer Wassernuß ähnelt — und mehr noch der darin befindliche Kern —, ist übrigens so giftig, daß man, ißt man davon, sofort die Wirkung eines richtigen Giftes verspürt. Dies ist übrigens der Baum, aus dessen Früchten die Amerikaner die Schellen anfertigen, die sie um die Beine binden. Deshalb schätzen sie den Baum sehr. An dieser Stelle muß bemerkt werden: Obgleich das Land Brasilien — wie wir in dem entsprechenden Kapitel noch sehen werden — viele gute und sogar hervorragende Früchte hervorbringt, gibt es doch eine Reihe von Bäumen, deren Früchte zwar prachtvoll anzusehen, aber nicht gut zu essen sind. Vornehmlich an der Küste gibt es viele Sträucher, die Früchte tragen, die etwa unserer Mispel ähneln und die zu essen sehr gefährlich ist. Sobald die Wilden sehen, daß sich Franzosen oder sonstige Ausländer diesen Bäumen nähern, um ihre Früchte einzusammeln, sagen sie in ihrer Sprache »üpahi«, das heißt: »es ist nicht gut«. So warnen sie die Fremden.

Der »Hiüuaré-Baum hat eine etwa einen halben Finger dicke Rinde; seine Frucht ist angenehm zu essen, besonders, wenn sie frisch gepflückt ist. Es ist in ihnen (wie mir zwei Apotheker versicherten, die an Bord unseres Schiffes waren) eine Art Guajak-Harz. Die Wilden verwenden es denn auch als Mittel gegen eine von ihnen »Pians« genannte Krankheit, die, wie ich noch an anderer Stelle berichten werde, ebenso gefährlich bei ihnen ist wie bei uns die Syphilis.

Der von den Wilden »Schoüne« genannte Baum ist von mittlerer Größe. Seine Blätter haben fast die gleichen Ausmaße und sind ebenso grün wie die des Lorbeerbaumes. Er trägt Früchte von der Größe eines Kinderkopfes, die die Form eines Straußeneies haben, aber nicht gut zu essen sind. Die Frucht hat eine harte Schale. Sie durchbohren sie in der Längs- und Querrichtung und fertigen daraus das »Maraka« genannte Instrument an (das ich schon erwähnt habe und auch später noch erwähnen werde). Aus dieser Frucht verfertigen die Eingeborenen auch die Schalen, aus denen sie trinken, sowie sonstige kleine Gefäße, die sie für andere Zwecke benötigen. Zu diesem Zweck wird die Frucht ausgehöhlt und in der Mitte gespalten.

In Brasilien gibt es zudem noch einen von den Wilden »Sabokaïé« genannten Baum. Seine Frucht ist größer als zwei Fäuste und hat die Form eines Bechers. In ihr sitzen gewisse kleine Kerne, die wie Mandeln aussehen und auch fast den gleichen Geschmack haben. Im übrigen eignet sich die Schale dieser Frucht sehr gut zur Herstellung von Gefäßen. Ich vermute, es handelt sich hier um das, was wir indische Nüsse nennen. Sind sie zu der Form, die man haben will, verarbeitet, werden sie meistens mit Silber eingefaßt. Als wir in Brasilien waren, hat ein gewisser *Pierre Bordon,* ein ausgezeichneter Drechsler, eine Reihe schöner Vasen und sonstiger Gefäße sowohl aus den Früchten des Sabokaïé als auch aus Farbhölzern angefertigt. Er schenkte sie Villegagnon, der sie sehr zu schätzen wußte. Leider wurde der arme Kerl von ihm sehr schlecht belohnt. Wie ich schon sagte, gehörte er zu denen, die Villegagnon wegen des Evangeliums im Meer ertränken ließ.

Außerdem gibt es in jenem Lande einen Baum, der sehr hoch wächst — wie etwa bei uns die Ebereschen. Er trägt eine Frucht, die von den Wilden »*Akaju*« genannt wird. Sie hat die Größe und Form eines Hühnereies. Ist die Frucht reif, hat sie eine Farbe, die noch gelber ist als die einer Quitte; sie ist gut zu essen. Ihr Saft ist etwas säuerlich, aber trotzdem angenehm im Munde. Ist einem heiß, kann man sich kein angenehmeres Erfrischungsgetränk denken. Jedoch ist es nicht leicht, die Früchte von den großen Bäumen abzunehmen. Nur dann konnten wir sie bekommen, wenn die Affen auf die Bäume kletterten, um sich daran gütlich zu tun. Dabei warfen sie uns große Mengen herunter.

»*Pakoäre*« ist ein Strauch, der im allgemeinen zehn bis zwölf Fuß hoch wird. Sein Stamm ist zwar stark wie der Oberschenkel eines Mannes, aber so weich, daß man ihn mit einem scharfen Säbel auf einen Schlag fällen kann.

Seine Frucht, die von den Eingeborenen »*Pako*« genannt wird, ist mehr als einen halben Fuß lang und ähnelt in der Form ziemlich einer Gurke. Ist die Frucht reif, weist sie zudem die gelbe Farbe einer reifen Gurke auf. Zwanzig bis fünfundzwanzig dieser Früchte wachsen stets dicht beieinander an einem einzigen Zweig. Unsere Amerikaner sammeln sie, soviel sie in einer Hand halten können, in großen Büscheln und bringen sie dann in ihre Häuser.

Hat diese Frucht ihre richtige Reife erlangt und hat man die Haut — wie bei einer frischen Feige — abgezogen, könnte man beim Essen meinen, es sei eine Feige. Ebenso wie diese ist sie nämlich etwas klumpig. Wir Franzosen nennen die Pakos deshalb einfach Feigen. Die Frucht hat einen noch süßeren und saftigeren Geschmack als die besten Feigen, die man bei Marseille bekommen kann. Sie ist wohl eine der schönsten und köstlichsten Früchte Brasiliens. Die Historiker berichten zwar, daß *Cato*, als er von Karthago nach Rom zurückkehrte, erstaunlich große Feigen mitbrachte. Da die Alten aber nichts über die von mir beschriebene Frucht erwähnen, dürfte es sich wohl kaum um diese handeln.

Die Blätter des Pakoäre-Baumes ähneln in der Form denen des *lapathum aquaticum*. Sie sind so ungewöhnlich groß, daß jedes einzelne Blatt zumeist sechs Fuß lang und mehr als zwei Fuß breit ist. Ich glaube nicht, daß es in Europa, Asien oder Afrika gleich große und lange Blätter gibt. Wohl habe ich gehört, daß ein Apotheker versicherte, er habe ein *Petasite*-Blatt gesehen, das eineinviertel Aulne breit war und, da es rund war, dreidreiviertel Aulne Umfang hatte. Damit kommt es aber noch nicht an unsere Pakoäre heran. Im Verhältnis zu ihrer Größe sind die Blätter allerdings nicht besonders dick. Sie sind vielmehr dünn und richten sich ganz gerade in die Höhe. Bei etwas stürmischem Wind, der in Amerika häufig auftritt, kann nur der Stiel in der Mitte des Blattes Widerstand leisten, während alles übrige zerrissen wird. Aus einiger Entfernung gesehen, hat man dann den Eindruck, daß die Sträucher mit großen Straußenfedern besetzt sind.

Was nun die Bäume betrifft, die Baumwolle tragen, so wachsen sie dort in Brasilien bis zu mittlerer Höhe. Die Blüte erscheint, wie hier beim Kürbis, in kleinen gelben Glöckchen. Ist die Frucht gebildet, hat sie etwa die Form der Bucheckern in unseren Wäldern. Ebenso spaltet sie sich, wenn sie reif ist, in vier Teile. Die Baumwolle, die von den Amerikanern »Amenjiu« genannt wird, kommt in Form von Büscheln oder Flocken hervor. In der Mitte befinden sich schwarze Samenkörner, die nierenförmig eng zusammensitzen. Das Ganze ist nicht länger und dicker als eine Saubohne. Die Frauen der Wilden verstehen sich auf das Einsammeln und Spinnen der Baumwolle, aus der dann Betten in der Weise hergestellt werden, die ich noch an anderer Stelle schildern werde.

Ursprünglich gab es, wie ich hörte, in Amerika weder Orangen- noch Zitronenbäume. Die Portugiesen haben diese Pflanzen an der Küste und im nahen Hinterland, wo sie häufiger aufzutreten pflegten, angepflanzt und gepflegt. Die Pflanzen haben sich nicht nur stark vermehrt, sondern tragen auch Orangen — sie werden von den Wilden »Morgonia« genannt —, die sehr süß sind und doppelte Faustgröße haben. Die Zitronen sind noch größer und wachsen in riesigen Massen.

Das Zuckerrohr wächst in diesem Land sehr gut und in großen Mengen. Wir Franzosen hatten allerdings zu der Zeit, als ich dort war, noch nicht die Fachleute und die erforderlichen Einrichtungen, um Zucker daraus zu gewinnen (wie das die Portugiesen in ihren dortigen Gebieten taten). Wie ich schon früher bei der Schilderung der Getränke der Wilden erwähnt habe, weichten wir das Rohr nur in Wasser auf, um auf diese Weise Zuckerwasser zu erhalten. Wer es wollte, konnte auch das Mark heraussaugen und essen. Hier möchte ich noch etwas sagen, was manchen vielleicht in Erstaunen versetzen wird. Obgleich es, wie jedermann weiß, nichts gibt, was süßer als Zucker ist, haben wir das Zuckerrohr zuweilen absichtlich alt werden und verschimmeln lassen. Nachdem wir es — verdorben — einige Zeit ins Wasser gesetzt hatten, wurde es so sauer, daß wir es anstelle von Essig verwenden konnten.

Es gibt gewisse Stellen in den Wäldern, an denen sehr viel Schilfrohr und auch Zuckerrohr wächst, das so dick wie das Bein eines Mannes ist. Wie ich schon vom Pakoäre-Strauch sagte, sind sie am Fuß so zart, daß man sie leicht mit einem einzigen Säbelhieb abschlagen kann. Im trockenen Zustande aber sind sie derart hart, daß die Wilden sie in Viertel spalten. Aus ihnen fertigen sie dann Pfeilspitzen oder Schlangenzungen, um ihre Pfeile auszurüsten, damit sie mit einem kräftig abgeschossenen Pfeil durch einen einzigen Schuß wilde Tiere zur Strecke bringen können.

Hinsichtlich des Zuckerrohrs und des Schilfrohrs berichtet *Calcondile* in seiner Geschichte des Krieges der Türken, es gäbe in Ostindien Rohr, das eine so gewaltige Höhe und Dicke hat, daß man daraus Boote zum Überqueren der Flüsse anfertigt. »Es handelt sich da«, sagt er, »um regelrechte Schiffe, von denen ein jedes vierzig ›mines‹ Getreide zu je sechs Scheffel nach griechischem Maß fassen kann.«

Mastix kommt in diesem Teil Amerikas in Form kleiner Büsche vor. Er verbreitet — zusammen mit zahllosen anderen duftenden Kräutern und Blumen — einen sehr schönen und lieblichen Duft im ganzen Land.

In der Gegend, in der wir waren — also unter dem Wendekreis des Steinbocks —, gibt es zwar schwere Gewitter, die von den Wilden »*Tupan*« genannt werden, heftige Regengüsse und starke Winde, aber niemals gefriert oder schneit es, und man kennt auch keinen Hagel. Daher haben die Bäume weder unter Frost noch unter Winterstürmen zu leiden (wie das hier bei uns der Fall ist). Nie sieht man Bäume, die der Blätter beraubt sind. Stets sind die Wälder so prächtig grün wie bei uns in Frankreich der Oleander. Da ich gerade bei diesem Thema bin, möchte ich noch folgendes sagen: Im Monat Dezember haben wir hier bei uns in Frankreich die kürzesten Tage, an denen wir vor Kälte in die Hände blasen und an unserer Nase Eistropfen hängen. Unsere Amerikaner aber haben dann die längsten Tage und eine so große Hitze, daß meine Reisegefährten und ich an Weihnachten ein erfrischendes Bad nahmen.

Wer von der Erdkugel etwas versteht, wird folgendes begreifen: Die Tage sind in den Tropen niemals so lang oder kurz wie in unserem Klima. Wer dort wohnt, hat nicht nur gleichmäßigere Tage, sondern auch — im Gegensatz zu dem, was die Alten früher gesagt haben — viel gemäßigtere Jahreszeiten, die mit unseren gar nicht vergleichbar sind. Das wäre es, was ich über die Bäume im Land Brasilien zu sagen habe.

Was die Pflanzen und Kräuter betrifft, die ich ebenfalls erwähnen möchte, werde ich mit denen beginnen, die mir wegen ihrer Früchte oder ihres Äußeren besonders erwähnenswert erscheinen. Da wäre zunächst die Pflanze, die die von den Wilden als »*Ananas*« bezeichnete Frucht hervorbringt. Ihr Anblick ähnelt dem der Gladiole, ihre Blätter, die außen ein wenig umgebogen und gerillt sind, erinnern aber an die der Aloe. Die Pflanze wächst — ähnlich wie die großen Disteln — in Klumpen, und ihre Frucht hat die Größe einer mittleren Melone und das Aussehen eines Tannenzapfens. Sie wächst in der gleichen Weise wie unsere Artischocken — ohne zu hängen oder sich nach der einen oder anderen Seite zu neigen.

Wenn die Ananas reif sind, haben sie eine gelb-blaue Farbe und riechen stark nach Erdbeeren. Geht man durch Wälder oder andere Stellen, an denen sie wachsen, so riecht man sie schon von weitem. Sie zerschmelzen im Mund und sind von Natur aus so süß, daß sie von keiner der bei uns üblichen Konfitüren übertroffen werden. Ich halte sie daher für die hervorragendste Frucht Amerikas. Als ich drüben war, habe ich aus diesen Früchten etwa ein Glas voll Saft gepreßt, und das Getränk erschien mir keineswegs schlecht. Die Frauen der Wilden brachten uns große Körbe, die sie »*Panakons*« nennen, angefüllt mit diesen Ananas und mit Pakos, die ich vorstehend erwähnt habe, sowie mit anderen Früchten. All das bekamen wir für einen Kamm oder einen Spiegel von ihnen.

Unter den Heilkräutern, die das Land Brasilien hervorbringt, gibt es eins, das die Tuupinambaúlts »*Petun*« nennen. Es wächst nach der Art unseres Sauerampfers, wenn auch etwas höher. Seine Blätter sind ziemlich ähnlich, erinnern aber mehr

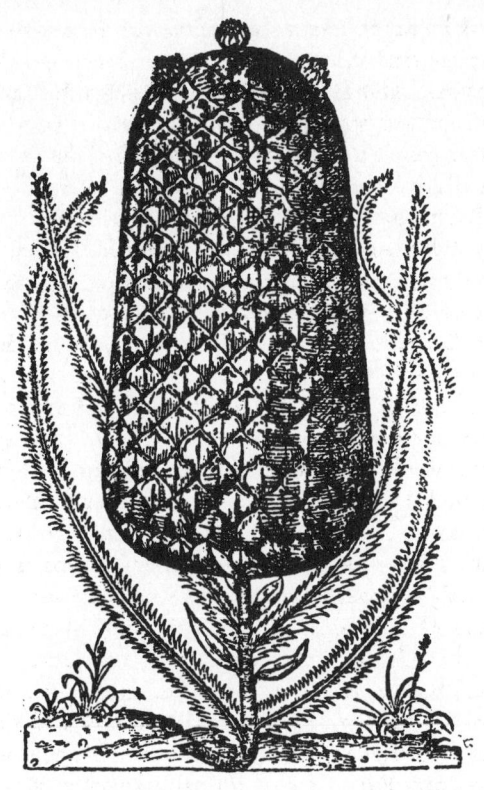

an die der *consolida major*. Dieses Kraut wird wegen der ihm innewohnenden Eigenschaften von den Wilden hoch geschätzt. Sie verwenden es auf folgende Weise: Nachdem sie es eingesammelt und in kleinen Büscheln in ihren Häusern haben trocknen lassen, nehmen sie vier oder fünf Blätter, die sie in ein großes Baumblatt nach Art einer Gewürztüte einwickeln. Dann zünden sie das dünnere Ende an und stecken es so, ein wenig glimmend, in den Mund. So ziehen sie den Rauch ein, der allerdings durch die Nase und durch die durchbohrten Lippen wieder entweicht. Dies ernährt sie aber derart, daß sie es — besonders wenn sie in den Krieg ziehen oder sonst zu hungern gezwungen sind — drei oder vier Tage ohne andere Nahrung aushalten können. Sie benutzen das Kraut aber auch noch zu einem anderen Zweck. Es destilliert aus ihrem Hirn die überflüssigen Launen. Man wird kaum einen unserer Brasilianer sehen, der nicht seine Tüte mit diesem Kraut am Hals hängen hätte. Wenn sie mit uns sprechen, verleiht ihnen das Kraut in jeder Minute Haltung, während sie den Rauch einziehen. Dieser entweicht, wie ich schon sagte, durch die Nase und die eingeritzte Lippe wie aus einem Weihrauchfaß, da sie den Mund gleich wieder schließen. Der Geruch ist durchaus nicht unangenehm. Frauen habe ich niemals dieses Kraut gebrauchen sehen. Aus welchem Grund sie es nicht anwenden, weiß ich nicht. Ich selbst habe diesen Petun-Rauch versucht und stellte fest, daß er sättigt und keinen Hunger aufkommen läßt.

Übrigens nennt man jetzt bei uns ein Kraut »Nicotiane« oder »Kraut der Königin Petun«. Es hat aber so ziemlich nichts mit dem von mir erwähnten Kraut zu tun. Beide Pflanzen haben weder in der Form noch in den Eigenschaften etwas gemeinsam. Im übrigen behauptet der Autor der »Maison Rustique« (Buch 2, Kap. 79), daß die Nicotiane-Pflanze (diese hat ihren Namen nach Herrn Nicot erhalten, der die Pflanze als erster von Portugal nach Frankreich geschickt hat) aus Florida stammt, also von einem Ort, der mehr als tausend Meilen von Brasilien entfernt ist (zwischen beiden liegt die gesamte heiße Zone). Trotz vieler Nachforschungen, die ich in verschiedenen Botanischen Gärten angestellt habe, die sich rühmten, die Petun zu besitzen, habe ich die Pflanze in Frankreich nirgends zu Gesicht bekommen. Der Autor, der jetzt wieder so viel von seiner »Angoumoise« redet, von der er behauptet, es sei die wahre Petun-Pflanze, soll nicht glauben, das, was er darüber geschrieben hat, sei mir unbekannt. Wenn die von ihm genannte Heilpflanze der Zeichnung entspricht, die er von ihr für seine Kosmographie hat zeichnen lassen, dann widerspreche ich seiner Behauptung, daß er als erster Petun-Samen nach Frankreich gebracht haben will. Außerdem glaube ich kaum, daß diese Pflanze in einer so kalten Gegend wachsen kann.

Auch eine Art Kohl habe ich drüben gesehen, der von den Wilden »*Kaju-a*« genannt wird und aus dem sie zuweilen eine Suppe bereiten. Die Blätter sind ebenso groß und haben fast die gleiche Form wie die hier bei uns in Sumpfgebieten wachsende Seerose.

Was die Wurzeln betrifft, so gibt es außer Manihot und Aypi, aus denen die Frauen der Wilden — wie ich schon früher erwähnt habe — Mehl bereiten, noch andere, die von den Eingeborenen »*Hétisch*« genannt werden. Sie wachsen in Brasilien in so großem Überfluß wie die Rüben in Limousin oder Savoyen. Im allgemeinen haben sie etwa doppelte Faustgröße und eine Länge von anderthalb Fuß. Sind sie aus dem Boden gezogen, glaubt man, sie gehörten alle der gleichen Sorte an. Beim Kochen aber stellt man fest, daß die einen violett wie hierzulande bestimmte Teigwaren, die anderen gelb wie die Quitten und die dritten weißlich werden. Ich nehme daher an, daß es drei verschiedene Arten gibt. Wie dem auch sei, ich kann jedenfalls versichern, daß sie — besonders die gelben —, werden sie unter der Asche gekocht, ebenso gut wie die besten Birnen sind, die man hier in Frankreich erhält. Die Blätter kriechen, wie bei der *hedera terrestris*, auf der Erde entlang. Sie ähneln denen der Gurken oder der größten Spinatsorten, die man in Frankreich zu sehen bekommt. Allerdings sind sie nicht so grün, denn ihre Farbe neigt mehr zu der der *vitis alba*. Übrigens haben sie gar keine Kerne. Die Frauen der Wilden sind aber sehr auf sie aus. Um sie zu vermehren, tun sie nichts weiter, als die Pflanzen in kleine Stücke zu zerschneiden, wie man etwa hier mit den Karotten verfährt, wenn man Salat daraus machen will. Diese Stückchen säen sie auf die Felder, und — welch Wunder in der Landwirtschaft! — nach einiger Zeit erhalten sie ebenso viele dicke Hétisch-Wurzeln, wie sie kleine Stückchen in den Erdboden gelegt haben. Da dies die größte Manna-Art Brasiliens ist und man auch im Landesinnern kaum eine andere Art sieht, glaube ich, daß sie auch wachsen, ohne daß man sie auf die genannte Art und Weise behandelt.

Ferner haben die Wilden eine Fruchtart, die sie »Manobi«
nennen. Die Früchte wachsen auf dem Erdboden wie die Trüf-
feln. Sie sind durch kleine Fasern untereinander verbunden.
Der Kern ist nicht größer als eine Haselnuß und hat den gleichen Geschmack. Er ist von bläulicher Farbe, und seine Schale
ist nicht härter als die Schote einer Erbse. Diese Frucht habe
ich ziemlich oft gegessen, aber ich gestehe, ich habe sie nicht
sehr aufmerksam betrachtet, denn ich kann mich nicht mehr
daran erinnernn, ob sie Blätter und Samenkörner hat.

Es gibt auch beträchtliche Mengen spanischen Pfeffers, dessen sich unsere Kaufleute nur für Färbereizwecke bedienen.
Unsere Wilden aber zerstampfen und verreiben ihn mit Salz,
das sie sehr gut zuzubereiten wissen (indem sie für diesen
Zweck Meerwasser in Gräben zurückhalten). Die Mischung
nennen sie »Jonquet« und verwenden sie in der gleichen Art
wie wir das Tafelsalz. Allerdings salzen sie ihre Fleischstücke,
Fische und sonstigen Lebensmittel nicht, wie wir das tun, ehe
sie sie in den Mund stecken. Vielmehr nehmen sie zuerst den
Bissen und stecken dann mit zwei Fingern Jonquet nach. So
schlucken sie dann den gewürzten Bissen herunter, damit ihr
Fleisch den richtigen Geschmack hat.

Schließlich wächst in diesem Lande noch eine Art Saubohne,
die etwa einen Zoll dick und breit ist. Sie wird von den Wilden »Kommanda-uassu« genannt. Ferner gibt es kleine weiße
und graue Erbsen, die »Kommanda-miri« heißen. Auch gewisse
runde Kürbisse, die von den Eingeborenen »Morugans« genannt werden, seien noch erwähnt. Sie haben einen ungemein
süßen Geschmack.

Damit habe ich zwar nicht alles gesagt, was man über die
Bäume, Früchte und Kräuter in Brasilien mitteilen könnte, aber
es ist das, was ich im Zeitraum von etwa einem Jahr, während
meines Aufenthalts dort, festgestellt habe. Zum Abschluß
möchte ich folgendes sagen: Ebenso wie ich weiter oben erklärt
habe, daß es weder vierbeinige Tiere noch Vögel noch Fische
noch sonstige Tiere in Amerika gibt, die in jeder Hinsicht den
bei uns in Europa lebenden genau gleichen, so muß ich auch

nach sorgfältiger Beobachtung sagen, daß ich auf meinen Gängen über die Felder und durch die Wälder weder Bäume noch Kräuter noch Früchte gesehen habe, die nicht von den unsrigen abwichen. Nur drei Ausnahmen konnte ich feststellen, den Portulak, das Basilikum oder Königskraut und das Farnkraut.

Jedesmal, wenn das Bild dieser Neuen Welt, die Gott mich schauen ließ, vor meinem geistigen Auge auftaucht und ich an die Klarheit der Luft, die verschiedenen Tiere, die vielen Vogelarten, die Schönheit der Bäume und Pflanzen, die Herrlichkeit der Früchte, kurz: an all die Schätze, mit denen das Land Brasilien ausgestattet ist, denke, kommt mir der Ausruf des Propheten im 104. Psalm ins Gedächtnis:

»Herr, wie sind Deine Werke so groß und viel!
Du hast sie alle weislich geordnet,
Und die Erde ist voll deiner Güter!«

Glücklich wären die Völker, die dieses Land bewohnen, wenn sie den Urheber und Schöpfer aller Dinge kennen würden. Deshalb will ich jetzt Themen behandeln, die zeigen, wie weit sie davon noch entfernt sind.

FÜNFZEHNTES KAPITEL

Vom Kriege, von der Unerschrockenheit und den Waffen der Wilden

Unsere Tuupinambaúlts Tupinenkins haben die gleichen Gebräuche wie alle anderen Wilden, die diesen vierten Teil der Welt bewohnen. Dieses Gebiet erstreckt sich, der geographischen Breite nach, von der Straße von Magalhães, die etwa auf dem fünfzigsten Breitengrad — dem Antarktischen Pol zu — gelegen ist, bis nach Neufundland, das etwa auf dem fünfzigsten Breitengrad nach dem Arktischen Pol zu liegt. Die Tuupi-

nambaúlts führen nun einen mörderischen Krieg gegen mehrere Nationen dieses Landes. Ihre nächsten und schlimmsten Feinde sind die Margajas sowie die Portugiesen, weil diese mit den Margajas verbündet sind. Umgekehrt hassen die Margajas nicht nur die Tuupinambaúlts, sondern auch die mit ihnen verbündeten Franzosen. Diese Barbaren führen nicht etwa Krieg, um einander Gebiete fortzunehmen, denn beide Seiten besitzen mehr Land, als sie benötigen. Ebensowenig haben die Sieger die Absicht, sich an Beute, Lösegeldern oder an den Waffen der Besiegten zu bereichern. Das alles sind nicht ihre Beweggründe. Wie sie selbst zugeben, treibt sie kein anderes Gefühl als das der Rache. Beide Seiten wollen ihre Verwandten und Freunde rächen, die bei früheren Kämpfen gefangengenommen und auf die Weise, die ich im folgenden Kapitel noch beschreiben werde, verzehrt wurden. Beide Seiten sind derart verbittert, daß ein jeder, der in die Hände seiner Feinde fällt, damit rechnen muß, daß er ohne weiteres auf diese Weise behandelt, das heißt, daß er erschlagen und dann verspeist wird.

Sobald der Krieg zwischen einigen dieser Nationen einmal erklärt worden ist, behaupten beide Seiten, daß der Feind — selbst wenn ihm die Beleidigung widerfahren ist — es für immer zu spüren bekommen wird. Man handelt also niederträchtiger, als würde man jemanden, den man in seine Gewalt bekommen hat, entwischen lassen. Ihre Haßgefühle sind derart tief eingewurzelt, daß sie ständig unversöhnlich bleiben. In dieser Hinsicht kann man sagen, daß *Macchiavelli* und seine Anhänger (deren es unglücklicherweise heute sehr viele in Frankreich gibt) die Grausamkeiten der Barbaren nachahmen, denn die Atheisten lehren und praktizieren — im Gegensatz zur christlichen Doktrin —, daß man über den neuen Verdiensten niemals das alte Unrecht vergessen darf. Das bedeutet, daß die Menschen, da sie die natürlichen Neigungen des Teufels haben, einander niemals vergeben dürfen. Beweisen sie damit nicht deutlich, daß ihre Herzen falscher und schlechter als sogar die der Tiger sind?

So, wie ich es gesehen habe, versammeln sich unsere Tuupinambaúlts auf die nachstehende Art und Weise, wenn sie in den Krieg ziehen wollen. Da sie unter sich weder Könige noch Fürsten haben, ist jeder ebenso angesehen wie alle anderen. Die Natur hat ihnen jedoch gezeigt (dasselbe hat man in gleicher Form unter den Lacedämoniern beobachtet), daß die Greise, die von ihnen »*Peorenupischesch*« genannt werden, da sie über so viele Erfahrungen aus der Vergangenheit verfügen, respektiert werden müssen. In bestimmten Dörfern hört man sehr wohl auf sie, wenn es die Lage erfordert. Die Greise ermahnen dann — im Gehen oder auf ihren aufgehängten Baumwolbetten sitzend — die anderen auf folgende oder eine ähnliche Weise.

Einer spricht nach dem anderen, und sie sagen, ohne innezuhalten, etwa folgendes: »Unsere Vorfahren, die so tapfer gekämpft und tapfer viele Feinde unterworfen, getötet und gegessen haben, sollten diese Vorfahren uns das Beispiel dafür hinterlassen haben, wie man, wie die Verweichlichten und im Herzen Feigen, stets zu Hause bleibt? Muß es so weit kommen, daß unsere Feinde — zu unserer großen Schande und Bestürzung, nachdem sie in der Vergangenheit unsere Nation so sehr gefürchtet haben, weil niemand uns zu widerstehen vermochte — jetzt die Ehre haben sollen, bis in unsere Heimstätten vorzudringen? Wird unsere Feigheit den Margajas und den Perosengeipas, das heißt den beiden verbündeten Nationen, die wirklich nichts wert sind, Gelegenheit geben, über uns herzufallen?« Darauf ruft der, der diese Worte gesprochen hat, während er mit den Händen auf seine Schultern und Hinterbacken schlägt, aus: »*Erima, erima, Tuupinambaúlts, konomi uassu, Tan, Tan,* usw.«, das heißt: »Leute meiner Nation, ihr sehr, sehr starken jungen Männer: so dürfen wir nicht handeln. Wir müssen sie vielmehr heimsuchen, und am besten werden wir sie alle töten und verspeisen und somit die Unseren rächen!«

Nachdem diese Ansprachen der Greise (die zuweilen sechs Stunden und länger dauern) beendet sind, fühlen sich alle Zuhörer, die aufmerksam gelauscht haben, so daß ihnen kein einziges Wort entgangen ist, ermutigt und kommen (wie man sagt) in Schwung. Dann gibt man die Nachricht von Dorf zu Dorf weiter und versammelt sich eilig in großer Zahl am angewiesenen Ort. Ehe wir aber nun unsere Tuupinambaúlts in die Schlacht ziehen lassen, müssen wir wissen, welches ihre Waffen sind.

Da sind in erster Linie ihre »*Takapes*«, das heißt ihre Säbel oder Keulen. Die erstgenannten werden aus rotem und die letzteren aus schwarzem Holz gefertigt. Meistens haben sie eine Länge von fünf bis sechs Fuß. Am äußersten Ende besitzen sie einen runden oder ovalen Teil von etwa zwei Handbreiten. Dieser Teil ist in der Mitte mehr als einen Zoll dick. Nach den Rändern zu ist er aber so gut abgehobelt, daß er scharf fast wie eine Axt ist, denn das Holz ist hart und schwer wie Buchsbaumholz. Ich glaube, zwei unserer robustesten Raufbolde würden schwer zu tun haben, um mit einem einzigen Tuupinanmbaúlt, wenn dieser in Wut ist und einen solchen Säbel in der Faust hat, fertig zu werden.

Als zweite Waffe besitzen sie den Bogen, den sie »*Orapats*« nennen. Er ist aus den oben erwähnten schwarzen Hölzern gefertigt und sehr viel länger und stärker als unsere Bogen hier in Europa, so daß mehrere Europäer benötigt werden, ihn zu spannen oder gar abzuschießen. Vielleicht könnte ein Europäer gerade mit den Bogen umgehen, die man in Brasilien den Kindern von neun bis zehn Jahren gibt. Die Sehnen der Bogen werden aus einem Gras hergestellt, das die Wilden »*Tokon*« nennen. Zwar sind sie sehr dünn, jedoch so stark, daß daran ein Pferd ziehen kann. Ihre Pfeile haben etwa die Länge eines Klafters und bestehen aus drei Teilen. Das Mittelstück ist aus Schilfrohr gefertigt, während die beiden anderen Stücke aus schwarzem Holz bestehen. Die Teile sind so gut aneinandergesetzt und durch kleine Baumfasern miteinander verbunden, daß sich eine präzisere Arbeit wohl kaum durchführen läßt. Im übrigen haben sie nur zwei Befiederungen. Jede ist ungefähr einen Fuß lang, und beide sind sehr sauber mit Baumwollfäden befestigt, denn die Wilden verwenden keinen Leim für derartige Zwecke. Am Ende der Pfeile bringen sie entweder spitze Knochen an oder ein etwa einen halben Fuß langes Stück trockenen Schilfrohrs, das sie wie eine Lanzette angespitzt haben und das ebenso scharf ist wie ein Messer. Zuweilen befestigten sie dort auch die Schwanzspitze eines Rochens, die, wie ich schon sagte, sehr giftig ist. Seitdem die Franzosen und Portugiesen in ihrem Land sind, suchen sie diese nachzuahmen und beginnen, wenn nicht eiserne Pfeile anzufertigen, so doch die Pfeilspitzen mit Nägeln zu versehen.

Ich habe schon erwähnt, wie geschickt sie ihre Säbel zu handhaben wissen. Wer sie aber beim Umgang mit dem Bogen gesehen hat, wird mir bestätigen, daß sie ihn sofort parat haben und genau und schnell damit schießen. Den Engländern, die allgemein ja als gute Bogenschützen bezeichnet werden, sei gesagt, daß unsere Wilden, die ihre Pfeilbündel in der gleichen Hand tragen wie den Bogen, ein Dutzend Pfeile schneller abschießen, als der Engländer sechs Pfeile lösen dürfte.

Die Brasilianer haben schließlich noch ihre Rundschilde, die aus dem Rücken und dicksten Stück getrockneten Leders des Tieres gefertigt werden, die sie als Tapirussu bezeichnen (wovon ich schon gesprochen habe). Sie sind breit, flach und rund wie der Bogen eines deutschen Tamburins. Werden sie handgemein, so decken sie sich nicht mit diesen Schilden, wie das unsere Soldaten mit den ihren tun. Die Schilde dienen ihnen im Kampf einzig dazu, die feindlichen Pfeile abzuwehren. — Das wäre so ziemlich alles, was unsere Amerikaner an Waffen besitzen. Übrigens bedecken sie sich den Körper überhaupt nicht. Haben sie ein Hemd oder sonst irgend etwas an (ausgenommen den Kopfputz, die Armbänder und die kurzen Federgewänder, mit denen sie, wie ich bereits sagte, den Körper schmücken), so legen sie es ab, sobald sie in den Kampf ziehen. Sie behaupten, durch derartige Dinge würden sie in ihrer Beweglichkeit behindert.

Das bisher Gesagte möchte ich noch ergänzen durch folgendes: Schenkten wir ihnen scharfe Säbel (einen meiner Säbel schenkte ich einem gutmütigen Greis), so warfen sie die Scheide fort. Ebenso verfuhren sie mit den Scheiden der ihnen geschenkten Messer. Anfangs freuten sie sich am Blitzen der Waffen und schnitten auch Zweige mit ihnen ab, aber unsere Säbel schienen ihnen als Waffen ungeeignet. Das muß man bestätigen, hat man gesehen, wie meisterhaft sie ihre eigenen Säbel zu handhaben wissen, die weitaus gefährlicher in ihren Händen sind als die unsrigen.

Wir hatten übrigens auch eine gewisse Anzahl Hakenbüchsen mittelmäßiger Art mitgebracht, die für Tauschgeschäfte mit den Wilden bestimmt waren. Ich habe gesehen, wie sie sich ihrer recht gut zu bedienen wußten. Sie benötigten drei Mann zur Bedienung: Einer mußte die Waffe halten, der zweite zielte, und der dritte feuerte die Büchse ab. Aber sie luden und füllten das Rohr so gründlich, daß sie in Gefahr gewesen wären, sich selber zu töten, hätten wir ihnen zur Hälfte nicht pulverisierte Kohle gegeben. Andernfalls wäre das Ganze in ihren Händen explodiert. Ergänzend muß ich hierzu noch sagen, daß sie anfangs, hörten sie unsere Artillerie oder die Schüsse, die wir mit unseren Hakenbüchsen abgaben, doch ein wenig erstaunt waren. Sehr verdutzt waren sie auch, sahen sie hin und wieder, wie einige von uns in ihrer Gegenwart einen Vogel von einem Baum oder ein wildes Tier in den Feldern schossen. Vornehmlich wunderte sie das deshalb, weil sie die Kugel nicht fliegen sahen. Waren sie mit der Hakenbüchse dann näher vertraut, sagten sie (was auch richtig ist), daß sie mit ihren Bogen in kürzerer Zeit fünf oder sechs Pfeile verschießen könnten, als man fürs Laden und Abfeuern eines einzigen Schusses aus der Hakenbüchse benötigte. Das beruhigte sie merklich. Einwenden könnte man: »Die Hakenbüchse vermag aber viel größeren Schaden anzurichten.« Darauf antworte ich folgendes: Man kann einen Lederharnisch, ein Panzerhemd oder sonst einen erprobten Schutz tragen. Unsere Wilden sind jedoch so stark und robust und schießen so kräftig, daß sie einen derart geschützten Menschen mit einem einzigen Pfeilschuß erledigen, genau wie das ein Büchsenschuß tun würde. Vielleicht wäre es richtiger gewesen, das an späterer Stelle zu erwähnen, wenn ich von ihren Kämpfen spreche. Damit ich nun nicht noch mehr vorwegnehme, werde ich jetzt unsere Tuupinambaúlts ins Feld und gegen ihre Feinde marschieren lassen.

Sie versammeln sich also, und zwar zuweilen in einer Kopfstärke von acht- oder zehntausend Mann. Auch viele Frauen befinden sich bei den Männern. Zwar wollen sie sich nicht am Kampf beteiligen, führen aber die Baumwollbetten, das Mehl und andere Lebensmittel mit sich. Die Greise, die früher die meisten Feinde getötet und gegessen haben, werden dann für die anderen zu Häuptlingen und Führern gewählt. Unter ihrer Führung machen sich schließlich alle auf den Weg. Während des Marsches kennen sie weder Rang noch Ordnung. Bewegen sie sich auf dem Landweg fort, so befinden sich stets die Mutigsten an der Spitze, und alle marschieren in eng geschlossener Formation. Ein fast unglaublicher Anblick ist es, wie sich diese Menschenmenge geordnet — ohne Offiziere und Unteroffiziere — fortbewegt. Keinerlei Verwirrung gibt es, und beim ersten Signal sind alle sogleich marschbereit.

Beim Aufbruch — sei es aus ihrem Heimatdorf oder irgendeinem Ort, an dem sie gehalten und Rast gemacht haben — gibt es stets einige Leute, die, um die anderen benachrichtigen und erinnern zu können, Signale innerhalb der einzelnen Trupps geben. Die Hörner, deren sie sich dazu bedienen, haben ungefähr die Dicke und Länge einer halben Pike, das untere Ende jedoch ist etwa, wie bei einer Oboe, einen halben Fuß breit. Die Hörner werden »*Inubia*« genannt. Manche der Eingeborenen besitzen sogar Querpfeifen und Flöten, die aus den Arm- und Schenkelknochen derer gefertigt sind, die von ihnen getötet und verspeist wurden. Um ihre Gefährten anzutreiben, damit sie denen, gegen die man zu Feld zieht, möglichst viel Schaden zufügen, blasen sie unterwegs ununterbrochen Flageolett.

Begeben sie sich auf das Wasser (was häufig der Fall ist), so fahren sie stets an der Küste entlang und nie hinaus auf das offene Meer. Sie versammeln sich dann in ihren Booten, die sie »*Ügar*« nennen. Jedes Boot ist aus einer einzigen Baumrinde gefertigt, die sie zu diesem Zweck von oben nach unten abziehen. Immerhin haben die Boote eine solche Größe, daß sie vierzig bis fünfzig Mann fassen können. So schwimmen sie dahin — nach ihrer Art allesamt stehend. An jedem Bootsende befindet sich ein Ruder, das an beiden Enden flach ist und das sie in der Mitte halten. Die ungemein flachen Boote tauchen kaum mehr ins Wasser, als es ein Brett tun würde, und sehr leicht sind sie zu steuern und zu handhaben. Es stimmt, daß sie stärkeren Seegang kaum aushalten würden und schon gar nicht einen Sturm. Bei ruhigem Wetter aber, wenn unsere Wilden in den Krieg zu ziehen pflegen, sieht man zuweilen mehr als sechzig Boote, die alle der gleichen Flotte angehören. Sie fahren dicht hintereinander. Da sie sehr schnell sind, hat man sie recht bald aus dem Auge verloren. Das also sind die Land- und Seestreitkräfte unserer Tuupinambaúlts.

Meistens müssen sie fünfundzwanzig bis dreißig Meilen zurücklegen, um ihre Feinde aufzufinden. Nähern sie sich dem Feindesland, so sind dies die ersten Kriegslisten, deren sie sich dabei bedienen, um die Feinde zu täuschen: Die Geschicktesten und Mutigsten lassen die übrigen mit den Frauen ein bis zwei Tagesmärsche hinter sich zurück. So vorsichtig wie nur möglich suchen sie sich heimlich zu nähern und legen sich im Wald in den Hinterhalt. So sehr sind sie darauf aus, ihre Feinde zu überraschen, daß sie in ihrem Versteck zuweilen länger als vierundzwanzig Stunden bleiben. Gelingt es, unversehens die anderen zu überfallen, so nehmen sie alles, was ihnen in die Hände fällt, mit sich — Männer, Frauen oder Kinder. Sobald sie dann wieder in ihrem Land sind, werden alle Gefangenen erschlagen, in Stücke zerteilt, auf den Bukan gelegt und schließlich verzehrt. Um so leichter lassen sich solche Überraschungen durchführen, als die Dörfer (Städte gibt es dort nicht) weder abgeschlossen sind noch die Behausungen Türen haben. Die Behausungen sind im allgemeinen achtzig bis hundert Schritte lang und haben an mehreren Stellen

Durchbrüche. Vor den Türöffnungen bringen sie nur Zweige von Palmen oder dem großen — Pinda genannten — Kraut an. In der Umgebung der nahe an der Grenze liegenden Dörfer, die am meisten gefährdet sind, pflanzen sie etwa fünf bis sechs Fuß hohe Stachelpalmen an. Auf den gewundenen Pfaden, die dorthin führen, rammen sie angespitzte Pfähle ein, deren Spitzen eben mit dem Erdboden abschließen. Versuchen die Angreifer bei Nacht (wie sie das gewöhnlich tun) einzudringen, entfliehen die Bewohner, die genau die Stellen kennen, die sie gefahrlos passieren können, nach der anderen Seite und holen zu einem meistens recht kräftigen Gegenschlag aus. Wollen die Angreifer fliehen oder kämpfen, verletzen sie sich sehr oft die Füße, und eigentlich bleiben immer einige auf dem Platz. Sie werden von den Gegnern geröstet.

Haben die Feinde dann gegenseitig Kontakt genommen und kommt es zum Zusammenprall beider Heere, so kann man sich kaum ausmalen, wie grausam und entsetzlich der Kampf ist. Ich selber bin Augenzeuge gewesen und kann daher wahrheitsgemäß darüber berichten. Ein anderer Franzose und ich haben einmal aus Neugier — auf die Gefahr hin, von den Margajas getötet und verspeist zu werden — unsere Wilden auf einem solchen Feldzug begleitet. Damals waren es rund viertausend Mann, die in ein Scharmützel an der Meeresküste verwickelt wurden. Bei dieser Gelegenheit sahen wir, wie diese Barbaren mit einer Wut kämpften, die an Raserei grenzte. Wahnsinnige hätten kaum wohl schlimmer zu Werke gehen können.

Als unsere Tuupinambaúlts ihre Feinde in einer Entfernung von etwa einer Viertelmeile erblickten, fingen sie an zu brüllen. Erheblich größer war der Lärm, als er hierzulande von den Wolfsjägern veranstaltet wird. So sehr war die Luft von ihrem Geschrei und ihren Stimmen erfüllt, daß wir bestimmt nichts gehört haben würden, hätte es gedonnert. In dem Maß, wie sie sich einander näherten, verstärkten sich ihre Schreie. Sie bliesen dabei auf ihren Hörnern. Drohend breiteten sie die Arme aus und zeigten sich gegenseitig die Knochen der von ihnen verzehrten Gefangenen und die aufgereihten Zähne, von denen sich manche zwei Ketten um den Hals gehängt hatten. Das Ganze bot einen entsetzlichen Anblick. Je näher sie einander kamen, desto schlimmer wurde es. Als sie schließlich nur noch zwei- bis dreihundert Schritte voneinander entfernt waren, begrüßten sie sich mit Pfeilschüssen. Dann sah man immer mehr Pfeile durch die Luft schwirren – oft dicht wie Mückenschwärme. Wenn einige der Krieger von Pfeilen getroffen wurden, zogen sie diese mit bewundernswertem Mut aus ihrem Körper, zerbrachen sie, bissen wie wütende Hunde hinein und rissen sie mit den Zähnen in Stücke. Dann griffen sie trotz ihrer Wunden wieder in den Kampf ein. Hier muß noch erwähnt werden, daß die Amerikaner in diesen Kämpfen so verbissen sind, daß sie, solange sie ihre Glieder noch rühren können, ohne Unterlaß weiterkämpfen – ohne jemals zurückzuweichen oder gar zu fliehen. Als sie schließlich handgemein wurden, griffen sie sich mit ihren Säbeln und Holzkeulen an. Wer den Kopf seines Gegners traf, streckte den Feind nicht nur zu Boden, sondern erschlug ihn auch – wie die Schlächter bei uns das Rindvieh erschlagen,

Ich erwähne hier nicht, ob sie gut oder schlecht beritten waren. Man wird sich erinnern, daß ich früher schon sagte, es gäbe in ihrem Land weder Pferde noch andere Reittiere. Stets bewegen sie sich zu Fuß fort und besitzen auch keine Lanzen. Als ich in Brasilien war, habe ich immer den Wunsch gehabt, daß die Wilden einmal Pferde zu Gesicht bekämen. An jenem Tag aber hätte ich gewünscht, selber ein gutes Pferd zu haben. Wenn sie einen unserer Reiter, wie er sein Pferd Sprünge ausführen und stampfen läßt, mit der Pistole in der Faust erblickt hätten, wenn sie einerseits das Feuer der Waffe und andererseits die Wut von Mann und Pferd gesehen hätten, müßten sie wohl geglaubt haben, sie hätten »Aygnan« – also den Teufel – persönlich vor sich. Zum gleichen Thema übrigens hat jemand folgendes geschrieben: *Atagualpa*, der große König von Peru, der von *Francisco Pizarro* unterworfen wurde, hatte zuvor noch niemals Pferde gesehen. Der spanische Hauptmann, der ihn als erster aufsuchte, ließ – aus Höflichkeit und um den Indianern zu imponieren — sein Pferd voltigieren, bis er dicht vor *Atagualpa* stand. So tapfer war der König, daß er sich auch dann noch kein Schreckenszeichen anmerken ließ, als ihm aus dem Maul des Pferdes etwas Schaum ins Gesicht flog. Er gab sogar den Befehl, die zu töten, die vor dem Pferd geflohen waren. Ein Vorfall war das (sagt der Historiker), der die Seinen in Erstaunen und die Unseren in höchste Verwunderung setzte. Nun möchte ich meine Schilderung aber fortführen. Fragen wird der Leser: Was habt ihr — du und dein Gefährte — während des Scharmützels getan? Habt ihr nicht an der Seite der Wilden gekämpft? Der Wahrheit gemäß antworte ich darauf, daß wir uns auf unsere erste Torheit, nämlich uns soweit mit diesen Barbaren einzulassen, beschränkt haben. Im übrigen hielten wir uns im Hintergrund und beobachteten das Hin- und Herwogen des Kampfes. Bemerken möchte ich dazu noch: Oft habe ich die Gendarmerie bei uns in Frankreich — sei es zu Fuß oder beritten — beobachtet. Ich muß jedoch sagen, daß ich von ihrem Anblick nie so befriedigt gewesen bin wie von dem dieser Fußtruppe mit ihrem bunten Kopfputz und ihren blitzenden Waffen. Niemals hat mir etwas soviel Freude bereitet wie der Anblick des Kampfes der Wilden. Nicht nur kurzweilig war es anzusehen, wie sie keuchend hin und her sprangen und sich geschickt und behende drehten und wanden, sondern auch die Pfeile boten, mit ihrer großen Befiederung in roter, blauer, grüner, hochrosenroter und anderer Farbe, einen prachtvollen Anblick. Sie schwirrten durch die Luft, und die Sonnenstrahlen verliehen ihnen besonderen Glanz. Daneben gab es so viele aus bunten Federn gefertigte Kleidungsstücke — wie Kopfschmuck, Armbänder und sonstige Gegenstände —, die die Farbenpracht des Gesamtbildes noch wesentlich erhöhten.

Nachdem das Scharmützel ungefähr drei Stunden gedauert hatte, während derer es viele Verwundete und Gefallene auf beiden Seiten gab, hatten schließlich unsere Tuupinambaúlts den Sieg davongetragen und nahmen über dreißig Kriegsgefangene — Männer und Frauen der Margajas — mit sich in ihr Land. Wir beiden Franzosen haben nichts weiter getan, als die blanken Degen in der Faust zu halten und hin und wieder, um unsere Freunde zu ermutigen, einige Pistolenschüsse abzugeben. Da ihnen nichts mehr Freude machen konnte als unser Entschluß, mit ihnen in den Kampf zu ziehen, haben sie uns das hoch angerechnet. Seit damals wurden wir bei den Greisen der Dörfer, die wir aufsuchten, immer beliebter.

Die Gefangenen stellte man inmitten des eigenen Trupps auf. Neben ihnen gingen die, die sie gefangengenommen hatten sowie einige besonders kräftige und robuste Männer. Um ganz sicher zu gehen, wurden sie gefesselt und geknebelt. So ging es dann zurück zum Geneuvre-Fluß, in dessen Nähe unsere Wilden wohnten. Als wir noch zehn bis fünfzehn Meilen von ihrem Dorf entfernt waren, kamen aus allen Dörfern, durch die uns der Weg führte, die Bewohner tanzend, springend und händeklatschend heraus, um uns ihre Verehrung und ihren Beifall zu bekunden. An der vor unserer Insel gelegenen Küste angekommen, ließen wir uns in einem Boot bis zu unserem Fort bringen, während die Wilden in ihre einzelnen Dörfer zurückkehrten.

Wenige Tage nachher suchten uns im Fort mehrere unserer Tuupinambaúlts auf, die Gefangene in ihren Häusern hielten. Die Dolmetscher hatten sie dringend gebeten, Gefangene an Villegagnon zu verkaufen. Somit wurde ein Teil der Gefangenen aus ihren Händen befreit. Ich selber kaufte eine Frau mit einem kleinen Jungen, der kaum zwei Jahre alt war. Dafür gab ich Waren im Wert von etwa drei Francs. Der Verkäufer war nicht sehr zufrieden. Er sagte zu mir: »Ich weiß nicht, was jetzt hier los ist. Seit Paycola (das war Villegagnon) hierher gekommen ist, verzehren wir nur die Hälfte unserer Feinde.« Den kleinen Jungen wollte ich gern für mich behalten, aber Villegagnon verlangte, ihm meine Ware abzutreten. Alles für sich wollte er haben. Als ich der Mutter sagte, ich würde ihr Kind mitnehmen, wenn ich wieder auf das Festland fahre, antwortete sie (so tief verwurzelt sitzt im Herzen dieser Nation der Rachegedanke), sie hoffe, daß er, sei er groß geworden, zu den Margajas entwischen würde, um sich zu rächen. Lieber hätte sie gesehen, er wäre von den Tuupinambaúlts verspeist worden, als daß sie sich so weit von ihm entfernt hätte. Immerhin suchten wir (wie ich an anderer Stelle bereits erwähnte) aus den vierzig oder fünfzig Sklaven, die in unserem Fort arbeiteten (wir hatten auch sie von den mit uns alliierten Wilden gekauft), zehn junge Männer aus, die wir dann dem damals regierenden König *Heinrich II.* schickten.

SECHZEHNTES KAPITEL

Wie die Amerikaner ihre Kriegsgefangenen behandeln und welche Zeremonien sie bei ihrer Tötung und beim Verspeisen beachten

Nun wollen wir noch sehen, wie die Kriegsgefangenen im Land ihrer Feinde behandelt werden. Sobald sie an ihrem Bestimmungsort angekommen sind, ernährt man sie mit dem besten Fleisch, das sich auftreiben läßt. Den Männern gibt man auch Frauen, nicht aber den Frauen Ehegatten. Wer einen Gefangenen eingebracht hat, wird keinerlei Schwierigkeiten machen, ihm seine Tochter oder Schwester zur Frau zu geben. Diese aber wird ihn gut behandeln und auf jede Weise für ihn sorgen. Außerdem behalten sie für unbestimmte Zeit die Männer, von denen sie wissen, daß sie gute Jäger oder Fischer sind, und die Frauen, die etwas von Gartenarbeit oder Austernfischerei verstehen. Nachdem man sie dann — wie die Schweine am Trog — gemästet hat, werden sie schließlich erschlagen und verspeist, wobei die nachstehend geschilderten Zeremonien zur Anwendung kommen.

Alle umliegenden Dörfer werden zunächst benachrichtigt, an welchem Tag die Hinrichtung des Gefangenen stattfinden wird. Von allen Seiten strömen Männer, Frauen und Kinder

herbei. Dann wird während des ganzen Vormittags getanzt und Kaüín getrunken. Der Gefangene weiß ganz genau, daß man sich seinetwegen versammelt und er in wenigen Stunden erschlagen sein wird. Der völlig mit Federn bedeckte Gefangene ist aber keineswegs in trauriger Stimmung. Er springt, trinkt und ist einer der Lustigsten. Hat er während sechs oder sieben Stunden so mit den anderen herumgetobt und gesungen, kommen zwei oder drei der angesehensten Leute, packen ihn und binden ihm mitten um den Leib Baumwollstricke oder Stricke, die aus der Rinde eines von ihnen »Vüire« genannten, dem Hanf ähnlichen Baumes geflochten sind. Wenngleich man ihm die Arme freiläßt, wird er keinen Widerstand leisten. So wird er im Triumph eine Zeitlang durch das Dorf geführt. Man möge aber nicht glauben, daß er deswegen — wie es die Verbrecher bei uns tun — den Kopf senkt. Keineswegs. Mit unglaublicher Kühnheit und Sicherheit rühmt er sich seiner früher begangenen Heldentaten, und zu denen, die ihn gefesselt haben, sagt er: »Ich bin ein sehr tapferer Mann und habe früher eure Angehörigen genauso gefesselt.« Dann wird er immer erregter und wendet sich mit großer Selbstbeherrschung bald nach der einen und dann nach der anderen Seite. Dabei sagt er zu dem einen: »Ich habe deinen Vater verzehrt«, zu dem anderen: »Ich habe deine Brüder erschlagen und geröstet.«

Ferner fügt er hinzu: »Kurz und gut, ich habe so viele Männer, Frauen und auch Kinder von euch Tuupinambaúlts gefangen und gegessen, daß ich die Anzahl gar nicht mehr sagen kann. Fest könnt ihr davon überzeugt sein, daß die Margajas meinen Tod rächen und möglichst viele von euch noch verzehren werden.«

Nachdem er so für jedermann sichtbar ausgestellt worden ist, entfernen sich die beiden, die ihn gefesselt haben, etwa drei Armlängen nach rechts und links. Die Enden des Strickes, der eine entsprechende Länge hat, behalten sie dabei in den Händen. Dann ziehen sie so sehr am Strick, daß der Gefangene, der, wie gesagt, mitten um den Leib gefesselt ist, so festgehalten wird, daß er sich weder nach der einen noch der andesen Seite bewegen kann. Darauf bringt man ihm Steine und Scherben von alten zerbrochenen Töpfen. Die beiden Männer, die die Stricke halten, decken sich jeder mit einem aus der Haut des Tapirussu gefertigten Rundschild, wie ich ihn bereits beschrieben habe. Zu dem Gefangenen sagen sie: »Nun räche dich, ehe du stirbst!« Dann stürzt er sich mit aller Kraft auf die Versammelten um ihn herum — oft sind es drei- bis viertausend Personen. Man sage nicht, es gäbe dortzulande keine Edelleute!

Eines Tages war ich in einem Dorf, das *Sarigoy* heißt. Dort sah ich einen Gefangenen, der einen ziemlich großen Stein gegen das Bein einer Frau warf. Ich hatte den Eindruck, daß er ihr das Bein gebrochen hatte. Wenn die Steine — und was er sonst noch in greifbarer Nähe hat — verbraucht sind, kommt der Mann, der ihn erschlagen soll, aus einem der Häuser hervor (während des ganzen Tages hat er sich bis dahin nicht blicken lassen). In der Faust hält er einen großen Holzsäbel, der mit prächtigen Federn verziert ist. Der Mann selbst trägt einen Kopfputz und andere Schmuckgegenstände. Er nähert sich dem Gefangenen, den er zumeist etwa wie folgt anspricht: »Gehörst du nicht dem Volk an, das sich die Margajas nennt und das mit uns verfeindet ist? Und hast du nicht unsere Verwandten und Freunde getötet und davon gegessen?« Selbstsicherer denn je antwortet der Gefangene in seiner Sprache (denn die Margajas und Tupinenkins verstehen einander sehr wohl): »*Pa, ke tan tan ajuka atupavé*«, das heißt: »Ja, ich bin sehr stark und habe tatsächlich eine Anzahl von ihnen erschlagen und verspeist.« — Um seinen Feinden noch mehr Ärger zu bereiten, legt er seine Hände auf den Kopf und ruft: »Oh, ich will die Wahrheit sagen: Ich war so kühn, daß ich eure Leute angegriffen und gefangengenommen habe, von denen ich unzählige Male gegessen habe.« Es folgen dann andere ähnliche Redensarten. Das ist ein weiterer Grund für den, der ihm gegenübersteht und bereit ist, ihn zu erschlagen, ihm zu sagen: »Jetzt bist du in unserer Gewalt und wirst auf der Stelle von mir getötet. Dann wirst du bukaniert und von uns allen gegessen.« — »Schon gut«, antwortet er noch — ebenso entschlossen, für seine Nation erschlagen zu werden, wie *Regulus* bereit war, den Tod für seine Römische Republik zu erleiden —, »meine Verwandten werden auch mich rächen.« — Dieses Beispiel habe ich angeführt, um zu zeigen, wie jene barbarischen Nationen, die den natürlichen Tod so sehr fürchten, sich als Gefangene aus ihm gar nichts machen, denn sie halten es für ein Glück, öffentlich inmitten ihrer Feinde so zu sterben. Unversehens war ich eines Tages in ein auf der großen Insel gelegenes Dorf geraten, das die Wilden »*Pirani-iu*« nennen. Eben war man dabei, eine gefangene Frau auf die geschilderte Art zu töten. Ich näherte mich ihr und riet ihr in ihrer Sprache, sich Tupan zu empfehlen (denn Tupan bedeutet bei ihnen nicht »Gott«, sondern »Donner«). Ich forderte sie auf, so zu beten, wie ich es sie lehren wollte. Anstelle einer Antwort hob sie den Kopf, machte sich über mich lustig und sagte: »Was gibst du mir denn, tue ich das, was du sagst?« Ich antwortete ihr: »Du arme Unglückliche hast auf dieser Welt nichts mehr nötig. Da du aber glaubst, daß die Seele unsterblich ist (das glauben sie alle, wie ich im folgenden Kapitel zeigen werde), so denk an das, was nach deinem Tod aus ihr werden wird.« Sie lachte wieder, wurde erschlagen und starb unbekehrt.

Um nun das Thema fortzusetzen: Nach weiteren Streitereien sprechen sie meistens noch über dieses und jenes. Dann hebt der Mann, der bereitsteht, den Totschlag auszuführen, mit beiden Händen seine Holzkeule und führt mit dem runden Ende einen so kräftigen Schlag auf den Kopf des armen Gefangenen aus — wie die Schlächter bei uns mit dem Rindvieh verfahren. Leute habe ich gesehen, die beim ersten Schlag auf der Stelle tot waren und weder Arme noch Beine bewegten. Liegen sie dann am Boden, sieht man zwar noch ein Zucken und Zittern durch ihre Glieder laufen, aber einzig kommt das von den Nerven und vom Blut, die jetzt ihre Tätigkeit einstellen. Die Männer, die die Exekution ausführen, schlagen im allgemeinen jedenfalls so genau mitten auf den Schädel oder verstehen es, sich eine Stelle hinter dem Ohr auszusuchen (ohne daß Blutungen auftreten), daß es nie nötig ist, einen zweiten Schlag zu vollführen, um dem Opfer das Leben zu nehmen. Hier scheint das Wort, das die Franzosen oft schon im Munde führten, volle Gültigkeit zu haben. Während unsere Soldaten und deren Gegner zueinander sagen: »Ich werde dich töten«, sagt man zu dem, dem man nicht gut gesinnt ist: »Ich schlage dir den Schädel ein.«

Wenn der Gefangene solcherart erschlagen ist und eine Frau hatte (wie ich schon erwähnte, gibt man einigen von ihnen Frauen), so hockt sich diese neben seinen Leichnam und veranstaltet eine »kleine Trauer«. Absichtlich sage ich »kleine Trauer«, denn in der Tat sind es Krokodilstränen, die sie vergießt. An der Seite dieses Mannes weint sie, ehe sie ihn verspeist. Nachdem die Frau pro forma ihre Trauer kundgetan hat und einige zaghafte Tränen auf ihren toten Freund fallen ließ, ist sie nämlich — sofern ihr das gelingt — die erste, die von ihm ißt. — Ist das geschehen, stellen sich die anderen Frauen — besonders die älteren (sie sind nämlich weit mehr auf Menschenfleisch erpicht als die jungen und drängen ständig, daß die, die Gefangene gemacht haben, sie so bald wie möglich töten lassen) — mit schon bereitgehaltenem heißen Wasser ein. Den Körper des Toten reiben und brühen sie so ab, daß sie die erste Haut herunterziehen können. Den Leichnam machen sie weißer, als es unseren Köchen gelingt, bereiten sie zum Rösten ein Spanferkel vor.

Sofern der Besitzer des Gefangenen es wünscht, nehmen er und einige andere den Leichnam des armen Opfers, schlitzen ihn auf und zerlegen ihn blitzschnell in einzelne Stücke — wie das bei uns schneller kein Schlächter fertigbringt mit einem Schwein. Außerdem (das ist der Gipfel der Grausamkeit!) reiben sie den Leib, die Schenkel und Beine ihrer Kinder mit dem Blut ihrer Feinde ein — ähnlich wie unsere Jäger in Frankreich ihren Hunden den Abfall vorwerfen. So nehmen sie ein Kind nach dem anderen vor, um es anzustacheln und blutgieriger zu machen. Seitdem Christen in ihrem Lande sind, zerteilen die Wilden die Körper ihrer Gefangenen und ihrer Tiere mit Messern und anderen Eisenwerkzeugen, die man ihnen zum Tausch gab. Von den Greisen hörte ich, daß man zu diesem Zweck früher scharf gewetzte Steine benutzt hat.

Alle Teile des Körpers, und sogar die Eingeweide, werden sorgsam gesäubert und dann sofort auf die Bukans gelegt. Während auf die Art der Wilden alles geröstet wird, versammeln sich die alten Frauen (die, wie ich schon erwähnte, einen erstaunlichen Appetit auf Menschenfleisch haben) in der Nähe der Bukans, um das Fett, das an den Stäben dieser großen und hohen Holzroste herunterfließt, aufzufangen. Sie ermahnen die Männer, dafür zu sorgen, ständig solches Fleisch verfügbar zu haben. Während sie sich die Finger ablecken, sagen sie: »I goton«, das heißt: »Es ist gut«.

Auf vorstehend geschilderte Weise habe ich gesehen, wie die amerikanischen Wilden das Fleisch ihrer Kriegsgefangenen zubereiteten, es bukanierten, das heißt, wie sie es auf eine bei uns unbekannte Art rösteten.

Bei der Beschreibung des von den Wilden Tapirussu genannten Tieres habe ich den Bukan geschildert. Um unnötige Wiederholungen zu vermeiden, darf ich den Leser darauf hinweisen. Als irrig möchte ich zurückweisen, daß die Wilden Brasiliens, von denen ich jetzt spreche, das Menschenfleisch am Bratspieß zubereiten — ähnlich wie wir mit Hammel- und anderem Fleisch verfahren. Diese Leute haben auch Wilde abgebildet, die ihre Gefangenen mit großen Hackmessern aus Eisen auf einer Schlachtbank zerschnitten und dann die einzelnen Stücke zur Schau stellten, etwa so wie die Metzger bei uns mit dem Rindfleisch verfahren. Das alles ist ebenso erlogen wie das, was *Rabelais* von *Panurge* erzählt, der völlig gespickt dem Bratspieß halb angebraten entronnen ist. Ohne weiteres kann man also sagen, daß die Hersteller solcher Karten, die die von ihnen dargestellten Dinge niemals kennengelernt haben, Ignoranten sind. Die Brasilianer brieten jedenfalls das Fleisch ihrer Gefangenen zur Zeit meines Aufenthaltes auf die von mir beschriebene Weise. Unsere Art des Bratens war ihnen gänzlich unbekannt. Als einige meiner Gefährten und ich eines Tages eine Truthenne und anderes Geflügel an einem Holzspieß zubereiteten, machten sie sich über uns lustig. Sie wollten nicht glauben, daß die Tiere in ständiger Bewegung braten könnten. Die Erfahrung bewies ihnen dann aber das Gegenteil.

Doch nun wieder zu meinem Thema. Ist das Fleisch eines Gefangenen oder mehrerer (denn oft töteten sie am gleichen Tag zwei oder drei) auf ihre Weise gebraten, belustigen sich wieder rings um die Bukans alle, die an dem Massaker beteiligt waren. Mit wütenden Blicken mustern sie die Stücke und Glieder ihrer Feinde. Wie groß ihre Zahl auch sei, wenn irgend möglich erhält ein jeder ein Stück, ehe sie sich zurückziehen. Sie essen das Fleisch aber weniger — wie man vermuten könnte — aus Hunger. Allerdings sind sie alle der Ansicht, Menschenfleisch sei sehr gut und wohlschmeckend. Sie verzehren es indes mehr aus Rache als wegen des Wohlgeschmacks (ausgenommen die alten Frauen, die, wie ich schon sagte, sehr darauf erpicht sind). Ihre hauptsächliche Absicht bei der Verfolgung und beim Abnagen der Toten bis auf die Knochen besteht darin, den Lebenden Furcht und Schrecken einzujagen. Um ihre Rachegelüste zu befriedigen, vertilgen sie alles restlos, was am Körper der Gefangenen von der Spitze der

großen Zehen bis zur Nase, zu den Ohren und der Schädel-
decke zu finden ist. Lediglich das Gehirn, das sie niemals anrühren, bildet eine Ausnahme. Außerdem sammeln unsere
Tuupinambaúlts die Köpfe in Haufen in ihren Dörfern, wie
man bei uns in Frankreich die Totenköpfe auf den Friedhöfen
sieht. Das erste, was sie tun, wenn Franzosen kommen und sie
besuchen wollen, ist, sich ihrer Tapferkeit zu rühmen und die
vom Fleisch entblößten Köpfe vorzuzeigen. Dabei sagen sie,
daß sie ebenso mit all ihren Feinden verfahren werden. Ähnlich sammeln sie auch die größten Knochen der Schenkel und
Arme, um (wie ich schon erwähnte) daraus Pfeifen und Pfeile
anzufertigen, ferner die Zähne, die sie ausreißen und aufrei-
hen nach Art der Rosenkränze. Sie tragen sie dann um den
Hals als Ketten. In der »Histoire générale des Indes« heißt es,
als von den Bewohnern der Insel Zamba die Rede ist, daß die
Eingeborenen die Köpfe der von ihnen Getöteten und Geop-
ferten an den Türen ihrer Häuser befestigen. Bei ihren größeren Unternehmungen tragen auch sie die Zähne um den
Hals gehängt.

Den oder die, welche die Morde begangen haben, halten sie für außerordentlich ruhm- und ehrenvoll. Noch am gleichen Tag, an dem sie den Totschlag vollführt haben, ziehen sie sich zurück und lassen, bis sie tüchtig bluten, Brust, Arme, Oberschenkel, Waden und sonstige Körperteile einkerben. Dann reiben sie sich die Schnittwunden, damit sie während ihres ganzen Lebens sichtbar bleiben und sich die Spuren nie verwischen lassen, mit bestimmten Mixturen und schwarzem Puder ein. Je mehr solcher Wunden sie aufweisen, um so deutlicher kann jedermann sehen, daß sie zahlreiche Gefangene getötet haben. Aus diesem Grunde hält man sie für tapferer als die anderen. Um das Gesagte anschaulicher zu machen, habe ich einen solchen mit Schnittwunden versehenen Wilden abbilden lassen. Neben ihm steht ein anderer, der gerade einen Pfeil abschießt.

Um dieses seltsame Kapitel abzuschließen, sei noch folgendes erwähnt: Wenn Frauen, die man den Gefangenen gegeben hatte, schwanger durch sie werden, dann behaupten die Wilden, die die Väter getötet haben, daß solche Kinder aus dem Samen ihrer Feinde hervorgegangen sind und (entsetzlich zu hören und noch entsetzlicher anzusehen!) verspeisen sie; die einen gleich nach ihrer Geburt, und die anderen, je nachdem es ihnen gut erscheint, noch ehe sie völlig erwachsen sind. Mehr als alles andere bereitet es diesen Barbaren Vergnügen, können sie alles tun, die Rasse derer, mit denen sie sich im Kriegszustand befinden, so gründlich wie nur möglich zu vernichten. Die Margajas bereiten den Tuupinambaúlts, die sie in ihre Hände kriegen, das gleiche Schicksal. Im übrigen haben sie ein seltsames Vergnügen daran zu sehen, daß die Fremden, mit denen sie verbündet sind, ebenso verfahren. Wenn sie uns einluden, das Fleisch ihrer Gefangenen zu essen und wir es zurückwiesen (wie ich und viele der Unsrigen das stets getan haben, denn wir hatten uns — Gott sei Dank! — niemals so weit vergessen!), so erschienen wir ihnen offenbar nicht zuverlässig genug. Zu meinem größten Bedauern muß ich an dieser Stelle sagen, daß einige der Dolmetscher aus der

Normandie, die acht oder neun Jahre dort schon im Lande weilten, sich den Wilden anpaßten. Sie führten ein gottloses Leben, indem sie Unzucht mit den Frauen und Mädchen trieben. Einer von ihnen, der zu meiner Zeit dort war, hatte einen etwa fünfjährigen Sohn. Noch schlimmer aber war es, daß sie die Wilden übertrafen an Unmenschlichkeit. Ich habe sogar gehört, daß sich einer von ihnen rühmte, er habe Gefangene getötet und gegessen.

Nun will ich mit der Beschreibung der Grausamkeiten unserer Tuupinambaúlts ihren Feinden gegenüber fortfahren. Während unseres dortigen Aufenthaltes hatten sie herausgefunden, daß es auf der großen Insel, von der ich schon weiter oben gesprochen habe, ein Dorf gab, das von Margajas, ihren Feinden also, bewohnt wurde. Es handelte sich um Margajas, die sich ihnen bereits zu Beginn des Krieges — demnach rund zwanzig Jahre zuvor — ergeben hatten. Seit jener Zeit hatten die Tuupinambaúlts sie unter sich immer in Frieden leben lassen. Eines Tages aber, als sie tranken und kauïnierten, machten sie sich gegenseitig Mut und behaupteten, wie ich das soeben gesagt habe, es handle sich um Abkömmlinge ihrer Todfeinde. Sie beschlossen deshalb, dort alles zu verwüsten. Eines Nachts machten sie sich daran, ihren Entschluß in die Tat umzusetzen. Überraschend fielen sie über jene armen Wilden her und richteten ein derartiges Blutbad und Gemetzel an, daß es entsetzlich war, die Schreie anzuhören. Viele von uns Franzosen erhielten um Mitternacht die Nachricht. Sie begaben sich gut bewaffnet in einem Boot nach jenem Dorf, das von unserem Fort etwa fünf Meilen entfernt lag. Ehe sie dort aber eingetroffen waren, hatten unsere Wilden in ihrer Wut und Blutgier schon die Häuser in Brand gesteckt, um die Bewohner herauszutreiben. Fast alle hatten sie bereits getötet. Bei ihrer Rückkehr erzählten die Unsrigen, daß sie Fleischstücke von Männern und Frauen auf den Bukans gesehen hätten und daß unzerteilte Säuglinge dort geröstet wurden. Es gab indessen eine Anzahl Erwachsener, die ins Meer liefen, um sich im Schutze der Nacht dann schwimmend zu retten. Sie erreichten unsere Insel und begaben sich in unsere Hände. Davon aber erfuhren unsere Wilden nach wenigen Tagen schon. Sie waren außerordentlich erbost darüber, und es gefiel ihnen gar nicht, daß wir ihre Feinde bei uns behielten. Man konnte sie jedoch wieder beruhigen, da man ihnen einige der mitgebrachten Waren schenkte. Halb gezwungen und halb freiwillig überließen sie Villegagnon ihre Gegner als Sklaven.

Ein andermal befand ich mich mit vier oder fünf Franzosen in dem Dorf Pirani-iu auf der großen Insel. Dort trafen wir einen der Gefangenen an. Es war ein schöner und kräftiger junger Mann, den man in Eisenfesseln gelegt hatte; die letzteren hatten die Wilden von den Christen erhalten. Er sprach uns in portugiesischer Sprache an (zwei meiner Gefährten sprachen ausgezeichnet spanisch und verstanden ihn recht gut). Er erzählte, er sei in Portugal gewesen und dort zum Christentum bekehrt und auch getauft worden. Sein Name sei *Antoni*. Angehöriger des Margaja-Volkes sei er, habe sein Barbarentum aber infolge des Aufenthaltes in Europa abgelegt. Zu verstehen gab er uns, daß er gern aus der Gewalt seiner Feinde befreit werden wollte. Wir hielten es für unsere Pflicht, möglichst viele zu befreien. Seine christlichen Worte und sein Name Antoni steigerten noch unser Mitgefühl. Ein Mann unserer Gruppe, der Spanisch verstand und Schlosser von Beruf war, sagte ihm, er würde ihm am nächsten Tag eine Feile mitbringen, um seine eisernen Fesseln durchfeilen zu können. Sobald er frei sei und nicht auf andere Weise festgehalten würde, sollte er sich in einem Gebüsch nahe am Meer, das wir ihm zeigten, verbergen. Inzwischen wollten wir die anderen in Gespräche verwickeln. Bei unserer Rückkehr wollten wir ihn abholen, fanden jedoch keine Spur von ihm in jenem Gebüsch. Wir hatten ihm auch in Aussicht gestellt, daß wir ihn in unserem Fort vielleicht gebrauchen könnten und uns gegebenenfalls mit denen, die ihn gefangen hielten, einigen würden. Der arme Kerl war über unseren Vorschlag hocherfreut, dankte und versprach, alles zu tun, was wir ihm geraten hatten. Wiewohl die Wilden von der Unterredung nichts verstanden hatten, müssen sie wohl Verdacht geschöpft haben, wir wollten ihren Gefangenen entführen. Gleich nachdem wir ihr Dorf verlassen hatten, müssen sie ihre nächsten Nachbarn in aller Eile herangeholt haben, damit sie Zeugen und Zuschauer bei der Ermordung ihres Gefangenen sein konnten. Dann wurde letzterer unverzüglich erschlagen. Am nächsten Tag schon waren wir mit der Feile unter dem Vorwand, Mehl und andere Lebensmittel einhandeln zu wollen, ins Dorf zurückgekehrt.

Als wir die Wilden fragten, wo sich der Gefangene, den wir tags zuvor gesehen hatten, befände, führte man uns zu einem Haus, wo wir auf dem Bukan die einzelnen Körperteile des armen Antoni erblickten. Sie freuten sich, daß sie uns überlistet hatten und zeigten unter Gelächter den Kopf.

Ähnlich gelang es unseren Wilden eines Tages, zwei Portugiesen in einem kleinen Lehmhäuschen — mitten im Wald und in der Nähe ihres Forts *Morpion* — zu überraschen. Tapfer verteidigten sich die Portugiesen von Morgen bis Abend. Als die Munition für ihre Hakenbüchsen und Armbrüste dann ausgegangen war, kamen sie mit einem Degen in jeder Hand heraus und drangen so heftig auf ihre Belagerer ein, daß viele getötet oder verwundet wurden. Die Wilden wurden immer erbitterter und waren fest entschlossen, sich lieber allesamt in Stücke hauen zu lassen, als sich geschlagen zu geben und zurückzuziehen. Schließlich gelang es ihnen, die beiden Portugiesen gefangenzunehmen und in ihr Dorf zu bringen. Einer der Wilden verkaufte mir einige Kleidungsstücke aus Büffelleder, die sie aus dem Häuschen mit anderen Dingen geraubt hatten. Ebenso erstand einer unserer Dolmetscher eine aus dem Haus gestohlene Silberschale. Da die Wilden ihren Wert nicht kannten, erwarb er die Schale für nur zwei Messer. In ihren Dörfern angelangt, rissen sie den beiden Portugiesen zu deren Schande die Bärte aus und ließen sie dann auf grausame Weise sterben. Als sich die armen Leute über die Schmerzen, die man ihnen bereitete, beklagten, machten sich die Wilden über sie lustig und meinten: »Wie ist das möglich? Nachdem ihr euch so tapfer verteidigt habt, zeigt ihr jetzt, wo ihr mutig sterben müßtet, nicht einmal soviel Mut wie die Frauen.« Dann wurden die beiden, wie üblich, getötet und verspeist.

Wohl könnte ich noch eine Reihe ähnlicher Beispiele für die Grausamkeit der Wilden gegenüber ihren Feinden anführen. Was ich schon gesagt habe, ist aber wirklich genug, um Entsetzen zu verbreiten, daß sich die Haare sträuben. Beim Lesen dieser schrecklichen Dinge, die unter den barbarischen Völkern Brasiliens an der Tagesordnung sind, möge man immerhin auch ein wenig an das denken, was hierzulande bei uns geschieht. In erster Linie möge man an das, was unsere Wucherer tun, denken. Sie saugen Blut und Mark, verspeisen demnach zahllose Witwen, Waisen und sonstige arme Menschen bei lebendigem Leibe. Menschlicher würden sie handeln, wenn sie ihren Opfern sofort, anstatt sie dahinsiechen zu lassen, die Kehle durchschnitten. Sie sind demnach grausamer als die Wilden, von denen ich gesprochen habe. Deshalb sagt auch der Prophet, daß solche Menschen dem Volke Gottes die Haut abziehen, sein Fleisch verzehren und ihm die Knochen brechen, als ließen sie gleichsam die Menschen in einem Kessel kochen. Was aber die brutale Handlungsweise betrifft, menschliches Fleisch richtig zu kauen und (im wahrsten Sinne des Wortes) zu verzehren, so findet man auch dafür Beispiele genug bei uns in Europa. Da sind zum Beispiel in Italien und anderwärts unter denen, die sich Christen nennen, Leute, die sich nicht damit begnügten, ihre Feinde grausam getötet zu haben, sondern auch noch ihr Mütchen kühlen mußten, indem sie aßen von ihrer Leber und von ihrem Herzen. Bestätigt wird das durch die Historiker. Wir brauchen aber gar nicht so weit fortzugehen, denn was ist in Frankreich (ich bin als Franzose betrübt, das sagen zu müssen) zur Zeit der blutigen Tragödie passiert, die zu Paris am 24. August 1572 begann? Mir liegt es fern, diejenigen anzuklagen, die keine Schuld haben an jenen Zuständen. Unter anderen Schreckenstaten, über die zu berichten wäre und die damals im ganzen Königreich verübt wurden, ist noch folgendes zu erwähnen: Wurde nicht das Fett der menschlichen Körper (die in Lyon auf eine Art massakriert wurden, die barbarischer und grausamer als die jener Wilden war), nachdem man die Leichen aus dem Saône-Fluß geholt hatte, öffentlich an den Meistbietenden verkauft? Wurden nicht Leber, Herz und andere Körperteile mancher Leute von ihren wütenden Mördern, vor denen selbst Angst und Schrekken in der Hölle herrschen würde, verzehrt? Ähnlich wurde in Auxerre ein gewisser *Coeur de Foy* scheußlich niedergemetzelt. Anhänger der reformierten Religion war er, und seine Mörder schnitten sein Herz in Stücke und boten diese denen zum Kauf an, die ihn gehaßt hatten. Sie rösteten die Stücke schließlich über einem Kohlenfeuer und stillten ihre Wut, indem sie diese Teile verschlangen wie die Schlächterhunde. Heute noch leben Tausende von Menschen, die diese Taten bestätigen können. Manche Bücher, die vor langer Zeit schon gedruckt wurden, berichten hierüber und überliefern es der Nachwelt. Nicht ohne Grund hat jemand, dessen Namen ich wirklich nicht weiß, bestätigt, daß diese abscheuliche Schlächterei, die vom französischen Volk begangen wurde, alles übertraf, was man je gehört hatte. Um es entsprechend zu übertreiben, schrieb er die folgenden Verse:

»Lachet, Pharao,
Achab und Nero,
Herodes auch:
Eure Barbarei
Wird in den Schatten gestellt
Durch das, was hier geschah.«

Man verabscheue demnach die Grausamkeiten der wilden Anthropophagen — das heißt Menschenfresser — nicht allzusehr, denn unter uns gibt es weit mehr noch zu verachtende und schlimmere Elemente dieser Spezies. Wie oben gezeigt wurde, fallen diese nicht nur über die mit ihnen verfeindeten Völker her. Sie haben vielmehr gewütet im Blut ihrer Angehörigen, Nachbarn und Landsleute. Daher braucht man nicht allzuweit oder sogar bis nach Amerika zu gehen, um solche abscheulichen Greueltaten zu sehen.

SIEBZEHNTES KAPITEL

Was man unter den Wilden Amerikas als Religion bezeichnen könnte. Von den Verirrungen, in denen sie gewisse Betrüger unter ihnen, die man »Caraïben« nennt, zu halten suchen und von der großen Unkenntnis, in der sie sich bezüglich Gottes befinden

Cicero sagt, keine Völker wären so roh, keine Nationen so barbarisch und wild, daß man nicht bei ihnen das Gefühl, daß es irgendeine Gottheit gibt, feststellen könnte. Jeder macht sich diesen Ausspruch zu eigen und hält ihn für einen unbezweifelbaren Grundsatz. Denke ich aber an unsere Tuupinambaúlts in Amerika, so möchte ich doch auf sie diesen Grundsatz nicht anwenden. Zunächst einmal haben sie keinerlei Kenntnis des einzigen und wahren Gottes. Außerdem bekennen sie sich zu keinem Gott — sei es ein himmlischer oder irdischer. Das steht im Gegensatz zu allen alten Heiden, die eine ganze Reihe von Göttern hatten. Es steht ferner im Gegensatz zu den Götzendienern von heute, und sogar die Indianer Perus, deren Land an das ihre grenzt, wenn es auch etwa fünfhundert Meilen entfernt ist, opfern der Sonne und dem Mond. Infolgedessen haben die Tuupinambaúlts auch keine Gottesdienstordnung, geschweige denn irgendeinen Ort, an dem sie sich versammeln, um eine Art von Andacht abzuhalten. Sie kennen keine Form religiöser Gebete, sei sie öffentlicher oder privater Art. Ebenso wissen sie nichts von der Erschaffung der Welt und unterscheiden auch nicht die Tage durch eine bestimmte Namengebung. Ferner zählen sie weder die Wochen noch Monate noch Jahre, sondern zählen und merken sich die Zeit lediglich durch die Monde. Was die Schrift betrifft — sei sie heiliger oder profaner Art —, so können sie sich unter ihr nichts vorstellen. Nicht einen einzigen Buchstaben besitzen sie, der irgend etwas zu bedeuten hätte. Als ich anfangs in ihrem Lande war und die Sprache erlernen wollte,

schrieb ich mir einige Sätze auf. Dann las ich sie ihnen vor;
sie hielten das für Zauberei. Einer sagte zum anderen: »Ist es
nicht wunderbar, daß jener, der noch gestern nicht ein Wort in
unserer Sprache sagen konnte, jetzt mit Hilfe dieser Papiere
in der Hand so sprechen kann, daß er von uns verstanden
wird?« Das war auch die Meinung der Wilden auf der »Spanischen Insel«. Der Autor ihrer Geschichte sagt folgendes: »Die
Indianer wußten, daß sich die Spanier miteinander verständigen konnten, ohne einander zu sehen, indem sie Briefe von
einem Ort zum anderen schickten. Deshalb glaubten die Indianer, daß die Spanier entweder die Gabe der Weissagung besaßen oder die Briefe sprechen konnten. Das führte dazu«,
sagt der Autor, »daß die Indianer, da sie fürchteten, überführt
oder bei einer Missetat ertappt zu werden, durch dieses Mittel
sehr gut bei ihren Pflichten gehalten werden konnten und nicht
mehr wagten, die Spanier zu belügen oder zu bestehlen.«

Für den, der dieses Thema noch ausführlicher behandeln
möchte, bietet sich eine gute Gelegenheit, um zu zeigen, wie-

viel mehr die Völker, welche die drei Erdteile Europa, Asien und Afrika bewohnen, Grund haben, Gott zu loben, als die Wilden auf dem vierten, Amerika genannten Teil. Diese Wilden können sich nur mündlich verständigen. Wir dagegen haben den großen Vorteil, daß wir — ohne uns von unserem gegenwärtigen Aufenthaltsort fortzubewegen — mit Hilfe der Schrift oder durch Briefe, die wir verschicken, gegenseitig nach Belieben unsere Geheimnisse übermitteln können, und wenn der Empfänger am anderen Ende der Welt wohnt. Die Erfindung der Schrift gehört also mit zu den Wissenschaften, die wir durch Bücher übermittelt bekommen — was beides den Wilden versagt ist —, also zu den besonderen Geschenken, die die Menschen von Gott in diesen Teilen der Erde erhalten haben.

Wenden wir uns jedoch nun wieder unseren Tuupinambaúlts zu. Plauderten wir mit ihnen und die Gelegenheit war gerade günstig, so sagten wir, daß wir an einen einzigen und allmächtigen Gott, den Schöpfer der Welt, glauben, der Himmel und Erde und alles, was auf ihr ist, geschaffen hat. Dieser Gott regiert alles und verfügt über alles, wie es ihm gefällt. Wenn sie uns so reden hörten, sahen sie einander an und stießen den Ausruf aus, mit dem sie ihr Erstaunen auszudrücken pflegen: »Teh!« Sehr groß war ihre Verwunderung. Wie ich schon erwähnte, sind sie ungemein erschrocken, hören sie den Donner, den sie »Tupan« nennen. Gingen wir darauf ein und benutzten die Gelegenheit, ihnen zu sagen, daß Gott, von dem wir gesprochen hatten, auf diese Weise, indem er Himmel und Erde erbeben läßt, seine Größe und Macht zeige, erwiderten sie darauf, dieser Gott tauge nichts, wenn er sie so erschrecke. Deutlich ersieht man daraus den bedauernswerten Zustand, in dem sich diese armen Menschen befinden. Vielleicht wird man fragen, wie es denn überhaupt möglich ist, daß die Amerikaner wie die wilden Tiere, so völlig ohne Religion, leben können. Gewiß, sie haben, wie ich schon sagte, sehr, sehr wenig, was man als Religion bezeichnen könnte, und ich glaube, daß es auf der ganzen Erde keine Nation gibt, die so weit von ihr entfernt ist. Um nun zum eigentlichen Thema zu kommen, will ich damit beginnen, das spärliche Licht zu erwähnen, von dem ich weiß, daß es ihnen noch in der dichten Finsternis der Unwissenheit, in der sie gefangen sind, geblieben ist. Zunächst sei gesagt, daß sie an die Unsterblichkeit der Seelen glauben. Fest glauben sie daran, daß die Seelen derer, die tugendhaft gelebt haben — das heißt, die sich gut gerächt und viele Feinde verzehrt haben — hinter die hohen Berge wandern, um dort in schönen Gärten (wer denkt da nicht an die Champs-Elysées?) mit den Seelen ihrer Ahnen zu tanzen. Die Seelen der anderen aber, das heißt der Verweichlichten und der Taugenichtse, die das Vaterland nicht richtig verteidigt haben, kommen zu »*Aygnan*« (so nennen sie den Teufel in ihrer Sprache), von dem sie ständig gepeinigt werden. Dabei muß noch erwähnt werden, daß diese armen Menschen auch während ihres Lebens von dem bösen Geist (den sie sonst auch »*Koagerre*« nennen) heimgesucht werden. Wiederholt habe ich Leute gesehen, die sich sogar, während sie zu uns sprachen, heimgesucht fühlten und plötzlich wie Wahnsinnige riefen: »O weh, schützt uns vor Aygnan! Er schlägt uns!« Manche behaupteten sogar, daß sie ihn — sei es als Tier, Vogel oder in sonst einer seltsamen Form — sehen könnten. Mit großem Erstaunen sahen sie, daß wir von diesem Wesen nicht angegriffen wurden. Wir sagten ihnen dann, wir würden durch Gott, von dem wir so häufig sprachen, geschützt. Gott sei unvergleichlich stärker als Aygnan und hindere ihn daran, uns zu belästigen oder gar Böses anzutun. Es kamen auch Fälle vor, in denen sie sich in Bedrängnis fühlten und versprachen, ebenso wie wir an Gott glauben zu wollen. Wie aber das Sprichwort sagt: »Wenn die Gefahr vorüber ist, spottet man über den Heiligen«, so wußten auch sie, sobald sie befreit waren, nichts mehr von ihren Versprechungen. Um jedoch zu zeigen, daß das, was sie zu erdulden haben, kein Kinderspiel ist, wie man bei uns zu sagen pflegt, habe ich oft gesehen, wie sie in Erinnerung an das, was sie in der Vergangenheit erlitten hatten, sich mit den Händen auf die Oberschenkel schlugen und wie ihnen der Schweiß auf die Stirn trat. Sie beklagten sich dann bei mir oder bei einem anderen von uns, indem sie sagten: »*Mair Atu-assap, acekeiey Aygnan Atupané*«, das heißt: »Franzose, mein Freund oder mein zuverlässiger Verbündeter, ich fürchte den Teufel oder den bösen Geist mehr als alles andere.« Wir sagten ihm dann: »*Nacequicy Aygnan*«, das heißt: »Ich fürchte Aygnan keineswegs.« Sie bedauerten sich und antworteten: »Oh, wie glücklich wären wir, blieben wir — wie ihr — verschont.« — »Ihr müßtet glauben und euch dadurch schützen, wie auch wir es tun: glauben an den, der stärker und mächtiger ist als er«, antworteten wir dann. Wie schon erwähnt, versprachen sie das zuweilen feierlich, wenn sie das Böse herannahen sahen oder es bereits da war. Nachher aber war aus ihrem Hirn alles wieder gelöscht.

Ehe ich weiter fortfahre, möchte ich dazu, daß die Amerikaner die Seele für unsterblich halten, noch folgendes bemerken: Der Autor von »*Indes Occidentales*« sagt, daß die Wilden der Stadt Cuzco, der Hauptstadt Perus, und die der Umgebung ebenfalls an die Unsterblichkeit der Seelen glauben. Er sagt, daß sie auch an die Auferstehung der Körper glauben (trotz des allgemeinen, von den Theologen ebenfalls gebilligten Grundsatzes, daß nämlich alle Philosophen, Heiden und sonstigen Gebildeten und Barbaren nichts von einer Auferstehung des Fleisches wissen und sie auch in Abrede stellen). Diese Behauptung belegt der Autor mit folgendem Beispiel: Als die Indianer sahen, daß die Spanier die Gräber öffneten, um das darin enthaltene Gold und sonstige Schätze herauszuholen, während sie die Gebeine hierhin und dorthin verstreuten, baten sie darum, man möge die Knochen nicht auf diese Art verstreuen, damit die Toten nicht bei ihrer Auferstehung gehindert würden. »Denn«, fügt er über die Wilden dieses Landes hinzu, »sie glauben an die Auferstehung der Leiber und an die Unsterblichkeit der Seele.« Ein anderer weltlicher Autor versicherte, daß früher eine gewisse heidnische Nation den gleichen Glauben hatte, denn er schreibt: »Dann besiegte *Caesar* den *Ariovist* und die Germanen. Letztere waren übermäßig groß und darüber hinaus außerordentlich kühn. Sie griffen sehr tapfer an und kannten keine Todesfurcht, da sie an ihre Auferstehung glaubten.«

Absichtlich habe ich das Vorstehende angeführt, damit jeder folgendes verstehen möge: Die Atheisten, die schlimmer als die Teufel sind und von denen es in Europa jetzt wimmelt, haben mit den Tuupinambaúlts gemein, daß sie glauben machen wollen — und zwar auf eine noch bestialischere und merkwürdigere Art als die Wilden —, daß es überhaupt keinen Gott gibt. Mögen die Atheisten in erster Linie von den Wilden lernen, daß es Teufel gibt, die noch in dieser Welt alle peinigen, die Gott und Seine Macht verneinen. Darauf werden sie das erwidern, was manche Leute behaupten: Außer den schlechten Taten der Menschen gibt es überhaupt keine Teufel. Es ist also Unsinn, was diese Wilden über Dinge reden, die überhaupt nicht existieren. — Darauf antwortete ich folgendes: Wenn man das weiß, was ich gesagt habe und es absolut wahr ist, nämlich daß die Amerikaner außerordentlich fühlbar und sichtbar von bösen Geistern gepeinigt werden, so kann man leicht beurteilen, wie abwegig es ist, das den menschlichen Regungen zuzuschreiben. Wie stark auch diese Regungen sein mögen, wie sollten sie die Menschen in solcher Weise heimsuchen? Nicht einmal will ich von der Erfahrung sprechen, die man hierzulande von derartigen Dingen hat. Hieße es nicht Perlen vor die Säue werfen, so könnte ich jetzt zurückschlagen, indem ich auf das verweise, was im Evangelium von so vielen Besessenen, die durch Gottes Sohn geheilt wurden, gesagt ist.

Zweitens sind die Atheisten, die alle Grundsätze verneinen, völlig unwürdig, daß man ihnen zitiert, was die Heilige Schrift so prachtvoll über die Unsterblichkeit der Seelen sagt. Auch hier möchte ich ihnen unsere armen Brasilianer gegenüberstellen. Trotz ihrer Verblendung werden sie ihnen die Lehre erteilen, daß es im Menschen einen Geist gibt, der mit dem Körper keineswegs stirbt, der aber auch, vom Leib getrennt, der ewigen Seeligkeit oder dem ewigen Elend unterliegt.

Als drittes sei die Auferstehung des Fleisches erwähnt. Die Teufelskerle lassen sich auch aufbinden, daß der Körper, ist er einmal tot, nie wieder aufersteht. Als Gegenstück hierzu möchte ich die Indianer Perus anführen. Obgleich diese ebenfalls in einer falschen Religion leben (denn sie haben keine anderen Kenntnisse als das Naturgefühl), strafen sie diese verabscheuenswerten Menschen lügen und erheben sich zu Richtern über sie. Wie ich schon sagte, sind sie schlimmer als die Teufel selbst, denn die letzteren glauben, wie *Jakobus* sagt, daran, daß es einen Gott gibt und zittern vor ihm. Ich tue ihnen daher zuviel Ehre an, wenn ich ihnen diese Barbaren zu Ärzten gebe. Ohne einstweilen weiter von diesen abscheulichen Wesen zu sprechen, schicke ich sie jetzt unmittelbar in die Hölle, wo sie die Folgen ihrer ungeheuerlichen Irrtümer zu spüren bekommen werden.

Ich kehre nun zu meinem Hauptthema zurück, das darin besteht, das darzulegen, was man bei den Wilden Amerikas als Religion bezeichnen könnte. Wenn man das, was ich hiervon berührt habe, einer näheren Untersuchung unterzieht, so sieht man, daß sie — anstatt ruhig zu bleiben, wie sie es gern möchten — gezwungen sind, unter dem Einfluß einer Macht zu zittern, der sie nicht widerstehen können. Ich meine damit den Donner. Daraus kann man zwei Schlüsse ziehen. Erstens die Sentenz von *Cicero*, die ich schon anfangs erwähnte und die besagt, daß es kein Volk gibt, das für das Göttliche kein Gefühl hat. Dieser Ausspruch könnte bei ihnen seine Verwirklichung finden. Zweitens die Furcht, die sie vor Dem haben, den sie absolut nicht kennen wollen. Das aber ist absolut unverzeihlich. Der Apostel sagt, daß Gott vor alters alle Heiden ihrer Wege hat gehen lassen. Dennoch war Er immer wohltätig zu allen, und Er schickte den Regen vom Himmel und die fruchtbaren Jahreszeiten. Immer hat Er Zeugnis von sich abgelegt. Das alles zeugt davon, daß, kennen die Menschen ihren Schöpfer nicht, dies auf ihre Schlechtigkeit zurückzuführen ist. Um die Menschen noch mehr zu überzeugen, wurde auch gesagt, daß das, was an Gott unsichtbar ist, durch die Erschaffung der Welt sichtbar wird.

Wiewohl es unsere Amerikaner mündlich nicht eingestehen, sind sie dennoch im Inneren überzeugt davon, daß irgendeine Gottheit existiert. Deshalb gibt es keine Entschuldigung für sie, und sie können nicht vorgeben, sie wüßten nichts von Gott. Ich habe schon gesagt, daß sie an die Unsterblichkeit der Seele glauben, daß der Donner sie schreckt und sie von den Teufeln und bösen Geistern geschlagen und gepeinigt werden. Diese drei Punkte muß man zunächst einmal festhalten. An vierter Stelle werde ich zeigen, wie — trotz der düsteren Finsternis, in der sie leben — diese Saat der Religion (sofern ihre Handlungen eine solche Bezeichnung verdienen) in ihnen sprießt und nicht ausgelöscht werden kann.

Um nun in das Thema noch weiter einzudringen, muß man wissen, daß sie unter sich eine Art falscher Propheten haben, die sie »*Caraïbes*« nennen. Sie kommen und gehen von einem Dorf ins andere — wie die Überbringer von Bittschriften bei der päpstlichen Verwaltung. Sie erzählen den Wilden, daß sie mit den Geistern in Verbindung stehen und mit ihrer Hilfe jedem nach Belieben Kräfte geben können, damit er seine Feinde besiegt und überwältigt, zieht er in den Krieg. Weiter machen sie glauben, daß sie es sind, die die großen Wurzeln und Früchte, die das Land Brasilien hervorbringt, wachsen lassen. Ferner habe ich von aus der Normandie stammenden Dolmetschern, die schon lange dort im Lande weilten, gehört, daß unsere Tuupinambaúlts die Gewohnheit haben, sich alle drei oder vier Jahre in großer Feierlichkeit zu versammeln. Unbeabsichtigt (wie man sich denken kann) wohnten wir eines Tages einer solchen Versammlung bei, und ich kann darüber wahrheitsgemäß folgendes berichten: Zusammen mit einem anderen Franzosen, der *Jacques Rousseau* hieß, und einem Dolmetscher zog ich durch das Land. Wir übernachteten in einem »*Cotina*« genannten Dorf. Als wir am folgenden Morgen in aller Frühe aufbrechen wollten, sahen wir zunächst, wie die Wilden sämtlicher benachbarten Dörfer von allen Seiten herbeiströmten. Die Bewohner unseres Dorfes aber kamen aus ihren Häusern und schlossen sich den Besuchern an. Sehr bald waren auf einem großen Platz etwa fünf- bis sechshundert Menschen versammelt. Wir machten halt, um herauszufinden, zu welchem Zweck diese Versammlung stattfand. Während wir zurückkehrten, sahen wir, wie sie sich plötzlich in drei Haufen teilten, und zwar gingen alle Männer in ein bestimmtes Haus. Die Frauen suchten ein zweites und die Kinder ein drittes auf. Da ich zehn oder zwölf jener Herren Caraïben sah, die sich den Männern zugesellt hatten, war ich fest davon überzeugt, daß man irgend etwas Ungewöhnliches vorhatte. Ich bat meine Begleiter dringend, dort zu bleiben, um dieses Geheimnis zu ergründen. Man kam meiner Bitte nach. Ehe sich die Caraïben von den Frauen und Kindern entfernten, untersagten sie ihnen streng, aus den Häusern, in denen sie sich befanden, herauszugehen. Sie sollten aber aufmerksam zuhören, sobald sie Gesang hörten. Uns empfahlen sie, daß wir uns auch in dem Haus der Frauen eingeschlossen hielten. Während wir frühstückten und noch nicht wußten, was sie eigentlich vorhatten, hörten wir aus dem Hause, in dem die Männer versammelt waren (es war von unserem Haus kaum dreißig Schritte entfernt) ein sehr dumpfes, leises Geräusch, das etwa an das Gemurmel von Leuten erinnerte, die ihre Gebetsstunden abhalten. Als die Frauen, deren Zahl sich auf etwa zweihundert belaufen mochte, das hörten, richteten sie sich kerzengerade auf. Sie lauschten und schlossen sich eng zusammen. Die Männer aber steigerten die Lautstärke ihrer Stimmen. Ganz deutlich hörten wir sie alle gemeinsam den ermutigenden Aufruf singen und immer wiederholen: »He, ha, he, hé, he.« Wir waren höchst verdutzt, als die Frauen ihrerseits antworteten, indem sie mit zitternder Stimme immer wieder den gleichen Ausruf wiederholten: »He, ha, he, hé.« Auf diese Weise schrien sie über eine Viertelstunde. Bei ihrem Anblick wußten wir nicht recht, wie wir uns verhalten sollten. So heulten sie und führten dabei so wilde Sprünge aus, daß ihre Brüste wackelten. Einige fielen sogar (wie bei uns Leute, die an Fallsucht leiden) ohnmächtig zu Boden. Tatsächlich glaubte ich, daß der Teufel in ihre Leiber gefahren war und sie bald rasend werden würden. Im Haus, in dem die Kinder untergebracht waren und das sich ganz nahe bei unserem befand, hörten wir in der gleichen Weise die Kinder toben. Obgleich ich damals schon mehr als ein halbes Jahr unter den Wilden verkehrte und mich an allerlei gewöhnt hatte, versetzten mich die Vorgänge, um ehrlich zu sein, so sehr in Schrecken, daß ich am liebsten wieder in unserem Fort gewesen wäre, zumal ich völlig im unklaren über den Ausgang des Spiels war. Endlich nahmen der Lärm und die verworrenen Schreie ein Ende. Die Männer legten eine kleine Pause ein (die Frauen und Kinder hielten sogleich ebenfalls inne). Dann hörten wir sie wieder singen, und ihre Stimmen erklangen in einem so wundervollen Akkord, daß ich mich wieder etwas faßte. Als ich die zarten und geradezu anmutigen Stimmen hörte, hatte ich natürlich den Wunsch, die Leute aus der Nähe zu sehen. Da ich aber hinausgehen wollte, zogen mich die Frauen zurück. Unser Dolmetscher sagte, er befände sich dort schon seit sechs oder sieben Jahren im Land, er habe es aber nie gewagt, sich während dieser Feiern unter die Wilden zu mischen. Er riet mir ab, zu den Männern zu gehen, weil ich mich dadurch in Gefahr begeben könnte. Einen Moment zögerte ich. Dann aber erschienen mir die früher von ihm genannten Gründe nicht stichhaltig genug zu sein. Hinzu kam, daß ich mich der Freundschaft mehrerer gutmütiger Greise erfreute, die in diesem Dorf wohnten, in dem ich schon früher vier- oder fünfmal verweilt hatte. Mit gemischten Gefühlen machte ich mich schließlich auf den Weg.

Ich näherte mich also dem Ort, aus dem ich den Gesang gehört hatte. Die Häuser der Wilden sind ziemlich lang und (wie in den Gärten bei uns die Lauben) mit Grün bedeckt, das bis zum Boden reicht. Um besser sehen zu können, machte ich mit den Händen ein kleines Loch in die Bedeckung. Dann winkte ich die beiden Franzosen, die mich beobachteten, herbei. Meinem Beispiel folgend, faßten sie sich ein Herz und kamen ebenfalls ungehindert und ohne Schwierigkeit heran. Alle drei betraten wir dann das Innere des Hauses. Wir stellten fest, daß uns die Wilden keineswegs (wie der Dolmetscher gemeint hatte) zu verscheuchen gedachten. Sie hielten vielmehr bewundernswert ihre Reihen und ihre Ordnung bei. Ihre Gesänge setzten sie dabei fort, während wir uns friedlich in eine Ecke, von der aus wir alles genau verfolgen konnten, zurückzogen. Als ich bei der Erwähnung der Tänze der Wilden gelegentlich ihrer Trinkgelage und des Kauinierens sprach, habe ich versprochen, auch etwas über ihre andere Art des Tanzes zu sagen. Deshalb — und um ein möglichst richtiges Bild von ihnen zu geben — schildere ich jetzt ihr Verhalten und ihre Gesten, wie ich sie beobachtet habe. Ganz dicht beieinander waren sie, ohne sich bei den Händen zu fassen und vom Platz zu bewegen. Sie waren im Kreise mit nach vorn geneigtem Oberkörper in etwas verschrobener Haltung aufgestellt. Dabei bewegten sie nur das rechte Bein und den rechten Fuß. Alle hatten die rechte Hand auf die Hinterbacken gelegt, während die linke Hand und der linke Arm herabhingen. Auf diese Weise sangen sie und tanzten. Da eine so große Menge Wilder versammelt war, hatte man drei Kreise gebildet. In der Mitte eines jeden Kreises standen drei oder vier Caraïben, die reich mit Kleidungsstükken, Kopfputz und Armbändern geschmückt waren. Gefertigt waren die Sachen aus schönen neuen und verschiedenfarbigen natürlichen Federn. In jeder ihrer Hände hielten sie ein Maraka, das heißt eine jener Klappern, die aus einer Frucht gefertigt werden, die größer ist als ein Straußenei und von der ich schon an anderer Stelle gesprochen habe. Damit der Geist in ihnen zum Sprechen komme, so sagten sie, müßten sie mit aller Kraft die Marakas ertönen lassen, denn dadurch würden sie geweiht für ihre Aufgabe. In jenem Zustand, in dem sie sich befanden, kann man sie am besten sich vorstellen, vergleicht man sie mit den ländlichen Marktschreiern — mit diesen Scheinheiligen, die bei uns das arme Volk betrügen, indem sie mit den Reliquienkästchen des heiligen *Antonius*, des heiligen *Bernard* oder mit sonstigen Geräten des Götzendienstes von Ort zu Ort ziehen. Zur weiteren Erläuterung des oben Gesagten mögen die Abbildungen der Tänzer und Marakaspieler dienen.

Die Caraïben gingen und sprangen nach vorn, um sich dann wieder rückwärts zu bewegen. Sie blieben nicht immer, wie es die übrigen taten, auf dem gleichen Platz. Ich habe auch beobachtet, daß sie oft ein etwa vier bis fünf Fuß langes Holzrohr nahmen, an dessen Ende sich Petun-Kraut (von dem ich an anderer Stelle schon gesprochen habe) befand, das getrocknet und angezündet war. Sie drehten sich im Kreis und bliesen den Rauch nach allen Seiten über die anderen Wilden und sagten zu ihnen: »Empfangt alle den Geist der Stärke, damit ihr eure Feinde überwindet.« Das wiederholten die Caraïben mehrmals. So dauerten die Zeremonien etwa zwei Stunden, ohne daß die vier- bis fünfhundert Wilden aufhörten zu tanzen und zu singen. Dann kam eine so schöne Melodie, daß man niemals glauben würde, daß diese Wilden, die doch gar nicht wissen, was eigentlich Musik ist, sie hervorbringen, wenn man es nicht selber erlebt hat. Während ich zu Beginn des Hexensabbats, als ich mich noch im Haus der Frauen befand, einige Befürchtungen hegte, wurde mir jetzt eine große Freude zuteil, und ich war geradezu hingerissen von den wohlabgemessenen Akkorden einer solchen Menschenmasse und von dem Rhythmus und Refrain der Ballade. Nach jedem Vers sagten sie mit schleppender Stimme: »Hö, höaüre, heüra, hüiraüri, heüra, heüra, ueh.« Immer wenn ich daran zurückdenke, krampft sich mein Herz zusammen, und ich glaube, noch ihre Stimmen zu hören. Wenn sie zum Abschluß kommen wollten, stampften sie mit dem rechten Fuß noch kräftiger auf den Boden als zuvor. Nachdem ein jeder vor sich auf die Erde gespuckt hatte, sagten alle gleichzeitig zwei- oder dreimal mit heiserer Stimme: »Hé, hua, hua, hua« und hörten auf.

Damals verstand ich ihre Sprache noch nicht vollkommen. Da sie mehrere Sachen gesagt hatten, die ich nicht verstehen konnte, bat ich den Dolmetscher um nähere Auskunft. Er sagte mir, daß sie zunächst lange Zeit ihre so tapferen verstorbenen Ahnen bedauert hätten. Schließlich hätten sie sich indessen getröstet, da sie sicher waren, nach ihrem eigenen Tod die Ahnen hinter den hohen Bergen zu treffen, wo sie dann gemeinsam tanzen und sich vergnügen würden. Ferner hätten sie ungeheuerliche Drohungen ausgesprochen gegen die *Uetakas*, ein Volk von Wilden, das mit ihnen verfeindet, andererseits aber so tapfer war, daß sie es nie hatten unterwerfen können. Bald würden sie dieses Volk gefangennehmen und gemeinsam verzehren, wie das die Caraïben ihnen versprochen hatten. Ferner hätten sie in ihren Liedern zwischendurch eine Zeit erwähnt, in der die Wasser so sehr über die Ufer getreten wären, daß sie die ganze Erde bedeckt hätten. Alle Menschen der Welt, mit Ausnahme ihrer Vorfahren, die sich auf die höchsten Bäume ihres Landes gerettet hätten, seien ertrunken. Diese Schilderung ist das, was am meisten bei ihnen an die Heilige Schrift anklingt, und das gleiche habe ich später von anderen wiederholen hören. Wahrscheinlich haben sie von ihren Vorfahren mündlich etwas von der universalen Sintflut überliefert bekommen, die zu Noahs Zeiten stattfand. Wie das bei allen Menschen üblich ist, haben sie wohl die Wahrheit verzerrt und verlogen weitergegeben. Da sie ja keinerlei Art einer Schrift besitzen, können sie die Dinge auch gar nicht in voller Klarheit erhalten. Da haben sie die poesievolle Fabel von den sich auf die Bäume rettenden Großvätern dann wohl hinzugefügt.

Um nun zu unseren Caraïben zurückzukehren, wurden sie an diesem Tag gut von all den anderen Wilden aufgenommen. Man bewirtete sie aufs beste mit den schönsten Fleischarten, die man zur Hand hatte. Wie das bei ihnen Brauch ist, vergaßen sie ferner nicht, ihnen tüchtig zu trinken und zu kauïnieren zu geben. Meine beiden französischen Gefährten und ich, die wir unvermutet in dieses Gelage hineingeraten waren, erhielten ebenfalls eine gute Mahlzeit von unseren Mussakats, das heißt den »guten Familienvätern, die den Durchziehenden zu essen geben«. Wenn die feierlichen Tage vorüber sind (während der, wie ich schon sagte, alle drei oder vier Jahre der oben geschilderte Klimbim veranstaltet wird) und zuweilen auch schon etwas früher, ziehen die Caraïben zu allem Überfluß noch von Dorf zu Dorf. Dabei werden sie mit den schönsten Schmuckfedern, die sich in jeder Familie ausfindig machen lassen, ausstaffiert. Außerdem erhalten sie drei oder vier Klappern von der großen Sorte, die sie Maraka nennen — zuweilen mehr und zuweilen weniger. Nachdem sie so geschmückt sind, rammen sie das größere Ende des durch die Frucht gesteckten Stabes in die Erde. Sie ordnen die Marakas an den Häusern entlang und zwischen ihnen an. Dann befehlen sie, daß man den Klapperinstrumenten Essen und Trinken gebe. So machen diese frechen Kerle den anderen armen Dummköpfen weis, daß die ausgehöhlten, verzierten und geweihten kürbisartigen Früchte in der Nacht essen und trinken.

Jeder Gastgeber glaubt daran und sorgt unbedingt dafür, daß seinen Marakas nicht nur Mehl, Fleisch und Fisch, sondern auch von ihrem Getränk, dem Kauïn, vorgesetzt wird. Gewöhnlich bleiben die Marakas zwei bis drei Wochen stehen, um ständig in der gleichen Weise bedient zu werden. Die Eingeborenen haben nach dieser Zauberei eine so seltsame Meinung von ihren Marakas (die sie fast ständig in der Hand halten), daß sie ihnen eine gewisse Heiligkeit zusprechen, und oft lassen sie die Klappern rasseln und sagen, ein Geist spreche zu ihnen. Die Wilden sind mit List und Tücke derart beschwatzt worden, daß sie, wandelten wir zwischen ihren Häusern und langen Hütten umher und sahen dabei gute Speisen, die man den Marakas dargeboten hatte, und aßen davon (was übrigens häufig vorkam), glaubten, ein solches Vorgehen würde Unglück bringen. Sie waren deswegen keineswegs erbost, wie es die Abergläubischen und Nachfolger der Baalspriester sind, sehen sie, daß man die ihren Götzenbildern dargebrachten Opfer fortnimmt, an denen sie sich übrigens — Gott sei's geklagt — mitsamt ihren Huren und unehelichen Kindern in aller Ruhe fettmästen. Zuweilen benutzten wir solche Gelegenheiten, um ihnen ihre Irrtümer vorzuhalten. Wir sagten ihnen, sie würden von den Caraïben betrogen, die sie glauben machen wollten, daß die Marakas essen und trinken. Wir sagten ihnen, daß es auch nicht die Caraïben seien, die ihre Früchte und großen Wurzeln, wie sie sich fälschlich rühmten, wachsen ließen. Das sei vielmehr der Gott, an den wir glaubten und den wir ihnen verkündeten. Bei ihnen hatte das aber so wenig Wirkung, wie es bei uns haben würde, wollte man dem Papst widersprechen oder in Paris behaupten, der Reliquienschrein der Schutzheiligen *Genoveva* könne keinen Regen bringen. Die betrügerischen Caraïben haßten uns wohl kaum weniger, als die falschen Propheten *Jesebels* (aus Furcht, ihre fetten Bissen zu verlieren) *Elias*, den wahren Diener Gottes, haßten, der auf ähnliche Weise ihre Betrügereien aufgedeckt hatte. Sie fingen an, sich vor uns zu verbergen, und vermieden es, in die Dörfer zu kommen, in denen sie uns hätten antreffen können, oder dort zu schlafen.

Im übrigen verehren unsere Tuupinambaúlts, wie ich schon zu Beginn dieses Kapitels gesagt habe — und trotz der vielen von ihnen angestellten Zeremonien — nicht, indem sie die Knie beugen oder andere äußerliche Merkmale zeigen. Sie verehren weder ihre Caraïben noch ihre Marakas noch sonst irgendein Wesen, und noch weniger denken sie daran, zu beten oder Gott anzurufen. Um jedoch das fortzusetzen, was ich bei ihren religiösen Gebräuchen bemerkt habe, möchte ich noch folgendes Beispiel anführen. Ein andermal befand ich mich mit einigen anderen Franzosen in dem Dorf *Okarentin*, das etwa zwei Meilen von dem bereits erwähnten Kotina entfernt ist. Als wir mitten auf dem Platz unser Abendbrot verzehrten, versammelten sich die Wilden des Ortes, um uns zuzusehen — nicht etwa, um zu essen. (Wenn sie einer Person Ehre antun wollen, nehmen sie ihre Mahlzeit nicht mit ihr zusammen ein. Sogar die Greise waren sehr stolz darauf, uns in ihrem Dorf zu sehen, und brachten uns alle Zeichen der Freundschaft dar.)

Wie die Schützen bei unseren Truppen hatte jeder den etwa zwei oder drei Fuß langen Nasenknochen eines Fisches in den Händen. Die Knochen hatten die Form von Sägen, und die Männer bildeten einen Kreis um uns, um die Kinder zu verjagen, zu denen sie in ihrer Sprache sagten: »Fort mit euch, ihr kleinen Lümmel! Ihr seid es nicht wert, euch diesen Leuten hier zu nähern.« Ohne unsere Unterhaltung auch nur mit einem Wort zu unterbrechen, ließ man uns in Ruhe essen. Dann fragte uns ein Greis, der beobachtet hatte, daß wir zu Beginn und am Ende der Mahlzeit zu Gott gebetet hatten: »Was bedeutet das, was ihr soeben getan habt? Zweimal habt ihr eure Hüte abgenommen. Dabei habt ihr kein Wort gesprochen. Bis auf einen, der sprach, während ihr anderen euch still verhieltet. Zu wem hat er eben gesprochen? Zu euch oder zu den anderen, die nicht hier sind?« — Wir benutzten diese Gelegenheit, die sie uns selber boten, um zu ihnen über die wahre Religion zu sprechen. Das Dorf Okarentin ist nicht nur eines der größten und am stärksten bevölkerten, sondern ich glaubte auch, daß die dortigen Wilden aufgeschlossener waren und uns aufmerksamer zuhörten, als es sonst üblich war. Ich bat also unseren Dolmetscher, mir zu helfen, um ihnen das, was ich sagen würde, verständlich zu machen. Ich antwortete auf die Frage des Greises, indem ich ihm sagte, daß Gott es sei, an den wir unsere Gebete gerichtet hätten. Man sähe ihn zwar nicht, aber Gott habe uns sehr wohl verstanden, und Er wisse auch genau, was wir denken und auf dem Herzen haben. Dann begann ich zu ihnen von der Erschaffung der Welt zu sprechen. Ich suchte es ihnen vor allem verständlich zu machen, daß wir, wenn Gott uns Menschen vollkommener als alle anderen Kreaturen geschaffen habe, besonderen Grund hätten, unseren Schöpfer zu loben. Ich fügte hinzu, daß Er uns, weil wir Ihm dienten, auf der langen Seefahrt verschont habe. Vier bis fünf Monate seien wir — ohne einen Fuß an Land zu setzen — unterwegs gewesen, um zu ihnen zu gelangen. Weil wir auf Gott vertrauten, fürchteten wir uns auch nicht im geringsten davor, daß wir, wie sie, in diesem oder im anderen Leben jemals von Aygnan gepeinigt werden könnten. Wenn sie sich von den Irrtümern, in denen sie ihre lügnerischen und betrügerischen Caraïben gefangenhielten, bekehren wollten und gleichzeitig die barbarische Sitte, ihre Feinde zu verzehren, aufgeben wollten, so könnten sie derselben Gnade wie wir teilhaftig werden — der Gnade, deren Auswirkungen ihnen ja bekannt seien. Kurz, um ihnen die menschliche Not verständlich zu machen und sie auf den Empfang Jesu Christi vorzubereiten, führten wir immer Vergleiche mit den ihnen bekannten Dingen an. Allein über die Schöpfungsgeschichte haben wir länger als zwei Stunden gesprochen. Weil es zu weit führen würde, werde ich mich hier auf die vorstehenden Ausführungen beschränken. Jedenfalls hörten alle mit größter Aufmerksamkeit zu. Sie waren über das Gehörte höchst erstaunt, bis schließlich ein anderer Greis das Wort ergriff: »Da habt ihr uns«, sagte er, »wunderbare Dinge erzählt und sehr schöne Sachen, von denen wir noch nie etwas gehört haben. Eure Ausführungen haben mir aber das ins Gedächtnis zurückgerufen, wovon uns unsere Vorfahren sehr oft schon erzählt haben. Vor so vielen Monden, daß wir sie gar nicht mehr zählen können, kam ein Mair, das heißt ein Franzose oder ein sonstiger Ausländer, der wie manche von euch gekleidet war und einen Bart trug, in unser Land. Er wollte die Bewohner der Botmäßigkeit eures Gottes unterwerfen und hielt ihnen den gleichen Vortrag wie ihr es soeben getan habt. Wie uns aber vom Vater zum Sohn überliefert wurde, wollten unsere Vorfahren nicht glauben. Später kam dann noch ein anderer, der ihnen einen Säbel gab, der ihnen zum Fluch gereichen sollte und mit dem wir uns seitdem ständig gegenseitig getötet haben. Wollten wir diesen Brauch jetzt aufgeben, dann würden sich sämtliche benachbarten Völker über uns lustig machen.« — Darauf erwiderten wir mit großem Nachdruck: Sie dürften sich nicht um Scherze der anderen bekümmern. Vielmehr sollten sie selbst, ebenso wie wir, den einzigen und wahren Gott des Himmels und der Erde anbeten. Dann würden sie alle ihre Feinde überwinden und besiegen, sofern diese sie deswegen angreifen sollten. Gott verlieh unseren Worten solche Kraft, daß unsere Tuupinambaúlts so tief bewegt waren, daß verschiedene von ihnen versprachen, in Zukunft so leben zu wollen, wie wir es sie gelehrt hatten. Auch das menschliche Fleisch ihrer Feinde wollten sie nicht mehr verzehren. Nach dieser Unterredung (die, wie ich sagte, recht lange dauerte) ließen sie sich gemeinsam mit uns auf die Knie nieder. Einer der Unsrigen dankte Gott und sprach das Gebet laut inmitten der Wilden. Sein Gebet wurde sogleich vom Dolmetscher übersetzt. — Nachdem dies geschehen war, ließen sie uns — auf ihre Art — in aufgehängten Baumwollbetten schlafen. Noch ehe wir aber einschliefen, hörten wir sie alle gemeinsam singen, daß sie sich an ihren Feinden rächen wollten. Sie müßten noch mehr von ihnen gefangennehmen und verzehren als bisher. Daraus kann man die Unbeständigkeit dieses bedauernswerten Volkes erkennen, ein gutes Beispiel für die Verderbtheit der Menschen. Trotzdem bin ich der Ansicht, daß es uns, hätte sich Villegagnon nicht gegen die reformierte Religion aufgelehnt und wären wir länger in diesem Land geblieben, geglückt wäre, einige von ihnen für Jesum Christum zu gewinnen.

Später habe ich über das nachgedacht, was ihnen ihrer Aussage nach von ihren Vorfahren überliefert war: Vor vielen Jahrhunderten ist ein Mair, das heißt (ohne mich dabei aufzuhalten, ob es ein Franzose oder ein Deutscher war) ein Mann unserer Nation, in ihr Land gekommen und hat ihnen den wahren Gott verkündet. Sollte das nicht einer der Apostel gewesen sein? Ich billige keineswegs die Fabelbücher, in denen man — neben Gottes Wort — über die Reisen und Wanderungen der Apostel geschrieben hat. Immerhin sagt *Nikephorus*, der die Geschichte des *Matthäus* erzählt, ausdrücklich, daß er das Evangelium im Land der Kannibalen und Menschenfresser gepredigt habe, also bei einem Volk, das nicht allzu weit von unseren amerikanischen Brasilianern entfernt wohnt. Viel mehr aber fuße ich auf einer Stelle des *Paulus* aus dem neunzehnten Psalm: »Ihre Richtschnur geht aus in alle Lande und ihre Rede an der Welt Ende«, die einige gute Ausleger auf die Apostel beziehen. Da es feststeht, daß sie in viele ferne und uns noch unbekannte Länder gegangen sind, ist wohl nichts dagegen einzuwenden, wenn ich glaube, daß einer von ihnen oder mehrere auch im Land dieser Barbaren waren. Das würde, wie es von manchen gefordert wird, als Erklärung und allgemeine Erläuterung des Ausspruches Jesu Christi dienen, der gesagt hat, daß das Evangelium in der ganzen Welt gepredigt werden würde. Ich möchte indessen sonst nicht behaupten, daß sich das auf die Zeit der Apostel bezieht. Dagegen kann ich versichern, wie ich das vorstehend geschildert habe, wie das Evangelium bis zu unseren Antipoden verkündet wurde. Der Einwand, den man bezüglich der obigen Stelle erhoben hat, wird also hierdurch aufgehoben. Die Wilden aber sind am Jüngsten Tage um so weniger zu entschuldigen. Über die anderen Angaben unserer Amerikaner, daß nämlich ihre Vorfahren dem nicht glauben wollten, der sie über den rechten Weg unterrichten wollte, und daß ein anderer Mann kam und sie — wegen dieser Weigerung — verfluchte und ihnen einen Säbel gab, mit dem sie sich bis auf den heutigen Tag töten, lesen wir in der Apokalypse. Dort heißt es, daß dem, der auf dem roten Pferd sitze (das bedeutet nach der Auslegung gewisser Männer die Verfolgung durch Feuer und Schwert), die Macht gegeben sei, den Frieden von der Erde zu nehmen und man sich gegenseitig töten würde. Ihm wurde deshalb ein großes Schwert gegeben. Das wäre der Text, der sich dem Buchstaben nach sehr stark dem nähert, was die Tuupinamabaúlts sagen und sie praktisch durchführen. Da ich fürchte, den wahren Sinn zu verdrehen und man denken könnte, daß ich die Dinge allzu weit herhole, überlasse ich anderen die nähere Deutung.

Hier entsinne ich mich jedoch wieder eines Beispiels, das darauf hindeutet, daß die wilden Völker, die das Land Brasilien bewohnen, doch recht gelehrig sind, so daß es möglich sein müßte, sie zur Erkenntnis Gottes zu bringen. Deshalb führe ich es hier an. Als ich eines Tages, um Lebensmittel und sonstige Dinge zu erwerben, von unserer Insel auf das Festland ging, wurde ich von zwei unserer wilden Tuupinambaúlts und einem anderen, der dem mit diesen verbündetem Volk der *Oneanen* angehörte, begleitet. Letzterer hatte mit seiner Frau seinen Freunden einen Besuch abgestattet und kehrte jetzt in sein Land zurück. Ich kam mit ihnen durch einen ausgedehnten Wald und betrachtete dort die verschiedenen Arten von Bäumen, Kräutern, duftenden Blumen und Blüten. Zugleich hörte ich den Gesang einer großen Menge Vögel, die wie die Nachtigallen schlugen, und ich sah die Sonne durch das Laub dringen. All das lud mich ein, Gottes Werke zu preisen und, da ich außerdem frohgestimmt war, sang ich mit lauter Stimme aus dem Psalm 104: »Lobe den Herrn, meine Seele!« und so eine ganze Weile weiter. Meine drei Wilden und die Frau marschierten hinter mir und hatten große Freude daran (das heißt an der Melodie, denn im übrigen verstanden sie nichts). Als ich geendet hatte, kam der Oneane mit strahlendem Gesicht auf mich zu. »Du hast aber bezaubernd schön gesungen. Dein wunderbarer Gesang hat mich an das Lied eines mit uns verbündeten Nachbarvolkes erinnert, und ich war hocherfreut, es zu hören. Wir verstehen deren Sprache aber sehr gut, während wir deine nicht verstehen. Deshalb möchte ich dich bitten, mir zu erklären, wovon in deinem Lied die Rede ist.« Ich erklärte es ihm, so gut mir das möglich war (denn ich war damals der einzige Franzose. Allerdings wollte ich zwei andere an dem Ort treffen, wo ich zu übernachten gedachte). Ich sagte ihm, daß ich ganz allgemein meinen Gott gepriesen hätte, der sich in der Schönheit und Ordnung seiner Geschöpfe offenbart. Besonders hätte ich ihn deshalb gepriesen, weil er alle Menschen und alle Tiere ernährt. Er sei es, der in der ganzen Welt die Bäume, Früchte und die Pflanzen wachsen lasse. Im übrigen sei mir das Lied, das ich soeben gesungen hätte, durch eben diesen prächtigen Gott eingegeben worden. Es sei zum erstenmal vor mehr als zehntausend Monden (denn so rechnen sie) durch einen unserer großen Propheten gesungen worden. Dieser habe es der Nachwelt überliefert, damit sie es für den gleichen Zweck verwenden könnte. Ich möchte betonen, daß die Wilden bei allem, was man zu ihnen sagt, erstaunlich aufmerksam sind, ohne einen jemals zu unterbrechen. Nachdem wir eine weitere halbe Stunde gegangen waren, während der er und die anderen meine Ausführungen gehört hatten, ließen sie ihren Ausruf des Erstaunens »*Teh!*« hören und sagten dann: »Oh, wie glücklich seid ihr Mairs, das heißt Franzosen, daß ihr von so vielen Geheimnissen wißt, die uns armseligen und elenden Leuten ganz verborgen sind.« Dann gratulierte er mir nochmals und sagte: »Dies sollst du haben, weil du so schön gesungen hast.« Mit diesen Worten schenkte er mir einen Aguti, also eines jener kleinen Tiere, die ich schon mit anderen Tieren beschrieben habe. Um besser beweisen zu können, daß die Völker Amerikas, so barbarisch und grausam sie auch gegenüber ihren Feinden sind, doch nicht so roh sind, daß sie das, was man ihnen wohlbegründet auseinandersetzt, nicht ablehnen, habe ich diese Abschweifung unternommen. Ich möchte in der Tat behaupten, daß diese Leute besser diskutieren als bei uns die meisten Bauern und auch gewisse sonst ganz intelligente Leute.

Jetzt bliebe nur noch die Frage zu behandeln, die man stellen könnte: Von wo mögen diese Wilden abstammen? Darauf antworte ich in erster Linie, daß es ganz sicher ist, daß sie Nachkommen eines der drei Söhne *Noahs* sind. Es ist aber nicht leicht zu sagen von welchem, zumal sich das nicht durch die Heilige Schrift beweisen läßt und — ich glaube — wohl auch nicht durch die profanen Geschichten. Es stimmt, daß *Moses*, als er die Kinder *Japhets* (Sohn Noahs) erwähnt, sagt, daß die »Inseln« von ihnen bewohnt wurden. Es wird aber (wie es allgemein ausgelegt wird) an dieser Stelle von den Ländern Griechenland, Gallien, Italien und anderen Gegenden bei uns gesprochen, die Moses die »Inseln« nennt, weil das Meer sie von Judäa trennt. Es wäre also nicht sehr begründet, wollte man darunter Amerika oder die angrenzenden Gebiete verstehen. Ebenso, glaube ich, wird niemand behaupten wollen, daß sie von *Sem* kommen, von dem die geweihte Nachkommenschaft und die Juden abstammen, obgleich diese auch so verderbt waren, daß Gott sie mit vollem Recht verworfen hat. Denn bezüglich der ewigen Glückseligkeit (an die wir glauben und auf die wir allein durch Jesum Christum hoffen) sind die Tuupinambaúlts ein verworfenes und von Gott verlassenes Volk. Trotz den von mir erwähnten Lichtblicken — auch gefühlsmäßiger Art — gibt es wohl kaum etwas Verworfeneres unter dem Himmel. Was aber das irdische Leben betrifft, so habe ich schon gezeigt und werde es noch weiter zeigen, daß die Wilden — im Gegensatz zu den meisten Menschen bei uns, die sehr für die Güter dieser Welt schwärmen und danach schmachten — sich nicht nach solchen Dingen drängen und dennoch froh und fast sorgenfrei leben. Deshalb halte ich ihre Abstammung von *Ham* für wahrscheinlicher. Folgendes ist die — meiner Ansicht nach — wahrscheinlichste Vermutung. Als *Josua* gemäß dem Versprechen, das Gott dem Patriarchen gegeben hatte und gemäß dem ihm erteilten Befehl, in das Land Kanaan eindrang und es in Besitz nahm, bezeugt die Heilige Schrift, daß die dort wohnenden Völker so entsetzt waren, daß sie allen Mut verloren. Nun könnte der Fall eingetreten sein (ich sage das unter

Vorbehalt einer späteren Berichtigung), daß die Vorfahren unserer Amerikaner von den Kindern Israels vertrieben wurden, auf Schiffe flüchteten und sich den Unbilden des Meeres preisgaben. So sind sie vielleicht an diese Küste geworfen worden und nach Amerika gelangt. So ist denn auch der Spanier und Verfasser der »Histoire générale des Indes« (ein in allen Wissenschaften sehr versierter Mann) der Ansicht, daß die Indianer Perus, das Brasilien, von dem ich hier spreche, benachbart ist, von Ham abstammen und den Fluch zu tragen haben, den Gott über ihn verhängte. Ich hätte in den Memoiren der vorliegenden Geschichte mehr als sechzehn Jahre, ehe ich sein Buch gelesen hatte, genauso gedacht und geschrieben. Da man aber mancherlei Einwände dagegen erheben kann und ich nichts entscheiden möchte, lasse ich einen jeden das glauben, was ihm gefällt. Wie dem auch sein mag, ich halte es meinerseits für sicher, daß es sich hier um bedauernswerte Menschen handelt, die aus der verderbten Rasse *Adams* hervorgegangen sind. Ich bin weit davon entfernt, daß ich deshalb, weil ich sie so glaubensarm und ohne jedes Gefühl für Gott gesehen habe, in meinem Glauben erschüttert würde. Gott sei Dank hat mein Glauben anderweitig genügend Stützen. — Keinesfalls habe ich daraus den Schluß gezogen — wie die Atheisten und die Epikuräer —, daß es entweder gar keinen Gott gibt oder ihm die Menschen gleichgültig sind. Im Gegenteil, ich habe durch sie ganz klar erkannt, welcher Unterschied zwischen denen, die durch den Heiligen Geist und die Heilige Schrift erleuchtet sind, und denen, die ganz ihren Instinkten und ihrer Blindheit ausgeliefert sind, besteht. Dadurch bin ich darin bestärkt worden, Gottes Wahrheit bestätigt zu sehen.

ACHTZEHNTES KAPITEL

Von der Heirat, der Polygamie und den Graden der Bluts-
verwandtschaft, die von den Wilden beobachtet werden, sowie
von der Behandlung, die sie ihren Kindern zuteil werden lassen

Bei der Heirat beobachten unsere Amerikaner nur die folgenden drei Grade der Blutsverwandtschaft: Niemand nimmt
seine Mutter, Schwester oder seine Tochter zur Frau. Wohl
aber heiratet der Onkel die Nichte, und auch bei allen sonstigen Verwandtschaftsgraden haben sie keinerlei Hemmungen.
Irgendwelche Zeremonien werden bei der Heirat nicht beachtet.
Wer eine Frau haben will — sei sie Witwe oder ein junges
Mädchen — wendet sich, nachdem er ihr Einverständnis hat, an
den Vater oder sonstigen nächsten Verwandten der Frau und
fragt, ob man sie ihm in die Ehe geben will. Lautet die Antwort »ja«, so erhält er sie auf guten Glauben ohne jeden
weiteren Kontrakt zur Frau (denn Rechtsanwälte verdienen
dort nichts). Verweigert man sie ihm dagegen, so nimmt er
das nicht weiter übel und geht seiner Wege. Man nehme aber
zur Kenntnis, daß Polygamie, also die Vielweiberei, unter
ihnen üblich ist und die Männer beliebig viele Frauen haben
dürfen. Man macht sogar aus dem Laster eine Tugend, indem
man die, welche die meisten Frauen haben, für die tapfersten
und kühnsten hält. Ich habe einen Mann kennengelernt, der
acht Frauen hatte und im allgemeinen von ihnen nur lobend
sprach. Bei einer solchen Menge von Frauen ist folgendes bewundernswert: Stets gibt es eine Lieblingsfrau des Gatten, die
anderen sind deswegen aber keineswegs eifersüchtig. Niemals
murren sie darüber. Jedenfalls lassen sie es sich in keiner
Weise anmerken. Alle befassen sie sich mit dem Haushalt, mit
dem Weben ihrer Baumwollbetten, mit Gartenarbeit und dem
Pflanzen der Wurzeln. Dabei leben sie in einem vorbildlichen
Frieden miteinander. Ich überlasse es meinen Lesern sich auszumalen, ob eine solche Eintracht bei uns möglich wäre, wenn

Gott es nicht verboten hätte, mehr als eine Frau zu heiraten. Sicher würde ein Mann sich lieber ins Zuchthaus schicken lassen, als inmitten solcher Keiferei und lärmenden Streiterei zu leben, denn es würde ihm wohl wie *Jakob* ergehen, der *Lia* und *Rachel*, die noch dazu Schwestern waren, geheiratet hatte. Wie aber sollte ein Europäer mehrere Frauen gleichzeitig aushalten können, zumal oft schon die einzige Frau, die von Gott dem Mann gegeben wurde, um ihm zu helfen und ihn zu erfreuen, statt dessen in seinem Hause wütet wie ein Hausdrachen. Wenn ich das sage, muß ich um der Gerechtigkeit willen auch die loben, die ihrem Gatten Ehre und Gehorsam erweisen, die ihm gebühren. Wenn sie so ihre Pflicht tun, ehren sie in erster Linie sich selbst, und ich halte sie für ebenso lobenswert, wie mir die anderen zu Recht größten Tadel zu verdienen scheinen.

Um nun auf die Heirat unserer Amerikaner zurückzukommen, so ist ihnen der Ehebruch der Frau ein Greuel, sie haben aber kein anderes Recht als das der Natur. Gibt sich eine verheiratete Frau einem anderen als ihrem Mann hin, so hat dieser das Recht, sie zu töten oder sie doch wenigstens auszuschelten und mit Schande zurückzuschicken. Es stimmt allerdings, daß die Väter und Verwandten, ehe sie ihre Töchter verheiraten, keine große Schwierigkeiten bereiten, wenn sie sie dem ersten besten zur Unzucht preisgeben. So hatten die normannischen Dolmetscher, wie ich schon erwähnte, vor unserer Ankunft mit vielen jungen Mädchen in mehreren Dörfern bereits, ohne daß sie deshalb in schlechten Ruf gerieten, Unzucht getrieben. Sobald sie aber verheiratet sind, hüten sie sich vor jedem Fehltritt, da sie sonst riskieren, erschlagen oder mit Schimpf und Schande fortgeschickt zu werden! Mehr noch, möchte ich sagen: In Anbetracht des heißen Klimas, in dem sie leben, und trotz dessen, was man von den Orientalen sagt, neigen die unverheirateten jungen Menschen dieses Landes — Männer und Mädchen — gar nicht so sehr, wie man das annehmen könnte, zur Unzucht. Möge Gott es gefallen, daß es bei uns nicht schlimmer als bei ihnen zugeht. Um sie nun aber nicht besser erscheinen zu lassen, als sie in Wahrheit sind, sei erwähnt, daß sie sich häufig, haben sie sich übereinander geärgert, »*Tyvire*« nennen, das heißt Schuft. Man kann also daraus schließen (ich behaupte es nicht), daß diese verabscheuenswerte Sünde unter ihnen begangen wird.

Ist eine Frau schwanger, so achtet sie nur darauf, keine schweren Lasten zu tragen. Im übrigen aber verrichtet sie ihre üblichen Arbeiten in der gleichen Weise wie immer. Die Frauen unserer Tuupinambaúlts arbeiten unvergleichlich viel mehr als die Männer. Mit Ausnahme weniger Morgen (und dann auch nicht in aller Frühe), an denen sie Holz schlagen und Bäume roden, um ihre Gärten anzulegen, tun sie fast nichts weiter als in den Krieg, auf die Jagd oder zum Fischfang zu ziehen oder befassen sich mit der Herstellung ihrer Holzsäbel, Bogen, Pfeile, Federumhänge oder ähnlicher Dinge, die ich schon früher erwähnt habe und mit denen sie ihre Körper schmücken. Über die Geburten kann ich wahrheitsgemäß folgendes berichten, da ich es selbst erlebt habe: Einmal schliefen ein anderer Franzose und ich in einem Dorf. Gegen Mitternacht hörten wir die Schreie einer Frau. Zunächst dachten wir, sie würde von einem wilden Tier fortgeschleppt und verschlungen — von einem Jan-u-are, das die Wilden frißt, wie ich an anderer Stelle schon berichtete. Sofort wollten wir zu Hilfe eilen, fanden aber, daß wir uns geirrt hatten. Es handelte sich nämlich um eine Frau, die in den Geburtswehen lag und daher so schrie. Gleichzeitig sah ich den Vater, der das Kind in Empfang nahm, ihm die kleine Nabelschnur abband und diese dann mit den Zähnen durchbiß. Schließlich betätigte er sich weiter als Hebamme. Während man bei uns — der größeren Schönheit wegen — die Nase der Neugeborenen langzieht, drückte er seinem Kind mit dem Daumen die Nase ein (weil sie stumpfnasige Kinder hübscher finden). Mit allen Kindern verfährt man auf die gleiche Weise. Sobald das Kind den Mutterleib verlassen hat, wäscht es der Vater gründlich und bemalt es dann sofort mit roten und schwarzen Farben. Darauf legt er es, ohne es in Windeln zu wickeln, in ein Baumwollbett, das aufgehängt ist wie eine

Hängematte. Handelt es sich um einen Knaben, fertigt ihm der Vater einen kleinen Holzsäbel, einen kleinen Bogen und kleine Pfeile, die mit Papageienfedern befiedert sind. Das alles legt er neben dem Kind nieder, küßt es mit lachendem Gesicht und sagt: »Mein Sohn, wenn du in das Alter kommst, in dem du dich an deinen Feinden rächen kannst, sei geschickt mit den Waffen, stark, tapfer und abgehärtet.« Was den Namen betrifft, so wurde das Kind, dessen Geburt ich sah, »Oropacem« genannt, das heißt Bogen und Sehne, denn das Wort ist zusammengesetzt aus »Oropat«, was Bogen bedeutet, und »Cen«, womit die dazugehörige Sehne bezeichnet wird. So verfahren sie mit allen Kindern, denen sie sofort, wie wir es bei Hunden und anderen Tieren tun, Namen geben. Dabei wählen sie die Namen ihnen bekannter Dinge wie *Sarigoy*, ein vierbeiniges Tier, *Arignan*, ein Huhn, *Arabutan*, der Baum, der das Brasilholz liefert, *Pindo*, ein großes Kraut, oder auch ähnliche Bezeichnungen.

Als Nahrung erhält das Kind etwas zerkautes Mehl und zarte Fleischarten mit Muttermilch. Die Mutter übrigens bleibt eigentlich nie länger als einen oder zwei Tage im Bett. Dann trägt sie das Kind in einer um den Hals gehängten Binde. Die Binde besteht aus Baumwolle und ist für diesen Zweck eigens hergestellt. So geht die Mutter dann in den Garten oder übt andere Tätigkeiten aus. Mit dieser Schilderung möchte ich unseren europäischen Damen keineswegs Vorwürfe machen. Wegen unseres schlechten Klimas bleiben sie meistens zwei oder drei Wochen im Bett. Die meisten Frauen sind so zart, daß sie — wiewohl sie an keiner Krankheit leiden, die sie am Stillen, wie es die amerikanischen Frauen tun, hindern könnte — so unmenschlich sind, ihre Kinder, sobald sie geboren sind, weit weg zu schicken — so weit, daß sie oft ohne ihr Wissen sterben. Erst wenn die Kinder etwas größer sind, werden sie als Zeitvertreib wieder bei den Müttern geduldet. Vielleicht gibt es einige Zierpuppen, die glauben, daß ich ihnen Unrecht tue, vergleiche ich sie mit den Frauen der Wilden, deren rohe Sitten, wie sie meinen, nichts mit ihren so zarten und delikaten

Körpern zu tun haben. Ich möchte mich daher damit begnügen, um die bittere Pille zu versüßen, sie bei den im Freien lebenden Tieren in die Schule zu schicken. Diese — sogar die zarten Vögelchen — werden ihnen folgende Lektion erteilen: Alle sind auf ihre Art bemüht, die eigene Nachkommenschaft selber aufzuziehen. Um allen Erwiderungen zuvorzukommen, sage ich ihnen, daß sie verzärtelter sind, als es eine frühere Königin von Frankreich war. In den Geschichtsbüchern kann man lesen, daß jene Königin eifersüchtig wurde, als sie erfuhr, ihr Kind hätte an der Brust einer anderen Frau gelegen. Keine Ruhe gab sie, bis sie das Kind veranlaßt hatte, die Milch, die es woanders als an der Brust seiner eigenen Mutter bekommen hatte, wieder herauszubrechen.

Um nun auf das Geschilderte zurückzukommen, nimmt man hier bei uns allgemein an, daß die Kinder, werden sie im zartesten Alter und in der ersten Jugend nicht gut und eng gewickelt, mißgestaltet und krummbeinig werden. Dazu kann ich nur sagen, daß so etwas bei den Kindern der Amerikaner nie beobachtet wurde. Wie ich schon andeutete, werden sie von ihrer Geburt an ohne jeden Wickel behandelt und schlafen gelegt. Dabei kann man bei uns kein Kind sehen, das gerader geht als die dortigen. Ich gebe zu, daß das zum Teil auf die milde Luft und das gute Klima Brasiliens zurückzuführen ist. Auch gebe ich zu, daß es gut ist, wenn unsere Kinder hier im Winter schön eingepackt sind und in ihren Wiegen gut zugedeckt werden. Sonst würden sie wohl kaum die Kälte aushalten können. Im Sommer aber und in den gemäßigten Jahreszeiten, in denen es nicht friert, scheint es mir (ich lasse mich gern anders belehren), nach dem, was ich gesehen habe, besser zu sein, läßt man die kleinen Kinder in leichtem Zeug im Freien herumlaufen, anstatt sie allzu kurz zu halten. Meiner Ansicht nach ist es für die armen zarten Kreaturen sehr schädlich, wenn man sie bei großer Hitze so warm anzieht, daß sie sich in ihrem Windel- und sonstigem Zeug, halb gekocht, wie in der Hölle fühlen müssen.

Damit man mir nicht vorwirft, daß ich mich in zu viele Dinge einmische, überlasse ich es den hiesigen Vätern, Müttern und Ammen, ihre Kinder zu behandeln. Zu dem schon über die Amerikaner Gesagten füge ich noch hinzu: Dortzulande haben die Frauen keinerlei Leinen, um damit das Hinterteil ihrer Kinder abzuwischen. Sie benutzen zu diesem Zweck auch nicht die Blätter, die sie in riesigen Mengen zur Verfügung haben. Die Kinder werden vielmehr mit kleinen Hölzern, die sie wie Nägel brechen, so sorgfältig gesäubert, daß man sie niemals schmutzig herumlaufen sieht. Die Erwachsenen verfahren ebenso, doch darauf will ich hier (nach dieser etwas schmutzigen Abschweifung) nicht näher eingehen. Einzig sei noch erwähnt, daß sie ihre kleinen Geschäfte einfach in ihren Häusern verrichten. Trotzdem stinkt es in den Behausungen nicht, denn durch die Feuer, die sie an verschiedenen Stellen unterhalten, sind die Häuser immer wie mit Sand bestreut. Um ihre Exkremente loszuwerden, gehen sie ziemlich weit fort. Im übrigen sorgen die Wilden gut für ihre Kinder, von denen es überall wimmelt. Unter unseren Brasilianern gibt es aber nicht einen einzigen Vater, der sechshundert Kinder hat, wie das von einem König auf den Molukken-Inseln behauptet wird, was aber wohl ins Reich der Fabeln verwiesen werden muß. Durch den ständigen Krieg, in dem nur die Männer kämpfen, deren Hauptaufgabe es ist, sich an den Feinden zu rächen, sind Knaben lieber gesehen als Mädchen. Wenn man nun fragt, welche Ausbildung man ihnen angedeihen läßt, wachsen sie heran, so ist das nicht allzu schwer zu erraten. Dazu braucht man nur an das zu denken, was an früheren Stellen dieser Geschichte gesagt wurde. Man kann sich vorstellen, daß es bei ihnen keine Schulen oder sonstige Einrichtungen gibt, wo man ehrbare Wissenschaften oder gar die freien Künste erlernen könnte. Als wahre Nachfolger *Lamechs*, *Nimrods* und *Esaus*, die sie nun einmal sind, besteht der wahre Beruf der Großen wie der Kleinen darin, daß sie Jäger, Krieger und daneben auch Menschentöter und Menschenfresser sind.

Um nun noch einmal, soweit es der Anstand erlaubt, auf die Heirat der Tuupinambaúlts zu sprechen zu kommen, versichere ich — im Gegensatz zu dem, was mancher denken mag —, daß die Männer den natürlichen Anstand bewahren. In dieser Hinsicht sind sie jenem schuftigen und zynischen Philosophen vorzuziehen, der auf frischer Tat ertappt wurde und, anstatt sich zu schämen, sagte, er habe soeben einen Menschen gepflanzt. Solch üble Burschen, wie man sie augenblicklich hier antrifft, die sich bei der Ausübung ihrer Schandtaten nicht einmal verbergen, sind unvergleichlich viel schändlicher als die Wilden. Weiter wäre zu berichten, daß wir während der ganzen Zeit, das heißt während eines Jahres, nie eine Frau gesehen haben, die ihre Regel hatte. Ich bin der Ansicht, daß sie das auf irgendeine Weise abwenden oder eine andere Art der Reinigung als bei uns haben. Ich habe gesehen, wie Mütter oder Verwandte junge Mädchen von zwölf bis vierzehn Jahren mit geschlossenen Beinen aufrecht stehend auf einem Sandstein hielten. Dann brachten sie ihnen mit einem messerscharfen Tierzahn Schnitte bis aufs Blut bei. Die Schnitte führten von den Achselhöhlen ganz an den Seiten entlang bis zum Knie. Die Mädchen hatten so große Schmerzen, daß sie mit den Zähnen knirschten. So bluteten sie eine Zeitlang. Wie ich schon sagte, glaube ich, daß sie dieses Mittel von vornherein benutzen, um zu verhindern, daß man ihre Unreinigkeiten sieht. Diese Frage kann vielleicht von Ärzten oder sonstigen Leuten, die in solchen Dingen bewanderter sind als ich, entschieden werden. Vielleicht wendet man ein: Wie stimmt das mit dem überein, was du soeben gesagt hast, daß nämlich die Frauen, sobald sie verheiratet sind, sehr viele Kinder haben? Wenn die Regel bei den Frauen aufhört, können sie doch weder empfangen noch gebären. Wenn man behauptet, daß sich das nicht miteinander verträgt, so sage ich, daß ich nicht die Absicht habe, diese Frage zu lösen und daß ich hier deshalb nichts weiter darüber sagen werde.

Im übrigen habe ich schon widerlegt, was manche geschrieben und andere gedacht haben, nämlich, daß die Nacktheit der

Frauen und Mädchen der Wilden die Männer mehr zur Unzucht verleitet, als wären sie bekleidet. Auch einige andere
Punkte bezüglich der Ernährung und der Lebensart und -sitten
der amerikanischen Kinder habe ich bereits erwähnt. Hierüber
lese man im Kapitel IX dieses Buches nach.

NEUNZEHNTES KAPITEL

Was man bei den Wilden Gesetz und Disziplin nennen kann.
Wie freundlich sie ihre Freunde, die sie besuchen, empfangen
und behandeln. Von den Tränen und den lustigen Gesprächen
der Frauen bei der Ankunft

Die Disziplin unserer Wilden ist eine fast unglaubliche Angelegenheit, und man kann nicht darüber sprechen, ohne die zu
beschämen, in deren Händen bei uns die Überwachung der
göttlichen und menschlichen Gesetze liegt. So verderbt sie auch
sind, lassen sich die Wilden nur von ihrem Instinkt leiten. Sie
vertragen sich gut und leben tatsächlich in bestem Einvernehmen und Frieden miteinander. Damit sind natürlich nur die
einzelnen Völker untereinander oder die mit ihnen verbündeten gemeint. Wie seltsam die Feinde behandelt werden, wurde
ja schon erwähnt. Wenn es aber doch einmal vorkommt, daß
Streitigkeiten entstehen (das ist so selten, daß wir es nur zweimal während unseres fast einjährigen Aufenthalts erlebten), so
kommt es gar nicht in Frage, daß die anderen die Streitenden
zu trennen oder Frieden zu stiften versuchen. Im Gegenteil,
selbst wenn sich die Gegner gegenseitig die Augen auskratzen
sollten, läßt man sie gewähren. Wird aber einer durch den
anderen verwundet, so wird derjenige, der den Schlag erteilt
hat, festgenommen und erhält von den nächsten Verwandten
des Beleidigten genau das gleiche an den gleichen Körper-
stellen. Tritt durch die Verletzung der Tod ein oder wird ein

Mann auf der Stelle getötet, so sorgen die Verwandten des Getöteten dafür, daß dem Mörder das gleiche Schicksal widerfährt. Mit anderen Worten: Leben um Leben, Auge um Auge, Zahn um Zahn usw. Wie ich aber bereits sagte, kommen solche Dinge unter ihnen nur äußerst selten vor.

Die unbeweglichen Güter dieses Volkes bestehen aus Häusern und (wie ich schon an anderer Stelle sagte), aus sehr viel mehr gutem Land, als sie zu ihrer Ernährung benötigen. Was die ersteren betrifft, so findet man bei ihnen Dörfer, in denen fünf- bis sechshundert Menschen leben. Mehrere wohnen in ein und demselben Haus, in dem eine jede Familie ihren besonderen Platz hat: der Mann hat seine Kinder und seine Frauen bei sich. Es gibt indessen keine Trennung, denn das könnte sonst verhindern, daß man von einem Ende der Gebäude, die im allgemeinen mehr als sechzig Schritte lang sind, bis zum anderen sehen kann. Bemerkenswert ist auch (was diesem Volk besonders eigentümlich ist), daß die Brasilianer im allgemeinen nicht länger als fünf oder sechs Monate an ein und demselben Ort bleiben. Dann schaffen sie die großen Holzteile und Pindokräuter fort, aus denen ihre Häuser gefertigt oder mit denen sie bedeckt sind. Ihre Dörfer wechseln somit oft den Standort, während sie ständig die alten Namen beibehalten. Zuweilen haben wir die Dörfer eine viertel oder eine halbe Meile von dem Platz entfernt angetroffen, wo sie früher gestanden hatten. Daraus, daß ihre Hütten so leicht zu transportieren sind, kann der Leser ohne weiteres den Schluß ziehen, daß sie keine großen Paläste errichtet haben (wie die Indianer Perus, von denen berichtet wird, sie besitzen so gut gebaute Holzhäuser, daß es darin Säle gibt, die hundertfünfzig Schritte lang und achtzig breit sind). Andererseits macht sich niemand daran — jedenfalls im Volk der Tuupinambaúlts, von dem ich spreche —, Unterkünfte oder Häuser zu bauen, die er nicht vollenden und mehr als zwanzigmal im Leben dann wieder ab- und aufbauen kann, und würde er noch so alt. Fragt man sie danach, warum sie ihren Wohnsitz so häufig verlegen, haben sie stets nur die gleiche Antwort: ein solcher Luftwechsel tue ihnen gut. Würden sie anders handeln als ihre Vorfahren, müßten sie sehr bald sterben. Was die Felder und Ländereien betrifft, so hat jeder Familienvater einige Arpents für sich, die er an einer ihm passenden Stelle aussucht. Dort legt er seinen Garten an und pflanzt seine Wurzeln. Im übrigen kümmern sie sich nicht um die Verteilung ihres Erbes. Sie ziehen auch keine Abgrenzungen. So etwas überlassen sie den geizigen und schikanösen Maklern hier in Europa.

Was die Möbel betrifft, so habe ich schon an verschiedenen Stellen dieses Buches darauf hingewiesen, welcher Art sie sind. Damit ich nichts von dem auslasse, was ich über die Hauswirtschaft unserer Wilden weiß, will ich zunächst die Methode beschreiben, die ihre Frauen beim Spinnen der Baumwolle anwenden. Die Baumwolle benutzen sie, um Leinen und andere Dinge anzufertigen, vor allem aber auch ihre Betten, die ich noch an anderer Stelle beschreiben werde. Sie verwenden sie also wie folgt: Nachdem sie die Baumwolle aus den Büscheln, in denen sie wächst, herausgezogen haben (Näheres habe ich bei der Beschreibung des Baumwollbaumes erwähnt), ziehen sie sie mit den Fingern ein wenig auseinander (ohne sie indessen zu krempeln). Sie legen sie dann in kleinen Haufen neben sich — entweder auf die Erde oder in irgendein Gefäß. Sie verwenden keine Spinnrocken wie die Frauen hier, sondern ihre Spindel ist ein runder Stock, der nicht dicker als ein Finger und etwa ein Fuß lang ist. Er hat ein Querstück von gleicher Dicke. Sie befestigen die Baumwolle an dem langen Ende des Querstückes. Dann drehen sie ihn auf ihren Oberschenkeln und lösen die Baumwolle mit der Hand, ähnlich wie die Spinnerinnen bei ihren Spindeln verfahren. Die Rolle führt also eine schnelle Volte mit sofortiger Rückschwenkung auf der Seite aus — wie eine große Mühle inmitten ihrer Häuser und ihrer Plätze. Auf diese Weise spinnen sie nicht nur dicke Fäden, um daraus Betten zu fertigen, sondern auch sehr zarten und kunstvollen Zwirn. Entsprechendes Material hatte ich mit nach Frankreich gebracht und daraus ein Wams aus weißer Leinwand anfertigen lassen. Jeder, der es sah, hielt es für feine Perlseide.

Die Betten aus Baumwolle werden von den Wilden »*Inis*« genannt. Ihre Frauen haben Holzwerkzeuge, die nicht so flach sind wie die unserer Weber und auch nicht so viele Winden haben, denn sie stehen vor ihnen und reichen bis zu ihrer Höhe. Nachdem sie auf ihre Weise das Anscheren besorgt haben, fangen sie von unten zu weben an. Die einen Gewebe fertigen sie nach Art von Fischernetzen an, die anderen enger – etwa wie groben Stramin. Die Betten sind zumeist vier, fünf oder sechs Fuß lang und rund einen Klafter breit. An beiden Enden haben sie eine ebenfalls aus Baumwolle gefertigte Öse. An diese Öse werden Stricke gebunden, um sie in den Häusern aufzuhängen, nämlich an eigens für diesen Zweck in den Hütten angebrachten Querbalken. Wenn die Wilden in den Krieg ziehen, zur Jagd in den Wäldern oder am Meeresstrand sind oder in den Flüssen fischen, so hängen sie ihre Betten zwischen zwei Bäumen auf. Um dieses Thema erschöpfend zu behandeln, sei noch gesagt: Wenn die Baumwollbetten verschmutzt sind, sei es durch den Schweiß der Menschen, sei es durch den Rauch der Feuer, die man in den Häusern, in denen sie aufgehängt sind, ständig unterhält, oder aus sonst irgendeinem Grund, so suchen sich die amerikanischen Frauen in den Wäldern eine dort wild wachsende Frucht von der Form eines flachen Kürbisses – aber viel größer, so groß, daß man nur eine Frucht in der Hand halten kann. Diese Früchte schneiden sie in Stücke, die sie in einem großen Tongefäß voll Wasser aufweichen lassen. Dann wird das Ganze mit dicken Holzstücken gestampft, bis es große Schaumblasen bildet. Dieses Schaumes bedienen sie sich an Stelle von Seife, und die Betten werden schneeweiß oder wie gewalkte Tücher. Im übrigen nehme ich auf die Bezug, die Erfahrung damit gemacht haben: Schläft man in diesen Betten, vor allem im Sommer, nicht viel besser als in unseren normalen Betten? Ist das so sinnlos, was ich in der »Geschichte von Sancerre« gesagt habe, daß es nämlich in Kriegszeiten unvergleichlich einfacher ist, auf diese Weise Tücher in den Wachthäusern aufzuhängen? Dann kann immer ein Teil der Soldaten schlafen, während der andere wacht. Gewöhnlich wälzt man sich auf Strohsäcken, wo man sich die Kleider beschmutzt und es vor Ungeziefer wimmelt. Muß man aufstehen, ist man ganz lahm und steif, da man die Waffen ständig am Koppel tragen muß. So jedenfalls war es bei uns, als wir in der Stadt Sancerre, wo der Feind während eines ganzen Jahres kaum einmal von unseren Mauern wich, belagert wurden.

Um nun die anderen Einrichtungsgegenstände unserer Amerikaner aufzuzählen, sei zunächst erwähnt, daß die Frauen (auf denen die ganze Last des Haushalts ruht) eine Menge großer Ton- und anderer Gefäße herstellen. Die Tongefäße dienen vor allem zur Herstellung und Aufbewahrung des von ihnen Kauïn genannten Getränkes. Ferner stellen sie aus Ton Kochtöpfe in runder oder ovaler Form, Pfannen in mittlerer und kleinerer Größe, Schüsseln und andere Gefäße her. Das Geschirr ist außen nicht, innen aber sehr schön poliert und geglättet. Das wird durch eine gewisse weiße Flüssigkeit erreicht, die später hart wird. Besser können die Töpfer bei uns ihre Waren gar nicht glasieren. Die Frauen rühren auch gräuliche Farben an, die sich dafür eignen. Mit Pinseln malen sie dann tausend nette Kleinigkeiten wie Schlangenlinien, Schleifen und andere Dinge ins Innere der Tongefäße — vor allem in die für Mehl und Fleisch bestimmten. So wird man netter bedient, das heißt ehrbarer, als wenn man bei uns Holzschüsseln verwendet. Einen Nachteil haben die amerikanischen Malerinnen allerdings. Sie malen mit ihren Pinseln das, was ihnen gerade in den Kopf kommt. Bittet man sie später, das gleiche Stück noch einmal herzustellen, so haben sie keinerlei Schablone oder Muster, und aus dem Kopf können sie das erste Werk nicht wieder reproduzieren. Man kann also niemals mehrere Stücke mit genau dem gleichen Muster bekommen.

Außerdem haben unsere Wilden, wie ich schon an anderer Stelle erwähnte, Kürbisse und andere große Früchte, die in der Mitte geteilt und dann ausgehöhlt werden. Diese Dinge dienen ihnen als Trinkgefäße und werden von ihnen »*Kui*« genannt. Hinzu kommen noch kleinere Vasen, deren sie sich für andere Zwecke bedienen. Sie besitzen auch verschiedene Arten großer und kleiner Körbe, die auf besondere Art geflochten werden — die einen aus Binsen, die anderen aus gelben Kräutern oder aus Maisstroh. Die Körbe nennen sie »*Panakus*«, und außer Mehl legen sie alles mögliche hinein. Über ihre Waffen, die Federbekleidung und die Marakas habe ich schon an anderer Stelle geschrieben. Das wären also die Häuser und Möbel unserer Wilden, und nun wollen wir sie noch in ihren Wohnungen sehen.

Zunächst sei gesagt: Obwohl unsere Tuupinambaúlts die befreundeten Fremden, die ihnen einen Besuch abstatten wollen, sehr freundlich empfangen, sind die Franzosen oder sonstigen Europäer, die ihre Sprache nicht verstehen, anfangs doch einigermaßen erstaunt. Was mich betrifft, so habe ich sie zum erstenmal drei Wochen nach unserem Eintreffen auf der Insel Villegagnons besucht. Ein Dolmetscher nahm mich mit auf das Festland, wo wir mehrere Dörfer aufsuchten. Bei unserer Ankunft im ersten Dorf, das in der Landessprache *Jaburaci* hieß und von den Franzosen *Pépin* genannt wurde (das war der Name des Bootsmanns eines Schiffes, das dort einmal geladen hatte) und das von unserem Fort knapp zwei Meilen entfernt lag, sah ich mich sofort von Wilden umringt. Diese fragten mich: »*Marapé-dereré, marapé-dereré*«, das heißt: »Wie hast du Namen, wie hast du Namen?« (ich verstand das damals ebensowenig wie ich Hochdeutsch verstehe). Dann ergriff einer meinen Hut, den er sich auf den Kopf setzte. Ein anderer nahm meinen Säbel und mein Koppel, das er um seinen nackten Leib band. Ein dritter nahm meinen Rock und zog ihn an. Dabei vollführten sie ein ohrenbetäubendes Geschrei und rannten wie besessen mit meinen Sachen zwischen ihren Häusern umher, daß ich im Geiste schon alles abgeschrieben hatte und kaum noch wußte, wo ich war. Dann aber lernte ich aus mehrmaliger Erfahrung, daß es nur daran lag, daß ich ihre Sitten noch nicht kannte. Sie empfangen auf diese Art nämlich alle, die ihnen einen Besuch abstatten — vor allem aber die, die sie überhaupt noch nicht gesehen haben. Nachdem sie sich eine Zeitlang mit dem fremden Eigentum vergnügt haben, bringen sie den Eigentümern alles wieder zurück. Der Dolmetscher sagte mir, daß sie vor allem darauf aus seien, meinen Namen zu erfahren. Da sie aber Namen wie *Pierre, Guillaume* oder *Jean* nicht aussprechen geschweige denn behalten können (anstatt *Jean* zum Beispiel sagen sie *Nian*), mußte ich mir etwas einfallen lassen, was ihnen bekannt vorkam. Dabei kam es mir zustatten, daß mein Vatername *Léry* in ihrer Sprache »Auster« bedeutet. Deshalb sagte ich ihnen, daß ich »*Léry-ussu*« heiße, das heißt »große Auster«. Darüber waren sie höchst befriedigt. Sie lachten, und nach dem bewundernden Ausruf »*Teh!*« sagten sie: »Das ist aber wirklich ein schöner Name, und wir haben noch nie einen *Mair*, das heißt einen Franzosen, gesehen, der sich so genannt hätte.« — In der Tat kann ich versichern, daß *Circe* wohl noch nie einen Menschen in eine so schöne Auster verwandelt hat, die sich dann so gut mit *Odysseus* unterhalten hätte, wie ich es seit jenem Zeitpunkt mit den Wilden tat. Dazu muß ich noch sagen, daß die Brasilianer ein ganz vorzügliches Namengedächtnis haben. Hat ihnen jemand seinen Namen genannt, vergessen sie ihn auch dann nicht, wenn sie den Betreffenden seit sehr langer Zeit nicht mehr gesehen haben.

Ich werde auch die sonstigen Zeremonien noch erwähnen, die sie beim Empfang von Fremden befolgen, die sie besuchen. Vorerst möchte ich aber noch über einen beachtlichen Vorfall berichten, den ich gelegentlich meiner ersten Reise unter den Tuupinambaúlts erlebte. Der Dolmetscher und ich setzten noch am gleichen Tag unsere Wanderung fort und schliefen in einem anderen Dorf, das *Öramiri* hieß (die Franzosen nennen es nach einem Dolmetscher, der dort lebte, *Goset*). Als wir gegen Sonnenuntergang eintrafen, fanden wir die Wilden tanzend und Kauïn trinkend vor, denn knapp sechs Stunden zuvor hatten sie einen Gefangenen getötet, dessen einzelne Körperteile wir auf dem Bukan liegen sahen. Man frage nicht danach, wie sehr ich gleich zu Anfang über den Anblick einer solchen Tragödie entsetzt war. Man wird aber sehen, daß das im Vergleich zu dem Entsetzen, das ich bald darauf zu spüren bekam, noch nichts war. Nachdem wir in ein Haus des Dorfes eingetreten waren, wo wir uns — der Landessitte gemäß — auf einem aufgehängten Baumwollbett niederließen, fingen die Frauen (auf eine Weise, die ich noch beschreiben werde) zu weinen an. Der Herr des Hauses — ein Greis — hielt uns eine Begrüßungsansprache. Der Dolmetscher, dem diese Sitte nichts Neues war und der übrigens genauso gern wie die Wilden trank und kauïnierte, ging — ohne mir auch nur ein Wort zu sagen — auf die große Gruppe der Tänzer zu, während ich mit einigen unserer Gastgeber zurückblieb. Müde war ich und hatte nur den Wunsch, mich auszuruhen. Nachdem ich ein wenig Mehl aus Wurzeln und etwas Fleisch dazu gegessen hatte, das man uns angeboten hatte, legte ich mich in dem Baumwollbett schlafen, auf dem ich gesessen hatte. Der Lärm aber, den die Wilden vollführten, indem sie, während sie den Gefangenen verzehrten, die ganze Nacht hindurch tanzten und pfiffen, hielt mich wach. Nach einiger Zeit kam einer der Wilden zu mir. In der Hand hielt er einen gekochten und bukanierten Fuß des Gefangenen und forderte mich auf (wie ich erst später erfuhr, denn im Moment hatte ich gar nichts begriffen), davon zu essen. Durch sein Gebaren jagte er mir einen derartigen Schrecken ein, daß mir mein Schlafbedürfnis völlig verging. Ich dachte tatsächlich, er wolle mir durch das Stück Menschenfleisch zu verstehen geben, daß ich in Kürze auf die gleiche Weise zubereitet werden würde. Ein Zweifel nach dem anderen kam in mir auf. Ich schöpfte sogar Verdacht, daß mich der Dolmetscher verraten und den Barbaren ausgeliefert haben könnte. Hätte ich irgendeine Möglichkeit zur Flucht gesehen, ich würde sie ergriffen haben. Da ich mich von ihnen aber umringt sah und mir ihre eigentlichen Absichten verborgen waren (wie man sehen wird, dachten sie nicht daran, mir Böses anzutun), glaubte ich bestimmt, daß man mich bald verspeisen würde. Während der ganzen Nacht bat ich Gott mit heißem Herzen um Beistand. Den Lesern, die das Gesagte gut verstehen und sich völlig in meine Lage versetzen können, überlasse ich es, zu beurteilen, ob mir diese Nacht unendlich lang erschien. Als der Morgen heraufdämmerte, suchte mich mein Dolmetscher (der sich während der ganzen Nacht mit den ausgelassenen Wilden in anderen Häusern des Dorfes herumgetrieben hatte) wieder auf. Er fand mich, wie er sagte, nicht nur leichenblaß und mit übernächtigem Gesicht vor, sondern auch fiebrig. Er fragte, ob ich mich krank fühle und nicht gut geschlafen habe. Noch völlig unter dem Eindruck des Erlebten, antwortete ich ihm zornig, daß man meinen Schlaf wirklich gut gehütet habe und er ein schlechter Mensch sei, weil er mich so unter diesen Leuten gelassen habe, die ich nicht verstehen und über die ich mich nicht beruhigen könnte. Ich bat ihn darum, uns in aller Eile zu entfernen. Darauf sagte er zu mir, ich brauche keinerlei Furcht zu haben, man sei hier keineswegs böse auf uns. Als er den Wilden, die sich über mein Kommen tatsächlich gefreut hatten und, um mir ihre Freundschaft zu beweisen, während der ganzen Nacht nicht von meiner Seite gewichen waren, alles erzählt hatte, sagten sie, daß sie wohl gemerkt hätten, daß ich Angst vor ihnen gehabt hätte. Darüber seien sie sehr betrübt. Mein Trost war ein lautes Riesengelächter, das sie anstimmten (denn sie sind große Spaßmacher), weil sie mich – ohne es selbst zu wissen – so schön genasführt hatten. Der Dolmetscher und ich suchten noch mehrere Dörfer auf. Nachdem ich nun dieses Erlebnis, das ich auf meiner ersten Reise unter den Wilden hatte, geschildert habe, werde ich in meinem Bericht fortfahren.

Ich erzähle nun weiter über die Zeremonien, die von den Tuupinambaúlts beim Empfang ihrer Besucher beachtet werden. Sobald der Reisende im Haus des Mussakat – das heißt des »guten Familienvaters, der dem Durchreisenden zu essen gibt«, der ihn als seinen Gast erwählt hat – angelangt ist, muß er sich, wie ich schon sagte, auf ein aufgehängtes Baumwollbett setzen und eine Weile so, ohne ein Wort zu sagen, verharren. (In jedem Dorf, das man besucht, muß man ihn zuerst besuchen. Man hüte sich, vorher eine andere Stelle aufzusuchen.) Dann treten die Frauen ein und hocken sich um das Bett herum nieder. Sie halten sich beide Hände vor die Augen und weinen so den Willkommensgruß. Dabei sagen sie zum Lob des Gastes tausend Dinge.

Als Beispiel seien etwa folgende Worte angeführt: »Du hast die Mühe nicht gescheut, uns aufzusuchen. Du bist gut, du bist tapfer.« — Wenn es sich um einen Franzosen oder sonstigen Europäer handelt, fügen sie hinzu: »Du hast uns so viele schöne Dinge gebracht, die wir in unserem Land noch nicht haben.« — Solche Worte, die zum Teil Lobpreisungen und zum Teil Schmeicheleien sind, bringen sie hervor, während sie gleichzeitig große Tränen vergießen. Wenn der Besucher, der auf dem Bett sitzt, seinerseits gefallen will, setzt er eine freundliche Miene auf. Will man nicht gleich weinen (ich habe Leute unserer Nation gesehen, die angesichts der Güte dieser Frauen so weich wurden, daß sie zu Tränen gerührt waren), so muß man doch bei der Antwort einige Seufzer hören lassen. Nachdem man so freundlich von den amerikanischen Frauen begrüßt wurde, tut der Mussakat (das heißt der Alte, dem das Haus gehört und der sich seinerseits mit der Anfertigung eines Pfeiles oder mit etwas Ähnlichem beschäftigt) etwa eine Viertelstunde lang so, als sähe er den Gast überhaupt nicht (Liebenswürdigkeiten sind das, die beim Eintreffen von Freunden völlig im Gegensatz stehen zu unseren Umarmungen, Küssen und unserem Händeschütteln). Dann wendet er sich an uns, und zumeist wird er auf die folgende Weise zu sprechen beginnen: »Ere-iube-?«, das heißt: »Bist du gekommen?« Dann folgt: »Wie fühlst du dich? Welches sind deine Wünsche?« Als nächstes wird er fragen, ob der Gast essen möchte. Antwortet man mit »ja«, wird er einem sofort etwas in einer schönen Tonschüssel zubereiten und bringen lassen: Mehl anstelle von Brot, Wild, Geflügel, Fisch oder sonstige Speisen, die gerade verfügbar sind. Die Sachen werden vor den Füßen am Boden aufgetragen. Wenn man Kauïn haben möchte und es vorhanden ist, wird er davon ebenso geben. Die Frauen bringen, nachdem sie vor dem Gast geweint haben, um Kämme, Spiegel und kleine Rosenkränze aus Glas, die sie als Armbänder tragen, von ihm zu bekommen, dem Besucher auch Früchte und andere Dinge, die das Land Brasilien hervorbringt.

Will man außerdem in dem Dorf, in das man gekommen ist, schlafen, so läßt der Greis ein schönes weißes Bett herrichten. Ferner läßt er (obgleich es niemals kalt in ihrem Land ist) wegen der Nachtfeuchtigkeit rings um das Bett nach der dortigen Sitte drei oder vier kleine Feuer entzünden, die häufig mit kleinen, von ihnen als »Tatapekua« bezeichneten Fächern in der Nacht neu angefacht werden. Die Tatapekuas haben die gleiche Größe wie etwa die Fächer, die unsere Frauen vor dem Feuer benutzen, da sie befürchten, ihr Gesicht könnte verletzt werden.

Bei der Besprechung der Lebensgewohnheiten der Wilden bin ich auf das Feuer gekommen, das dort »Tata« genannt wird, während der Rauch »Tatatin« heißt. Auch möchte ich bei dieser Gelegenheit eine nette, bei uns unbekannte Art des Feueranmachens schildern. Eine Angelegenheit ist das, die wohl mindestens ebenso bewundernswert ist wie der Feuerstein (Schottischer Stein). Nach der Aussage dessen, der die Besonderheiten des genannten Landes beschreibt, besitzt er die Eigenschaft, ohne weitere Kunstgriffe in Werg oder Stroh Feuer zu entzünden. Die Wilden lieben das Feuer derart, daß sie eigentlich nie an einem Ort ohne Feuer verweilen. Vornehmlich in der Nacht wird es angezündet, da sie dann eine unglaubliche Furcht davor haben, daß sie von Aygnan, dem schon erwähnten bösen Geist, der sie oft schlägt und peinigt, überfallen werden könnten. Ob sie in den Wäldern auf Jagd, am Meer beim Fischfang oder sonst irgendwo auf den Feldern sind, fast nie fehlt das Feuer. Wir bedienen uns des Steins und des Zunders; diese Art ist ihnen aber unbekannt. Vielmehr besitzen sie zwei bestimmte Holzarten, von denen die eine so weich ist, als wäre sie verfault, während die andere hart ist wie das Holz, aus dem unsere Köche die Spicknadeln

anfertigen. Wollen sie Feuer anzünden. verfahren sie wie folgt: Zunächst spitzen sie das eine Ende eines etwa einen Fuß langen Stockes wie einen Bohrer an. Dann setzen sie dieses Stück in die Mitte eines Stückes der anderen Holzart, über die ich sagte, sie sei sehr weich. Das weiche Holz liegt auf der Erde, auf einem Baumstumpf oder auf einem groben Holz-klotz, der gut abgestützt wird. Dann drehen sie den Stock schnell zwischen den beiden Handflächen, als wollten sie das untere Stück durchbohren. Durch die plötzliche und schnelle Bewegung der beiden Hölzer, die sich eng aneinander reiben, entstehen zugleich Rauch und große Hitze. Ganz in der Nähe haben sie Baumwolle oder gut getrocknete Baumblätter liegen (so wie wir Zunder bereithalten), die sehr bald Feuer fangen. Denen, die mir Glauben schenken wollen, kann ich sagen, daß ich selber Feuer auf diese Art und Weise angezündet habe. Dagegen will ich nicht behaupten, glauben oder glauben machen, was jemand in seinen Schriften behauptet hat, daß die Wilden Amerikas nämlich (von denen ja auch hier die Rede ist) vor der Erfindung dieser Art des Feuermachens ihr Fleisch im Rauch getrocknet haben. Ich halte mich aber an den zum Sprichwort gewordenen physikalischen Grundsatz, daß es keinerlei Rauch ohne das Feuer gibt. Das dürfte auch für den Rauch zutreffen, mit dessen Hilfe man Fleisch »kochen« kann. Vielleicht hat der Autor über Dämpfe oder Ausdünstungen sprechen wollen. Wenn man auch zugeben muß, daß es solche gibt, so sind sie aber weit davon entfernt, das Fleisch austrocknen zu können. Im Gegenteil, sie würden sowohl Fleisch als auch Fisch noch feuchter machen. Da sich der erwähnte Autor in seiner »Cosmographie« und auch sonst nachdrücklich und oft über jene beschwert, die ungünstig Stellung zu seinen aufgestellten Thesen nehmen und er sagt, daß diese Kritiker seine Ausführungen nicht richtig gelesen haben, bitte ich die Leser, diese kleine Abschweifung über die ungereimte Geschichte vom heißen Rauch zu entschuldigen. Hiermit sende ich diese Geschichte in das windige Hirn des Autors zurück.

Wenden wir uns nun wieder der Behandlung zu, die die Wilden ihren Besuchern angedeihen lassen. Haben die Gäste auf die vorstehend bezeichnete Weise getrunken und gegessen und sich dann ausgeruht oder geschlafen, so schenken sie den Männern, sind sie höflich, Messer, Meißel oder auch Pinzetten, mit denen sie sich die Barthaare ausreißen können. Die Frauen aber bekommen Kämme und Spiegel von ihnen, während man Angelhaken den kleinen Jungen gibt. Will man Lebensmittel und andere Sachen von ihnen holen, fragt man, was sie dafür im Austausch haben wollen. Hat man ihnen das Vereinbarte dann gegeben, so kann man das, weswegen man gekommen ist, mitnehmen und wieder gehen. Wie ich schon sagte, haben sie in ihrem Land weder Pferde noch Esel noch sonstige Lasttiere. Gewöhnlich ist man auf die Füße angewiesen. Sind die Durchreisenden müde, so schenken sie den Eingeborenen ein Messer oder eine andere Kleinigkeit. Sofort werden sich die Wilden anbieten — gern tun sie ihren Freunden einen Gefallen —, sie zu tragen. Tatsächlich haben sie uns oft — ihren Kopf zwischen unseren Oberschenkeln und mit unseren auf ihren Bauch herabhängenden Beinen — eine Meile und mehr getragen, ohne sich auszuruhen. Wollten wir ihnen eine Pause gönnen, lachten sie uns aus und sagten in ihrer Sprache: »Wieso denn? Haltet ihr uns etwa für Frauen oder so schwächlich, daß wir unter der Last zusammenbrechen könnten?« Einer von ihnen sprach einmal zu mir, als er mich auf dem Hals hatte: »Ich trage dich gern, ohne stehenzubleiben, einen ganzen Tag.« Wir unsererseits lachten über unsere zweibeinigen Tragtiere, die so willig waren, aus vollem Halse. Wir machten ihnen weiteren Mut, indem wir sagten: »Schön, es kann also immer so weitergehen.«

Ihre natürliche Wohltätigkeit beweisen sie, indem sie einander täglich Wild, Fisch oder sonstige Produkte ihres Landes anbieten. Diese Nächstenliebe treibt sie so weit, daß ein Wilder vor Scham gewissermaßen sterben würde, müßte er feststellen, daß sein Nächster oder Nachbar irgend etwas entbehren muß, worüber er selber verfügen kann. Aber auch persönlich habe ich erfahren, daß sie Fremden gegenüber, die ihre Verbündeten sind, ebenso großzügig sind. Als Beweis dafür komme ich auf das schon geschilderte Erlebnis zurück, das ich im Wald mit zwei anderen Franzosen hatte, nachdem wir angenommen hatten, daß wir von einer riesigen und furchtbaren Eidechse verschlungen würden. Nachher waren wir im Wald zwei Tage und eine Nacht umhergeirrt und hatten großen Hunger zu leiden. Endlich erreichten wir das Dorf *Pano*, in dem wir auch früher schon gewesen waren. Geradezu rührend wurden wir von den Eingeborenen dieses Ortes empfangen und aufgenommen. Zunächst hörten sie unseren Bericht über das an, was uns zugestoßen war. Dabei stellte sich heraus, daß wir nicht nur fast von wilden Bestien zerrissen worden wären, sondern auch sehr leicht in die Hände der Margajas, ihrer Feinde, hätten fallen können, die uns dann wohl bestimmt verzehrt hätten. Ihr Gebiet grenzt dort nämlich an das unserer Freunde. Im Urwald waren wir übel von Dornen zerkratzt worden. Als sie feststellten, in welch bejammernswertem Zustand wir uns befanden, hatten sie aufrichtig Mitleid mit uns. Die Heuchler bei uns hier trösten in ähnlichen Fällen nur mit Worten und sind meilenweit entfernt von der Humanität dieser Wilden, die sie indes als Barbaren bezeichnen. Sofort packten sie zu und begannen damit, uns die Füße und Beine zu waschen (was mich an das Vorgehen der Alten erinnerte), und zwar allen dreien. Jeder von uns saß dazu auf einem besonderen Bett. Die Greise hatten sogleich bei unserer Ankunft angeordnet, man sollte uns Essen bringen. Gleichzeitig hatten sie den Frauen gesagt, daß sie besonders feines Mehl sorgfältig zubereiten sollten, das ich, wie bereits erwähnt, ebenso gern aß wie das erwärmte Innere eines Weißbrotes. Als sie uns ein wenig erfrischt sahen, ließen sie uns sogleich auf ihre Art zubereitetes schönes Fleisch, Geflügel, Fisch und Obst auftragen, an denen es niemals fehlt bei ihnen.

Als es Abend wurde, schickte unser Gastgeber — ein Greis — alle Kinder fort, damit wir besser schlafen könnten. Am Morgen fragte er beim Erwachen: »Eh! Atone-assats?«, das heißt: »Nun, ihr vollendeten Verbündeten, habt ihr in dieser Nacht gut geschlafen?« Darauf erwiderten wir: »O ja, sehr gut!« Er aber sagte: »Ruhet euch noch aus, meine Kinder, denn gestern abend habe ich sehr wohl bemerkt, daß ihr doch recht abgespannt waret.« Der Empfang durch die Wilden jedenfalls war so freundlich, daß ich, um ihn zu schildern, kaum die richtigen Worte finde. Um mich kurz zu fassen, muß ich sagen, daß sie uns so behandelten, wie die Barbaren auf der Insel Malta *Paulus* und seine Begleiter behandelt haben, als

diese dem Schiffbruch, den Sankt *Lukas* in der Apostel-
geschichte schildert, entronnen waren. Nie eigentlich gingen wir
ins Landesinnere, ohne eine Tasche mit allerhand Waren bei
uns zu haben, die uns anstelle von Geld dienten. So schenkten
wir auch hier Messer, Scheren und Pinzetten den guten Greisen beim Abschied, Kämme, Spiegel, Armbänder und Glasperlen den Frauen sowie Angelhaken den kleinen Jungen.

Um es etwas deutlicher zu machen, wie sehr sie solche Dinge
zu schätzen wissen, möchte ich noch folgendes erzählen: Als
wir eines Tages wieder einmal in einem Dorf waren, bat mich
mein Mussakat, das heißt mein Gastgeber, ihm doch einmal
alles zu zeigen, was ich in meinem *»Karameno«* hatte, das
bedeutet in meiner Tasche. Nachdem er mir ein schönes großes
Tongefäß hatte bringen lassen, in dem ich alle meine Sachen
ausbreitete, war er höchst erstaunt und rief sofort die anderen
Wilden herbei, zu denen er sagte: »Bitte, meine Freunde, nun
bedenkt einmal, was für eine Persönlichkeit ich in meinem
Hause habe. Da er über solche Reichtümer verfügt, muß man
doch wirklich sagen, daß er ein ganz bedeutender Mann ist.«
Lachend machte ich meinem Reisebegleiter klar, daß der von
dem Wilden so hoch geschätzte ganze Reichtum aus fünf bis
sechs mit Stiel versehenen Messern verschiedener Modelle,
einigen Kämmen, drei großen Spiegeln und einigen sonstigen
Kleinigkeiten bestand. In Paris hatte das Ganze nicht einmal
den Wert von zwei Testons.

Wie ich bereits sagte, lieben die Wilden vor allem Freigebige. Ich wollte mich in ein noch besseres Licht setzen, als
es mein Gastgeber schon getan hatte, und schenkte ihm daher
das größte und schönste meiner Messer. Davon machte er
denn auch so viel Aufhebens, wie es ein einfacher Franzose
getan hätte, wenn man ihm eine Goldkette im Wert von
hundert Écus geschenkt hätte.

Fragt man mich nun weiter, ob wir uns beim näheren Umgang mit den Wilden, wie ich ihn vorstehend geschildert habe,
wirklich sicher unter ihnen gefühlt haben, so antworte ich
folgendes: Sie hassen ihre Feinde tödlich, und wenn sie sie in

ihrer Gewalt haben, erschlagen sie sie — wie ich es geschildert habe — ohne weiteres und verspeisen sie. Dagegen lieben sie ihre Freunde und Verbündeten. Wir waren so sehr mit dem Volk der Tuupinambaúlts verbündet, daß sie sich — wie man bei uns sagt — eher in tausend Stücke hätten hauen lassen, als es zuzulassen, daß uns irgend etwas Unangenehmes zugefügt wurde. Sie setzen sich jedenfalls für ihre Freunde voll ein. Ich habe die Erfahrung gemacht, daß ich diesem Volk, das wir als die »Wilden« bezeichnen, mehr trauen und uns unter ihnen sicherer fühlen konnten als bei unredlichen und entarteten Leuten an vielen Orten Frankreichs. Die Ehre der Anständigen, die es hier ja Gott sei Dank noch immer gibt, möchte ich natürlich dadurch nicht in Frage stellen.

Nachdem ich nun das *pro* und *contra* dessen, was ich unter den Amerikanern erlebte, gesagt habe, will ich noch einen Vorfall schildern, der wohl zu den anscheinend gefährlichsten gehört, die ich unter ihnen erlebt habe. Eines Tages trafen wir uns zu sechs Franzosen in dem schönen Dorf Okorantin, das ich schon des öfteren erwähnt habe und das von unserem Fort etwa zehn bis zwölf Meilen entfernt war. Wir beschlossen, dort zu übernachten, und veranstalteten — je zu dritt — ein Wettschießen, um einige Truthennen und ähnliches für unser Abendessen zu bekommen. Ich gehörte zur verlierenden Partei. Während ich im Dorf Geflügel aufzukaufen suchte, sagte einer der jungen Franzosen (schon anfangs habe ich erwähnt, daß wir einige Jugendliche an Bord der »Rosée« mitgebracht hatten, damit sie die Landessprache erlernten), die in diesem Dorf wohnten, zu mir: »Da ist eine schöne und fette indische Ente. Töte sie. Du kannst sie ja nachher bezahlen.« Dort und in anderen Dörfern hatten wir Hühner schon oft auf diese Weise getötet, und die Wilden begnügten sich in solchen Fällen, ohne jemals ärgerlich zu werden, mit einigen Messern. Als ich mit der toten Ente in der Hand eines der Häuser betrat, waren fast alle Wilden des Ortes versammelt, um zu kaünieren. Ich fragte, wem die Ente gehöre, damit ich sie bezahlen könnte. Ein Alter mit ziemlich versoffenem Gesicht trat vor und sagte: »Mir gehört sie.« — »Was soll ich dir dafür geben?« fragte ich. — »Ein Messer«, antwortete er. Ich wollte ihm sofort eins geben; als er es jedoch gesehen hatte, sagte er: »Ein schöneres will ich haben!« — Ohne zu antworten, reichte ich ihm ein solches. Er aber sagte, daß er auch dieses Messer nicht haben wollte. »Was soll ich dir denn sonst geben?« fragte ich ihn. — »Ein Gartenmesser!« antwortete er. Das war dortzulande, gab man ein Gartenmesser für eine Ente, ein ungewöhnlich hoher Preis. Außerdem hatte ich kein derartiges Messer zur Hand. Ich sagte ihm, er möge sich mit dem zweiten Messer, das ich ihm gegeben hatte, begnügen. Etwas anderes könnte er nicht bekommen. Dazu sagte der Dolmetscher, der die Art der Wilden besser kannte (obwohl er in diesem Fall genauso getäuscht wurde wie ich), zu mir: »Er ist sehr wütend, und wir müssen ihm auf alle Fälle ein Gartenmesser beschaffen.« — Ich lieh mir deshalb ein solches Messer von dem Jungen, den ich anfangs erwähnt habe. Als ich es aber dem Wilden geben wollte, wies er es noch energischer zurück als die beiden Messer zuvor. Jetzt wurde ich zum dritten Male ärgerlich und fragte ihn: »Was willst du denn nun eigentlich von mir haben?« — Darauf erwiderte er wütend, er wolle mich töten — genauso, wie ich seine Ente getötet hatte: »Sie hat nämlich einem meiner Brüder gehört, und ich liebte sie mehr als all das andere, was ich besitze.« — Tatsächlich holte der Kerl gleich einen Säbel oder — noch besser — eine fünf bis sechs Fuß lange große Keule. Damit kam er sofort auf mich zu und wiederholte, er wolle mich töten. Man kann sich denken, daß ich höchst erschrocken war. Bei diesem Volk darf man aber nicht — wie man sagt — den schlafenden Hund oder Ängstlichen spielen, jedenfalls durfte ich mir nichts dergleichen anmerken lassen. Der Dolmetscher, der auf einem baumwollenen Hängebett zwischen mir und dem Streitsüchtigen saß, machte mich darauf aufmerksam, indem er sagte: »Fragt ihn mit eurem Degen in der Faust und eurem Bogen und den Pfeilen in der anderen Hand, mit wem er hier eigentlich zu sprechen glaube. Sagt ihm, daß ihr stark und tapfer seid und daß ihr euch nicht so einfach töten laßt, wie er sich das denkt.« Mit guter Miene zum bösen Spiel — wie man zu sagen pflegt — tauschten der Wilde und ich noch einige Redensarten aus. Wie ich schon sagte, unternahmen die anderen nicht den leisesten Versuch, uns miteinander auszusöhnen. Dann ging er — trunken vom Kauïn, das er während des ganzen Tages getrunken hatte — schlafen, um seinen Rausch auszuschlafen. Der Dolmetscher und ich verspeisten seine Ente mit unseren Gefährten, die uns außerhalb des Dorfes erwarteten und nichts von unserem Streit wußten.

Wie aus dem weiteren Verlauf der Angelegenheit hervorgeht, wußten die Tuupinambaúlts sehr wohl, daß sie schon die Portugiesen zu Feinden hatten. Würden sie nun einen Franzosen töten, könnte auch Frankreich ihr unversöhnlicher Gegner werden, und keinerlei Waren würden sie mehr erhalten. Alles, was der gute Mann getan hatte, konnte man wohl als Scherz hinstellen. Tatsächlich schickte er, nachdem er drei Stunden später wieder erwacht war, einen anderen Wilden zu mir, durch den er mir sagen ließ, er betrachte mich als seinen Sohn und habe mich nur deshalb so behandelt, da er meine Haltung hatte erproben und feststellen wollen, ob ich die Portugiesen und Margajas, unsere gemeinsamen Feinde, mutig bekämpfen würde. Meinerseits lag mir daran, ihm die Gelegenheit zur Wiederholung eines solchen Vorfalles zu nehmen — sowohl mir als auch einem der Unsrigen. Daher ließ ich ihm sagen, mir seien solche Scherze unverständlich und ich möchte keine Brüder haben, die mich mit der Waffe in der Faust auf die Probe stellten. Am Tag darauf betrat ich das Haus, in dem er wohnte. Damit er sich noch mehr ärgerte und um ihm zu zeigen, daß mir der Scherz mißfallen hatte, verteilte ich kleine Messer und Angelhaken an die Leute, die sich in seiner Nähe befanden, während er selber nichts erhielt. Aus diesem Beispiel und dem anderen, über das ich gelegentlich meiner ersten Reise zu den Wilden berichtet habe — als ich noch so wenig mit ihren Gebräuchen vertraut war, daß ich glaubte in Lebensgefahr zu schweben —, kann man erkennen, daß ihre Treue gegenüber ihren Freunden stets wahrhaft und fest ist. Tatsächlich sind sie sehr betrübt, wenn sie das Mißfallen ihrer Freunde erregt haben. Zum Abschluß dieses Themas möchte ich sagen, daß besonders die Greise, die weder Äxte noch Messer in ihrer Jugend besaßen (die ihnen jetzt beim Schneiden ihres Holzes und bei der Herstellung ihrer Bogen und Pfeile so gute Dienste leisten), die Franzosen, von denen sie besucht werden, sehr gut behandeln und ihren jungen Leuten den Rat geben, in Zukunft ebenso zu verfahren.

ZWANZIGSTES KAPITEL

Wie die Wilden einander bei Krankheiten behandeln. Ihre Grabstätten und Bestattungen und die Tränen, die sie einem Toten nachweinen

Um das Bild unserer Wilden in Amerika abzurunden, müssen wir noch wissen, wie sie sich bei Krankheiten und am Ende ihrer Tage verhalten, das heißt, wenn ihr natürlicher Tod herannaht. Erkrankt einer von ihnen, so zeigt er auf die kranke Stelle und gibt mündlich zu verstehen, wo er Schmerzen verspürt, sei es an den Armen, Beinen oder anderen Körperteilen. Die betreffende Stelle wird dann von einem seiner Freunde ausgesaugt und zuweilen auch von einem jener Betrüger, die unter ihnen leben und die sie *»Pajäs«* nennen, was Barbiere oder Ärzte bedeutet (nicht mit den Caraïben sind sie zu verwechseln, über die ich bei der Behandlung ihrer Religion gesprochen habe). Die Pajäs reden ihnen nicht nur ein, sie würden den Schmerz herausreißen, sondern auch ihr Leben verlängern. Außer für Fieber und die gewöhnlichen Krankheiten sind die Amerikaner bei weitem nicht so anfällig wie die Leute hierzulande. Das liegt wohl an dem angenehmen Klima ihres Landes. Sie leiden allerdings an einer unheilbaren Krankheit, die

sie »*Pians*« nennen. Im allgemeinen holen sie sich diese bei
Ausübung der Unzucht, ich habe aber auch kleine Kinder gesehen, die mit diesen Krankheitszeichen bedeckt waren — ähnlich wie unsere Kinder, wenn sie Windpocken haben. Im übrigen äußert sich die Krankheit in etwa daumengroßen Pusteln,
die sich über den ganzen Körper und auch über das Gesicht
verteilen. Wer von dieser Krankheit angesteckt ist, behält die
Merkmale der Schande und des Schmutzes während seines
ganzen Lebens — ähnlich wie bei uns die an venerischen Krankheiten und an Krebs Erkrankten. Ich habe dort in Brasilien
einen Dolmetscher gesehen, der aus Rouen stammte. Mit allen
möglichen Frauen und Mädchen der Wilden hatte er sich herumgetrieben. Den Lohn für seinen Lebenswandel hatte er so
gründlich erhalten, daß sein ganzer Körper und sein ganzes
Gesicht, als wäre er ein Leprakranker, von Pians entstellt
waren. Die Stellen waren so hartnäckig, daß er sie nie hätte
beseitigen können. Diese Krankheit ist in Brasilien die ge-
fährlichste. Um nun auf mein eigentliches Thema zurückzukom-

men, muß ich noch erwähnen, daß die Amerikaner bei der Behandlung ihrer Kranken mit dem Mund dem Erkrankten nichts geben, was dieser nicht ausdrücklich verlangt — auch dann nicht, wenn der Bettlägerige einen Monat ohne Essen bleibt. So schwer die Krankheit auch sein mag, die Gesunden lassen sich nicht davon abhalten zu trinken, zu springen, zu singen und einen Heidenkrach um den armen Patienten herum aufzuführen. Der letztere weiß selber sehr wohl, daß es ihm nichts nützen würde, wollte er sich darüber ärgern. Lieber läßt er den Lärm über sich ergehen und sagt kein Wort. Wenn er dann aber stirbt, und besonders wenn es ein guter Familienvater ist, schlägt plötzlich das Gesinge um. Dann nimmt das Klagen solche Formen an, daß wir — befanden wir uns in einem Dorf, in dem es einen Toten gab — nicht damit rechnen konnten, dort zu schlafen. Wir mußten jedenfalls auf eine schlaflose Nacht gefaßt sein. Erstaunlich ist es vor allem, hört man die Frauen. So laut und in so hohen Tönen kreischen sie, daß man das Geheul von Hunden oder Wölfen zu hören glaubt. Im allgemeinen lauten ihre Klagen und Ausrufe etwa wie folgt: »Er ist tot (sagen die einen mit schleppender Stimme), er, der so tapfer war und uns so viele Gefangene zum Verzehr gebracht hat.« Dann antworten die anderen ebenso laut: »Oh, welch guter Jäger und ausgezeichneter Fischer er war.« — »Ha! Der tapfere Töter von Portugiesen und Margajas, bei denen er uns so gut gerächt hat«, sagt eine andere. Heftig weinend, suchen sie einander in der Größe ihrer Trauer zu übertreffen. Dabei legen sie einander gegenseitig — wie man auf der entsprechenden Abbildung sieht — die Hände auf die Schultern. Das dauert so lange, bis die Leiche vor ihnen fortgeholt wird. Bis dahin erzählen sie immer wieder von allem, was der Tote in seinem Leben gesagt hat. Die lange Litanei ihrer Lobpreisungen scheint gar nicht enden zu wollen.

Kurz, sie verfahren etwa so wie die Frauen von Béarn. Sie machten, wie man behauptet, aus dem Verlust das Beste, indem sie zwischen den Tränen, die sie ihren verstorbenen Gatten nachweinten, sangen: »*La mi amou, la mi amou, cara rident, oeil de splendon; Cama leugé, bel dansadou; la mé balen, lo m'es burbar: mati depes: fort tard au lheit.«* Das bedeutet: »Mein Lieber, mein Lieber. Lachendes Gesicht, leuchtendes Auge. Leichtfüßiger schöner Tänzer. Früh erwacht, sehr spät im Bett.« Man behauptet, daß die Frauen der Gascogne hinzufügen: *»Vere, Vere, ô le bet renegadon, ô le bet jougadon qu'here«*, das heißt: »Leider, leider! Oh, wie ein schöner Lästerer er war, oh, welch schöner Spieler.« Ähnlich verfahren unsere armen Amerikanerinnen. Am Schluß einer jeden Sitzung fügen sie außerdem noch hinzu: »Er ist tot. Er ist tot, der, um den wir jetzt trauern.« Die Männer antworten ihnen: »Leider! Es ist wahr, wir werden ihn erst dann wieder sehen, wenn wir selber hinter den Bergen sind. Dort werden wir, wie uns die Caraïben gelehrt haben, mit ihm tanzen.«

Diese Zeremonien dauern meistens einen halben Tag an, denn länger behalten sie die Leichen nicht unter sich. Ist das Grab ausgehoben, und zwar nicht, wie bei uns üblich, der Länge nach, sondern rund und etwa in der Form eines Weinfasses, wird der Körper mit angewinkelten und festgebundenen Armen und Beinen hineingesetzt. Das Anwinkeln wird sofort vorgenommen, und zwar wenige Augenblicke später, nachdem der Tod eingetreten ist, und auf diese Weise wird der Tote, fast stehend, beerdigt. Handelt es sich um einen verdienten Greis, der gestorben ist, wird er in seinem Haus beerdigt. Dazu legt man ihn in sein Baumwollbett und bestattet ihn mit einigen Halsbändern, mit Federschmuck und anderen Dingen, die er zu seinen Lebzeiten gern getragen hat. Viele Parallelen bei den Alten könnte man hierzu anführen, zum Beispiel das, was — nach den Aussagen des *Josephus* — dem Grab *Davids* beigefügt wurde. Außerdem berichten viele profane Geschichtsschreiber von zahlreichen hervorragenden Persönlichkeiten, die nach ihrem Tod auf diese Weise mit kostbaren Edelsteinen geschmückt wurden, die dann alle mit ihren Körpern vergingen. So weit brauchen wir uns aber gar nicht von unseren Amerikanern zu entfernen. Die Indianer Perus, deren Land an das ihre grenzt, begraben mit ihren

Königen und Kaziken große Mengen von Gold und Edelsteinen. Mancher von den Spaniern, die als erste in jener Region waren, untersuchten die sterblichen Hüllen der Toten, indem sie sogar in die Grabstätten und Grotten eindrangen, wo sie sicher waren, solche zu finden, um sich auf diese Weise enorm zu bereichern. Für diese Unersättlichen wäre das angebracht, was *Plutarch* von der Königin *Semiramis* erzählt: Sie hatte auf den äußeren Stein vor ihrer Grabstätte das eingravieren lassen, was hier in der Übersetzung wiedergegeben wird:

»Wer auch immer der König sei, dem es an barem Gelde fehlt,
Er öffne dieses Grab und nehme sich, soviel er mag.«

Wer dann das Grab öffnete und eine große Beute zu finden hoffte, fand im Innern folgenden Text:

»Wärest du nicht ein Schuft von unersättlicher Goldgier,
So hättest du nicht die Schätze der Toten durchwühlt.«

Um nun aber auf unsere Tuupinambaúlts zurückzukommen, wäre zu sagen, daß sie — seit sie von den Franzosen öfters besucht werden — ihren Toten nicht mehr so häufig Wertgegenstände mitgeben, wie es früher üblich war. Was aber noch viel schlimmer ist, sie sind in einem Aberglauben befangen, wie man ihn scheußlicher sich kaum vorstellen kann. Fest glauben sie daran, daß Aygnan, das heißt in ihrer Sprache der Teufel, den Leichnam ausgraben und verschlingen würde, sofern er nicht in der ersten Nacht, die auf das Begräbnis folgt, Speisen dicht neben dem Grab findet. Deshalb setzt man große Tonschüsseln, gefüllt mit Mehl, Geflügel, Fisch und sonstigen schön zubereiteten Speisen auf das Grab des Verstorbenen. Natürlich fügen sie ihr Getränk ebenfalls bei, das Kauïn. So lange wird die wahrhaft teuflische Bedienung fortgesetzt, bis sie glauben, daß die Leiche völlig verwest ist. Um so mehr Schwierigkeiten hatten wir damit, sie von diesem Irrtum zu befreien, als die Dolmetscher aus der Normandie, die schon eine Zeitlang vor uns dort im Land ansässig waren, die in der Heiligen Schrift erwähnten Baalspriester nachzuahmen suchten. Nachts nahmen sie die guten Speisen fort, um sie zu verzehren. So sehr hatten

sie die Wilden in ihrem Glauben belassen und noch weiter bestärkt, daß wir nur selten einmal einige vom Gegenteil überzeugen konnten. Wir zeigten ihnen nämlich, daß die am Abend hingestellten Speisen noch am Morgen vorhanden waren. Man kann sagen, daß sich diese Einbildungen der Wilden nicht sehr von denen der jüdischen Doktoren oder Rabbiner, noch von denen des *Pausanias* unterscheiden. Die Rabbiner behaupten nämlich, daß der tote Körper der Gewalt eines Teufels überlassen wird, den sie *Zabel* oder *Azazel* nennen. Man sagt auch, daß dieser Teufel »Prinz der Wüste« — *Leviticus* — genannt wird. Um sie in ihrem Irrtum zu bestärken, verdrehen sie in ihrem Sinn die Stellen der Heiligen Schrift, wo zu der Schlange gesagt wird: »Erde sollst du fressen während der ganzen Zeit deines Lebens.« Denn, sagen sie, da unser Körper aus Lehm und Erdstaub geschaffen ist, die die Nahrung der Schlange bilden, ist er ihr unterworfen, bis er in geistige Natur umgewandelt ist. Pausanias spricht auch von einem anderen Teufel namens *Eurinomus*, von dem die Deuter der Delphier gesagt haben, daß er das Fleisch der Toten frißt und nur die Knochen übrigläßt. Das ist im großen gesehen — wie ich bereits sagte — der gleiche Irrtum wie der unserer Amerikaner.

Wenn die Wilden, wie das bei ihnen die schon beschriebene Sitte ist, ihre Dörfer erneuern und an andere Stellen versetzen, legen sie auf die Grabstätten der Verstorbenen die großen, von ihnen Pindo genannten Kräuter. Daran erkennen die Vorbeikommenden eine Art Friedhof. Treffen die Frauen auf eine solche Stelle, so entsinnen sie sich ihrer verstorbenen Ehemänner und geben auf die bei ihnen übliche Weise ihrer Trauer Ausdruck. Ihr Geheul kann man dabei eine halbe Meile weit hören. Ich lasse sie sich jetzt tüchtig ausweinen, da ich die Wilden nunmehr bis an ihr Grab begleitet habe. Damit aber möchte ich meinen Vortrag über ihre Sitten und Gebräuche abschließen.

NACHWORT

von Jean de Léry

MAN KÖNNTE SICH DARÜBER WUNDERN, daß ich seit meiner Amerikareise achtzehn Jahre habe vergehen lassen, bis ich mit meinem Bericht an die Öffentlichkeit trete. Ich halte es daher für meine Pflicht, an erster Stelle die Ursachen darzulegen, die mich an einer früheren Veröffentlichung gehindert haben. Anfangs, nach meiner Rückkehr nach Frankreich, zeigte ich die Erinnerungen, die ich bei mir hatte und die größtenteils an Ort und Stelle in Amerika, und zwar mit Brasiltinte, geschrieben waren: Sie enthielten die bemerkenswertesten Dinge, die ich während meiner Reise beobachtet hatte. Dann fügte ich Erzählungen hinzu, die ich denen gegeben hatte, die nähere Einzelheiten wissen wollten. Ich beabsichtigte damals nicht, darüber hinauszugehen oder meine Erlebnisse in anderer Form herauszubringen. Aber einige von jenen, mit denen ich öfters darüber sprach, meinten, daß so viele Dinge, die es verdienten, festgehalten zu werden, nicht für immer begraben bleiben dürften, ich möchte sie in guter Ordnung und längerer Form zu Papier bringen. Daher hatte ich schon im Jahre 1563 auf Bitten und Drängen meiner Freunde eine ziemlich umfangreiche Abhandlung fertiggestellt. Als ich den Ort verließ, an dem ich damals wohnte, überließ ich diesen Bericht leihweise einer angesehenen Persönlichkeit, die dann die Aufzeichnungen einigen Leuten übergab, die sie mir zurückbringen sollten. Als diese durch Lyon kamen, wurde ihnen die Schrift am Stadttor abgenommen und ging dann verloren, so daß ich sie, trotz aller Bemühungen, nicht wiederbekommen konnte. Einige Zeit nachdem ich den Verlust des Buches festgestellt hatte, gelang es mir, den Entwurf wieder ausfindig zu machen, den ich damals dem Mann überlassen hatte, der mir die Reinschrift anfertigte. Ich bekam so viel, daß ich, mit Ausnahme eines Gespräches in der

Sprache der Wilden, von dem weder ich noch jemand anders ein Manuskript besaß, das Ganze sofort wieder ins Reine schreiben konnte. Als ich alles fertiggestellt hatte, entstand in Frankreich die verworrene Lage für all diejenigen, die der (reformierten) Religion angehörten. Damals lebte ich in der Stadt Charité-sur-Loire und mußte, um den Schrecken zu entgehen, in großer Eile und unter Zurücklassung aller meiner Bücher und Papiere nach Sancerre fliehen. Gleich nach meiner Abfahrt wurde alles geplündert, und auch die zweite Sammlung meiner amerikanischen Papiere verschwand dabei. Zum zweitenmal war ich meiner Arbeit beraubt. Eines Tages aber berichtete ich einem Edelmann von meinem ersten zu Lyon erlittenen Verlust. Dabei nannte er mir den Namen dessen, dem die Sachen übergeben worden waren. Dieser Herr gab sich solche Mühe, daß er mir im vergangenen Jahre 1576, als ich ihn aufsuchte, die Sachen übergeben konnte. Das, was ich über Amerika geschrieben hatte, war mir auf diese Weise immer wieder den Händen entglitten, so daß es bis zum heutigen Tag nicht ans Licht kommen konnte.

Um der Wahrheit die Ehre zu geben, muß ich auch sagen, daß ich mir nicht die erforderliche Fähigkeit zutraute, mit gutem Vorbedacht zur Feder zu greifen. Im gleichen Jahr, in dem ich aus Brasilien zurückkam — also 1558 — habe ich das Buch »Des Singularités de l'Amérique« gesehen, das Herr de La Porte nach den »Contes et Mémoires« des Mönches André Thevet aufgesetzt und bearbeitet hat. Sehr wohl kannte ich das, was Herr Fumée in seinem Vorwort zur »Histoire générale des Indes« sehr gut bemerkt hat, daß nämlich dieses Buch der »Sonderbarkeiten« ganz sonderbar mit Unwahrheiten gespickt ist. Wenn der Autor nicht weitergegangen wäre und sich damit begnügt hätte, so wäre ich vielleicht auch jetzt noch über alles hinweggegangen.

Als ich aber im gegenwärtigen Jahr 1577 »La Cosmographie« von Thevet las, habe ich gesehen, daß er seine ersten Irrtümer nicht nur erneuert und bestärkt hat. Noch schlimmer ist, daß er durch falsche, verletzende und höchst beleidigende Abschweifungen uns Verbrechen zur Last gelegt hat. Vermutlich hat er angenommen, daß wir alle gestorben wären oder es niemand — wenn noch einer von uns am Leben sein sollte — wagen würde, ihm zu widersprechen. Keinen anderen Anlaß als den Neid hatte er, wenn er Übles den Geistlichen nachredete oder sie verleumdete. Das gleiche hat er mit denen getan, die diese Priester im Jahre 1556 begleiteten, um in Brasilien Villegagnon aufzusuchen. Zu ihnen gehörte auch ich. Um diese Lügen Thevets zurückzuweisen, sah ich mich gleichsam verpflichtet, die ganze Geschichte unserer Reise ins richtige Licht zu rücken. Ehe ich darüber mehr sage — und damit man nicht glaubt, daß ich mich ohne sehr gute Gründe über diesen neuen Kosmographen beschwere —, will ich hier über die Verleumdungen berichten, die er gegen uns vorgebracht hat. Enthalten sind sie im zweiten Band — Buch 21, Kapitel 2, Blatt 908. »Übrigens«, so sagte Thevet, »hatte ich vergessen zu sagen, daß kurze Zeit vorher eine Art Aufstand unter den Franzosen stattgefunden hatte, der durch die Uneinigkeit und Parteilichkeit von vier Geistlichen der neuen Religion entstanden war, die von *Calvin* ausgesandt waren, um sein blutiges Evangelium zu verpflanzen. Ihr Oberhaupt war ein aufrührerischer Priester namens *Richier*, der einige Jahre vor seiner Reise Karmeliter und Doktor in Paris gewesen war. Diese edlen Geistlichen arbeiteten lediglich daran, sich zu bereichern und so viel wie möglich an sich zu reißen. Sie gründeten Parteien und bereiteten geheime Anschläge vor, die zur Folge hatten, daß einige der Unsrigen durch sie getötet wurden. Ein Teil der Aufrührer indessen wurde gefangen und hingerichtet, während man ihre Leichen den Fischen zum Fraß gab. Die übrigen konnten sich retten. Unter ihnen befand sich auch der erwähnte Richier, der bald darauf als Geistlicher nach La Rochelle ging, wo er, wie ich vermute, auch heute noch ist. Es hätte nur wenig daran gefehlt, daß sich die durch diese tragischen Vorgänge ganz verblendeten Wilden auf uns gestürzt und alle, die noch übriggeblieben waren, getötet hätten.«

Das sind Thevets eigene Worte, und ich bitte den Leser, sie gut im Gedächtnis zu behalten. Da er uns niemals, ebenso wie wir ihn, in Amerika gesehen hat, kann er um so weniger — wie er behauptet — durch uns je in Lebensgefahr geraten sein. Ich will damit zeigen, daß er in dieser Hinsicht ein ebenso frecher Lügner wie törichter Verleumder war. Er könnte sich vielleicht damit herausreden, daß sein Bericht sich nicht auf die Zeit beziehe, zu der er selber in Brasilien war, sondern er eine Sache erzählen will, die sich nach seiner Rückkehr zugetragen hat. Um eine solche Erwiderung von vornherein zu widerlegen, frage ich ihn, ob sich die ausdrücklich von ihm gemachte Äußerung anders verstehen läßt, wenn nicht so, daß wir uns — er schließt sich dabei ein — in der angeblichen Gefahr befunden haben. Die betreffende Äußerung aber lautet: »Es hätte nur wenig daran gefehlt, daß sich die durch diese tragischen Vorgänge ganz verblendeten Wilden auf uns gestürzt und alle, die noch übriggeblieben waren, getötet hätten.« Sollte er indes noch weitere Ausflüchte machen und noch immer leugnen, daß er nichts anderes im Sinn hatte, als glauben zu machen, die Priester, von denen er spricht, in Amerika gesehen zu haben, dann höre man sich noch an, was er an einer anderen Stelle sagt:

»Übrigens, wenn ich mich (sagt der Franziskanermönch) längere Zeit in jenem Land aufgehalten hätte, so würde ich daran gearbeitet haben, die verirrten Seelen dieses armen Volkes zu gewinnen. Ich hätte mich nicht damit befaßt, den Boden zu durchwühlen, um dort von den Eingeborenen verborgene Reichtümer zu suchen. Da ich in deren Sprache noch nicht genügend bewandert war, mußte ich diese Aufgabe den Geistlichen überlassen, die *Calvin* zur Verkündung seines neuen Evangeliums nach dort gesandt hatte. Sie waren eifersüchtig, weil ich diesen Entschluß gefaßt hatte, und ich mußte mein Unternehmen aufgeben.«

Es ist weiter nicht verwunderlich, sagte man, wenn sich der Überbringer mit Recht über solch bezahlte Lügen lustig macht.

Wenn dieser gute römische Katholik, der nach den Regeln des heiligen *Franziskus* zu leben hat, seine Abkehr von dieser Welt nur dadurch beweisen will, daß er sagt, er verachte die im brasilianischen Boden verborgenen Reichtümer, und kein anderes Wunder nachweisen kann, als daß er die amerikanischen Wilden, die in jenem Lande wohnen und deren Seelen er gewinnen wollte, bekehrt haben würde, hätten ihn nicht Calvins Geistliche daran gehindert, so schwebt er — nachdem ich gezeigt habe, daß nichts an all dem ist — in großer Gefahr, nicht in den Terminkalender des Papstes für die Heiligsprechung aufgenommen zu werden. Dann wäre es aus damit, daß er nach seinem Tod als der »heilige Herr Thevet« fungieren könnte. Um nun zu beweisen, daß alles, was er sagt, nichts als törichtes Geschwätz ist, sei die Frage gestellt: Ist es wahrscheinlich, daß Thevet, der bei seinen Berichten, wie man zu sagen pflegt, Pfeile aus jedem Holz schnitzt, das heißt, der kreuz und quer alles sammelt, was geeignet ist, seine Erzählungen zu verlängern oder farbenprächtiger zu gestalten, in seinem Buch »*Des Singularités de l'Amérique*« über die Geistlichen geschwiegen haben würde, hätte er sie in Brasilien gesehen? Das hätte er erst recht nicht getan, hätten sie das begangen, dessen er sie sechzehn bis achtzehn Jahre später beschuldigt.

Im übrigen bezeugt er selbst in seinem Buch über die »Sonderbarkeiten«, daß er am 10. November 1555 am Kap Frio und vier Tage später auf dem Ganabara-Fluß in Amerika angekommen ist. Von dort ist er dann am letzten Tag des folgenden Januar abgefahren, um nach Frankreich zurückzukehren. Wir jedoch kamen, wie ich in dieser Schilderung gezeigt habe, in Brasilien beim Fort Coligny, das am gleichen Fluß liegt, erst Anfang März 1557 an. Daraus geht eindeutig hervor, daß Thevet damals schon seit dreizehn Monaten fort war. Wie kommt er da zu der recht gewagten, mündlich und schriftlich abgegebenen Behauptung, daß er uns gesehen haben will? Sollte die ungefähr zweitausend Seemeilen breite Meeresfläche, die zwischen ihm, der schon längst wieder in Paris war, und uns, die wir uns am Wendekreis des Steinbocks befanden, kein ausreichender Schutz für ihn sein? Sicher genügte dieser Schutz, aber er hatte das Bedürfnis, kosmographisch zu lügen, das heißt, er wollte die ganze Welt belügen. Nachdem also jetzt dieser erste Punkt gegen ihn geklärt worden ist, würde das, was er weiter sagt, keinerlei Entgegnung mehr erforderlich machen. Um indessen alle Erwiderungen wegen des Aufstandes, von dem er sprechen zu können glaubt, von vornherein zu entkräften, möchte ich zunächst sagen, daß sich nicht feststellen läßt, daß während der Zeit unseres Aufenthaltes im Fort Coligny dort auch nur ein einziger Aufstand stattgefunden hätte. Noch weniger läßt sich behaupten, daß zu unserer Zeit auch nur ein einziger Franzose getötet worden sei. Wenn Thevet trotz allem immer noch behaupten will, daß es eine Verschwörung unter den Leuten Villegagnons gegen ihn in jener Zeit gegeben habe und er uns damit belasten sollte, so will ich zu unserer Verteidigung — und um zu zeigen, daß jene Verschwörung dort schon vor unserer Ankunft stattgefunden hat — Villegagnon selbst als Zeugen anführen. Der lateinisch geschriebene Brief, den er an Herrn *Jean Calvin* gerichtet hat und der die Antwort auf den ihm von uns überbrachten Brief Calvins darstellt, wurde vor langer Zeit schon übersetzt und an anderer Stelle veröffentlicht. Sollte jemand meine Worte bezweifeln, so sei ihm gesagt, daß sich das mit Brasiltinte geschriebene Original auch heute noch in guten Händen befindet und jederzeit als Zeugnis dienen kann. Da dieser Brief jedoch für mich einen doppelten Zweck erfüllt, gebe ich ihn nachstehend Wort für Wort wieder. Einmal dient er nämlich dazu, Thevet zu widerlegen, und gleichzeitig zeigt er, welche Religion Villegagnon damals auszuüben vorgab.

Inhalt des von Villegagnon aus Amerika an Calvin geschickten Briefes:

»Von Coligny im Antarktischen Frankreich, 31. März 1957.

»Ich glaube, daß man in Worten nicht zum Ausdruck bringen kann, wie sehr mich Eure Briefe und die mit ihnen hier angekommenen Brüder erfreut haben. Sie haben mich in der Zwangslage vorgefunden, daß ich die Justiz- und Verwaltungsgeschäfte führen und gleichzeitig das Amt des Predigers der Kirche übernehmen mußte. Das hat mich in große Bedrängnis gebracht, denn das Beispiel des Königs *Osias* veranlaßte mich zu einer solchen Lebensumstellung. Ich war gezwungen, so zu handeln, da ich befürchten mußte, daß unsere Arbeiter, die ich verpflichtet und auf diese Seite des Äquators geführt hatte, durch den Umgang mit den Eingeborenen sich mit deren Lastern beschmutzen würden. Es war zu befürchten, daß sie — konnten sie die Religion nicht mehr ausüben — vom Glauben abfallen würden. Diese Befürchtung ist nun durch die Ankunft der Brüder von mir genommen worden. Sie hat auch den Vorteil, daß es mir bei künftigen Arbeiten und drohenden Gefahren nicht an Personen fehlen wird, die mir die Aufgaben erleichtern und mich mit ihrem Rat unterstützen können. Diese Erleichterung war mir durch die Furcht vor der Gefahr, in der wir uns befinden, genommen worden. Den Brüdern, die mit mir aus Frankreich gekommen sind, waren nämlich die Schwierigkeiten der hiesigen Verhältnisse über den Kopf gewachsen. Daher hatten sie sich — jeder mit irgendeiner Entschuldigung — nach Ägypten zurückgezogen. Geblieben waren nur arme Leute, Kränkliche und Lohnarbeiter, die ich damals hatte bekommen können. Sie befanden sich in einer Verfassung, daß sie eher zu Befürchtungen als zu einer Aussicht auf Hilfe Anlaß gaben. Hierauf ist es zurückzuführen, daß sich bei unserer Ankunft alle Arten von Verdrießlichkeiten und Schwierigkeiten derart auftürmten, daß ich einfach nicht wußte, was ich anpacken und an welchem Ende ich beginnen sollte.

»Das Land war total verödet und unbebaut. Keinerlei Häuser oder Schutzdächer noch irgendwelche Getreidearten gab es. Dagegen gab es hier grausame und wilde Menschen, denen jede Art von Höflichkeit oder Humanität fernliegt und die ihrer ganzen Lebensart und Erziehung nach völlig von uns verschieden sind. Sie haben keine Religion und keinen Begriff von Ehrbarkeit und Tugend. Ebensowenig wissen sie, was

Recht und Unrecht ist. Ich habe mich daher oft gefragt, ob wir hier nicht unter wilde Tiere in Menschengestalt geraten sind. Gegen all diese Schwierigkeiten mußten wir mit gutem Vorbedacht und Energie angehen und sie zu überwinden suchen, während unsere Schiffe sich auf die Rückfahrt vorbereiteten. Dabei lebten wir in ständiger Furcht, daß die Eingeborenen — aus Gier nach den Sachen, die wir mitgebracht hatten — überraschend über uns herfielen und uns töteten.

»Hinzu kommt noch die Nachbarschaft der Portugiesen. Sie sind feindlich gegen uns eingestellt. Da sie das Land, das wir jetzt haben, nicht halten konnten, sind sie sehr ärgerlich darüber, daß man uns hier so gut aufgenommen hat. Das hat uns ihre Todfeindschaft eingebracht. All diese Dinge machten uns gleichzeitig zu schaffen, und deshalb mußten wir uns einen Ort suchen, an den wir uns zurückziehen konnten. Dieser Ort mußte bebaut und planiert werden. Dann mußten vor allen Dingen Vorräte an Lebensmitteln herangeschafft werden. Forts mußten errichtet werden, dazu Unterkünfte und Lagerräume für unser Reisegerät, für unsere Ausrüstung und die Stoffe waren dringend erforderlich. Da es an Tieren fehlte, mußte alles auf den Schultern herbeigeschafft werden. Durch sehr unwirtliches Gelände und durch Wälder, die sich nur mit größter Mühe durchqueren lassen, mußten die Sachen auf einen Hügel gebracht werden. Im übrigen leben die Eingeborenen, ohne sich um die Bearbeitung des Bodens zu kümmern, von der Hand in den Mund. Wir fanden auch keinerlei Lebensmittelvorräte, die an einer bestimmten Stelle aufgespeichert waren. Deshalb mußten wir alles von weither und von den verschiedensten Orten herbeischaffen. Das führte schließlich zwangsläufig dazu, daß unsere Gruppe, die ohnehin nur klein war, auseinanderlief und sich immer mehr verminderte. Diese Schwierigkeiten waren auch der Grund dafür, daß die Freunde, die mir gefolgt waren, wieder zurückkehrten. Sie hielten unsere Sache für aussichtslos und verzweifelten, was mir natürlich einigen Kummer bereitete.

»Andererseits aber hatte ich meinen Freunden die Zusicherung gegeben, daß ich Frankreich verlassen wollte, um der Förderung des Reiches Jesu Christi die Arbeit und Mühe zu widmen, die ich bisher auf die Dinge dieser Welt verwendet hatte. Als ich die Nichtigkeit eines solchen Strebens und solcher Mühewaltung erkannt hatte, habe ich daran gedacht, daß ich den Menschen Anlaß geben würde, über mich zu reden, indem sie mir vorwarfen, ich hätte meine Pläne aus Furcht vor der Arbeit oder der Gefahr aufgegeben. Da es sich jedoch um Christi Sache handelte, war ich dessen sicher, daß er mir helfen und alles zu einem guten und glücklichen Ende führen würde. Ich schöpfte also wieder Mut und widmete meinen Geist ganz der Aufgabe, die Sache, die ich von ganzem Herzen unternommen hatte, um sie zu meiner Lebensaufgabe zu machen, zur Reife zu bringen. Mir schien es denn auch, als könnte ich zum Ziel kommen, wenn ich an meine Absicht und an meinen Zweck glaubte, durch ein gutes Leben, das ganz und gar diesem Werk geweiht ist, und wenn ich den Trupp von Arbeitern, den ich hierher geführt habe, von unserer Gemeinschaft und vom Umgang mit den Ungläubigen zurückziehe. So war mein Geist ausgerichtet, und ich möchte annehmen, daß wir nicht ohne Gottes Vorsehung in diese Angelegenheiten verwickelt sind. Es ist wohl dadurch so weit gekommen, weil wir durch allzu großen Müßiggang so verderbt waren, daß wir unseren ungeordneten und allzu vielseitigen Gelüsten nicht mehr die Zügel locker lassen konnten. Dann dachte ich daran, daß es nichts gibt, das so hoch und schwierig ist, daß man es nicht überwinden könnte, wenn man sich dazu zwingt. Natürlich muß man zunächst seinen Geist und alle Hilfsmittel zur Ruhe bringen und festen Mut haben. Ferner gehört dazu, daß ich mein Amt als Familienhaupt in ständiger Arbeit ausübe und daß Gottes Güte ihre Hilfe einem so hingebungsvollen Amt verleiht.

»Später haben wir dann unseren Wohnsitz auf eine vom Festland etwa zwei Meilen entfernte Insel verlegt. Ich habe diese Wahl getroffen, weil es hier keine Fluchtmöglichkeiten mehr gab und ich unsere Gruppe somit bei ihrer Pflicht halten konnte. Da die Frauen niemals ohne ihre Männer zu uns kamen, war auch in dieser Hinsicht die Möglichkeit von Vergehen so gut wie verhindert. Immerhin ist es vorgekommen, daß sechsundzwanzig unserer Lohnarbeiter — angestachelt durch ihre fleischlichen Begierden — eine Verschwörung bildeten, die den Zweck hatte, mich sterben zu lassen. An dem für meine Ermordung vorgesehenen Tag wurde aber das Unterfangen durch einen der Komplizen in dem Augenblick aufgedeckt, als sie herbeigeeilt kamen, um mich aus der Welt zu schaffen. Diese Gefahr haben wir durch folgende Mittel abgewendet: Nachdem ich fünf meiner Hausangestellten bewaffnet hatte, ging ich unmittelbar auf sie zu. Darüber waren die Verschwörer so entsetzt und erstaunt, daß wir vier der hauptsächlichsten Anstifter des Komplotts, die man mir genannt hatte, ohne Schwierigkeiten oder Widerstand ergreifen und einsperren konnten. Die anderen waren so erschrocken, daß sie ihre Waffen im Stich ließen und sich versteckten. Am folgenden Morgen hatten wir einem der Gefangenen die Ketten abgenommen, damit er seine Sache in voller Freiheit vertreten konnte. Er aber lief davon, stürzte sich ins Meer und ertrank. Die übrigen wurden herbeigeführt, um vernommen zu werden. Sie wurden in Fesseln vorgeführt. Ohne irgend etwas in Abrede zu stellen, schilderten sie unumwunden das, was wir schon durch den, der sie beschuldigt hatte, erfahren hatten. Einer von ihnen war früher von mir leicht gezüchtigt worden, da er Beziehungen zu einer Hure unterhielt. Er war deshalb höchst unwillig und sagte, daß die Verschwörung von ihm ausgegangen sei. Er habe den Vater des Mädchens dafür gewonnen, daß er ihn aus meiner Gewalt befreien würde, sofern ich ihn zwingen sollte, den Verkehr mit dem Mädchen aufzugeben. Der Mann wurde für sein Verbrechen aufgehängt und erdrosselt. Die beiden anderen haben wir begnadigt, indem wir sie in Ketten den Boden bearbeiten ließen. Was die übrigen betrifft, so habe ich gar nicht nach ihren Verfehlungen gefragt, da sie bekannt und bewiesen waren. Hätte ich Gerechtigkeit üben wollen, so wäre kaum ein Mann geblieben, um das von uns begonnene Werk zu Ende zu führen, denn nicht einer wäre ohne Strafe davongekommen.

»Aus diesem Grunde habe ich meine Unzufriedenheit nicht merken lassen, und wir haben ihnen ihre Fehler verziehen und Mut eingeredet. Trotzdem konnten wir ihrer nicht ganz sicher sein, denn wir konnten ihnen ja nicht ins Herz schauen. Wir schonten diese Leute keineswegs. Vielmehr mußten sie in meiner Gegenwart arbeiten. Einerseits hatten wir ihnen so den Weg versperrt, um ihre üblen Absichten in die Tat umzusetzen, und andererseits haben wir unsere Insel ringsherum ausgebaut und befestigt. Trotzdem habe ich — soweit meine Fähigkeiten dazu ausreichten — nicht nachgelassen, sie zu ermahnen, von ihren Lastern abzulassen, und sie unterrichtet in der christlichen Religion. Zu diesem Zweck habe ich täglich öffentliche Morgen- und Abendgebete angeordnet. Durch diese Vorsichtsmaßnahmen konnten wir den Rest des Jahres in größerer Ruhe und Gelassenheit verbringen.

»Im übrigen wurden wir durch die Ankunft unserer Schiffe von solchen Sorgen befreit. Dort habe ich nämlich Personen angetroffen, von denen ich nichts zu befürchten habe und denen ich auch mein Leben anvertrauen konnte. Angesichts dieser Erleichterung, die mir zuteil wurde, habe ich zehn Männer aus der ganzen Gruppe ausgesucht, denen ich die Macht und Kommandogewalt übertrug. Künftig sollte nichts ohne die Anweisung des Rates geschehen. Auch wenn ich irgend etwas zum Schaden eines anderen anordnete, so war das ohne Wirkung und Wert, solange es nicht vom Rat genehmigt und gebilligt war. Immerhin habe ich mir einen Punkt vorbehalten, nämlich daß es mir gestattet war, nach Verkündung des Urteils den Übeltäter zu begnadigen, so daß ich allen nützen konnte, ohne jemandem Schaden zuzufügen. Das sind die Mittel, durch die ich beschloß, unsere Lage und Würde aufrechtzuerhalten und zu verteidigen. Möge unser Herr Jesus Christus Euch mit allen Euren Gefährten gegen alles Böse verteidigen und Euch durch seinen Geist stärken und Euer Leben um eine recht lange Zeit für das Werk seiner Kirche verlängern. Ich bitte Euch, meine sehr teuren und treuen Brüder *Céphas* und *La Flèche* von mir herzlichst zu grüßen. Wenn Ihr an Frau *Renée de France*, unsere Herrin, schreibt, so bitte ich ihr in meinem Namen die ergebensten Grüße zu übermitteln.«

Am Schluß dieses Briefes Villegagnons befindet sich noch eine von ihm eigenhändig geschriebene Klausel. Da ich sie aber schon in einem der ersten Kapitel gegen ihn angeführt habe, ist sie hier, um Wiederholungen zu vermeiden, fortgelassen. Wie dem auch sei, aus dieser Schilderung Villegagnons geht ganz deutlich hervor, daß Thevet in seiner »*Cosmographie*«, ebenso in den Nachrichten entgegen der Wahrheit publik gemacht hat, daß wir die Urheber des Aufruhrs im Fort Coligny gewesen sind. Wie der Leser schon erfahren hat, waren wir·zu dem Zeitpunkt, zu dem der Aufstand erfolgte, noch gar nicht im Fort eingetroffen. Merkwürdig ist es, daß ihm diese Abschweifung so sehr gefällt, daß er gar nicht genug davon sprechen kann, als er von der ergebenen Treue der Schotten redet — natürlich unter Anpassung dieser Aufschneiderei an seine Zwecke. Thevet schreibt darüber noch folgendes:

»Ihre (der Schotten) Treue habe ich auch bei einer Reihe von Herren und Soldaten kennengelernt, die uns auf unseren Schiffen hier in den fernen Ländern des Antarktischen Frankreichs begleitet hatten. Die normannischen Franzosen zettelten Verschwörungen gegen unsere Gruppe an. Sie verstanden die Sprache des wilden und barbarischen Volkes, das infolge der ihm eigenen Brutalität fast gar kein eigenes Urteil hat. Mit zweien der Schattenkönige dieses Landes hatten sie beschlossen, uns alle sterben zu lassen. Die Normannen hatten ihnen das Wenige, das unseren Besitz bildete, versprochen. Die Schotten aber hatten davon erfahren und unterrichteten den Herrn Villegagnon und auch mich davon. Darauf wurden die Verräter, ebenso wie die von Calvin geschickten Geistlichen, gebührend gezüchtigt. Die letzteren tranken gern etwas über ihren Durst und waren auch an der Verschwörung beteiligt.«

Auch hier häuft André Thevet wieder eines auf das andere, bis er schließlich immer verwirrter wird und dann gar nicht mehr weiß, was er an dieser Stelle eigentlich hatte sagen wollen. Er mischt drei verschiedene Dinge durcheinander, von denen eines auf jeden Fall falsch und von ihm selbst erfunden ist (ich habe es schon widerlegt), während die anderen beiden sich zu ganz verschiedenen Zeitpunkten abgespielt haben. Hier redet er so, als seien es die Schotten gewesen, die ihm die Verschwörung enthüllt hätten, während (wie der Leser weiß) in Wahrheit die Warnung von einem derjenigen Leute kam, denen Villegagnon in seinem Briefe vorgeworfen hatte, daß sie nach *Ägypten*, das heißt zum *Papsttum*, zurückgekehrt seien (aus der letztgenannten Tatsache kann man folgern, daß ihm alle vor der Abfahrt aus Frankreich das Versprechen gegeben hatten, sich der reformierten Religion anzuschließen, die er am Ziel seiner Reise begründen wollte). Thevet war also von der zweiten wirklichen Gefahr ebensowenig betroffen worden wie von der ersten, die nur eingebildet war und lediglich in seinem Hirn existiert hatte.

Was den dritten Punkt, wo es heißt, daß »ein Teil der aufrührerischen Gefährten Richiers hingerichtet und die Körper den Fischen zum Fraß vorgeworfen wurden«, betrifft, so sage ich, daß das sehr von der Wahrheit abweicht, ebenso wie Thevets Darstellung. Im Verlauf dieser Geschichte hat man den richtigen Hergang der Dinge erkannt. Villegagnon, der uns nach seiner Auflehnung gegen die Religion eine sehr schlechte Behandlung zuteil werden ließ, fühlte sich keineswegs mehr als der »starke Mann« und ließ — nach der Abfahrt unseres Reiseleiters *du Pont* und von *Richier*, mit denen ich das Meer überquerte — nicht einen unserer Gruppe sterben. Außerdem wagte er es nicht, uns mit Gewalt zurückzuhalten, und wir verließen Brasilien mit seinem Einverständnis, wenn auch — wie ich an anderer Stelle schon sagte — auf dem Schmuggelwege. Es entspricht der Wahrheit — wie man an der betreffenden Stelle sehen kann —, daß fünf unserer Gruppe nach dem ersten Schiffbruch, den wir zu erleiden glaubten, etwa acht Tage nach ihrer Einschiffung in einem Boot in das Land der Wilden zurückkehrten. Von ihnen ließ Villegagnon drei auf grausame und unmenschliche Weise ins Meer werfen. Das ist wahr, und der Grund war — wie das »Märtyrerbuch« unserer Zeit bezeugt —, daß sie sich zum Evangelium bekannten, das Villegagnon abgelehnt hatte.

Im übrigen sagt Thevet — aus Unwissenheit oder in boshafter Absicht —, daß es sich um »Pfarrer« gehandelt habe. Er schreibt Calvin auch die Entsendung von vier »Pfarrern« zu. Somit begeht er einen weiteren Doppelfehler. Einmal erfolgen in unserer Kirche die Wahlen und Entsendungen von Geistlichen nicht durch Einzelpersonen, die — wie der Papst — aus eigener absoluter Machtvollkommenheit handeln können. Die Geistlichen werden vielmehr über die Konsistorien durch eine Reihe von Bevollmächtigten bestimmt. Zum anderen läßt sich nicht beweisen, daß zu jener Zeit (und ich glaube auch später nicht) mehr als zwei Geistliche nach Amerika gegangen sind, und zwar Richier und Chartier. Sollte Thevet auf den letzteren Punkt und auf den des Berufes der Ertränkten antworten, daß er es so genau nicht nehme und alle Mitglieder unserer Gruppe als Geistliche bezeichne, so antworte ich ihm folgendes: Er weiß sehr wohl, daß in der römisch-katholischen Kirche nicht alle — so wie er — Franziskaner sind. Ohne einen Vergleich anstellen zu wollen, sage ich, daß wir, die wir der christlichen und evangelischen Religion angehören, nicht alle schöne Pöstchen haben, daß wir nicht alle zugleich auch Priester sind. Im übrigen hat Thevet ebenso ehrenvoll Richier mit dem Titel eines Geistlichen wie fälschlicherweise mit dem Namen eines Aufständischen bezeichnet (ich gebe indessen zu, daß letzterer seinen Doktortitel an der Sorbonne erworben hat). Er könnte es mir also übelnehmen, wenn ich ihm in meiner Antwort zur Strafe keinen anderen Titel als den eines Franziskaners gebe. Ich will ihm daher in der Weise entgegenkommen, daß ich ihn nicht nur als einen einfachen Kosmographen bezeichne, sondern als einen allgemeinen und universellen Kosmographen, der — als ob es nicht genug bemerkenswerte Dinge über den runden Apparat, der unsere Welt darstellt, gäbe (von der er übrigens alles, was es gibt und nicht gibt, beschreibt) — darüber hinaus auch noch nach Fabeln aus dem Mondbereich sucht, um seine Bücher mit Altweibermärchen zu füllen und zu vergrößern. Da ich außerdem als Franzose eifersüchtig über die Ehre meines Königs wache, ärgert mich die Sache um so mehr. Nicht nur zieht nämlich der, von dem ich hier spreche, Geld und — schlecht angelegten — Lohn aus dem Titel, mit dem er sich zum »Kosmographen des Königs« aufbläht, sondern noch weit schlimmer ist, daß solch unwürdige Albernheiten, für die es nicht einmal in einem einfachen Sendschreiben Platz geben dürfte, vom königlichen Namen gedeckt und autorisiert werden. Um übrigens alle Saiten erklingen zu lassen, die er angeschlagen hat — obgleich seine Aussagen meiner Ansicht nach gar keine Antwort verdienen —, werde ich zeigen, daß er alle anderen nach dem Maß und den Regeln des heiligen *Franziskus* mißt, dessen niedere Brüder, gleich ihm, alles in ihre Bettelsäcke stecken. Er hat in der Tat ganz übersehen, daß »die Prediger«, wie er sagt, bei ihrer Ankunft in Amerika nur den einen Wunsch hatten, sich zu bereichern und sie alles zusammenrafften, was ihnen erreichbar war! Das bedeutet aber (es ist übrigens ebenso unwahr wie die Fabeln des Koran der Franziskaner), daß er wissentlich und mutwillig ein Scharmützel gegen die vom Zaun bricht, die er niemals in Amerika gesehen hat und von denen ihm auch sonst keinerlei Kummer widerfahren ist. Da es sich hier um eine Art berechtigter Notwehr handelt, muß ich — indem ich die Steine, die er uns zugedacht hat, in seinen Garten zurückwerfe — noch einigen anderen alten Plunder von ihm aufdecken.

Um ihn nun also mit seinen eigenen Waffen zu bekämpfen: was hat er auf folgendes zu antworten? Zunächst hat er in seinem Buch über die *»Singularités«* besonders darauf hingewiesen, »daß er nur drei Tage am Kap Frio verweilte«. Trotzdem hat er in seiner *»Cosmographie«* behauptet, »daß er sich dort einige Monate aufgehalten habe«. Hätte er »einen Monat«

gesagt und anschließend die Leser glauben lassen, daß die Tage in diesem Land mehr als eine Woche dauern, so hätte ihm, wer es wollte, Glauben schenken können. Da er seinen Aufenthalt von drei Tagen aber gleich auf einige Monate verlängert hat, müssen wir noch lernen, daß sich die Tage — die ja in der heißen Zone und in der Nähe der Wendekreise viel gleichmäßiger sind als bei uns in Europa — dort in Monate verwandeln.

Vorstehend habe ich — durch seine eigenen Angaben — bewiesen, daß er insgesamt nicht länger als etwa zehn Wochen in Amerika verweilte: nämlich vom 10. November 1555 bis zu dem darauffolgenden letzten Januartag. Das war die Zeit, während der er (wie ich von denen gehört habe, die ihn dort gesehen haben) darauf wartete, daß die Schiffe, auf denen er dann zurückkehrte, beladen wurden. Während dieser Zeit hat er die »unbewohnbare« Insel, auf der sich Villegagnon verschanzt hatte, nicht verlassen. Thevet, der immer darauf bedacht ist, die Augen derer, die seine Werke lesen, zu verblenden, redet sehr ausführlich und zieht alles so in die Länge und Breite, daß man unwillkürlich meint, er habe nicht nur persönlich gehört, gesehen und beobachtet, welches die Sitten und Gebräuche dieser Unzahl verschiedenartiger wilder Völker sind, die in diesem vierten Erdteil leben, und er habe auch alle Gegenden Westindiens durchquert. Dazu aber hätte aus mancherlei Gründen das Leben von zehn Menschen nicht ausgereicht. In der Tat gibt es denn auch, wegen der Wüstengebiete und der unzugänglichen Stellen sowie der so sehr gefürchteten Margajas, die eingeschworene Feinde unserer Nation sind und deren Land gar nicht einmal so weit von dem Ort, an dem wir lebten, entfernt ist, keinen französischen Dolmetscher, der sich dessen rühmen wollte, er sei vierzig Meilen in das Innere des Landes vorgedrungen. Das hat keiner getan, wiewohl manche von ihnen zur Zeit, als wir drüben waren, schon neun oder zehn Jahre dort lebten (ich spreche hier nicht von den weiten Fahrten an der Küste). Thevet aber sagt trotzdem, daß er sechzig Meilen und mehr mit den Wilden ins Innere gewandert sei. Dabei will er Tag und Nacht durch dichte und stark belaubte Wälder gegangen sein, ohne jemals ein wildes Tier angetroffen zu haben, das sie anzugreifen versucht hätte. Was ich — abgesehen davon, daß er von wilden Tieren nie bedroht wurde — bestimmt nicht glaube, ist, daß ihm weder die Dornen noch die Felsen irgendwie Hände, Gesicht oder Füße während dieser Reise zerkratzt haben.

Wer wird sich vor allem nicht darüber wundern, daß er, nachdem er an einer Stelle gesagt hat: daß er dessen, was er über die Lebensweise der Wilden gesagt hat, sicherer sein würde, wenn er gelernt hätte, ihre Sprache zu sprechen, eine so kümmerliche Probe seines Wissens gibt: »*pa*« bedeutet in der brasilianischen Sprache »*ja*«, während Thevet es mit: »*und du auch*« übersetzt? Während ich an anderer Stelle das gute und solide Urteil gezeigt habe, das Thevet besaß, indem er schrieb, daß man in diesem Land vor der Erfindung des Feuers den Rauch benutzte, um die Speisen zu trocknen, möge dies als Beispiel für die ausreichende Beherrschung der Sprache der Wilden dienen. Ich habe zu diesem Zweck das Vorstehende angeführt und überlasse es dem Urteil der Leser, ob er sich der Erlernung dieser Sprache rühmen darf, wenn er nicht einmal dieses bejahende Adverb versteht, das noch dazu nur aus einer einzigen Silbe besteht. Wer ihm vorwirft, daß er — nachdem er mehrere Monate unter zwei oder drei Völkern gelebt hat — das wiederkäut, was er an unklaren und furchtbaren Worten gelernt hat, wird Grund zum Lachen haben, wenn er meine vorstehenden Ausführungen liest. Wer sich, ohne sich vorher informiert zu haben, Thevet in allem anvertraut, was er — konfus und ohne jede Ordnung — im zwanzigsten Buch seiner »*Cosmographie*« über die Sprache der Amerikaner verzapft, kann sicher sein, daß er — wenn er vom »*Mair momen*« und vom »*Mair pochi*« spricht — ihm noch mancherlei unverdautes und ungereimtes Zeug vorsetzen wird.

Was soll man dazu sagen, daß er sich in seiner »*Cosmographie*« so heftig mit denen streitet, die das Land Amerika als »*Inde occidentale*« (»*Westindien*«) bezeichnen. Er will, daß man dem Land die Bezeichnung »*France Antarctique*« (»*Antarktisches Frankreich*«) läßt, die er ihm als erster gegeben hat. Seiner Ansicht nach steht diese Bezeichnung auch allen Franzosen zu, die mit Villegagnon in das Land gekommen sind. Er selbst hat das Land an mehreren Stellen als »*Inde-Amérique*« (»*amerikanisches Indien*«) bezeichnet. Wenn er sich selbst nicht so oft widersprechen und an den Werken anderer Zensuren, Widerlegungen und Verbesserungen vornehmen würde, so möchte man sagen, daß alle nur Flaschenkinder sind, während es nur den einen Thevet gibt, der alles durch das Loch seines Franziskanerhutes gesehen hat. Ich bin dessen sicher, daß er — liest er diese meine Schrift und stößt darin auf Dinge, die er selbst (wenn auch nur oberflächlich) behandelt hat — sofort in seinem gewohnten Stil und der guten Meinung, die er davon hegt, sagen wird: »Ha, das hast du mir aus meinen Schriften gestohlen.« In der Tat hat auch *Belleforest*, der Kosmograph wie er ist und sein Buch über die »*Singularités*« aus Lobhudelei mit einer schönen Ode gekrönt hat, nicht der Verachtung Thevets entgehen können, der ihn in seiner »*Cosmographie*« unzählige Male »armer Philosoph, armer Tragiker, armer Cominger« nennt. Wenn er eine — ihm an sich gleichgestellte — Persönlichkeit, die sich so oft über die Hugenotten geärgert hat, mit solchen Ausdrücken bedenkt, was wird mich dann erst erwarten, wenn ich es gewagt habe, mit meiner schwachen Feder einen solchen Koloß anzurühren? Man sieht ihn schon förmlich, sich gleich einem *Goliath* auf die Hacken erheben und mich dabei verächtlich ansehen. Ich gebe mich keinerlei Zweifel darüber hin, daß er — sobald er entdeckt, daß ich ihm hier ein wenig hinter die Kulissen geschaut habe — selbst die Kanonen des Papstes einsetzen wird, um mich und meine bescheidene Arbeit zu vernichten. Wenn er aber kommt und mich bekämpfen will, so täte er gut daran, wenn er seinen heiligen *Franziskus den Jüngeren, Quoniambec*, mit den beiden Artilleriegeschützen auf den ganz nackten Schultern zu neuem Leben erwecken würde. So hat er ihn in seiner »*Cosmographie*« in lächerlicher Weise abbilden lassen (er wollte glauben machen, daß dieser Wilde auf die dargestellte Art schoß, ohne zu befürchten, daß ihm die Haut zerschunden würde oder ihm gar beide Schultern durch den Rücklauf der Rohre fortgerissen würden). Ungeachtet dessen, daß ich ihn schon angegriffen habe, indem ich ihn zurückwies, muß ich mich nun entschließen, ihn nachstehend noch einmal anzugreifen und — was noch mehr bedeutet — ihn richtig zu überfallen, indem ich ihm so nebenbei auch noch die prächtige »Ville Henry« ausradiere und völlig vernichte — diese Stadt, die er uns so phantasievoll in die amerikanische Luft gebaut hatte. Während ich mich ihm nähere, möge er sich auf den Zusammenstoß vorbereiten. Er ist ja gewarnt worden. Nun muß er entweder mutig dem Angriff standhalten oder sich ergeben. Die Leser aber bitte ich, sich dessen zu entsinnen, was ich früher gesagt habe: Die Betrügereien Thevets uns gegenüber sind zum Teil der Grund dafür gewesen, daß ich diese Geschichte unserer Fahrt ans Licht der Öffentlichkeit bringe. Die Leser werden mich entschuldigen, wenn es etwas lange gedauert hat, bis ich zurückschlug und durch seine eigenen Schriften ihn überzeugt habe. Ich werde nicht weiter drängen, obgleich man mich — nach meiner ersten Ausgabe — gewarnt hatte, daß Thevet Memoiren suche, um gegen mich zu schreiben, und obgleich einige von denen, die unserer Religion anzugehören vorgeben, ihm solches Material hatten liefern wollen. Wenn das zutrifft, würden sie damit ihren aufrichtigen Eifer für die Religion unter Beweis stellen. An anderer Stelle habe ich schon gesagt, daß ich Thevet nie gesehen und wissentlich durch ihn keinerlei persönlichen Kummer erfahren habe. Wenn ich in diesem Bericht ihm widerspreche, so geschieht das nur, um den Tadel, mit dem er das Evangelium bedenken möchte, zu entkräften. Der Tadel bezieht sich auch auf die, die zu unserer Zeit das Evangelium in Brasilien als erste verkündet haben.

Das möge auch als Antwort an den abtrünnigen *Mathieu Launay* dienen. In seinem zweiten Buch ist er, um seine Abtrünnigkeit besser zu verraten, so unvorsichtig gewesen, daß er — obwohl gar nicht von der Religion die Rede war — schrieb, daß die Geistlichen in ihren Schriften nicht weniger die hervorragendsten Persönlichkeiten, zu denen er Thevet rechnet, angegriffen haben. Launay hatte ohne jeden Anlaß an der Stelle, an der ich ihn in erster Linie widerlegt habe, die reformierte Religion und alle, die sie ausüben, direkt und formell angegriffen. Dieser unverschämte Launay nennt mich an der Stelle, die ich zitiert habe, einen »Lumpenkerl« (er behauptet, mich gut zu kennen, was eine freche Lüge ist, denn ich bin nie bei ihm gewesen, noch war er — Gott sei Dank! — bei mir). Nun, er selber hat Jesum Christum, den Quell des Lebenswassers, aufgegeben, um wieder aus den schmutzigen Zisternen des Papstes zu trinken und an dessen Küche zu betteln. Möge er sich nur die Verteidigung dieser Küche angelegen sein lassen, bis er und seinesgleichen (»die schlecht vom Glauben gedacht haben«, wird man schließlich sagen) sich daran verbrannt haben, nachdem man sich dieser vor Gott und den Menschen Elenden durch dieses Mittel bedient hat. Um die Sache zum Abschluß zu bringen, möge Thevet, sofern er es wünscht, nun antworten, indem er erklärt, daß das, was ich gegen ihn gesagt habe, wahr oder unzutreffend ist. Das nämlich ist der wesentliche Punkt, und er möge nicht nach Art des schlecht Prozessierenden verfahren, indem er vom Thema ablenkt und fragt, wer ich denn eigentlich sei. Ich gehe nämlich — Gott sei es gedankt! — (ohne einen Vergleich anstellen zu wollen) überall mit ebenso stolz erhobenem Haupt einher, wie es nur irgend jemand — und sei es ein Kosmograph irgendwelcher Art — tun kann. Ich kann ihm aber die Versicherung geben, daß ich ihm — sollte er irgend etwas anderes als die Wahrheit anführen — so handfeste Gründe entgegensetzen und immer wieder auf seine eigenen Schriften verweisen werde, daß niemand erst bis nach Amerika zu reisen braucht, um sich davon zu überzeugen, welcher Art diese Schriften sind.

Ebenso liegt es auf der gleichen Linie, wenn ich darum bitte, daß niemand daran Anstoß nehmen möge, wenn ich — als wollte ich die Toten erwecken — in dieser Geschichte darüber berichtet habe, welche Fehler Villegagnon in Amerika begangen hat, während wir uns dort aufhielten. Abgesehen davon, daß dies einen Teil des Themas ausmacht, das zu behandeln ich mir hauptsächlich vorgenommen habe — ich wollte nämlich zeigen, in welcher Absicht wir diese Reise unternommen haben —, habe ich nicht alles gesagt, was ich gesagt haben würde, wenn er noch am Leben wäre.

Schließlich komme ich jetzt auch noch auf mein Buch zu sprechen. Die Religion ist eines der wichtigsten Themen, die ich unter den Menschen behandeln kann und muß. Erst in einem der letzten Kapitel erkläre ich, welcher Art sie bei den Tuupinambaúlts, den Wilden Amerikas, ist — soweit ich sie habe verstehen können. Wie man sieht, habe ich dieses Thema mit einer Schwierigkeit begonnen, über die ich selbst ziemlich erstaunt war, und es fehlt noch viel, bis ich es so gründlich lösen kann, wie es wünschenswert wäre. Deshalb möchte ich es nicht unterlassen, diese Angelegenheit auch hier mit einigen Worten nebenbei zu berühren. Ich sage also folgendes: Die, die am besten nach dem gesunden Menschenverstand gesprochen haben, haben nicht nur gesagt, sondern es auch gewußt, daß Mensch zu sein und das Gefühl zu haben, daß der Mensch von einer Macht abhängig ist, die größer als er selbst ist, Dinge sind, die eng miteinander verbunden sind. Der Mensch muß von Natur aus eine — wahre oder falsche — Religion haben. Dieser Grundsatz wird auch dadurch nicht umgestoßen, daß Streitigkeiten über die Art und Weise, in der man diesem Gott zu dienen hat, entstanden sind. Wenn man aber nach gut und ruhig durchdachter Überlegung zu dieser Beurteilung gekommen ist — wenn man dann mit ruhiger Besonnenheit verstehen will, wozu die menschliche Natur bei dieser religiösen Verpflichtung am liebsten neigt, so kommen die vorstehend erwähnten Größen zur Ansicht, daß man dem lateinischen Dichter recht geben muß,

>daß die im Menschen siedende Begierde
auch sein wichtigster Gott ist.«

Um nun das Vorstehende am Beispiel unserer wilden Amerikaner zu erklären und zu zeigen, muß an erster Stelle gesagt werden, daß man trotz der ihnen eigentümlichen Eigenschaften nicht leugnen kann, daß sie als Naturmenschen auch die allen gemeinsamen Anlagen und Neigungen haben. Sie fürchten nämlich etwas, das größer ist als der Mensch, und von dem Gut und Böse — wenigstens wie sie es verstehen — abhängen. Darauf beziehen sich auch die Ehrungen, die sie denen zuteil werden lassen, die sie »Caraïben« nennen und von denen an entsprechender Stelle gesprochen wurde. Sie glauben, daß die Caraïben ihnen zu bestimmten Zeiten Glück oder Unglück bringen. Was aber das Ziel betrifft, das sie sich zu ihrer eigenen Befriedigung und als höchste Ehre gesetzt haben, so habe ich darüber schon geschrieben, als von ihren Kriegen und ähnlichen Dingen die Rede war. Es ist die Verfolgung ihrer Feinde und die Rache, die sie an ihnen nehmen wollen. Das halten sie für höchst rühmenswert — sowohl in diesem Leben als auch in dem darauf folgenden (was zum Teil dem Vorgehen der alten Römer entspricht). Rache und Siege halten sie für ihr höchstes Gut. Kurz: nach dem, was man in diesem Bericht über das erfährt, was man Religion bei den anderen Völkern nennt, kann man ganz offen sagen, daß diese armen Wilden überhaupt keine haben. Wenn es auf der Welt ein Volk gibt, das ohne Gott ist und ohne Gott lebt, so sind sie es. Vielleicht sind sie aber trotzdem in dieser Hinsicht nicht ganz zu verdammen. Sie gestehen ihr Unglück und ihre Blindheit ein (obwohl sie ihnen keinerlei Mißfallen bereiten und sie ihnen auch nicht abzuhelfen versuchen — auch dann nicht, wenn ihnen die Hand dazu geboten wird). Andererseits geben sie sich aber auch nicht den Anschein, anders zu sein, als sie sind.

Was den sonstigen Inhalt betrifft, so geben die kurzen Zusammenfassungen am Anfang der einzelnen Kapitel genügend Anhalt über den jeweils behandelten Stoff. Zu Beginn des Buches wird der Grund bekanntgegeben, der uns veranlaßt hat, diese Reise nach Amerika zu unternehmen. Gemäß meinem *Versprechen in der ersten Ausgabe* haben wir, außer den *fünf verschiedenen Abbildungen von Wilden,* die dort gebracht wurden, noch *einige weitere Bilder* zur Freude und Unterrichtung der Leser beigefügt. Und nicht an mir hat es gelegen, daß nicht noch mehr davon gebracht wurden, denn der Drucker wollte dieses Mal nicht für die ganzen Kosten aufkommen, die für das Schneiden der Kupferstiche notwendig waren.

Im übrigen ist mir durchaus bekannt, was man im allgemeinen von den Alten und Weitgereisten zu sagen pflegt: Wo sie nicht widerlegt werden können, greifen sie gern zur Lüge. Dazu möchte ich noch ein Wort sagen: Ich hasse die Lügerei und die Lügner. Wenn es aber Leute gibt, die verschiedene wirklich seltsame Dinge, die sie in diesem Bericht lesen, nicht glauben wollen, so mögen sie wissen, wer sie auch seien, daß ich keineswegs die Absicht habe, sie an Ort und Stelle zu führen, damit sie sich selber überzeugen können. In dieser Hinsicht werde ich mir ebensowenig Mühe geben, wie ich es denen gegenüber getan habe, die — wie man mir sagte — das anzweifeln, was ich bezüglich der *Hungersnot in Sancerre* geschrieben und in Druck gegeben habe. Ich kann die Versicherung abgeben, daß diese Hungersnot — wenn sie auch von längerer Dauer war — bei weitem nicht so bitter war wie die, die wir auf unserer Rückfahrt nach Frankreich zu erdulden hatten. Wenn die, von denen ich spreche, nicht glauben wollen, was mehr als fünfhundert Menschen, die noch heute leben, mitten im Zentrum Frankreichs erlebt haben, wie sollen sie das glauben, was sich in einer Entfernung von rund zweitausend Meilen vom Land, in dem sie leben, zugetragen hat? Das bezieht sich auch auf die erstaunlichen und hier nie gehörten Dinge, die noch viel weniger von den Alten niedergeschrieben sind. Selbst der, der sie selber erlebt hat, wird Mühe haben, sie seinem Verstand glaubhaft zu machen. Das Land Amerika, in dem alles, was man sieht, die Lebensweise der Bewohner, die Formen der Tiere und besonders das, was der Boden hervorbringt, so völlig verschieden von dem ist, was wir in Europa, Asien und Afrika haben, kann, von unserem Standpunkt aus gesehen, wirklich als die *»Neue Welt«* bezeichnet werden. Nachdem ich dort gewesen bin, muß ich – ohne die Fabeln gutzuheißen, die man in den Büchern mancher Autoren liest, die entweder den Berichten, die man ihnen zugetragen hat, geglaubt haben oder ihrer Phantasie einfach freien Lauf ließen – die Meinung, die ich früher von *Plinius* und anderen, die fremde Länder schildern, hatte, widerrufen. Ich habe in der Tat so bizarre und wunderbare Dinge gesehen, daß alles, was sie schildern und man für unglaubwürdig halten möchte, dagegen verblaßt.

Was den Stil und die Sprache betrifft, so habe ich schon darauf hingewiesen, daß ich in dieser Hinsicht wenig befähigt bin. Sehr wohl weiß ich, daß manche Leser unzufrieden sein werden, da ich zum Beispiel vielleicht nicht die richtigen Fachausdrücke in der Kunst der Navigation oder auf anderen Gebieten, die ich schildere, beherrsche. Wir Franzosen haben ja so empfindliche Ohren und sind einer sehr blumenreichen Sprache recht zugänglich, so daß wir keine Schriften anerkennen, die nicht neue und möglichst schwülstige Worte enthalten. Noch weniger werde ich die befriedigen, die kindische und inhaltlich belanglose Bücher lieben, sofern diese nicht mit Geschichten und Beispielen, die man irgendwo entnommen hat, gespickt sind. Bezüglich der von mir behandelten Themen muß ich sagen, daß ich aus ihnen wohl noch mehr hätte herausholen können. Ich habe mich jedoch nur sehr selten der Hilfe anderer bedient. Eine Ausnahme bildet der Historiker von »*Indes occidentales*«, denn er hat verschiedene Tatsachen über die Indianer Perus mitgeteilt, die mit dem von mir Gesagten über die Wilden Amerikas übereinstimmen. Nach meinem unmaßgeblichen Urteil ist ein Bericht, der nicht allzusehr mit fremden Federn geschmückt ist, recht wertvoll, wenn er entsprechenden eigenen Inhalt hat. Im übrigen werden die Leser dann nicht so sehr von dem vom Autor verfolgten eigentlichen Ziel abgelenkt, so daß sie seine Absicht besser verstehen. Andererseits (und damit wende ich mich an die Leser von Büchern, die man täglich druckt und die über Kriege und andere Dinge handeln) frage ich mich, ob die Menge der aus anderen Werken übernommenen Schriftstellen — wenn sie auch dem in Frage stehenden Thema angepaßt sind — nicht langweilt. Man könnte mir erwidern, daß ich Thevet vorstehend getadelt habe und jetzt noch einige andere verurteile, während ich selber derartige Fehler begehe. Sollte es also jemand bemängeln, daß ich, wenn ich von den Gebräuchen der Wilden spreche (als wollte ich mich in ein besonderes Licht setzen), oft Wendungen wie »ich sah«, »ich befand mich«, »es passierte mir« und ähnliche benutze, so wiederhole ich, daß es sich hier um Dinge handelt, die mit meiner Person verbunden sind. Im übrigen handelt es sich um sichere Tatsachen, die ich gesehen oder erfahren habe, und die niemand vor mir bemerkt haben kann. Ebensowenig wird er Schriften darüber finden. Solche Redensarten beziehen sich übrigens niemals auf ganz Amerika, sondern nur auf das Gebiet, in dem ich etwa ein Jahr verweilte. Das aber war unter den Tuupinambaúlts genannten Wilden am Wendekreis des Steinbocks. Zum Schluß gebe ich denen, die einfach ausgesprochene Wahrheiten mehr lieben als die herausgeputzte und mit schöner Sprache verzierte Lüge, die Versicherung, daß die von mir in diesem Werk berichteten Dinge nicht nur der Wahrheit entsprechen, sondern auch unseren Vorfahren noch ganz unbekannt waren und schon deshalb beachtenswert sind. Ich bitte den Ewigen Schöpfer und Bewahrer dieses ganzen Universums und so vieler schöner Kreaturen, die in ihm leben, daß meine geringfügige Arbeit zum Ruhm Seines Heiligen Namens gedeihen möge. Amen!

ANHANG

CHRONIK

Die Akzente wurden auf die Entdeckungsgeschichte Mittel= und Südamerikas und auf die Geschichte Frankreichs gelegt. Jahres= angaben, die den französischen, südamerikanischen und brasilia= nischen Daten vorangehen, sind kursiv gesetzt

1492—1493

Der italienische Seefahrer *Christoph Columbus* (ital.: *Cristoforo Colombo*, span.: *Cristóbal Colón*) findet nach der Vertreibung der Araber aus Granada — nachdem er sein Projekt rund 17 Jahre lang auf der Iberischen Halbinsel hartnäckig verfolgt hat — Unterstüt= zung durch die Königin *Isabella von Kastilien* und durch die Kauf= herrenfamilie *Pinzón*. Mit *Vicente Yanez Pinzón* kann C. seinen kosmographisch sorgfältig gestützten Plan ausführen, über einen bisher unbekannten westlichen Seeweg, der nach der damaligen Kenntnis sehr viel kürzer als die noch immer nicht von den Portu= giesen entdeckte Südostpassage um Südafrika sein mußte, von Spa= nien aus nach Cathay (China), Zipangu (Japan) oder nach Indien zu segeln. C., der sich bei den Kanarischen Inseln konsequent von den Küsten löst, entdeckt am 12. 10. 1492 die Bahama=Insel Guana= hani (San Salvador, Watlingsinsel), am 28. 10. Cuba und am 6. 12. Haiti. U. a. auf *Claudius Ptolemäus* und *Marco Polo* fußend, glaubt er, bei den »Indischen Inseln . . . oberhalb des Ganges« angekom= men zu sein und gründet auf Haiti die Kolonie San Domingo. 1493 kehrt C. aus »Westindien« und von den »Indios« zurück, um dem spanischen Herrscherpaar *Isabella von Kastilien* und *Ferdinand von Aragon* Bericht zu erstatten. — Das Schwergewicht der Seefahrt ver= lagert sich durch die columbischen Entdeckungen endgültig aus den alten mittelmeerischen Zentren an den Westrand Europas.

1493

Alexander VI., Papst aus dem *Haus Borgia*, teilt mit der Bulle »*Du= dum Siquidem*«, da nach der Constantinischen Schenkung die Päpste die »Herren der Inseln« sind, den weitgehend unerforschten Erd= kreis zwischen der spanischen und der portugiesischen Krone auf.

1493—1519

Maximilian I., erster nicht vom Papst gekrönter »erwählter römi= scher Kaiser«, gewinnt durch Verträge und Heiraten u. a. auch die Herrschaft über Spanien mit den Nebenländern und amerikanischen Kolonien für das *Haus Habsburg*.

Durch päpstlichen Schiedsspruch schließen die rivalisierenden Ent=
decker= und Seefahrernationen Iberiens unter dem Pontifikat von
Alexander VI. den *Vertrag von Tordesillas.* Der erste Kolonialver=
trag teilt die Erde durch eine meridionale, über die Pole laufende
Demarkationslinie — etwa auf dem 46. Meridian westlich von Green=
wich — in eine portugiesische und eine spanische Interessensphäre
auf. Alles zu entdeckende Land westlich der Linie soll an Spanien,
alles ostwärts gelegene an Portugal fallen.

<h2 style="text-align:center">1495—1521</h2>

Emanuel I., König von Portugal *(der Glückliche),* begründet durch
Begünstigung der Seefahrten über den Südöstlichen Seeweg die
portugiesische Machtentfaltung in Vorderindien, Ostindien, Süd=
afrika und in Brasilien. Portugal hat zeitweilig den europäischen
Monopolhandel mit indischen Gewürzen inne.

<h2 style="text-align:center">1497—1498</h2>

Der italienische Seefahrer *Giovanni Caboto* (engl.: *John Cabot*)
segelt im Auftrag des englischen Königs *Heinrich VII.* nordwest=
wärts, um Cathay (China) auf einem nordwestlichen Seeweg zu er=
reichen. Auf diesem von den Portugiesen und Spaniern noch nicht
kontrollierten »Schleichweg« am Rand der Arktis entdeckt C. Ende
Juni 1497 die Küste Nordamerikas — wahrscheinlich bei Neufund=
land und Labrador — und glaubt, an der chinesischen Küste ange=
kommen zu sein. Treibeis zwingt C. zur Rückfahrt (die gleichen
Regionen hatte der Isländer *Leif Erikson* um das Jahr 1000 er=
reicht). — Noch vor seinem Landsmann *Columbus* entdeckt somit
C. das amerikanische Festland. Von einer zweiten Fahrt nach Westen
kehrt C. 1498 nicht mehr zurück.

<h2 style="text-align:center">1497—1498</h2>

Vasco da Gama segelt 1497 mit drei portugiesischen Schiffen um
das 1487 von *Bartoloměu Diaz* entdeckte südafrikanische Kap der
Guten Hoffnung. Im Mai 1498 gelangt G. mit einem arabischen
Lotsen als erster europäischer Seefahrer an die vorderindische Küste
von Calicut und hat damit den Südöstlichen Seeweg aufgefunden. —
Neue merkantile Möglichkeiten bieten sich für Portugal im bisheri=
gen Bereich der arabischen Handelsvorherrschaft.

Christoph Columbus sucht auf seiner mit sechs Caravellen unter=
nommenen dritten Expedition über einen mehr südwestwärts ge=
richteten Kurs das wahre Indien zu erreichen. Neben der Insel Tri=
nidad entdeckt C. 1498 im heutigen Venezuela das südamerikanische
Festland und folgt der Küste über die Orinocomündung hinaus
westwärts. Von Haiti aus wird der Großadmiral, der sich — u. a. als
Ausländer — bei den Spaniern verhaßt gemacht hat, von einem
Oberrichter in Ketten an den spanischen Hof geschickt, dort aber
sogleich wieder freigelassen.

Vicente Yanez Pinzón landet im Jahre 1500 — wenige Monate vor
dem Portugiesen *Pedro Alvarez Cabral* — auf einer 1499 begonne=
nen Entdeckungsfahrt auf brasilianischem Boden am Kap Augustin
im Süden der heutigen Hafenstadt Recife (Pernambuco). Weiter
nord= und nordwestwärts fahrend, entdeckt der Spanier, fast gleich=
zeitig mit *Amerigo Vespucci* und *Alonzo de Hojeda*, den Amazonas.
Er befährt ihn etwa 100 km stromaufwärts und kommt dann bis
zum Orinoco. — P. muß als eigentlicher Entdecker Brasiliens gelten.

Der italienische Kaufmann *Amerigo Vespucci (Albericus* oder *Ame=
ricus Vesputius)* segelt 1499/1500 unter dem spanischen Seefahrer
Alonzo de Hojeda. Sie befahren die brasilianische Küste ost= und
südwärts. V. und H. entdecken, fast gleichzeitig mit *Vicente Yanez
Pinzón,* im Jahre 1500 die Mündung des Amazonasstromes.

Pedro Alvarez Cabral befehligt 13 portugiesische Schiffe mit etwa
1250 Mann, um auf den Spuren von *Vasco da Gama* zum zweiten
Male über die Südostpassage nach Vorderindien zu segeln. Im Früh=
jahr 1500 entdeckt C. bei dem heute brasilianischen Porto Seguro
(Sicherer Hafen) Land, das er für die Indienfahrten und wegen des
Brasilholzreichtums für *Emanuel I.* als Stützpunkt in Besitz nimmt.
Die zum heutigen brasilianischen Staat Bahia gehörende Region be=
zeichnet C., da er am Karfreitag ankommt, als »Ilha da Vera Cruz«
(Insel des wahren Kreuzes). Er kann das Gebiet annektieren, weil
es östlich der Demarkationslinie von 1494 liegt, die vor dem Mün=
dungsgebiet des Amazonas durch den Atlantik läuft. C. findet nur

»Pau Brasil«, das rötliche Brasilholz, weshalb er u. a. in seinem er=
sten Bericht nach Lissabon meldet: »Hier ist nichts zu erben, weder
Gold noch Silber.« Als der Festlandcharakter der Region von Porto
Seguro erkannt wird, bezeichnet man sie als »Terra da Vera Cruz«.
— C. segelt schließlich nach Vorderindien. *Bartoloměu Diaz*, der zur
Flotte gehört, findet in der Nähe des von ihm entdeckten südafrika=
nischen Kaps der Guten Hoffnung in einem Sturm den Tod. — Zwei
Jahre nach der Entdeckung des südamerikanischen Festlandes durch
Columbus beginnt mit C.s Annexion die Teilung Südamerikas in
eine spanische und eine portugiesische Macht= und Kulturzone.

1500—1502

Der portugiesische Seefahrer *Gaspar Cortereal* sucht, wie 1497 und
1498 schon *Giovanni Caboto*, auf einem nordwestlichen Seeweg nach
Ostasien zu segeln. An den südgrönländischen Ost= und Westküsten
wird C. durch Eis zur Umkehr gezwungen. Auf einer zweiten Fahrt
mit seinem Bruder *Miquel* erreicht Gaspar C. 1501 Labrador und
folgt der nordamerikanischen Ostküste südwärts bis Neufundland.
— Mit den Brüdern C., die seit 1502 verschollen bleiben, geben die
Portugiesen die Versuche auf, Ostasien, Indien und die Gewürz=
inseln auch über eine Nordwestpassage zu erreichen.

1501—1502

Amerigo Vespucci segelt — als Pilot, Astronom oder Kartenzeich=
ner — unter portugiesischer Flagge mit einem unbekannten Befehls=
haber zum zweiten Male nach Südwesten. Auf der Suche nach einer
westlichen Durchfahrt zu den indonesischen Gewürzinseln stößt
man am Kap San Roque (nördlich der heutigen Stadt Natal) aber=
mals auf die Küste Brasiliens. — Der Italiener, der etwa bis 25 °
s. Br. kommt, stellt die Verbindung her zu den Entdeckungen von
Pinzón und *Cabral*. V. erkennt, daß die aufgefundenen Gestade zu
einem selbständigen Erdteil gehören müssen.

1502—1504

Christoph Columbus entdeckt auf seiner vierten und letzten Expe=
dition, die zu einer ersten Erdumsegelung führen soll, das mittel=
amerikanische Festland. Er befährt die Ostküste der Landbrücke
von Honduras bis zur Landenge von Darién (Panamá), sieht die
ersten Maya und sucht u. a. nach einer westwärts führenden Pas=
sage, denn er glaubt, im Osten der Halbinsel Malakka zu sein.

In vielen Ländern erscheint die lateinische Flugschrift »*Mundus No=
vus*« von *Amerigo Vespucci* in Form eines amüsanten Briefes an
Laurentius Petrus Franciscus de Medici über V.s Reise von 1501/
1502. — Die Schrift erregt Aufsehen bei den Gebildeten, da ihr
Autor behauptet, das im Westatlantik aufgefundene Land sei nicht
Indien, sondern — als selbständiger Erdteil — eine »*Neue Welt*«
zwischen Westeuropa und Ostasien. Bis zu V. war man des Glau=
bens, Indien und Ostasien auf zwei Wegen erreicht zu haben: auf
dem westlichen Seeweg und auf dem südöstlichen.

Portugiesische Handelskolonien werden in Goa (1510), in Diu bei
Bombay, auf Malakka (1511), Ceylon, Java und auf den indonesi=
schen Gewürzinseln der Molukken (zwischen Neuguinea und Cele=
bes) gegründet. — Mengenmäßig wird der Seehandel der Portugie=
sen im Südosten weiter von den Chinesen, Japanern, Thai, Javanern,
Indern und Arabern übertroffen.

Christoph Columbus stirbt — halb vergessen und gedemütigt — in
Valladolid, ohne erkannt zu haben, daß er den vierten Erdteil ent=
deckt hat. — Wie fast alle zeitgenössischen Gebildeten u. a. noch
der »*Cosmographia*« des *Claudius Ptolemäus* verhaftet, sah C. die
im Westen aufgefundenen Inseln und Länder als Teile Ostasiens
an. Starr hielt er an der mythischen Dreizahl der Kontinente fest.
Mit seiner Entdeckung, der wichtigsten und folgenreichsten der
Menschheitsgeschichte, begann 1492 nicht nur u. a. die Christiani=
sierung der amerikanischen Urbevölkerung, sondern auch das Kolo=
nialzeitalter, das zur Ausrottung ganzer Völker und zur Vernichtung
der altamerikanisch=neolithischen Hochkulturen führte.

Ein ahnungsloser italienischer Druckerverleger gibt in Vicenza eine
Anthologie mit Entdeckungsberichten heraus. Sie enthält u. a. auch
— neben Berichten von *Columbus* — die Schrift »*Mundus Novus*«
von *Amerigo Vespucci*. — Der Titel der Sammlung »*Neue Welt und
neugefundene Länder von Alberico Vespucci aus Florenz*« ist zwei=
deutig und irreführend. Rasch läßt er die irrige Meinung aufkom=
men, die neuen Länder wären nicht nur von V. als »Neue Welt«

benannt, sondern die »Neue Welt« sei auch von V. entdeckt wor=
den. Das Buch erlebt viele Auflagen und Ausgaben und begründet
den Ruhm Vespuccis, ohne daß er davon weiß. Die *Amerigo Ves=
pucci=Legende* entsteht und beherrscht das ganze 16. Jahrhundert.

1507

Der deutsche Kosmograph *Martin Waldseemüller (Hylacomylus)* in
St. Dié (Vogesen) fußt in seiner »*Cosmographiae introductio*« kri=
tiklos auf dem verfälschten Bericht »*Mundus Novus*« von *Amerigo
Vespucci* in der italienischen Anthologie von 1507. W. richtet in
seiner Revision und Ergänzung der »*Cosmographia*« des *Claudius
Ptolemäus* das Licht völlig auf V., *Columbus* erwähnt er nicht ein=
mal. W. schlägt vor, den vierten Erdteil nach V., der tatsächlich nur
als Kaufmann an den Vorbereitungen zweier Expeditionen des Co=
lumbus mitgewirkt hat und mit dem Entdecker befreundet war, zu
benennen. In merkwürdiger, schnellfertiger Ignoranz schreibt W.
u. a. über den vierten Erdteil: »Da Americus ihn gefunden, könnte
man ihn von heute an die Erde des Americus oder America nen=
nen.« Die Bezeichnung »America« trägt W. darüber hinaus in die
seinem Buch beigegebene Weltkarte und in die für eine Globus=
Kugel gedruckte Segmentkarte an der brasilianischen Küste ein. —
Der klangvolle Name »America« (der ital. Vorname *Amerigo* be=
deutet *Emmerich*) verdrängt in der Kartographie bald die Bezeich=
nungen »Ilha da Vera Cruz«, »Terra Sancta Crucis«, »Mundus No=
vus«, »Terra dos Papagaios«, »Brazzil«, »Brasilia«, »Verzin« oder
»Indias Occidentales« u. a. m. für den Südteil der Neuen Welt.

1508—1509

Der spanische Seefahrer *Juan Díaz de Solís* befährt mit *Vicente
Yanez Pinzón* die süd= und mittelamerikanischen Ostküsten und
sucht vergebens nach einer westlichen Durchfahrt.

1509—1547

Heinrich VIII. von England. Die vom Papst verweigerte Scheidung
von *Katharina von Aragon* veranlaßt ihn, die Kirche von Rom zu
trennen und sich 1534 selber zum Oberhaupt der englischen Kirche
zu machen. Unter H. VIII. tritt, teilweise bedingt durch die Refor=
mation, eine Pause in der Verfolgung von fernhandelspolitischen
Zielen und der Aussendung von Expeditionen ein.

Der Reformator *Jean Calvin* zu Noyon in der Picardie geboren.

Nicolas Durand de *Villegagnon (Villegaignon)* in Provins geboren.

Amerigo Vespucci (span.: *Despuchy* oder *Vespuchy*) stirbt in Sevilla ohne Aufsehen als spanischer Großpilot des nautischen Dienstes. Von den vier Entdeckungsreisen, die V. unternommen haben soll, sind nur zwei — 1499/1500 (mit *Hojeda*) und 1501/02 — verbürgt.

Vasco Nuñez Balboa, spanischer Statthalter von Darién, überquert mit *Francisco Pizarro* die mittelamerikanische Landenge. Am Golf von San Miguel entdeckt B., der den Ozean im Süden erblickt, das von ihm als *Südsee* bezeichnete Pazifische Weltmeer und nimmt es für die spanische Krone in Besitz. — Durch B.s Entdeckung erfährt die Suche nach einer Durchfahrt am Isthmus von Mittelamerika neuen Auftrieb, um endlich auch für Spanien einen westlichen See= weg zu den Gewürzinseln Südostasiens aufzufinden. Schon träumt man von einem Atlantik=Pazifik=Kanal durch die Landbrücke, denn immer noch gilt die Neue Welt, trotz ihres Goldreichtums, als un= willkommene, hinderliche Landbarriere auf den westlichen See= wegen zu den Reichtümern des Ostens.

Martin Waldseemüller veröffentlicht eine Karte, die, als wollte er dem Südteil des vierten Kontinents den Namen wieder fortnehmen, ohne die Bezeichnung »America« erscheint. — Die Tatsache der Ent= deckung des vierten Erdteils durch *Columbus* kann die *Amerigo Vespucci=Legende* nicht mehr einholen. Die 1507 durch W. erfolgte Namengebung der Neuen Welt ist nicht mehr rückgängig zu machen.

Juan Díaz de Solis entdeckt an der Atlantikküste Südamerikas die Bucht La Plata. In der Überzeugung, die Verbindung zwischen dem Atlantik und der 1513 von *Balboa* entdeckten *Südsee* aufgefunden zu haben, wird der Spanier nach einer Landung von Indianern ge= tötet. — Um 1515 kann in die Seekarten schon eine ununterbrochene westatlantische Küstenlinie von Mittelamerika bis zur La Plata= Bucht eingezeichnet werden.

1515—1547

Franz I., König von Frankreich, hält einen glänzenden Renaissance=
Hof. Er erkennt die von Papst *Alexander VI.* sanktionierten über=
seeischen Besitzrechte der iberischen Seemächte nicht an. Frankreich
wird von den Ländern Habsburgs umklammert, alle kriegerischen
Auseinandersetzungen mit Kaiser *Karl V.* bleiben unentschieden.

1516—1556

Karl I. folgt *Ferdinand von Aragon* als König von Kastilien und
Aragon auf den Thron. Der Habsburger K. I. (seit 1519 dt. Kaiser
Karl V.) begründet die unbeschränkte Königsgewalt in Spanien und
erwirbt riesige Kolonialgebiete in Mittel= und Südamerika.

1517

Martin Luther schlägt seine Thesen an die Wittenberger Schloß=
kirche. Den äußeren Anlaß zum Protest L.s liefert der von *Leo X.*
ausgeschriebene Ablaß für den Bau der Peterskirche zu Rom. Mit
L.s Thesenanschlag beginnt die Reformation.

1517

Von den Küsten Westafrikas werden die ersten Negersklaven nach
Mittelamerika verfrachtet.

1519

Predrarias Dávila, Spaniens Statthalter von Darién, gründet an der
Küste des Stillen Ozeans die Stadt Panamá. Rasch wird Panamá
zum Hauptort der Kolonie Darién auf dem mittelamerikanischen
Isthmus und gibt ihm den Namen als Panamá=Landenge.

1519—1556

Karl V. (seit 1516 span. König *Karl I.*), der Enkel des 1519 verstor=
benen Kaisers *Maximilian I.*, wird 1519 zum deutschen Kaiser ge=
wählt. Dem Habsburger K. V. gelingt es nicht, die kirchliche Einheit
Deutschlands wiederherzustellen.

1519—1521

Der spanische Conquistador *Hernando Cortes* erobert — ohne Auf=
trag und entgegen den offiziellen Weisungen — mit unvorstellbarer
Härte und Verschlagenheit das mittelamerikanische Azteken=Reich
Montezumas und zerstört die Landeshauptstadt Mexiko.

1519

Leonardo da Vinci stirbt — als Gast des französischen Königs *Franz I.* — auf Schloß Cloux bei Amboise.

1519—1522

Der portugiesische Seefahrer *Fernão de Magalhães* (span.: *Fernando Magallanes*, engl. u. dt.: *Magellan*) segelt in spanischen Diensten, um für *Karl V.* mit fünf Caravellen und etwa 240 Mann seinen Plan zu verwirklichen, eine Passage um oder durch das südamerikanische Festlandmassiv zu entdecken und somit erstmals auf einem südwestlichen Seeweg über die Südsee zu den ostindischen Gewürzinseln der Molukken zu kommen. Im Dezember 1519 erreicht M. die Bucht von Rio de Janeiro. Als M. Ende Dezember keine Durchfahrt am La Plata auffindet, segelt er weiter nach Süden und überwintert ab März 1520 bei den Patagoniern. Im Oktober und November 1520 entdeckt M. dann die rund 580 km lange Meeresstraße zwischen Südamerika und dem Feuerland. Er durchfährt sie im November 1520 und gelangt mit einer schon sehr zusammengeschmolzenen Mannschaft als erster europäischer Seefahrer vom Atlantischen in den Stillen Ozean. M. nennt das 1513 von *Balboa* als *Südsee* bezeichnete Weltmeer, da die See bei der fast vier Monate dauernden Überquerung des Ozeans still bleibt, *Mar pacífico*. Auf der Philippineninsel Matan wird M. 1521 im Kampf mit Eingeborenen getötet. Die zwei verbliebenen Fahrzeuge erreichen die Molukken. Mit dem noch seetüchtigen Schiff »Victoria« segelt *Juan Sebastian de Elcano (del Cano)* dann von den Gewürzinseln, auf denen die Portugiesen Fuß gefaßt haben, über den südlichen Indischen Ozean und um Südafrika und kehrt 1522 mit kaum 20 Mann (unter ihnen *Antonio Pigafetta*) nach Spanien zurück. — Durch die erste Erdumsegelung wird die Kugelgestalt der Erde empirisch erkannt. Ein erster Begriff ihrer wahren Größe und der tatsächlichen Ausdehnung des Pazifischen Ozeans wird gewonnen und geklärt, wie sehr die Entfernung von Westeurasien über den Atlantik nach Osteurasien aufgrund der Geographie des *Claudius Ptolemäus* unterschätzt worden war. Fest steht, daß die Neue Welt ein selbständiger Erdteil ist, offen bleibt nur, ob Nordwestamerika mit Nordostasien zusammenhängt oder nicht. Die auf Ptolemäus bauenden Anhänger der *Lehre vom »Mundus tripartitus«* geben sich jedoch nicht geschlagen. Als konservative Kosmographen sehen sie keinen Grund, von der Dreiteilung der Erde — Asien, Europa und Afrika — abzu-

gehen, und ihre Karten stellen die Neue Welt, da im 16. Jahrhun=
dert noch kein einziger Seefahrer an den nordamerikanischen Pazi=
fikküsten über den 43. Grad n. Br. hinaus nach Norden kommt, nur
als großes Appendix Nordosteurasiens dar.

1521—1557
Johann III. folgt seinem Vater *Emanuel I.* auf den portugiesischen
Thron. Größte Ausweitung der Macht und Seeherrschaft Portugals.

1521
Martin Luther verteidigt sich vor *Karl V.* auf dem Wormser Reichs=
tag. Durch das Wormser Edikt wird L. als Ketzer in die Reichsacht
erklärt. Auf der Wartburg beginnt er seine Bibelübersetzung.

1522—1533
Die spanischen Conquistadoren *Francisco Pizarro* und *Diego Alma=
gro* verbinden sich, um das Inka=Reich an der Pazifikküste Südame=
rikas zu erobern. A. sichert von Panamá aus für P. den Nachschub.

1523—1524
Der italienische Seefahrer *Giovanni de Verrazzano* erforscht für den
französischen König Franz I. die nördlichen Regionen der heutigen
Ostküste der USA — auch die Hudsonmündung — bis nach Neu=
fundland. — Die fischreichen Gewässer Neufundlands hatten schon
seit 1500 Seeleute aus der Normandie und der Bretagne angelockt,
die V. gleichsam den Weg wiesen. Die Kriege mit *Karl V.* verhin=
dern, daß Franz I. weitere Expeditionen nach Westen aussendet.

1524—1546
Der spanische Conquistador *Pedro de Alvarado* beginnt 1524 im
heutigen Yukatan mit der Unterwerfung der mittelamerikanischen
Maya=Völker. 1527 erhält *Francisco de Montejo* von *Karl V.* den
Auftrag, die Maya=Stadtstaaten zu erobern und zu bekehren. Die
Eroberung des Landes mit der Vernichtung seiner feudal=theokra=
tischen Oberschicht dauert bis zum Jahre 1546.

1524—1525
Niederwerfung der aufständischen deutschen Bauern, die u. a. in
ihren zwölf Artikeln die Abschaffung der Leibeigenschaft fordern.

Der spanische Pilot und Kartograph *Esteban Gomez*, der 1520 auf dem Südöstlichen Seeweg in der entscheidenden Expeditionsphase — vor der Durchfahrung der Magalhães=Straße — *Fernão de Magalhães* verlassen hat, befährt die nordamerikanische Nordostküste. Wenn im Süden Amerikas, nimmt G. an, eine Durchfahrt existiert, so muß in Nordamerika die Suche eines nach Ostasien führenden nordwestlichen Seeweges ebenfalls erfolgreich sein.

Als König *Karl I.* von Spanien betraut Kaiser *Karl V.* 1528 das Augsburger Handels= und Bankhaus der *Welser* — ferner *Ambrosius, Georg* und *Heinrich Ehinger* — mit der Kolonisierung Venezuelas. Die südamerikanische Herrschaft der W. endet 1552, und das Konzessionsgebiet, das dem Handelshaus schwere Verluste bringt, kommt an die spanische Krone zurück.

Sebastian Münster gibt in Basel seine »*Cosmographia universalis*« heraus. Die illustrierte Weltbeschreibung M.s wird ständig verbessert und erlebt im 16. Jahrhundert immer wieder neue Auflagen.

Der deutsche Conquistador *Ambrosius Ehinger* steht im Dienst der *Welser*. Von Coro aus sucht er als erster Statthalter der Kolonie Venezuela nach dem sagenhaften Goldland Dorado. E. wird im Kampf mit Indianern getötet.

Karl V. wird von *Clemens VII.* in Bologna zum Kaiser gekrönt. Letzte Krönung eines deutschen Kaisers durch den Papst.

Der deutsche Conquistador *Nikolaus Federmann* kommt nach Venezuela. Von Coro aus unternimmt er im Dienst der *Welser* einen Eroberungszug, um das Land Dorado aufzufinden. F. muß jedoch wegen der feindlichen Haltung der Indianer umkehren.

Um 1530 beginnt Portugal mit der Kolonisierung der Küstengebiete Brasiliens. Besonders werden Zuckerrohr=, Baumwoll= und Tabakpflanzungen angelegt (Kaffeeland wird Brasilien erst im 19. Jh.).

1531–1532

Um den Spaniern und Franzosen an der brasilianischen Südostküste zuvorzukommen, schickt *Johann III.* von Portugal, der Sohn von *Emanuel I.*, *Martim Affonso de Sousa* 1531 nach Brasilien. S. gründet 1532 die Stadt São Vicente.

1531–1533

Der spanische Conquistador *Francisco Pizarro* erobert im Gebiet der Anden das Reich des Inka=Herrschers *Atagualpa*, das — mit der Hauptstadt Cuzco — den größten Teil der heutigen Staaten Ecuador, Peru und Bolivien umfaßt.

1532

Im Religionsfrieden zu Nürnberg wird den Protestanten bis zu einem allgemeinen Konzil die freie Religionsausübung zugestanden.

1533–1584

Iwan IV. Wassiljewitsch (Grosny) aus dem *Haus der Rurikiden.* Der erste gekrönte Zar des Moskauer Reiches erobert die Tataren= Gebiete an der mittleren und unteren Wolga und richtet seinen Blick auf die Vor= und Transuralregionen.

1534

Jean de Léry, Verfasser der »*Histoire d'un voyage fait en la terre du Brésil*«, zu Lamargelle in Burgund geboren.

1534–1537

Diego Almagro wird 1534 von der spanischen Krone ermächtigt, sich südlich des Gebietes von *Francisco Pizarro* (Perú) eine eigene Statt= halterschaft zu erobern. A. unterwirft 1535/37 die Hochländer von Bolivien und Jujuy und kommt über Copiapó bis nach Coquimbo.

1534–1544

Der französische Seefahrer *Jacques Cartier* erreicht 1534 die Mün= dung des St. Lorenzstromes, um für *Franz I.* eine Durchfahrt vom Atlantik in den Pazifik nach Cathay zu finden. 1535/36 dringt C. auf einer zweiten Reise in den St. Lorenzstrom ein. Er entdeckt das Indianerdorf Quebec und überwintert in der Gegend des heutigen Montreal (Mont Royal). C. führt schließlich 1541 mit *François de la Roque de Roberval* französische Kolonisten nach Quebec. Da schon bei der ersten Überwinterung ein Drittel der Kolonisten zugrunde geht, werden die Überlebenden 1544 auf Befehl von Franz I. durch C. zurückgeholt. Immerhin schafft C., gleichsam am »Rand der amerikanischen Arktis«, die Basis für das als Neufrankreich (»La nouvelle France«) bezeichnete französische Kanada, das sich dann erst seit 1603 zur franko=kanadischen Siedlungskolonie entwickelt.

1534
Der Spanier *Pedro de Mendoza* gründet an der La Plata=Bucht die Hafenstadt Buenos Aires.

1534—1540
Der Baske *Ignatius von Loyola* gründet den Jesuiten=Orden zur Bekehrung der Häretiker und Heiden. Papst *Paul III.* bestätigt die Societas Jesu 1540.

1535
Der spanische Arzt und Theologe *Miguel Servet*, 1553 als erstes Opfer der protestantischen Inquisition auf Betreiben von *Jean Calvin* lebendig verbrannt, bringt eine »*Cosmographia*« des *Claudius Ptolemäus* heraus. Als erster wendet sich S. 1535 gegen die allgemeine Überschätzung *Amerigo Vespuccis* und die Benennung des Südteils des vierten Kontinents als »America«.

1535
Der englische Lordkanzler *Thomas Morus* wird unter *Heinrich VIII.* wegen der Verweigerung des Suprematseides hingerichtet.

1535—1538
Der deutsche Conquistador *Georg Hohermuth (Georg von Speyer)*, Statthalter der *Welser*=Kolonie in Venezuela, kommt 1535 nach Coro. Mit *Philipp von Hutten* unternimmt H. einen Entdeckungszug ins Innere Südamerikas, um nach dem Land Dorado zu suchen. Die Expedition bewältigt etwa 3500 km.

1536
Desiderius Erasmus von Rotterdam (Gerhard Gerhards), Freund von *Thomas Morus*, stirbt in Basel.

Die Stadt Genf nimmt den Reformator *Jean Calvin* auf. C.s *»Un=
terricht in der christlichen Religion«* erscheint und wird zur Grund=
lage des Calvinismus. Von Genf aus gewinnt C. seit 1536 großen
Einfluß auf die Reformation in Frankreich, in den Niederlanden, in
England und Schottland. 1541 führt C. in Genf die Reformation ein.

1536

Der spanische Dominikanerpater und Indianerapostel *Fray Barto=
lomé de Las Casas*, der seit 1502 in Mittelamerika (Haiti u. a. a. O.)
wirkt, gewinnt um 1536 die mittelamerikanische Region Vera Paz
ganz mit friedlichen Mitteln für Spanien.

1536—1539

Nikolaus Federmann ist zum zweiten Male in Venezuela, um nach
dem Land Dorado zu suchen. Er folgt den Spuren *Georg Hoher=
muths* bis zum Ostfuß der Kordilleren und ersteigt dann die Hoch=
ebene von Bogotá. Dort stellt F. 1539 fest, daß sich die langgesuchte
Goldregion — das Gebiet der Chibcha=Indianer — schon in der Hand
spanischer Conquistadoren befindet und die *Welser* den Wettlauf
um das Goldland Dorado verloren haben.

1538

Die 1507 von *Martin Waldseemüller* zunächst für den Südteil des
vierten Erdteils geschaffene Bezeichnung »America« wird von dem
Kartographen *Gerhard Mercator* auf einer Weltkarte erstmalig für
den ganzen Doppelkontinent benutzt.

1540—1552

Der spanische Conquistador *Pedro de Valdivja* erobert Chile. Er
gründet 1541 Santiago, 1544 Valparaiso, 1550 Concepción und 1552
Valdivia. V. klärt den Verlauf der südamerikanischen Pazifikküste
bis zur Region der Magalhães=Straße.

1540—1542

Der spanische Conquistador *Francisco Vásques de Coronado* zieht
von Nordwestmexiko aus nordwärts, erforscht das Gebiet der Pue=
blo=Indianer und dringt ost= und nordostwärts bis zu den Prärie=
Indianern vor. Eine Abteilung entdeckt den Gran Cañon des Colo=
rado. Von den Mannschaften in der Region des Arkansas und Kan=

sas zum Rückmarsch gezwungen, fällt C. dann in Ungnade, weil er die erwarteten Goldschätze nicht aufgefunden hat. — Mit der ver=lustreichen Expedition C.s enden die spanischen Vorstöße ins Innere Nordamerikas. Der Norden der Neuen Welt liegt den Gegenspielern der Spanier — den Engländern, Franzosen und den Niederländern — als Entdeckungs= und Kolonialisationsgebiet offen.

1541—1542
Der spanische Conquistador *Francisco de Orellana* zieht auf der Suche nach dem Land Dorado von Peru aus ostwärts. Er erreicht das Amazonastiefland und befährt den Amazonas vom Rio Napo aus in acht Monaten bis zur Mündung. — O. gibt dem Riesenstrom, an dessen Ufern er auf kriegerische Frauen stößt, den Namen und hat als erster Europäer Südamerika durchquert.

1542
Fray Bartolomé de Las Casas, Autor der »*Historia general de las Indias*« und einer der ersten Gegner der *Amerigo Vespucci=Legende*, erreicht als »Vater der Indianer« bei *Karl V.* den Erlaß der Neuen Gesetze, mit denen L. C. die Indianer Neuspaniens vor der völligen Versklavung und Vernichtung bewahrt. — Für Schwerarbeiten billigt L. C. früh den Einsatz von Negern in Mittelamerika, gegen seine Absicht entwickelt sich die Einfuhr von Negersklaven.

1545
Französische Seefahrer aus der Normandie und der Bretagne be=suchen seit 1545 zunehmend die Küstenregion des Rio São Fran=cisco, die Bucht von Rio de Janeiro, das Kap Frio und die Mündung des »Vases=Flusses«. Sie laden Brasilholz und unternehmen Piraten=fahrten. Auf von Portugal beanspruchtem Boden am Wendekreis des Steinbocks bleiben schiffbrüchige Franzosen zurück. In der Bucht von Rio de Janeiro und am Kap Frio verbünden sie sich mit den Tuupinambaúlts (Tupis) gegen die Portugiesen und Margajas.

1545—1563
Mit dem oft vertagten Konzil v. Trient beginnt die Gegenreformation.

1546
Der Reformator *Martin Luther* stirbt in Eisleben.

1546—1547

Schmalkaldischer Krieg. *Karl V.* erstrebt nach dem Beginn des Kon=
zils von Trient die Wiederherstellung der kirchlich=deutschen Einheit.

1547—1557

Sebastiano Caboto (engl.: *Sebastian Cabot*), Sohn des italienischen
Seefahrers *Giovanni Caboto*, der als Oberpilot lange Jahre in spa=
nischen Diensten segelt, wird von *Eduard VI.* zum Oberaufseher
des englischen Seewesens ernannt.

1547—1559

Heinrich II. von Frankreich, vermählt mit *Katharina von Medici*,
folgt auf *Franz I.* Von den verbündeten deutschen Protestanten läßt
er sich die Bistümer Metz, Toul und Verdun abtreten. Dennoch
wächst unter ihm die Verfolgung der Hugenotten.

1547—1570

Der spanische Franziskanerpater *Fray Bernardino de Sahagún* läßt
in einer mexikanischen Missionsschule das einzige schriftliche Zeug=
nis der geschlagenen Azteken, das Dokumentarwerk *»Historia uni=
versal de las cosas de Nueva España«*, aufzeichnen. Unbekümmert
um die Verbote und die Zensur der spanischen Inquisition, sam=
melt S. die Originalberichte aztekischer Priester. Die letzte Selbst=
darstellung der mittelamerikanischen Hochkultur erzählt u. a. von
Hernando Cortes und von der Zerstörung der Stadt Mexiko.

1548—1549

Die portugiesische Krone ernennt *Thomé de Sousa* zum ersten Gou=
verneur für Brasilien. In São Paulo wird eine Jesuitenschule gegründet,
jesuitisch=brasilianische Wandermissionen entstehen seit 1549. Die
Jesuitenpatres gewähren den von Kolonisten verfolgten Indianern
Asyl, denn nach der Conquista gilt über die Eingeborenen überall
in Südamerika die Meinung: »Es sind Tiere, es sind keine Menschen.«

1550

Um 1550 endet in Südamerika mit der ersten Festlegung der Küsten
und der ersten Entschleierung der Hochländer und Stromgebiete das
Zeitalter der großen Entdeckungen. Am besten bekannt sind die
Hochgebirgsregionen der Anden (Kordilleren) am Pazifischen Ozean.

1551

Das Edikt von Chateaubriand bestimmt, daß Ketzer in Frankreich, vor allem Hugenotten, gefangengesetzt und getötet werden können.

1553—1554

Sebastian Cabot, einer der Begründer der englischen Seemacht, schickt drei Schiffe der Merchant Adventurers von London aus nord= ostwärts, damit sie den um das Europäische Nordkap und um Nord= eurasien führenden Nordöstlichen Seeweg nach Cathay entdecken. Die Expedition wird von *Sir Hugh Willoughby* geleitet, zwei der Fahrzeuge gehen mit den Mannschaften bei der Überwinterung an der Murmanküste verloren. Das Schiff von *Richard Chancellor* da= gegen gelangt über das Weiße Meer zur Mündung der Sewernaja Dwina. In dieser Region der späteren Hafenstadt Archangelsk und von Cholmogory treffen die Engländer, die nach China wollen, auf nordrussische Eismeerfahrer (Pomoren). Vom ersten Zugang Ruß= lands zu den Weltmeeren werden sie durch Zar *Iwan IV. Wassil= jewitsch* in den Moskauer Kreml gerufen. Nach der Rückkehr Chan= cellors gründet Cabot 1554 für den Handel mit dem Zarenreich die Muscovy Company und leitet sie bis zu seinem Tod im Jahre 1557.

1555

Léry studiert bei den Genfer Calvinisten Theologie.

1555

Augsburger Religionsfriede u. a. mit der Befugnis der deutschen Landesherren »Cuius regio, eius religio«.

1555—1558

Der französische Vizeadmiral *Nicolas Durand de Villegagnon* läuft am 12. 7. 1555 in Le Havre mit zwei Schiffen zu einer Expedition nach Brasilien aus. Im November trifft er in der Bucht von Rio de Janeiro ein und gründet unter dem Patronat des Admirals *Gaspard de Coligny, Seigneur de Châtillon*, um u. a. ein Asyl für religiös Verfolgte zu schaffen, auf der Franzosen=Insel mit rund 600 Kolo= nisten das Fort Coligny. Die Kolonie besteht unter V. bis 1558. — Um das südamerikanisch=tropische Gebiet vom kanadischen Frank= reich (»La nouvelle France«) am St. Lorenzstrom zu unterscheiden, wird es »France Antarctique« (Antarktisches Frankreich) genannt.

1555—1556

André Thevet, Franziskanerpater und seit 1558 durch *Katharina von Medici* Kosmograph des Königs, kommt im November 1555 mit *Villegagnon* ins Antarktische Frankreich und bleibt bis Januar 1556.

1556

Karl V. legt in Brüssel die deutsche Kaiserkrone nieder und zieht sich ins spanische Hochland Estremadura — in die Nähe des Klosters San Geronimo de Yuste — zurück. Durch die Teilung seines Habs=burger Besitzes wird Frankreich aus der territorialen Umklam=merung befreit.

1556—1564

Ferdinand I., nach der Abdankung seines Bruders *Karl V.* erwählter römischer Kaiser.

1556—1598

Philipp II., der Sohn des Kaisers *Karl V.* (*Karl I.* von Spanien), regiert Spanien mit seinen Nebenländern und amerikanischen Kolo=nien. Portugal wird 1580 mit Spanien in Personalunion vereinigt.

1556

Villegagnon bittet den Reformator *Jean Calvin* in Genf und andere Reformierte um Unterstützung für das Antarktische Frankreich.

1556

Léry beginnt am 19. 11. 1556 im nordfranzösischen Hafen Honfleur sein Brasilianisches Tagebuch. — Geführt von *Philippe du Pont de Corguilleray* und von den Geistlichen *Pierre Richier* und *Guillaume Chartier*, schifft sich L. mit zehn weiteren Calvinisten nach dem Fort Coligny ein. Die vierzehn von Admiral *Gaspard de Coligny* unterstützten Hugenotten segeln mit den Kriegsschiffen »La Grande Roberge«, »La Petite Roberge« und »La Rosée«. Neben Handwer=kern gehen auch Mädchen in die französisch=brasilianische Kolonie, ferner Jungen, die die Sprache der Eingeborenen erlernen sollen.

1557

Léry trifft mit den religiös Gleichgesinnten am 10. 3. 1557 auf der Franzosen=Insel im Fort Coligny ein. Bald beginnen die Auseinan=dersetzungen der Hugenotten mit *Villegagnon*, dem Vizekönig des Antarktischen Frankreich. Der erste Missionierungsversuch der Refor=mierten in Übersee bleibt eine Einzelerscheinung im 16. Jahrhundert.

Léry zieht sich mit den Calvinisten wegen der religiösen Streite=
reien mit *Villegagnon* im Oktober 1557, nach rund acht Monaten,
vom Fort Coligny auf das Festland der Region Rio de Janeiro zurück.

1558

Léry tritt in der Bucht von Rio de Janeiro am 4. 1. 1558 mit dem
Handelsschiff »Le Jacques« die Rückfahrt an. Vierzehn Calvinisten
schiffen sich mit ihm unter *Philippe du Pont de Corguilleray* nach
Frankreich ein. Mitte Januar muß das lecke Schiff jedoch kurz zur
brasilianischen Küste zurückkehren. Fünf Passagiere gehen an Land,
darunter *Pierre Bordon*, *Jean du Bordel* und *Mathieu Verneuil*. Da
sie sich zum Calvinismus bekennen, läßt *Villegagnon* sie ertränken.

1558

Der spanische Seefahrer *Juan Ladrilleros* durchsegelt die Magalhães=
Straße erstmalig vom Pazifischen zum Atlantischen Ozean.

1558

Léry kommt am 26. 5. 1558 auf dem Schiff »Le Jacques« mit seinen
hugenottischen Freunden nach Frankreich zurück und beendet sein
Brasilianisches Tagebuch in La Blavet und Hanebon (Bretagne).

1558—1603

Königin *Elisabeth I.* von England. Im Elisabethanischen Zeitalter
steigt das Inselreich zur See= und Fernhandelsmacht auf.

1558

Kaiser *Karl V. (Karl I.* von Spanien) stirbt in San Geronimo de Yuste.

1558—1560

Nachdem 1558 auch *Villegagnon* die Bucht von Rio de Janeiro ver=
lassen hat, erobern die Portugiesen 1560 unter *Mem de Sâ* die Fran=
zosen=Insel. Ende der französisch=brasilianischen Kolonialepisode.

1559—1560

Franz II. von Frankreich. Er ist mit *Maria Stuart* von Schottland
vermählt und regiert mit seiner Mutter *Katharina von Medici.*

1560—1574

Karl IX. von Frankreich. Er steht unter Einfluß s. Mutter *v. Medici.*

Die Portugiesen gründen auf einer Halbinsel an der Guanabara=
Bucht die Hafenstadt Rio de Janeiro.

Königin *Maria Stuart* übernimmt — nach dem Tod ihres Gemahls
Franz II. von Frankreich — die Regierung in Schottland. Der Streit
mit den schottischen Calvinisten, die eine reformierte Staatskirche
errichtet haben, entbrennt.

Das Blutbad zu Vassy (Champagne) löst 1562 die acht französischen
Bürgerkriege (Hugenottenkriege) aus, sie enden erst 1598 mit dem
Edikt von Nantes. — Bis zum Frieden von Saint=Germain (1570) er=
kämpfen die Reformierten eine bedingte Religionsfreiheit.

Léry stellt bis 1563 — auf Drängen von Freunden — aus seinen
brasilianischen Aufzeichnungen ein Manuskript für den Druck her.
Boten wird es in Lyon abgenommen und bleibt lange verschollen.

Maximilian II., deutscher Kaiser.

Der Reformator *Jean Calvin* stirbt in Genf.

Galileo Galilei in Pisa geboren.

Durch den Frieden von Longjumeau erhalten die Hugenotten Festun=
gen. Führer der Calvinisten ist *Heinrich von Navarra* (später *H. IV.*).

Beginn der niederländischen Freiheitskriege gegen Spanien.

Friedensschluß der Katholiken und der Calvinisten in Saint=Ger=
main. Admiral *Gaspard de Coligny* erlangt günstige Bedingungen
für die Hugenotten und die Gunst *Karls IX.* Gewährleistung von
vier Sicherheitsplätzen für die Reformierten (u. a. die Hafenstadt
La Rochelle am Atlantik und Sancerre).

1570

In Lissabon erwirken die Jesuiten ein Gesetz, das die Versklavung der brasilianischen Eingeborenen verbietet. Kriegsgefangene India= ner jedoch dürfen auch weiterhin als Sklaven gehalten werden.

1571

Johannes Kepler in Weil der Stadt (Württemberg) geboren.

1571

Léry erhält fast alle ursprünglichen Ausarbeitungen über seine Bra= silienreise vom Fertiger der ersten Reinschrift zurück. Er beginnt mit der Abfassung eines zweiten Reisebuches.

1571

Nicolas Durand de Villegagnon in Beauvais (b. Nemours) gestorben.

1572

Bartholomäusnacht (Pariser Bluthochzeit) am 24. 8. 1572. Nach der Vermählung des Hugenottenführers *Heinrich von Navarra* (seit 1589 *Heinrich IV.*) mit *Margarete von Valois* ist ein erstes Opfer der Bar= tholomäusnacht im Louvre der Admiral *Gaspard de Coligny*. Gelei= tet u. a. durch *Katharina von Medici*, werden allein in Paris etwa 2000 Hugenottenführer ermordet. Die Bartholomäusnacht entzündet den vierten Hugenottenkrieg (bis 1573).

1573

Lérys zweites Manuskript über Brasilien, entstanden aufgrund der ursprünglichen Aufzeichnungen, bleibt bei seiner Flucht in die Hu= genotten=Festung Sancerre in Charité=sur=Loire zurück. Es geht dort in den religiösen Wirren bei einer Plünderung verloren.

1573

Léry überlebt eine zweite Hungersnot bei der Belagerung der Huge= notten=Festung Sancerre.

1574

Brasilien nimmt Einfuhr von Negersklaven für Plantagearbeiten auf.

1574—1589

Heinrich III. von Frankreich. Auch er steht unter dem Einfluß seiner Mutter *Katharina von Medici*.

1576

Léry erhält sein erstes, seit 1563 für den Druck vorbereitetes und dann in Lyon beschlagnahmtes Manuskript zurück. Zwanzig Jahre nach Beginn seiner Brasilienreise legt L. letzte Hand an sein Buch.

1576—1612

Rudolf II., deutscher Kaiser.

1576—1578

Der englische Seefahrer *Martin Frobisher* sichtet 1576 Südgrönland und entdeckt einen Meeresarm an der Südostküste des Baffin=landes. Auf einer zweiten Fahrt dorthin sammelt er 1577 »Gold=steine«, die sich später als Kupferkies entpuppen. F. glaubt, eine Meeresstraße, eine Magalhães=Straße Nordamerikas, aufgefunden und ein dicht »neben Asien« liegendes Land entdeckt zu haben. Auf seiner dritten Expedition muß er 1578 wegen des Eises umkeh=ren. Die Bucht wird nach F. genannt, die Frage nach der Existenz einer Nordwestpassage bleibt weiterhin ungeklärt.

1577—1580

Der englische Freibeuter *Sir Francis Drake* verläßt 1577 Plymouth, durchfährt die Magalhães=Straße ostwestwärts, brandschatzt die Häfen der südamerikanischen Westküsten, segelt an Niederkalifor=nien vorbei nordwärts, überquert den Pazifik und kommt 1580 — um das Kap der Guten Hoffnung — mit reicher Beute nach England zurück. — D. glückt die zweite Erdumsegelung in westlicher Richtung.

1577

Léry liest das von 1571—75 erschienene zweibändige Werk »*La Cos=mographie universelle*« von *André Thevet*. Die Ausführungen des Franziskanerpaters bestärken ihn, sein Brasilienbuch abzuschließen, um die Unrichtigkeiten des Kosmographen des Königs über das Antarktische Frankreich und den ersten Missionierungsversuch der Hugenotten in Amerika zurückzuweisen und richtigzustellen.

1578

Bei *Antoine Chuppin* erscheint der mit Kupferstichen illustrierte Reisebericht von *Léry*: »*Histoire d'un voyage fait en la terre du Brésil, autrement dite Amérique*«.

1579—1584

Der aus dem Donkosakengebiet stammende Kosaken=Ataman *Ti-mofejewitsch Jermak* tritt 1579 in den Dienst der Salz= und Pelz=kaufherrenfamilie *Stroganow*, die das westuralische Land von Perm beherrschen. 1581 zieht J. mit seinem Kosakenheer vom Kama=Strom aus über den mittleren Ural und beginnt für das Haus Stroganow die Eroberung des bis zum Irtysch reichenden mohammedanischen Turkreiches Sibir. J. besiegt Chan *Kutschum* und erobert dessen Residenz Sibir (Isker). Als J. 1584 — im Todesjahr von *Iwan IV. Wassiljewitsch (Grosny)* — bei einem Gefecht im Irtysch ertrinkt, ist das Tor für die Eroberung ganz Nordasiens als großrussischer Siedlungsraum bis zum Nordpazifik aufgestoßen. Die Europäisie=rung Sibiriens beginnt.

1580—1640

Philipp II. nimmt Portugal in Besitz und vereinigt es mit Spanien in Personalunion. Portugal verliert unter Ph. II viele Kolonien an die Niederlande, behält aber Brasilien. Die Kriege Spaniens gegen Frankreich, England und die Niederlande greifen auf Brasilien über.

1582

Gregor XIII. ersetzt den von *Julius Cäsar* eingeführten Julianischen Kalender. Nach den Berechnungen von Mathematikern und der Be=fragung vieler europäischer Fürsten dekretiert der Papst die Kalen=derreform und setzt sie am 24. 2. 1582 in Kraft. Zehn Tage werden gestrichen, alle vier Jahre wird ein Schalttag eingefügt. Die Prote=stanten akzeptieren den Gregorianischen Kalender erst im 18. Jh.

1584—1585

Der englische Seefahrer *Sir Walter Raleigh* gründet an der nord=amerikanischen Ostküste die erste englische Kolonie (Virginia).

1585—1587

Der englische Seefahrer *John Davis* unternimmt 1585 auf der Route von *Martin Frobisher* eine Reise nach Nordwesten. Durch eine Landung in Südwestgrönland — nahe bei der heutigen Stadt Godt=haab — wird er der Wiederentdecker Grönlands. Die angebliche Durchfahrt Frobishers nach Ostasien findet D. nicht, er entdeckt aber die nach ihm genannte Straße zwischen Grönland und dem Baffinland. 1586 erkundet D. die nordamerikanischen Küsten von der Cumberlandbucht (Baffinland) bis nach Neufundland. Auf der dritten und letzten Expedition stößt D. 1587 an der grönländischen Westküste bis zu 72 ° 12 ' n. Br. vor. Über den Nordwestlichen See= weg nach dem Fernen Osten schreibt D., da er erkennt, daß sich der vierte Kontinent im Norden in Inseln auflöst: »Die Passage be= steht höchstwahrscheinlich, ihre Befahrung ist leicht.«

1586

Die zweite Ausgabe des Reiseberichts von *Léry* über Brasilien, um einige Kupferstiche vermehrt, erscheint bei *Eustathius Vignon* als *»Historia Navigationis in Brasiliam, quae et America dicitur«*. Im 16. Jahrhundert folgen weitere Auflagen.

1587

Hinrichtung der Königin *Maria Stuart* unter *Elisabeth I.* von England.

1588

Im Krieg des Elisabethanischen Englands gegen *Philipp II.* wird die große Armada vernichtet. Die Seeherrschaft Spaniens geht an Eng= land über. Das Ende des spanischen Jahrhunderts und der u. a. durch *Christoph Columbus* heraufgeführten europäischen Vor= machtstellung Spaniens zeichnet sich ab.

1589—1610

Heinrich IV. von Navarra (aus dem *Haus Bourbon*), König von Frankreich. 1593 tritt H. IV. vom Calvinismus zum Katholizismus über, um Paris zu gewinnen.

1598

Mit dem Edikt von Nantes beendet *Heinrich IV.* in Frankreich die religiösen Wirren. Den Hugenotten gewährt er freie Religionsaus= übung und politische Gleichberechtigung.

1613

Jean de Léry in Isle=près=Montrichet (Schweiz) gestorben.

GLOSSAR

Adamiten: Anspielung des Autors auf die Sekte der Adamiten, die ihre Gottesdienste »in paradiesischer Unschuld«, in der sich *Adam* vor dem Sündenfall befand, nackt abhielten.

Albacora: Ein der *Bonite* ähnlicher Seefisch.

Amerika: Mit fast allen Gebildeten seines Jahrhunderts ist *Léry* dem historischen Irrtum aufgesessen, der Italiener *Amerigo Vespucci* — und nicht *Christoph Columbus* — sei der Entdecker des vierten Erdteils, der daher zu Recht nach *Amerigo Vespucci* als *Amerika* bezeichnet worden sei.

Ananas: Die stachligen, von den Tupi als Ananas bezeichneten, wohlschmeckenden Wildformen sind nicht nur in Brasilien, sondern auch in Zentralamerika heimisch.

Anthropophagen (grch.: Menschenfresser, Kannibalen): Der Italiener *Antonio Pigafetta*, der 1519 mit *Fernão de Magalhães* die erste Erdumsegelung über den Südwestlichen Seeweg begann und sie 1522 — unter *Juan Sebastian de Elcano* — beendete, gibt in seinem Reisebericht eine Erklärung des südamerikanischen Kannibalismus, der als extremer Nationalismus bezeichnet werden kann, da immer nur — bis auf die Knochen — die gefangenen Feinde vertilgt werden. P. sagt folgendes: »Eine alte Frau besaß einen einzigen Sohn, der von den Feinden des Stammes getötet wurde. Bald nach dem Kampf wurde der Mörder gefangen und vor die Alte gebracht, die sich, ihren Sohn zu rächen, wie ein wildes Tier über ihn warf und eine seiner Schultern mit den Zähnen zerfleischte. Aber der Mann hatte Glück im Unglück. Es gelang ihm, den wütenden Händen der alten Frau zu entkommen und zu seinem Stamm zurückzukehren. Dort zeigte er die Spuren der Zähne auf seiner Schulter und machte die anderen glauben, seine Feinde hätten ihn auffressen wollen. Um an Grausamkeit nicht nachzustehen, entschlossen sich seine Stammesbrüder, die in den Kämpfen gefangengenommenen Feinde zu fressen. Allmählich taten das dann alle.«

Antipoden (grch.: Gegenfüßler): Bewohner von diametral entgegen=
gesetzten Punkten der Erdoberfläche. Die als Antipodeninseln be=
zeichnete Felsengruppe im Südosten von Neuseeland liegt beispiels=
weise antipodisch zu London.

Arpent: Französisches Ackermaß, das, je nach der Landschaft, zwi=
schen 42 und 51 Ar variiert.

Astrolabium (grch.=lat.: Sternraffer): Schon von den Griechen und
Arabern benutztes Instrument zum Messen der Höhe von Gestir=
nen über dem Horizont für die Breitenbestimmung zu Lande und
zu Wasser. *Regiomontanus (Königsberger, Johannes Müller),* Ma=
thematiker und Astronom aus Unfindt bei Königsberg (Oberfran=
ken), der in Nürnberg die erste deutsche Sternwarte begründete,
verbesserte das Astrolabium im 15. Jahrhundert und ließ es ganz
aus Metall herstellen.

Aulne: Alte französische Elle, frühere Einheit des Längenmaßes in
Frankreich. Etwa 1,182 m.

Aygnan: Tupi=Bezeichnung für den bösen Geist. — Der deutsche
Artillerist *Hans Staden* stand in portugiesischen Diensten und hat
— etwa zur selben Zeit wie *Léry* — seine Erlebnisse unter den
»nackichten, leutfressenden Leuten« Südamerikas beschrieben. St.
hat brasilianischen Boden im Südwesten von Rio de Janeiro bei
Santos betreten. Obwohl seine Angaben im 16. Jahrhundert kaum
überprüft werden konnten, hat er, ebenso wie der französische
Hugenotte, nie aufgeschnitten. Lange war er Gefangener der Tupi=
Indianer und stand kurz vor dem Verspeistwerden. Ohne etwas
von der Psychotherapie zu wissen, die es zu seiner Zeit noch gar
nicht gab, rettete er sich, indem er den Eingeborenen »mit großem
Erfolg« Geister austrieb. Später konnte St. von einem französischen
Kapitän für Haarspangen und Kämme losgekauft werden.

Back: Deckaufbauten über dem Vorschiff.

Béarn: Südwestfranzösische, von Basken bewohnte Landschaft im
nördlichen Vorland der Pyrenäen.

Beauce: Fruchtbare französische Landschaft im Süden von Paris (heute: Eure=et=Loire) mit der Hauptstadt Chartres.

Berberei: Land der hamitischen Berber in Nordwestafrika. *Léry* meint das heutige Marokko.

Bonite: Ein silbern schimmernder, eßbarer Seefisch, der auch als Bonettfisch bezeichnet wird.

Brasilholz (port.: pau brasil, von port.: brasa = glühende Kohle): Begehrtes Rotholz, das den von Färbereien benutzten Farbstoff *Brasilin* leicht an kochendes Wasser abgibt und dem Land Brasilien den Namen gab. Im 16. Jahrhundert wurde das brasilianische Farb= holz auch als *Verzinholz* bezeichnet. Seit der Entdeckung der Teer= farben im 19. Jahrhundert hat das Färbereiholz aus Brasilien an Bedeutung verloren.

Buttertopf: Um 1555 bezeichneten die französischen Kolonisten Bra= siliens den etwa 400 m hohen Zuckerhutfelsen, das heutige Wahr= zeichen der Stadt Rio de Janeiro, als Buttertopf.

Caravelle: Segelschiff des 15. und 16. Jahrhunderts mit drei oder vier Masten, das am Bug und Heck mit hohen Aufbauten für Un= terkünfte versehen war und lange Fahrten unternehmen konnte.

Carolus: Alte französische Silbermünze (10 Deniers).

Cathay: Der im 15. und 16. Jahrhundert in Europa allgemein für China gebrauchte Name *Cathay* geht auf das Tungusen=Reich der *Khitan* im Norden Chinas zurück (907—1125). Die Bezeichnung Ca= thay (russ.: *Kitai*) wurde — wie die Bezeichnung *Zipangu* für Japan — durch den venezianischen Kaufmann *Marco Polo* und sein 1298/99 entstandenes, immer wieder kopiertes und 1477 zuerst in Nürnberg gedrucktes *»Buch der Wunder«* geläufig. Polo lebte von 1275 bis 1292 in China und stand dort in der Gunst des mongolischen Groß= chans *Kubilai*. Ohne Polos Reisebeschreibung — nicht der »Jugend= oder Abenteurerliteratur« zuzurechnen, sondern das wertvollste Werk der mittelalterlichen Erdkunde — wäre die *Cathay=Sehnsucht* von *Christoph Columbus*, die zu vier Entdeckungsfahrten führte, undenkbar gewesen.

Cominger: Die Bezeichnung »armer Cominger« ist von der südwest=
französischen Landschaft und der Stadt Cominges (Gascogne) ab=
geleitet.

Cuzco: Die in den peruanischen Anden gelegene Hauptstadt Cuzco
des von *Francisco Pizarro* eroberten Inka=Reiches wurde nach der
Zerstörung im Jahre 1536 von den Spaniern auf den Inka=Funda=
menten neu erbaut. Gern wird sie heute als »südamerikanisches
Rom« bezeichnet.

Dorado (span.: dorado = vergoldet): Goldbrasse. Schmackhafter
Seefisch von schwarzblauer Farbe mit weißer Unterseite.

Dorado, El Dorado (span.: der Vergoldete): Im 16. Jahrhundert zu=
nächst die Bezeichnung für einen mythischen Indianerkönig Süd=
amerikas, der mit Goldstaub eingepudert wurde. Später wurde sein
nach der Eroberung des Inka=Reiches immer wieder gesuchtes Land,
in dem die Spanier noch größere Goldschätze als in Peru vermute=
ten, als Dorado bezeichnet. Auch das Augsburger Kaufherrenhaus
der *Welser* ließ von Venezuela aus nach dem Goldland suchen. Von
spanischen Conquistadoren wurde es schließlich 1539 auf der Hoch=
ebene von Bogotá im heutigen Kolumbien entdeckt. Die Schöpfer
der Goldarbeiten waren die Chibcha=Indianer.

Écu: Französische Silbermünze im Wert von fünf Francs.

Elcano, Juan Sebastian de (Del Cano, de Cano): Spanischer Seefah=
rer, der seit 1519 *Fernão de Magalhães* auf dem Südwestlichen See=
weg begleitete. Nach dessen Tod führte Elcano die Expedition zu
Ende und kehrte 1522 mit der »Victoria« als erster Weltumsegler
nach Spanien zurück. Er starb, nachdem er die Magalhães=Straße
1526 zum zweiten Male durchfahren hatte.

Elle: Vgl. Aulne.

Faden: Nautisches Längenmaß zum Messen der Wassertiefe. Ein
Faden etwa 6 Fuß (= 1,83 m).

Federarbeiten: Im 16. Jahrhundert wurde Vogelfederschmuck nicht
nur von den Tupi getragen, sondern auch von fast allen anderen
Indianern, vor allem von denen der Maya=Stadtstaaten. Der Azte=

kenherrscher *Montezuma* z. B. schenkte dem Eroberer Mexikos u. a. kostbare Federarbeiten. Da der Conquistador *Hernando Cortes* den Kriegszug zur Eroberung des Azteken=Reiches auf eigene Faust un= ternommen hatte, schickte er sie an *Karl V.* Von diesen Geschenken an den Kaiser aus dem *Haus Habsburg* blieben im Museum für Völkerkunde zu Wien u. a. noch ein Federkopfschmuck und ein Federschild erhalten. Alle anderen Federarbeiten aus der Schatz= kammer Montezumas, die nach Europa gelangten, fielen dem Mot= tenfraß zum Opfer.

Feuillette: Altfranzösisches Weinmaß, das 125 bis 136 Liter faßt.

Flageolett: Kleine Schnabelflöte mit hoher Tonlage, auch Bezeich= nung für flötenähnliche Obertöne.

Ganabara=Bucht oder =Fluß (port.: Guanabara): Bucht von Rio de Janeiro.

Gendarmerie (Gens d'armes): Hervorragend bewaffnete Leibgarde der französischen Könige im 15. und 16. Jahrhundert.

Geneuvre: Vgl. Janeiro (Rio de), Rio de Janeiro.

Glücksinseln, Kanar. Inseln (span.: Islas Canarias = Hundsinseln): Von Spaniern bewohnte atlantische Inseln auf etwa 28 ° n. Br. und 16 ° w. L. (vor der Nordwestküste Afrikas), die schon in der Antike als »Glückliche Inseln« bekannt waren. Zu Beginn des 14. Jahrhun= derts wurde der Archipel von Genuesen neu entdeckt. Sein Wahr= zeichen ist der über 3700 m hohe Pik von Teneriffa. Lange Zeit lief durch die Kanarischen Inseln der Nullmeridian. Hauptstadt: Santa Cruz de Tenerife. Bedeutendste Hafenstadt: Las Palmas.

Gran Canaria: Eine der Kanarischen Inseln; Hauptstadt: Las Palmas.

Grasmeer: Sargassomeer mit Algen=(Tang=)Wäldern auf etwa 28 ° n. Br. und 60 ° w. L. (im Osten der Bahama=Inseln). Westatlanti= sches Flußaal=Laichgebiet am Wendekreis des Krebses. Entdeckt wurde das Sargassomeer 1492 von *Christoph Columbus.*

Hakenbüchse: Handfeuerwaffe, auch *Arkebuse* genannt, die vom 15. bis zum 17. Jahrhundert — neben der Armbrust und dem Bogen — im Gebrauch war. Ein am Lauf angebrachter Haken dieses Vor= derladers mit Luntenschloß diente beim Abfeuern zum Auffangen des Rückstoßes.

Jakobsstab: Winkelmeßinstrument mit zwei verschiebbaren Stäben zur Bestimmung von Gestirnhöhen und Sternabständen für die Feststellung der geographischen Breite des Standortes. Seit dem 15. Jahrhundert im Gebrauch, ließ sich der Jakobsstab auf Schiffen leichter handhaben als das *Astrolabium* (s. d.) und erleichterte das Kurshalten der Fahrzeuge. Zur astrometrischen Ortsbestimmung auf hoher See wurde der Jakobsstab erst in der ersten Hälfte des 18. Jahrhunderts durch den Spiegelsextanten verdrängt.

Janeiro (Rio de Janeiro): Die portugiesische Bezeichnung Janeiro (Januar) hat *Léry* französisch als »Geneuvre« wiedergegeben. Vgl. Rio de Janeiro, Ganabara=Bucht.

Jan=u=are: Tupi=Bezeichnung für den Jaguar, die süd= und mittel= amerikanische Raubkatze.

Kap St. Roque (port.: Cabo São Roque): Ostbrasilianisches Kap nördlich der Hafenstadt Natal.

Kap St. Vincent (port.: Cabo São Vicente): Westeuropäisches Kap im Südwesten der portugiesischen Stadt Lagos.

Kazike: Cubanische Indianer=Bezeichnung für Häuptling.

Klafter: Aus der Spannweite der Arme abgeleitetes Längenmaß. Ein Klafter etwa 1,7 bis 2,5 m.

Koati: Tupi=Bezeichnung für den Ameisenbär, ein gebißloses süd= amerikanisches Säugetier mit langem Rüssel, das sich fast völlig von Ameisen ernährt.

Konsubstantiation: Mitgegenwart des Leibes und Blutes Christi beim Abendmahl.

Kosmographen (grch.: Weltbeschreiber): Im Entdeckungszeitalter be= zeichneten sich die Geographen nach der »*Cosmographia*« des *Clau= dius Ptolemäus,* die seit dem Ende des 15. Jahrhunderts durch die Erfindung der Typographie immer wieder neue Ausgaben erlebte und dann nicht nur ständig ergänzt und revidiert werden mußte, sondern auch bald durch die Entdeckung Amerikas völlig überholt war, als Kosmographen.

La Plata, La Plata=Fluß (span.: Rio de la Plata = Silberstrom): Die gemeinsame Mündungsbucht der südamerikanischen Ströme Paraná und Uruguay (mit den heutigen Großstädten La Plata, Buenos Aires und Montevideo).

Lee: Die dem Wind abgekehrte Seite des Schiffes.

Leguane: In Südamerika lebende Eidechsen mit sehr schmackhaftem Fleisch.

Luv: Die dem Wind zugekehrte Seite des Schiffes.

Meerkatzen: Südamerikanische Affen mit langem Schwanz.

Meerschwein (frz.: marsuin): Der auch bei uns an der Nordseeküste als Schweinsfisch oder Tümmler bekannte Meeressäuger.

Muskete: Ein aus Spanien stammendes, großkalibriges Lunten=schloß=Gewehr, das für das Abfeuern einen Auflage=Gabelstock be=nötigte und im 16. Jahrhundert verbreitet war.

Nabelschwein: Das von den Tupi als *Pekari* bezeichnete Nabel=schwein hat über dem After eine Drüse, die eine moschusartige Flüssigkeit absondert. Die Rückendrüse wurde als Nabel angesehen.

Nigua (Tu): Flügelloses, dem Floh ähnelndes Insekt Südamerikas, das sich unter den Fußnägeln und der Haut einnistet, dort Eier legt und schmerzhafte, schwer heilbare Wunden verursacht.

Paránuß: In einer runden Schale sitzen 20 bis 25 dreikantige, öl=reiche Kerne mit harten Schalen, die wie riesige Bucheckern aus=sehen. Paránußbäume werden bis 60 m hoch.

Parlamente: Höchste französische Gerichtshöfe des 16. Jahrhunderts.

Petun: Tupi=Bezeichnung für den Tabakstrauch und seine Blätter (*Nicotiana*). Tabak wurde im 16. Jahrhundert nicht nur von den brasilianischen Indianern geraucht. Die erste Kenntnis der Tabak=pflanze und des Tabakrauchens erhielt Europa durch *Christoph Co=lumbus*, dem bei der Landung auf den mittelamerikanischen Inseln Tabak als Geschenk angeboten wurde.

Pike (Partisane): Lange, an der Spitze mit einer Klinge versehene Stoßwaffe der Fußsoldaten des 16. Jahrhunderts.

Pilot: Schiffsführer des Entdeckungszeitalters. Besonders gesucht als Piloten waren die italienischen Seefahrer.

Pinte: Altes Hohlkörpermaß, das als Pariser Pinte 0,93 Liter faßt.

Porzellan: Helle Schale einer in den tropischen Meeren lebenden Schnecke (Porzellanschnecke), die der aus China stammenden Kaolinkeramik den Namen gab.

Real(e): Spanische Silber= oder Kupfermünze. Ein Real(e) etwa 40 Pfennig.

Rio de Janeiro: Die Portugiesen gaben im Entdeckungszeitalter beim Auffinden eines neuen Küstenpunktes diesem jeweils den Namen des Heiligen, der an dem betreffenden Entdeckungstag zu feiern war. Da der Tag der Entdeckung der Ganabara=Bucht auf den 1. Januar fiel, der keinen Kalenderheiligen aufweist, wurde für diesen »Fluß« — im Glauben, in der Bai schon eine Strommündung oder sogar eine Durchfahrt vom Atlantik nach Westen aufgefunden zu haben — die Bezeichnung Rio de Janeiro (Januar=Fluß) gewählt.

Scheffel: Altes Hohlkörpermaß. Ein Scheffel etwa 13 Liter.

Südsee (Südmeer): Erste Bezeichnung des Pazifischen Ozeans, die noch bis ins frühe 19. Jahrhundert gebraucht wurde. *Vasco Nuñes Balboa,* der 1513 — nach der ersten Überquerung der Panamá=Landenge — den Pazifik entdeckte, sah den Ozean am Golf von San Miguel im Süden. Er bezeichnete ihn daher als Südsee, während die Bezeichnung *»Mar pacífico«* von *Fernão de Magalhães* für das Stille Meer, den Pazifischen Ozean, sich seit 1521 nur langsam durchsetzte.

Tagundnachtgleiche (11. März und 13. September): Der Verfasser des »Brasilianischen Tagebuches« rechnet noch — seine Kalender= angaben wurden beibehalten — nach dem von *Julius Cäsar* einge= führten Julianischen Kalender, der erst 1582 durch den Gregoria= nischen Kalender abgelöst wurde. Um auf die Tagundnachtgleiche (Äquinoktium) unseres Gregorianischen Kalenders zu kommen, wer= den für das 16. Jahrhundert zum 11. 3. und zum 13. 9. jeweils zehn Tage hinzugerechnet.

Tapirussu: In den Tupi=Guaraní=Sprachen der südamerikanischen Indianer wurde der Tapir als *Tapirussu* bezeichnet. In Südamerika leben die einfarbigen, pflanzenfressenden Tapire, die zu den Un= paarhufern gehören (*Tapirus terrestris:* etwa 1 m hoch und 2 bis 2,5 m lang). Die Schnauze des Säugetieres ist zu einem kurzen Rüs= sel verlängert. *Léry* nennt den Tapir auch Eselskuh.

Teston: Alte französische Silbermünze im Wert von 10 bis 15 Sous.

Tours=Pfund (1 Livre tournois): 20 Sous tournois zu je 12 Deniers.

Tragödie zu Paris: Anspielung auf die Bartholomäusnacht (Pariser Bluthochzeit). Am 24. August 1572 — nach der Hochzeit von *Hein= rich von Navarra* mit *Margarete von Valois* — fand in Paris ein Ge= metzel statt, bei dem etwa 2000 Hugenottenführer den Tod fanden.

Transsubstantiation: Wandlung von Brot und Wein in den Leib Christi beim Abendmahl.

Tupi (Tupi=Guaraní), Tupinamba: Lérys französische Bezeichnung »Toüoupinambaoult« für die Stamm= und Sprachengruppe der mit den Franzosen verbündeten Indianer der brasilianischen Ostküste wurde in der Übersetzung als »Tuupinambaúlt« beibehalten.

Westindien (frz.: Inde Occidentale): Auf seiner vermeintlichen Fahrt nach Ostasien oder Indien entdeckte *Christoph Columbus* 1492 die mittelamerikanische Inselwelt mit den Bahama=Inseln und den gro= ßen und kleinen Antillen. Diese Inselgruppe erhielt den Namen Westindien, während die Urbevölkerung als Indios — Indianer — bezeichnet wurde. Die Bezeichnung Westindien wurde dann von vielen Autoren des 16. Jahrhunderts auch auf Mittel, Süd= und sogar auf Nordamerika übertragen.

Westmeer: Im 16. Jahrhundert allgemein gebräuchliche Bezeichnung für den Atlantischen Ozean. Indes wurde zunehmend erkannt, daß nicht nur das Westmeer zwischen Westeuropa und Ostasien liegt, sondern der Atlantik, der vierte Erdteil und der Pazifische Ozean.

SACHÜBERSICHT

JEAN DE LERY · BRASILIANISCHES TAGEBUCH MDLVII

MIT ACHTUNDDREISSIG ABBILDUNGEN

Das Buch wurde nach dem französischen Nachdruck der zweiten Ausgabe von 1586 (»Historia Navigationis in Brasiliam...«), der als »Journal de Bord de Jean de Léry en la
terre de Brésil 1557, présenté et commenté par M.-R. Mayeux«
im Verlag Editions de Paris erschien, aus dem Französischen
übersetzt von Ernst Bluth und durchgesehen, herausgegeben,
mit einem Anhang versehen und typographisch gestaltet von
Karl H. Salzmann.